U0458359

股市操练大全

实战指导 之二

——识顶、逃顶特别训练专辑

主　　编　黎　航
技术总监　王利敏
执行主编　任　惠　理　应
业务统筹　马炳荣

上海三联书店

图书在版编目(CIP)数据

股市操练大全:股市操练实战指导之二(第七册)/
黎航主编.—上海:上海三联书店,2021.5 重印
ISBN 978 - 7 - 5426 - 2980 - 7

Ⅰ.股… Ⅱ.黎… Ⅲ.股票—证券交易—基本知识
Ⅳ.F830.91

中国版本图书馆 CIP 数据核字(2009)第 035400 号

股市操练大全——股市操练实战指导之二(第七册)

主　　编／黎　航

策　　划／朱美娜

责任编辑／戴　俊

装帧设计／唐熠峰

监　　制／研　发

责任校对／叶　庆

出版发行／上海三联书店

　　　　　(200030)中国上海市漕溪北路 331 号 A 座 6 楼

邮购电话／021 - 22895540

排　　版／上海宝联电脑印刷有限公司

印　　刷／上海展强印刷有限公司

版　　次／2009 年 4 月第 1 版

印　　次／2021 年 5 月第 21 次印刷

开　　本／850×1168　　　　　1/32

字　　数／340 千字

印　　张／16.5

印　　数／179001 - 184000

ISBN 978 - 7 - 5426 - 2980 - 7/F·540
定价:(精)39.00 元

卷首语

　　无论是股市的中长期顶部、牛市中阶段性顶部、熊市中反弹顶部，还是个股中强势股顶部、题材股顶部，大盘股顶部、小盘股顶部，以及一般性股票顶部，其见顶特征，本书都作了充分揭示。本书还为你提供了识顶、逃顶的各种技巧（包括技术分析技巧、基本分析技巧、心理分析技巧、市场分析技巧）与特别注意事项。

　　我们衷心祝愿《股市操练大全》读者，通过本书全面、系统的识顶、逃顶强化训练，在日后实战中能成为一个成功逃顶的高手。

内 容 提 要

　　股谚云："会买是徒弟，会卖才是师傅。"在股市里，无论是谁，也无沦是做短线还是做长线，买进股票后总有卖出的时候。但是，股市历史证明，股票卖出却并非是一件简单的事，里面大有学问。很多投资者就是因为没有把握好股票卖出的契机，最终都在股市中亏了钱，甚至输得很惨。因此，股票卖出的问题，也即如何识顶、逃顶的问题，成了股市中所有投资者必须解决的首要问题。

　　鉴于目前市场上关于完整、系统地介绍识顶、逃顶，尤其是有针对性地进行识顶、逃顶强化训练的图书基本上是一个空白，我们特地组织有关专家、股市高手编写了这本具有学习、训练双重用途的识顶、逃顶专著。全书分为上、中、下三篇。上篇为战术篇，主要介绍盘口技巧中各种识顶、逃顶的方法(比如，如何运用K线、均线、技术图形技巧进行识顶、逃顶)；中篇为战役篇，主要揭示主力(庄家)忽悠中小散户，诱多出货、震荡出货的各种手段与阴谋；下篇为战略篇，主要介绍一些股市高手运用基本分析、技术分析、心理分析成功识顶、逃顶的各种经验。应读者的要求，本书还增加了"主力震荡出货与震荡洗盘的鉴别及应对策略"的内容(见本书附录)，它从八个方面详细解析了两者之间的区别和投资者操作时应该注意的事项。

　　本书最大亮点是：书中介绍的所有识顶、逃顶技巧都不是以平铺直叙的方式进行的，而是将它巧妙地镶嵌于各种训练题中，融化在扑朔迷离的悬念里，读后发人深省，印象特别深刻。其中有很多方法都为本书独创，以前从未公开过。

　　本书内容丰富、案例众多、举证详实、论述简明，可谓识顶、逃顶之佳作。它可作为各种类型投资者卖出股票，成功逃顶的重要参考资料。

编 写 说 明

一、本书选择的实战指导图形,充分考虑了它的代表性。这样以便投资者在熟记该图形走势后,可以举一反三,触类旁通,在操作时碰到类似图形,知道应该是做多还是做空。因此,一些在实战中很少出现的图形,以及缺乏典型意义的图形都被排除在外,不在本书选择之内。

二、从理论和实际操作上说,投资者在对大盘和个股的顶部进行研判时,应该充分考虑基本面、技术面两个最基本因素,这样分析研究出来的结果,才能使投资者做到胸有成竹、胜券在握。但作为实战指导来说,每个题目都这样布局显然是不可能的,我们出题时只能偏重于某一个方面,突出一个重点。并依照先易后难,逐步深入的原则,使读者能通过这样有针对性、系统性的实战指导训练,掌握好股市操作的技巧、要诀,炼就一双火眼金睛,知道如何来规避风险,抓住机会,把股票做好。股市高手经验证明,只有这一步训练好了,基础夯实了,才能在更高层面上正确研判大势,取得成功。

三、就总体而言,本书的训练题都是来自股市实战第一线,但具体来说,本书几十个训练题目来自三个方面:第一,直接来自读者。《股市操练大全》出版后,读者来信络绎不绝,有些读者出于对我们的信任,将股市实战中遇到的难以辨析的图形或难题,直接寄给了我们,希望给予解答。我们从中挑选了一些对大家有普遍指导意义的图形或难题,设计成相关的股市实战训练题,编入了书中。第二,来自我们的股市实战指导资料库。《股市操练大全》是一个系统工程,量大面广。为了编写好这套丛书,有很多人在进行这方面的研究,我们还为此建立了自己的资料库。历时数年,资料库中已经收藏了大量资料,本书有的训练题目就是从资料库中精选出来的。第三,来自股市实战教学第一线。实践证明,对投资者进行股市实战培训是提高投资者操作水平和理性投资的有效途径之一。本书挑选了一些实用化程度很高的股市实战教学中的经典案例,并将它改编成股市实战训练题,以飨读者。

四、要学会看图。不会看图,技术分析就无从谈起,但看图既要看懂标准图形,也要看懂非标准图形。在股市中非标准图形占了绝大多数,因此,投资者不但要提高对标准图形的辨别能力,更要提高对非标准图形的辨别能力。本书为了提高大家的图形识别能力,不仅绘制了一些重点图形的标准图形和非标准图形区别的示意图,还特地新增了大量"脸谱"图,供读者识图时参考。当然,在股市中非标准图形有很多,本书不可能一一加以列举。但读者只要领会某一图形的基本精神,即把它的主要特征和技术意义记住后,那么,无论非标准图形如何变化,也能大致把它识别出来,这样就可以避免出现对图形误认、误判的错误。总之,大家一定要记住:对股市图形多看、多辨别,日久就会熟能生巧,看图、识图水平自然会大大提高。

五、经验告诉我们,零星的、分散的识顶逃顶知识,不足以抵御股市系统性风险。有鉴于此,为了让《股市操练大全》读者能全面、系统地了解、掌握识顶逃顶的理论与操作要领,本书引用了大量的资料与实例(包括国外股市的资料与实例),从战术、战役、战略等各个层面,全方位地向读者介绍了有关这方面的知识、经验与技巧。因为叙述的内容广泛、头绪较多,行文中难免会出现一些顾此失彼的现象,此事还恳请读者鉴谅。

六、本书训练题都有一定的悬念,读者在做题时,最好先不要看答案,就当一次识顶、逃顶的实战练习来看待。认真思考后再看答案,印象就更加深刻,这对提高阅读效果有很大帮助。

目 录

上篇 战术篇

盘口出逃技巧特别训练

主讲人:金老师

导 语

　　俗话说:"台上一分钟,台下十年功。"虽然逃顶只是瞬间就可以完成的事,几秒钟之内就能将股票卖出。但遗憾的是,历史数据表明,能在高位顺利出逃者寥寥无几,除少数高手外,大多数投资者不是在低位早早被主力(庄家)洗盘出局,就是在高位被套得死死的。成功逃顶竟成了许多投资者心里的一个美梦。这究竟是为什么呢?其实道理很简单,高手之所以能够成功逃顶,缘于他们平时勤学苦练,掌握了一套过硬的基本功,因此到关键时刻,就能像足球比赛一样,踢出漂亮的"临门一脚",而大多数投资者因为缺乏这方面的专门训练,成功逃顶自然与他们无缘了。

　　有鉴于此,为了帮助《股市操练大全》读者能真正成为识顶、逃顶的行家,本书在训练题设计上,决定先从基础抓起。我们相信,大家把K线、均线、技术图形等一些主要的盘口识顶、逃顶技巧都一一攻克后,基本功练扎实了,那么,到了关键时刻,就能像成功逃顶的高手那样,踢出漂亮的"临门一脚"。

第一章 运用K线技巧识顶逃顶专题训练

金老师说:研究K线见顶的问题,我们先从单根K线开始。下面请大家看一张图(见图1)。这是沪深股市中一个很有名的金属类股票。有人认为该股K线的见顶信号已十分明显,现在应该抓紧时机出逃;有人认为该股冲破前一高点时出现了短暂的回调,今天收出一根阳线,说明蓄势后仍将维持升势,现在正是逢低吸纳的时候。

请问:你同意谁的看法?其理由是什么?投资者见此图形在操作时要注意哪些问题?

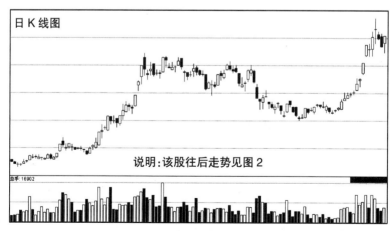

图1

我同意第一个人的观点。从图 1 中的走势分析，该股见顶的概率确实很大。其理由是：它在冲高时拉出一根"长十字线"（见图 1 中倒数第 4 根 K 线）。这根长十字线极有可能为该股的上升行情画上一个句号。

据研究，长十字线是单根 K 线中最为重要的一种见顶信号。这是为什么呢？因为长十字线的 K 线形态很特殊，它那种长长的十字形状，将"T 字线"、"倒 T 字线"、"射击之星"、"吊颈线"、"螺旋桨"等许多单根 K 线的特征都概括在里面了，而这些单根 K 线又都是股市中重要的见顶信号。因此，从某种意义上说，只要把长十字线这一见顶信号研究透了，其他单根 K 线的见顶信号就容易识别了。

从统计资料中发现，长十字线的见顶信号是非常强烈的，它一般不会轻易出现，但是一旦出现，后市往往就岌岌可危。正因为如此，有经验的投资者看到涨势中，尤其是看到在股价大幅上涨后出现长十字线，心中都会有一种不详的预感。

那么，长十字线是如何形成的，它形成的机理又是什么呢？我们知道长十字线的开盘价、收盘价都处于同一价位或同一价位附近（编者按：沪深股市开盘价、收盘价绝对相同的长十字线很少，开盘价、收盘价略有相差的长十字线为多数），但它的上下影线很长。这种 K 线形态反映了一种现象，即当日多空进行了一场激烈的大搏杀。在这个搏杀过程中，前期低位买入的投资者感到股价高了，会采取止盈的策略拼命地往外卖出，而场外看好该股前景的投资者则在拼命地往里挤，不断买进。如此一来，在开盘价上方就会出现一个巨大的抛压，所以股价就上不去，从而形成一个较长的上影线；而在开盘价下方又因为有人在不断地买入，所以股价也就下不去，从而形成一个较长的下影线。这样多空激烈搏斗的结果，双方打了一个平手，因而就形成了长十字线这样一种特殊的 K 线形态。

但是，我们进一步分析后就会发现，长十字线这一 K 线见顶信号的形成有其更深刻的内在原因。众所周知，每个股票上涨都有主力资金在运作，因此，长十字线所表现的多空大搏杀，肯定不是散户资金与散户资金在互相搏杀，主力资金一定会积极参与其中，可以这样说，这个多空搏杀的"总导演"就是主力资金所为。主力运用长十字线"导演"出一幕多空搏杀的"大戏"，无非是有两个目的：第一，是震荡洗盘；第二，是震荡出货。因此，投资者只要排除了长十字线是主力在震荡洗盘的可能性后，就基本可以确定长十字线为见顶信号了。试想，主力在利用长十字线震荡出货，股价岂有不见顶之理。

我们再进一步分析，主力为何要利用长十字线进行震荡出货呢？无非有这样几个原因：①股价上涨已实现了主力的预期目标；②股价继续上涨时跟风盘已经减少，主力再把股价做上去已感到力不从心；③与其他同类股票相比，股价已明显高估，风险正在积聚；④大盘指数过高，正酝酿着或已经出现了趋势性的改变，主力预感大势不妙，想趁早脱身。而这一切，一般只有在股价上涨到一定高度时才会发生，所以，股价进入高位区后出现长十字线，见顶的概率是很高的。

有人问：股价进入高位区后，主力是否会利用长十字线进行洗盘呢？答案应该是否定的。主力用长十字线进行震荡洗盘，此时的股价一定是处于启动阶段，或股价尚处于中低位区，绝对不可能出现在股价的高位区。如果主力在股价进入高位区后进行洗盘，其结果是：中小散户纷纷在高位获利出局，主力资金则套在高位出不来。试问，世界上有如此愚蠢的主力吗？正因为如此，在股价大幅上涨后出现长十字线，有经验的投资者都会把它看成为主力在出货，是行情即将结束的信号。事实证明这样的判断，在事后验证下来基本上都是正确的。

在搞清楚长十字线的见顶信号机理后，我们回过头来看图1就比较容易分析了。图1中的长十字线是在什么背景下出现的呢？一是股价已有很大涨幅；二是股价出现连续的跳空上涨，显示股价上涨已到了最后疯狂阶段。在这种情况下拉出的长十字线，作为见顶信号的可能性就大大增加了。另外，从图1中看，长十字线后已连续出现两根阴线收于长十字线的下影线处。有人见到图1中最后一根K线以阳线报收，就认为这是多方在蓄势，股价回调后仍将维持升势。这个想法肯定是错误的。其实，你只要了解长十字线形成的机理，就会知道这根阳线实际上只是一根下跌抵抗性阳线，它起不了什么大的作用。因为长十字线积聚的做空能量还远远没有释放出来,随后股价仍将会沿着下行趋势不断地往下寻底(见图 2)。

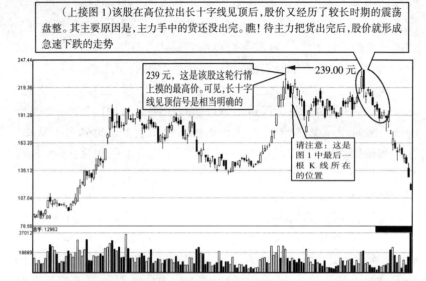

（上接图1)该股在高位拉出长十字线见顶后,股价又经历了较长时期的震荡盘整。其主要原因是,主力手中的货还没出完。瞧! 待主力把货出完后,股价就形成急速下跌的走势

239 元,这是该股这轮行情上摸的最高价。可见,长十字线见顶信号是相当明确的

239.00 元

请注意:这是图 1 中最后一根 K 线所在的位置

山东黄金(600547)2007 年 7 月 27 日~2008 年 4 月 2 日的日 K 线走势图　图 2

　　经过上面实例分析后,大家就会知道,一旦股价进入高位区后出现长十字线,见顶的意味是很浓的。但值得注意的是,长十字线这一见顶信号出现后,有时股价并没有马上跌下来,可能还会拉出一根或几根阳线,给人一种股价仍会继续向上的感觉。面对这样的走势,投资者应该如何作出判断与操作呢?首先,大家先不要匆忙地对这一现象下结论,比较稳当的做法是静观其变。持股的继续持股,持币的继续持币,多观察几天,等形势初步明朗后再作出决断。所谓形势明朗,就是看长十字线出现后的三五天内走势变化如何。如果三五天内股价重心在向上走,已经超越长十字线的最高价,此时持股者可继续持股待涨,持币者可适量跟进;如果三五天内股价重心在向下走,特别是股价已收在长十字线最低价的下方,此时持股者应及时止损离场,持币者则应继续持币观望,切不可做"逢低吸纳"的傻事。

　　下面我们来看一个实例:酒钢宏兴(600307)。该股在一路往上攀

6

升的过程中出现一根长十字线(见图 3 中箭头 A 所指处),但第二天股价不跌反涨,拉出一根涨幅为 7.74%的中阳线。有人认为,长十字线后面马上出现如此强劲的中阳线,说明长十字线见顶信号不是真的,是主力故意吓唬大家的。此时,投资者仍可积极看多、做多。但事后证明,这种看法是完全错误的,股价随之就出现大跌(见图 4)。可见,在股价大幅上涨后,投资者见到长十字线,就应该引起高度警觉,即使后面的二三天内股价没有跌下来,也千万不可以掉以轻心,更不应该在长十字线后见到出现一二根阳线就盲目乐观。要知道,在高位出现的长十字线就是一颗投向多方阵地的重磅炸弹,即使没有马上爆炸,但它过不了多久就会爆炸的(见图 4)。

经过长期观察,我们发现长十字线作为见顶信号,不仅可以出现在股价高位区,也可以出现在下跌趋势的反弹中。如果长十字线出现在反弹中,那么其见顶概率更高,下跌的速度更快。其原因是,弱势反弹本来就是弱不禁风,在长十字线出现后,马上就会出现多翻空、多杀多的现象。所以,在下跌趋势中出现的长十字线比在上涨趋势中出现的长十字线更容易见顶就是这个道理。

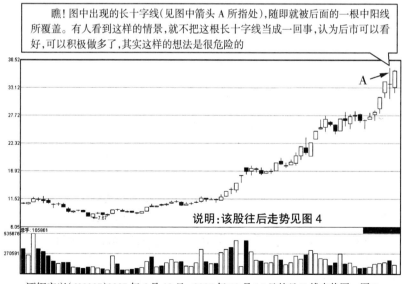

瞧!图中出现的长十字线(见图中箭头 A 所指处),随即就被后面的一根中阳线所覆盖。有人看到这样的情景,就不把这根长十字线当成一回事,认为后市可以看好,可以积极做多了,其实这样的想法是很危险的

说明:该股往后走势见图 4

酒钢宏兴(600307)2007 年 6 月 18 日~2007 年 10 月 15 日的日 K 线走势图　图 3

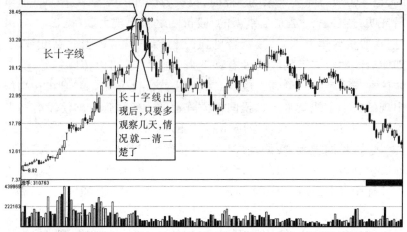

（上接图 3）从图中看，长十字线出现后，拉出一根中阳线，这是一个诱多的陷阱，随后几日的阴线就将主力出货的意图显露无遗。所以投资者看到长十字线被后面的中阳线吞吃了，千万不要盲目乐观，要随时警惕其见顶回落的风险

长十字线

长十字线出现后，只要多观察几天，情况就一清二楚了

酒钢宏兴（600307）2007 年 7 月 23 日~2008 年 4 月 2 日的日 K 线走势图　图 4

　　下面我们来看一个实例：四环生物（000518）。从图 5 中看，该股在下跌趋势中出现一轮反弹走势，但在反弹到一定高度时就拉出一根长十字线，同时其成交量也出现明显放大，随后，股价就很快地一路往下回落。

　　通过上面的讨论，大家对长十字线这一见顶信号已有所认识。下面我们再来总结一下，看看见到长十字线这样的图形后，投资者在识顶、逃顶时应该注意哪些问题：

　　第一，大家必须注意，长十字线的上下影线越长，表示信号越强烈，其见顶的可能性就越大。根据长十字线的上下影线长短，可将长十字线分为普通型、增强型、超强型 3 种类型（见图 6）。稳健型投资者若看到增强型或超强型长十字线出现时，从投资安全角度考虑，在当天或第二天就应先卖出一些筹码为宜，然后密切关注盘面。如发现日后几个交易日内的 K 线走势，对长十字线见顶信号的有效性进行了验证，此时就应该毫不犹豫地全部抛空离场。

经验告诉我们，反弹中一旦出现长十字线，并且成交量呈现放大迹象，说明主力又在拉高出货了。此时，投资者应当机立断，马上出逃，否则留在里面不走，就会遭受更大的损失

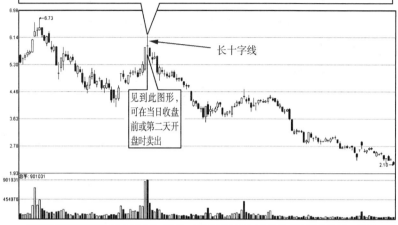

四环生物(000518)2008年2月25日~2008年10月16日的日K线走势图　图5

长十字线的见顶信号强弱示意图

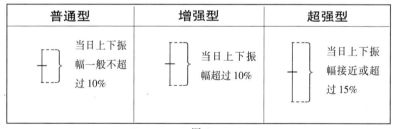

图6

第二，在股价处于高位时[注]出现长十字线，其见顶的概率很大（编者按：本题中提到的山东黄金，短短2年时间股价就涨了十余倍，这就是股价处于高位的一个典型例子）。在此背景下出现的长十字线，投资者首先要想到风险。这里，我们向大家提一个建议：遇到这样的情况，不管后面的股价会出现什么变化，应先抛出一些筹码落袋为

【注】　关于股价处于高位的解释，详见本书第505页。

安,余下的筹码可静观其变。其方法是:①日后如发现股价继续上涨,可耐心等待时机,卖出一个好价钱,但切记不能追涨。这是因为,根据以往的经验,在高位区出现长十字线后,股价再次上涨的空间是很有限的。②日后如发现股价重心在不断下移,将余下的筹码全部卖出,彻底地退出观望。

第三,如果发现上涨途中出现长十字线,并且在其当日或前后二三日内成交量呈现急剧放大的态势,说明主力在大量出逃。此时,投资者应首先以撤退为宜。

第四,长十字线出现后,如果第二、第三个交易日,股价在长十字线上影线处进行交易,当日的收盘价未跌破长十字线的开盘价,此时仍可持股观望(见图7中①、②)。但出现下列两种情况,投资者应马上停损离场:A,长十字线出现后的第二日收出一根大阴线(见图7中③);B,长十字线后的第二日,股价在长十字线下影线的末端处开盘,甚至跳空低开,且全日低开低走,当日以阴线收盘(见图7中④、⑤)。

长十字线出现后风险评估示意图

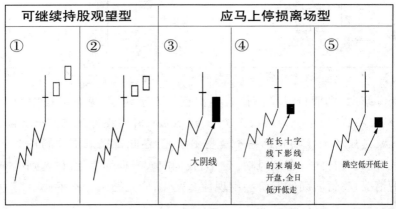

图7

第五,熊市反弹中,在某一高点拉出长十字线,反弹就此结束的可能性是非常大的。投资者看到这样的情况,尤其是发现成交量有明显的放大时,就不必等长十字线的见顶信号被完全验证后再出逃(注:等完全验证后再出逃可能股价已跌掉一大截)。鉴于熊市抢反弹要快进快出,防范风险的考虑,此时,投资者应以及时止损离场为宜。

第六,无论是大盘或个股,如果周 K 线走势图中,尤其是月 K 线走势图中出现长十字线,预示其中期或长期走势都可能变坏。此时,投资者应密切关注盘面走势的变化,一旦对周 K 线、月 K 线走势图中的长十字线见顶信号进行了有效验证,应及时抛空离场,并在相当长的一段时间内不宜对其看多、做多。

第七,在牛市上升初期、中期,当股价处于低位时,此时出现长十字线,很有可能被主力(庄家)利用它作为震仓洗盘的手段。此时,虽然股价可能因为长十字线,而出现短暂的回调,但中长期向上的趋势并未改变。投资者如遇到这种情况时应依据均线进行操作。其操作原则是:不管长十字线见顶信号是否成立,只要均线保持着多头排列的格局,就应继续持股观望。一般来说,只有在均线多头排列的格局被打破时,才可作出止损离场的处理(编者按:关于如何识别主力利用 K 线见顶信号进行震仓洗盘的方法与应对策略,在本书末附录一中将作详细介绍,这里就不展开了)。

又及：在本书初稿完成后，向读者征求意见时，一些读者向我们反映，他们对长十字线见顶图形比较陌生，希望我们多找一些这方面的图形给他们看看。为了满足这些读者的要求，我们寻找了一些长十字线见顶的图形，供大家参考。

长十字线见顶信号"脸谱"图

(1)
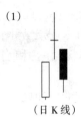
（日 K 线）
出处：神马实业(600810)
时间：1997 年 5 月 9 日
~1997 年 5 月 13 日

(2)

（周 K 线）
出处：深振业 A(000006)
时间：2007 年 10 月 26 日
~2007 年 11 月 9 日

(3)
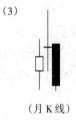
（月 K 线）
出处：风帆股份(600482)
时间：2007 年 9 月 1 日
~2007 年 11 月 30 日

(4)
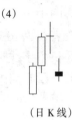
（日 K 线）
出处：物华股份(600247)
时间：2007 年 12 月 10 日
~2008 年 1 月 18 日

(5)
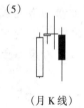
（月 K 线）
出处：日昭港(600017)
时间：2007 年 12 月 1 日
~2008 年 3 月 31 日

(6)

（日 K 线）
出处：中国玻纤(600176)
时间：2008 年 3 月 3 日
~2008 年 3 月 7 日

(7)

（周 K 线）
出处：江山股份(600389)
时间：2008 年 2 月 22 日
~2008 年 3 月 21 日

(8)

（日 K 线）
出处：盐田港(000088)
时间：2007 年 10 月 19 日
~2007 年 10 月 26 日

(9)
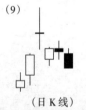
（日 K 线）
出处：冀东水泥(000401)
时间：2002 年 6 月 26 日
~2002 年 7 月 4 日

(10)

（日 K 线）
出处：海王生物(000078)
时间：2007 年 9 月 14 日
~2007 年 9 月 21 日

(11)
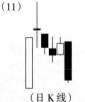
（日 K 线）
出处：华立药业(000607)
时间：2008 年 5 月 13 日
~2008 年 5 月 20 日

(12)

（日 K 线）
出处：福建高速(600033)
时间：2008 年 1 月 14 日
~2008 年 1 月 22 日

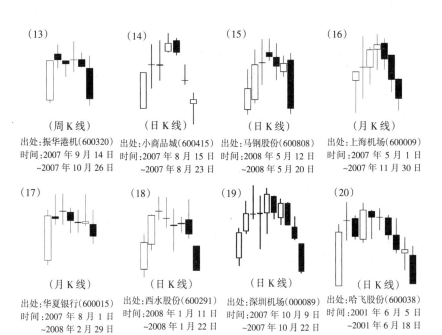

（13）
（周K线）
出处:振华港机(600320)
时间:2007年9月14日
~2007年10月26日

（14）
（日K线）
出处:小商品城(600415)
时间:2007年8月15日
~2007年8月23日

（15）
（日K线）
出处:马钢股份(600808)
时间:2008年5月12日
~2008年5月20日

（16）
（月K线）
出处:上海机场(600009)
时间:2007年5月1日
~2007年11月30日

（17）
（月K线）
出处:华夏银行(600015)
时间:2007年8月1日
~2008年2月29日

（18）
（日K线）
出处:西水股份(600291)
时间:2008年1月11日
~2008年1月22日

（19）
（日K线）
出处:深圳机场(000089)
时间:2007年10月9日
~2007年10月22日

（20）
（日K线）
出处:哈飞股份(600038)
时间:2001年6月5日
~2001年6月18日

说明:

①上面这些图形都是从实际走势图上剪辑下来的，本书未作任何修饰。因图形真实可靠,所以具有较大的参考价值。

②这些图形大部分是从日K线图上剪辑下来的，少数是从周K线图上或从月K线图上剪辑下来的。每个图形下面对此都作了说明。

③本栏中标明某个图形为"（月K线）",并不是说这样的图形,只能出现在月K线走势上。它只是告诉读者,若要查该原始图形,只能从其月K线图中才能查到。大家要记住,股市中的图形都是相通的。这也就是说,本栏中的20幅图,既可以出现在往后日K线走势上,也可以出现在往后的周K线或月K线走势上。

④我们把本栏的图形取名为"脸谱"图,意思是说,长十字线见顶的实际走势图形大致就是这个样子。投资者只要把这些图形弄清楚,心中就有数了。以后在操作中再碰到类似的走势图形,就知道如何进行积极应对,这样就可以大大降低投资风险。

金老师说：我们前面讨论了长十字线，有人提出在十字线系列中，除了长十字线还有小十字线，对小十字线应该怎么认识呢？金老师认为这个问题提得有道理，于是他问同学：小十字线与长十字线相比有什么区别？上升途中出现小十字线，它对行情会发生什么影响？投资者应该如何判断其后市的走向？

我们先了解一下小十字线（又称小十字星）与长十字线（又称长十字星）在形态上的区别：虽然两者开盘价、收盘价都是处于同一位置，且都有上下影线，因而形成了十字形状。但小十字线的上下影线很短，长十字线的上下影线很长，这就是它们在形态上的区别。一般来说，无论是上涨行情还是下跌行情，一轮行情下来，长十字线所见不多。长十字线的上下影线都很长，它的出现说明多空搏杀十分激烈，但是，在一轮行情中，无论是在上涨趋势中还是在下跌趋势中，我们经常可以见到很多小十字线夹于其中。小十字线的上下影线很短，它的出现说明多空虽有争斗，但有点像文人相争并不厉害，争过也就算了，一切都会恢复平静，该涨的时候还得涨，该跌的时候还得跌。从这个意义上来说，小十字线和普通的小阴线、小阳线一样，它并无什么特别的技术意义。

归纳下来，可以这样说，长十字线出现的频率并不高，它一般出现在连续大幅上升途中或下跌之末[注]的概率较大，但盘整区间出现的情况很少。不过值得注意的是，长十字线无论出现在上涨途中或盘

【注】　根据K线理论，长十字线既可作为见顶信号，也可以作为见底信号。在上涨途中出现的长十字线为见顶信号，在连续下跌途中出现的长十字线为见底信号。据了解，长十字线作为见顶信号准确率较高，但作为见底信号准确率较低。有关这方面的知识介绍，可详见《股市操练大全》第一册第46页～第48页。

整区间,一旦出现了,往往意味着行情的逆转,股价(指数)将由升转跌,往后很可能出现一轮较大的跌势。

但是小十字线与长十字线不同,它出现的频率远高于长十字线。一般来说,它出现在上涨或下跌的初期,表示行情处于暂时的休整状态,原有的上升或下跌趋势未改;只有当它出现在连续大幅上升或跌势后期时,才表示趋势有可能会发生逆转。

现在我们就对上涨途中出现的小十字线所起的作用作个简单分析:

一、在牛市上涨初期或中期,出现小十字线多半是表明多空力量都不强, 处于一种暂时平衡状态, 有时小十字线也会被主力用于洗盘。但是总的而言,在上涨趋势中出现的小十字线和普通的小阴线、小阳线相同,并无特别强的技术意义。此时,股价该涨的时候还会继续涨,投资者对此要有清醒的认识(见图8)。

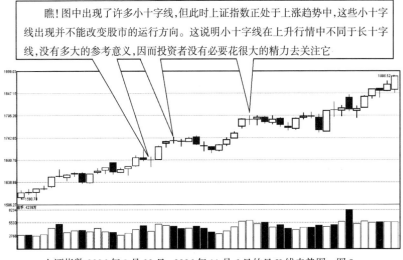

瞧!图中出现了许多小十字线,但此时上证指数正处于上涨趋势中,这些小十字线出现并不能改变股市的运行方向。这说明小十字线在上升行情中不同于长十字线,没有多大的参考意义,因而投资者没有必要花很大的精力去关注它

上证指数 2006 年 8 月 22 日~2006 年 11 月 6 日的日 K 线走势图　图 8

二、在牛市后期,或是在反弹行情中,当上升后进入盘整状态时出现小十字线,应警惕趋势有可能发生逆转。判断的依据是:看小十字线之后的指数(股价)重心是否出现明显的下移。如果发现指数(股

价)重心出现明显的下移,说明大盘(个股)有可能见顶了(见图9)。

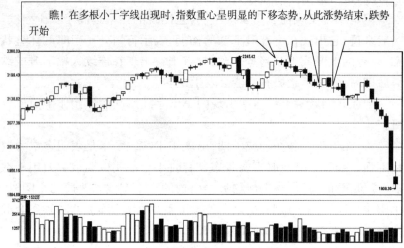

瞧! 在多根小十字线出现时,指数重心呈明显的下移态势,从此涨势结束,跌势开始

上证指数 2001 年 4 月 5 日 ~2001 年 7 月 31 日的日 K 线走势图　图 9

股市实战
训练题
3

金老师说：上面两道题与大家讨论了十字线见顶的问题。但是,我们从《股市操练大全》第一册中了解到,在单根K线中除十字线外,还有一些其他形状的单根K线,当它们出现时,同样说明大盘或个股可能要见顶了。有人经过研究,将单根K线见顶的现象,列了一张图表(见表1)。这张图表很有新意,既能强化人们的记忆,又具有较强的操作性。金老师似乎有意要考考大家,特地把该图表中的图都删去了,要大家看了后把所缺的图补上,并找些实例予以说明。

单根K线见顶示意一览表

序号	名　　称	图　形	变化图形
1	上档抛压沉重型		
2	高位多空搏斗型		
3	高位虚假下档强劲支撑型		
4	高位虚假强势上涨型		

表1

解答

我现在先把表1中缺的图补上,然后再回答问题。

单根K线见顶示意一览表

序号	名　　称	图　　形	变化图形
1	上档抛压沉重型		
2	高位多空搏斗型		
3	高位虚假下档强劲支撑型		
4	高位虚假强势上涨型		

表2

一、上档抛压沉重型。单根 K 线中有两种 K 线属于这种类型,这就是"射击之星"【注1】与"倒 T 字线"【注2】。射击之星(编者按:射击之星下面的实体有阴阳之分,但无论是阴线实体还是阳线实体,都不改变其 K 线的性质,只不过是实体为阴线的射击之星(┃)比实体为阳线的射击之星(┃),在表示上档抛压时程度要略微重一些)与倒 T 字线都有一根很长的上影线,上影线越长说明空方势力越强,上档抛压越沉重。倒 T 字线图形比较少见,但因为它开盘价、收盘价都在同一位置上,上档全是抛压。所以一般来说,倒 T 字线的见顶信号要强于射击之星。下面我们来看几个实例:

实例一:福星股份(000926)。从图 10 中可以看出,该股在大幅上升过程中出现实体为阳线的射击之星(见图 10 中画圈处)后,股价呈现逐浪下跌的态势。

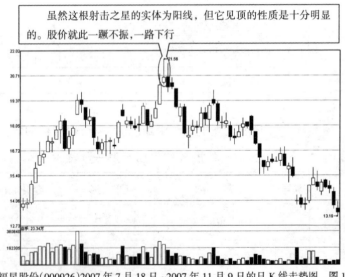

福星股份(000926)2007 年 7 月 18 日~2007 年 11 月 9 日的日 K 线走势图　图 10

【注1】　关于射击之星的特征与技术意义,详见《股市操练大全》第一册第 33 页~第 35 页。

【注2】　关于倒 T 字线的特征与技术意义,详见《股市操练大全》第一册第 40 页~第 43 页。

实例二:小天鹅 A(000418)。从图 11 中可以看出,该股在放量拉出实体为阴线的射击之星(见图 11 中画圈处)后,股价急转直下。

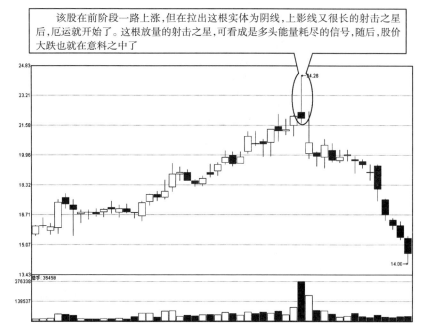

该股在前阶段一路上涨,但在拉出这根实体为阴线,上影线又很长的射击之星后,厄运就开始了。这根放量的射击之星,可看成是多头能量耗尽的信号,随后,股价大跌也就在意料之中了

小天鹅 A(000418)2007 年 11 月 20 日~2008 年 3 月 18 日的日 K 线走势图　图 11

实例三:丽珠集团(000513)。从图 12 中可以看出,该股在快速大幅上升过程中拉出倒 T 字线(见图 12 中箭头所指处)后,虽然多方曾顽强抵抗,推动股价再创新高,但是,最终敌不过空方的打压,股价只得往下调整。

二、高位多空搏斗型。在单根 K 线中,长十字线和螺旋桨(编者按:螺旋桨中间的实体也有阴阳之分,但其 K 线的性质相同。一般认为,在上升途中螺旋桨实体为阴线者比螺旋桨实体为阳线者,其见顶的信号要略微强一些)属于这种类型。因为这两种 K 线的上、下影线都较长,说明它们上档抛压与下档支撑都很强,换一句话说,多空搏斗非常激烈。不过,从经验来看,在上升途中,尤其是在大幅上涨的情况下,多空激烈搏斗的结果,以空方得胜居多,所以这种类型的 K 线,

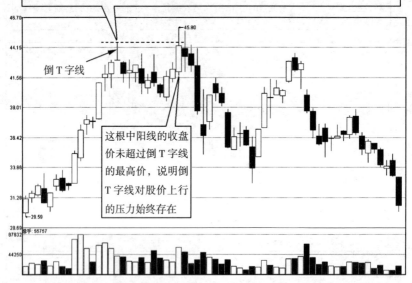

虽然，这根倒 T 字线的上影线并不长，不引人注意，但它见顶信号是很明确的。因为以后该股众多日 K 线的收盘价始终没有超出其上影线顶端处价位。投资者在分析 K 线见顶时，对这个细节一定要注意

倒 T 字线

这根中阳线的收盘价未超过倒 T 字线的最高价，说明倒 T 字线对股价上行的压力始终存在

丽珠集团(000513)2007 年 12 月 10 日~2008 年 3 月 13 日的日 K 线走势图　图 12

常被市场看作见顶信号(编者按：当然，它们最终到底是否被确认为见顶信号，还要靠后面的 K 线走势来验证)。下面我们来看几个实例：

实例四：升华拜克(600226)。从图 13 中可以看出，该股在逐浪上升过程中拉出实体为阴线的螺旋桨(见图 13 中画圈处)后，股价从此见顶回落，不断走低。

实例五：亚宝药业(600351)。图 14 中显示，该股拉出螺旋桨 K 线时，换手率一下子达到了 13.32%，足足比平时翻了一番还多，第二天在螺旋桨 K 线的下影线处又拉出一根阴线，换手率也达到 12.02%。如此高的换手率，说明主力在大量出逃。待主力出逃后，股价必然下跌。

实例六：通威股份(600438)。从图 15 中可以看出，该股在大幅上升过程中拉出长十字线(见图 15 中画圈处)后，股价见顶回落，出现两波较大的跌势。

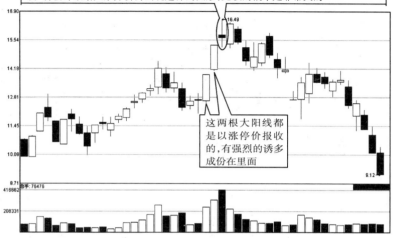

请注意！这根螺旋桨K线,是在拉出2根大阳线后出现的。这是一个典型的以大阳线为掩护的诱多出货图形(编者按:关于这个问题,本书"识顶、逃顶战役篇"将会详细给大家分析),出现这样的图形,见顶的概率是非常大的

这两根大阳线都是以涨停价报收的,有强烈的诱多成份在里面

升华拜克(600226)2008年1月22日~2008年4月2日的日K线走势图　图13

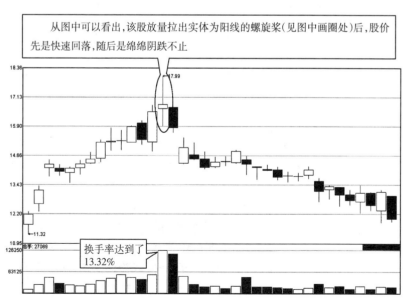

从图中可以看出,该股放量拉出实体为阳线的螺旋桨(见图中画圈处)后,股价先是快速回落,随后是绵绵阴跌不止

换手率达到了13.32%

亚宝药业(600351)2008年4月22日~2008年6月19日的日K线走势图　图14

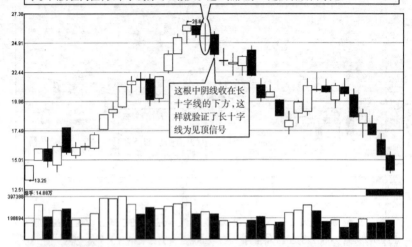

该股长十字线并非在股价冲至最高处出现的,它是在股价稍有回落后出现的。大家不要以为在这个位置出现的长十字线就不是见顶信号了,如有这样的认识那就错了。只要在高位,长十字线都可以做头。这一点大家一定要看明白才是

这根中阴线收在长十字线的下方,这样就验证了长十字线为见顶信号

通威股份(600438)2008 年 1 月 23 日~2008 年 4 月 2 日的日 K 线走势图　图 15

三、高位虚假下档强劲支撑型。单根 K 线中有两种 K 线,即吊颈线(编者按:吊颈线上面的实体也有阴阳之分,其 K 线的性质是一样的。一般认为在上升趋势中,实体为阴线的吊颈线( )比实体为阳线的吊颈线( ),其见顶的信号要略强些)与 T 字线。这两种 K 线很有欺骗性,因为很多投资者看到它们都有一根长长的下影线,就以为下档的支撑很强。其实,这是市场主力有意做给大家看的,实际上是为掩护出货而玩弄的一个障眼法,对此投资者一定要提高警惕,不要被主力忽悠了。据统计,在高位出现这两种 K 线,见顶的可能性很大。但很多人不了解这种 K 线的性质,一看到带有长下影线的 K 线出现,就误认为下档支撑强劲,生怕错过机会,忙不迭地追了进去,结果上当受骗(编者按:退一步说,即使有人认为出现这样的 K 线,不大可能就此见顶,那也一定要等几天,经过后面的 K 线验证下来,明确看到大盘或个股冲破其阻力,继续维持升势,才能考虑跟进做多。遗憾的是,很多人操作时忘记了这一操作原则,所以出现了重大的投资失误)。

22

下面我们再来看几个实例：

实例七：南纺股份（600250）。该股在上涨途中出现一根吊颈线，实体为阳线，头上还略带一些上影线（见图16）。这是一个非标准形态的图形，也就是人们常说的一种变化图形，但这种变化的吊颈线图形，在显示其见顶信号上丝毫不亚于标准的吊颈线。自从它出现后，该股就见顶回落，丝毫没有给市场留下一点做多的机会。

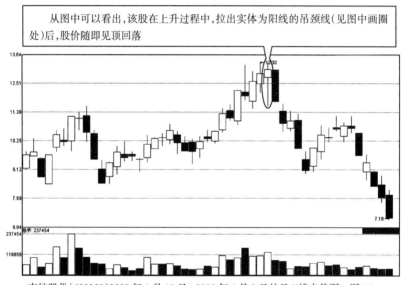

南纺股份（600250）2008年1月18日~2008年4月2日的日K线走势图　图16

实例八：云南城投（600239）。图17中显示，该股表示见顶的吊颈线，实体为阴线，与实例七中介绍的实体为阳线的吊颈线是一对"双胞胎"，其见顶的性质都是一样的。自从它出现后，该股出现了大跌。

实例九：上海普天（600680）。从图18中可以看出，该股在拉出下影线很长的T字线（见图18中画圈处）后，股价先是滞涨，进行长时间的横向盘整，最后，在空方打压下只得往下突破，并呈现加速下跌的态势。

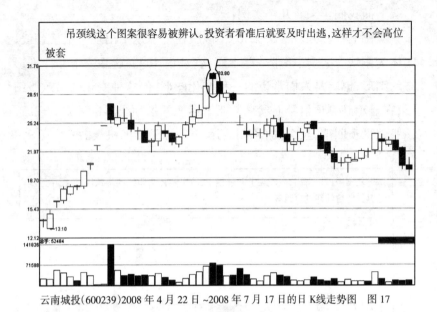

吊颈线这个图案很容易被辨认。投资者看准后就要及时出逃,这样才不会高位被套

云南城投(600239)2008 年 4 月 22 日~2008 年 7 月 17 日的日 K 线走势图   图 17

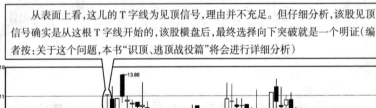

从表面上看,这儿的 T 字线为见顶信号,理由并不充足。但仔细分析,该股见顶信号确实是从这根 T 字线开始的,该股横盘后,最终选择向下突破就是一个明证(编者按:关于这个问题,本书"识顶、逃顶战役篇"将会进行详细分析)

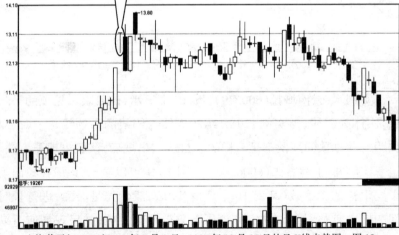

上海普天(600680)2007 年 7 月 2 日~2007 年 10 月 25 日的日 K 线走势图   图 18

四、高位虚假强势上涨型。单根 K 线中属于这种性质的 K 线只有一种，那就是大阳线。在一般人的理解中，出现大阳线理应看好后市，但是，在高位突然出现大阳线，尤其是在反弹到一定高度时拉出大阳线，就要想到内中有诈，市场主力会利用拉大阳线来吸引跟风盘，欺骗投资者，实现其拉高出货的目的。因此，无论是大盘或个股，在高位突然拉出大阳线，尤其是成交量出现了明显放大（编者按：关于成交量的问题放到后面再讨论）时，首先要想到这根大阳线有可能就是见顶信号。根据经验，出现下面表 3 中①~④这四种情况，其见顶的可能性就非常大。

高位出现大阳线见顶概率示意一览表

序号	基本图形	变化图形	往后见顶概率	操作建议
1	大阳线	大阳线	①大阳线的 1/3 已被吞吃；②见顶概率超过 60%	见此图形，至少卖出 50% 以上的股票
2	大阳线	大阳线	①大阳线的 1/2 已被吞吃；②见顶概率超过 70%	见此图形，至少卖出 60% 以上的股票
3	大阳线	大阳线	①大阳线的 2/3 已被吞吃；②见顶概率超过 80%	见此图形，至少卖出 70% 以上的股票
4	大阳线 跌破大阳线开盘价	大阳线	①已跌破大阳线的开盘价；②见顶概率超过 90%	见此图形，将手中股票全部卖出
5	大阳线	大阳线	如出现左边图形，见顶基本排除	见此图形，继续持股

表 3

下面我们举两个实例。

实例十：尖峰集团（600668）。该股在反弹到一定高度时拉出一根大阳线（见图19中箭头所指处），但这根大阳线并非是一个看多、做多的信号。那么，怎么看出它不是一个看多、做多的信号呢？因为这根大阳线是在连续上涨中出现的，后面的K线并没有向上走而是在向下移动。有经验的投资者，从拉大阳线之后的第二根、第三根K线就能看出一些名堂，知道这根大阳线很可能就是一个拉高出货的见顶信号。

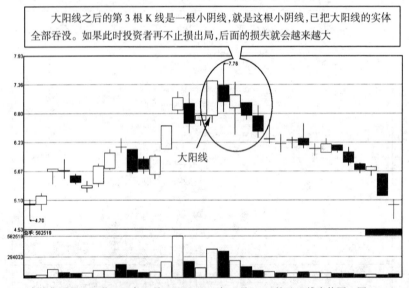

尖峰集团（600668）2008年4月22日~2008年6月11日的日K线走势图　图19

实例十一：欧亚集团（600697）。从图20中看，该股在反弹到一定高度时也是拉出一根大阳线，但大阳线之后的K线走势和上面举的实例有不一样的地方，它是经过较长时间的横向运行后，最终才将大阳线的实体全部吞没的。随后股价就快速向下回落。

看到这根大阳线可按表 3 中所提示的方法去操作,在大阳线中间 1/2 处画一条水平虚线(即大阳线的中轴线),往后只要股价(指收盘价)低于这根水平虚线,就把手中持有该股的 70%筹码抛掉,如果股价在两周内,仍然站不到虚线之上,就全线抛空,早点离场

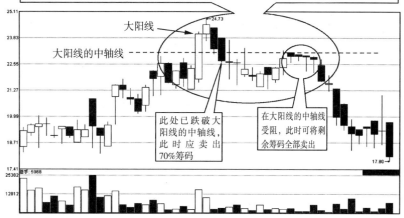

大阳线

大阳线的中轴线

此处已跌破大阳线的中轴线,此时应卖出70%筹码

在大阳线的中轴线受阻,此时可将剩余筹码全部卖出

欧亚集团(600697)2008 年 4 月 8 日 ~2008 年 6 月 19 日的日 K 线走势图　图 20

股市实战
训练题
4

金老师说：上一道题做完后，有人提出异议，认为将大阳线列为见顶信号，无论如何都是不妥当的，因为在人们的理解中，大阳线通常是看多、做多的信号，把它列为看空、做空的信号，实在是有些过分了。虽然大阳线之后确实也出现过见顶回落的情况，但这不过是偶然的现象，并非是因为大阳线引发见顶的。另外，还有人提出，《股市操练大全》第六册（即《股市操练大全》实战指导之一）也列了一张大阳线操作示意图，那张图和本书实战训练题3中列出的大阳线操作示意图（见表3）有很大的差异，这又是为什么呢？

金老师听了这些同学的意见后问大家，谁来解答这个疑问？

解答

我来回答。我认为大家在学习、使用K线时，一定要注意两个问题：

第一，K线所处的位置，位置不同其意义是不一样的。比如大阴线，当它在高位出现时，后市看跌，但当它在连续下跌情况下出现时，有可能给市场带来转机，此时就不能再盲目看空、做空了，要警惕市场说不定什么时候会出现绝地反击。因此，即使不看好后市，也应该在连续下跌后出现反弹时，再逢高了结，这样也可以减少一些损失。

第二，K线的力度。这里又包含着两层意思：一是它与成交量配合如何。比如，上涨信号出现时，成交量也跟着同步放大，这样的K线力度就比较强，反之就比较弱。二是时间因素，时间跨度越长的K线，信号的可靠性就越强。比如，月K线信号的可靠性要强于周K线信号，周K线的信号要强于日K线信号，等等。

现在，我们把K线分析中需要注意的第二个问题放在一边，先来着重讨论第一个问题。虽然大阳线就其原始意义来说是看多、做多的信号，但是其所处的位置不同，技术意义就发生了很大的变化。比如，当大盘或个股处于历史低位时,突然出现一根大阳线,在排除主力利用对倒方式拉大阳线制造骗线之外,就基本上可以确定它是一个积极看多、做多的信号,此时投资者应及时跟进为宜。但是,当大盘或个股处于历史高位时,尤其是在大幅上涨之后,突然出现一根大阳线,就不能把它看成是看多、做多的信号。那么,这又是为什么呢?道理很简单,因为指数或股价已经有了很大涨幅,此时,市场主力突然发力,急不可耐地拉出一根大阳线,这多半是为了出货而故意制造的一种做多的假象。其目的就是要让大家相信上涨将会继续,这样他们就可以顺利地出货。

有人问:高位拉出大阳线,后市就涨不上去,此事能肯定吗?我们认为,在股市里没有肯定的事,只能够说高位出现大阳线,后市看跌的概率比较大,后市看涨的概率很小。通常,在连续上涨之后,特别是已经有了很大涨幅的情况下,突然拉出一根大阳线,尤其是出现了明显的放量,日后下跌就很难避免。所以,人们才会把高位的大阳线视为一种见顶信号(见图 21、图 22)。

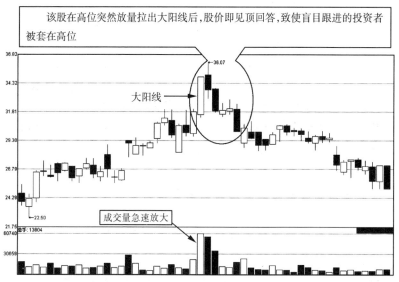

双鹤药业(600062)2008 年 4 月 2 日~2008 年 6 月 19 日的日 K 线走势图　图 21

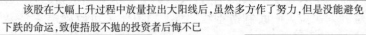

该股在大幅上升过程中放量拉出大阳线后,虽然多方作了努力,但是没能避免下跌的命运,致使捂股不抛的投资者后悔不已

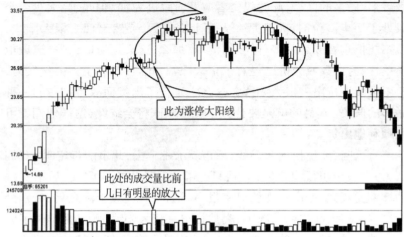

此为涨停大阳线

此处的成交量比前几日有明显的放大

宏图高科(600122)2007 年 10 月 30 日~2008 年 4 月 2 日的日 K 线走势图　图 22

有人问:同样作为大阳线操作示意图,为什么《股市操练大全》实战指导之一(即《股市操练大全》第六册)中画的大阳线操作示意图[注]与本书画的大阳线操作示意图有很大的不同呢? 原因是,《股市操练大全》实战指导之一中画的大阳线操作示意图,是将大阳线定位为上涨初期或中期出现的一种看多、做多的信号,而本书中画的大阳线操作示意图, 是将大阳线定位为上涨后期出现的一种看空、做空的信号,即见顶信号。由于两者定位完全不同,操作的程序、原则也就自然不相同了。

我们先来重温一下《股市操练大全》实战指导之一中画的大阳线操作示意图,看这张示意图到底提示了什么? 通常,这种大阳线是出现在上涨初期,少数情况下是出现在上涨中期。这个时候出现的大阳线,技术上是把它当成看多、做多的信号看待的。因此,对普通投资者

──────────

　【注】《股市操练大全》实战指导之一(第六册)中画的“大阳线操作示意图”,详见该书第 4 页~第 6 页。

来说,首要任务就是在大阳线之后,防止落入主力震仓洗盘的陷阱,不要看到大阳线之后有回调就匆忙出局。此时应该想到主力这样做可能是在洗盘,洗盘结束股价仍然会向上攀升(见图23)。所以在低位拿着筹码的投资者应该耐心再看一看,揣摩一下主力操作的意图,不要在低位让主力把筹码骗走。不过,与此同时我们还必须考虑到这样一个问题:即使大盘或个股在低位时拉出了一根大阳线,但它并不一定表示大盘或个股就此向上了。因为股价处于低位时,主力以大阳线诱多出货的情况也时有发生。沪深股市 10 多年来,已出现过很多这样的案例。

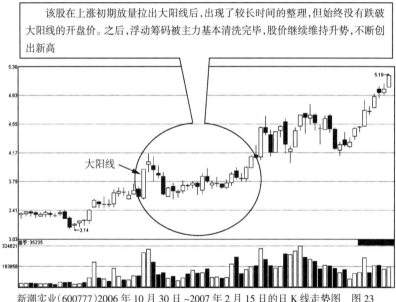

该股在上涨初期放量拉出大阳线后,出现了较长时间的整理,但始终没有跌破大阳线的开盘价。之后,浮动筹码被主力基本清洗完毕,股价继续维持升势,不断创出新高

大阳线

新潮实业(600777)2006 年 10 月 30 日~2007 年 2 月 15 日的日 K 线走势图　图 23

那么,主力为何要这样做呢? 其原因:或者是因为他们资金链出现断裂,不得不弃庄出局;或者是因为上市公司基本面出现恶化,主力预感不妙,只能以大阳线为掩护赶紧溜走,或者是……但是不管什么原因,只要是主力出逃了,这样的大阳线就是假的,后市必须看跌。可见,在上涨初期或中期出现大阳线,投资者首先应该把它当成一个看多、做多的信号,看好自己手中的筹码,不要在大阳线之后被主力

震仓震出去；其次要防止主力因为形势对他们不利，从而将大阳线作为诱饵，吸引大家进来，他们可以溜之大吉。有鉴于此，我们在《股市操练大全》实战指导之一（即《股市操练大全》第六册）里设计了针对上面这两种现象的大阳线操作示意图。设计那张示意图的目的就是要告诉大家，在什么情况下，可以积极看好；在什么情况下，可以一般看好；在什么情况下，不应该看好。最后，图中以大阳线的开盘指数（开盘价）作为看多或看空的底线，一旦投资者发现这个底线被击破，就必须及时止损出局。

但是，本书设计的大阳线操作示意图，其性质就不一样了。因为这种大阳线通常出现在上涨后期，除少数特殊情况之外，它多半为一种见顶信号。对投资者来说，当务之急就是要密切关注主力是否已经出逃了。也就是说，投资者一旦发现苗头不对，就应及时止损离场，不能再留在盘中泡着，否则，就会遭受巨大的投资风险。比如，投资者看到大阳线之后股价出现回调，千万不要先猜想是主力在震仓洗筹（这样的想法基本上是错的），而要先想到是主力以大阳线为障眼法在悄悄出货。正是立足于这一点，本书设计了一种主要是针对上涨后期出现的大阳线操作示意图。图中不断提醒投资者要以防范风险为主，并提出了一些可操作的具体建议（编者按：关于主力如何利用拉大阳线进行诱多出货的，本书中篇在揭示主力出货手法时，将会详细向大家介绍，这里就不展开了）。

金老师说:如何运用单根 K 线识顶、逃顶的技巧,我们已经讨论了很多,现在暂时告一个段落。接下来,我们再与大家一起分析关于运用两根 K 线识顶、逃顶的问题。

两根 K 线中的一些顶部信号,由于形状相差不多,很多人在使用时容易把它们搞错。为了防止出错,有人经过研究画了一张表,用一些生动、形象的语言,把它们区分开来,另外表中对两根 K 线见顶信号各自出现的频率、信号强度也都作了简要概括。我认为这张表对大家识顶、逃顶是有一定帮助的,今天我把它介绍给大家。

现在先请大家把表中空白处填充,然后再举例说明。

两根 K 线见顶示意一览表

正规名称	别　名	基本图形	变化图形	出现次数
身—六—	风云突变			较少见
—友—攻	黑云压阵			少见
——盖顶	长驱直入			常见
倾盆——	暴雨成灾			一般
穿—破—	天狗吞吃			最常见

表4

填充:身怀六甲、淡友反攻、乌云盖顶、倾盆大雨、穿头破脚[注]。

我认为,"两根K线见顶示意一览表"是很有实用价值的。过去因为两根K线的见顶信号,大致上都差不多,不容易记住,现在有了这张表,特别是把这些示意图形用一些生动形象的语言进行描绘后,各自的特征马上就显露出来了,而且不容易忘记。

把基本的图形记住,这是用它来识顶、逃顶最根本的保证,否则,连图都不认识,一切就无从谈起了。

下面我们分别就如何识别这些图形,作一些简单扼要的分析。

一、身怀六甲。这个K线组合在股市中出现的频率并不高,但是它一旦在高位出现,其见顶的意味是很强的。因为这个图形比较特别,不大好记,有人看了之后就忘了。但是,如果看了它的示意图后,再把上面表中讲的"风云突变"几个字与它联系起来,脑子里会留下深刻的印象,这样就不容易忘记了。试想,当行情上涨时拉出一根大阳线或中阳线,营造一个做多氛围,但出乎大家意料的是,第二天突然之间,又马上在这根阳线中间嵌进了一根小阴线或十字线,形势顿时出现很大变化,这不是风云突变吗?所以,投资者观察K线时,如果头脑里有了"风云突变"这个概念,那么看到"身怀六甲"这个图形时就能马上认出来,并能在思想上引起高度警惕,及时作好出逃的准备。可见,这样对投资者识顶、逃顶,防范风险都有很大的好处。下面我们来看两个实例。

实例一:保利地产(600048)。从图24中看,该股在最后一轮上涨行情中连拉9根阳线,多头气势十分强盛。在第9根阳线之后,突然出现一根螺旋桨的K线,而其阴线实体正好嵌在前面一根中阳线实

【注】 上述K线形态的基本特征、技术意义,《股市操练大全》第一册第一章均有详细介绍("身怀六甲"可参阅该书第67页~第70页;"淡友反攻"可参阅该书第122页、第123页;"乌云盖顶"可参阅该书第52页~第55页;"倾盆大雨"可参阅该书第56页~第58页;"穿头破脚"可参阅该书第70页~第72页)。

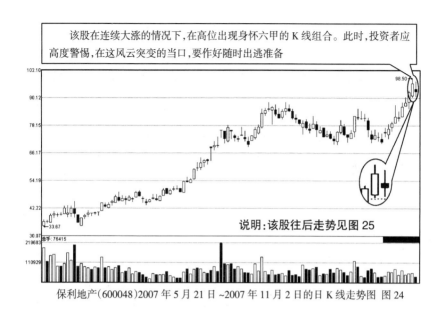

该股在连续大涨的情况下,在高位出现身怀六甲的 K 线组合。此时,投资者应高度警惕,在这风云突变的当口,要作好随时出逃准备

102.10

98.50

90.12

78.15

66.17

54.19

42.22

33.67

30.07

说明:该股往后走势见图 25

219683

76415

110929

保利地产(600048)2007 年 5 月 21 日~2007 年 11 月 2 日的日 K 线走势图 图 24

体的中间,形势一下子风云突变。这风云突变的走势,意味着行情可能走到头了,接下去股价就会出现一轮深幅调整。后来,果然不出所料,该股自出现身怀六甲这个 K 线组合后,股价就出现了大幅下跌(见图 25)。

实例二:浦发银行(600000)。从图 26 中看,该股也是在高位拉出一个"身怀六甲"的 K 线组合后才见顶回落的。不过,这个身怀六甲与常规图形有所差别,是一个变化图形,犹如腹中怀了一个双胞胎(一根大阳线的实体中间嵌入了 2 根小阴线)。打这之后,股价就出现了深幅下挫。

二、淡友反攻。这也是由两根 K 线组合在一起的见顶信号,它在股市中出现的次数少。但一旦在高位出现这样的图形,后市就大为不妙了。在"两根 K 线见顶示意一览表"中,有人给它起了一个别名,称之为"黑云压阵"。顾名思义,股价在上涨途中遇到这样的黑云压在头顶上,那往后的走势就岌岌可危了。虽然 K 线图上有时出现淡友反攻这样的图形后,股价不会因此马上跌下来,但这个压在多方头上

(上接图 24)瞧! 该股自高位出现身怀六甲的见顶信号后,股价就出现了大跌,从最高价 98.50 元跌至 11.00 元(截至 2008 年 12 月 31 日)。这个跌幅是相当惊人的(注:因该股除权过,如按复权价计算,实际最大跌幅为 77.65%)

保利地产(600048)2007 年 9 月 5 日 ~2008 年 9 月 12 日的日 K 线走势图　图 25

这是身怀六甲的变化图形(见图中画圈处)。自从它出现后,该股形势即风云突变,多方节节败退。仅半年多时间,股价就从 61.97 元跌至 10.77 元,跌幅高达 82.62%

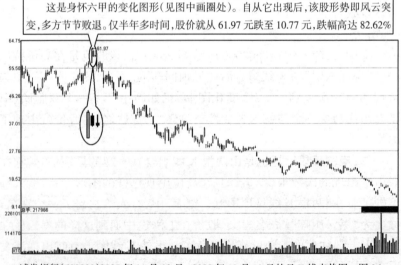

浦发银行(600000)2007 年 11 月 13 日 ~2008 年 10 月 10 日的日 K 线走势图　图 26

的"黑云",一旦化成"暴雨"从天而降,那么,股价就很有可能出现大跌。下面我们看两个实例。

实例三:深赤湾A(000022)。虽然该股出现淡友反攻(见图27中画圆圈处)后,并没有马上跌下来,相反股价还出现了几天的上涨,但这仅仅是昙花一现而已,随后股价就出现了连续下跌的走势。

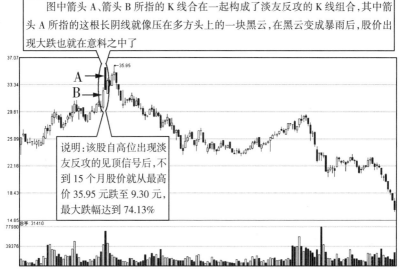

图中箭头A、箭头B所指的K线合在一起构成了淡友反攻的K线组合,其中箭头A所指的这根长阴线就像压在多方头上的一块黑云,在黑云变成暴雨后,股价出现大跌也就在意料之中了

说明:该股自高位出现淡友反攻的见顶信号后,不到15个月股价就从最高价35.95元跌至9.30元,最大跌幅达到74.13%

深赤湾A(000022)2007年7月6日~2008年3月18日的日K线走势图　图27

实例四:赛格三星(000068)。图28是该股某一阶段的周K线走势图。虽然该股在上涨途中出现淡友反攻的K线组合,但是股价并没有马上跌下来。它在横盘2个多月时间后才选择向下突破(见图29)。从图28中可以明显地看出,淡友反攻中的长阴线确实像一块黑云压得多方喘不过气来(注:后面几根周K线的收盘价都收在这根长阴线的开盘价下方),因此,投资者对其负面作用一定要高度重视。

三、乌云盖顶。这是股市中常见的一种K线组合。在上涨行情中,尤其是股价(指数)大涨之后,一旦出现乌云盖顶的K线组合,行情见顶的意味就特别强烈(乌云盖顶中的长阴线,深入前面阳线实体的部分越多,后市形势就越严峻)。此时,稳健型投资者可选择暂时退出,大家别让图中的强势盘整麻痹了,更不能想当然地认为股价就此会涨上去。因为箭头 A、箭头 B 所指的两根 K 线已构成淡友反攻的 K 线组合。淡友反攻是见顶信号,尤其是箭头 A 所指的这根长阴线,它像一块黑云死死压在多方头上。如不出意外,这块黑云一定会变化成狂风暴雨,将股价狠狠地打下来

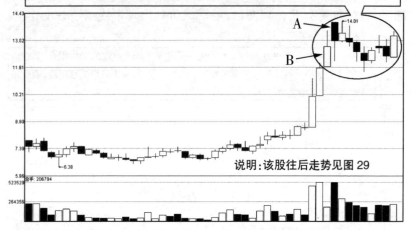

说明:该股往后走势见图 29

赛格三星(000068)2003 年 4 月 11 日~2004 年 4 月 2 日的周 K 线走势图 图 28

　　(上接图 28)瞧! 在这根长阴线的压制下,该股就没有抬过头。投资者看到这根长阴线,就要想到它是即将变化为暴雨的黑云,此时,不妨先把股票卖出躲起来再说。不然的话,当暴雨真的来临时,股价就会出现大跌,到那时想到躲起来就已经晚了

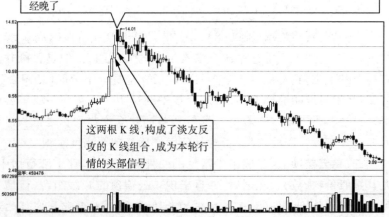

这两根 K 线,构成了淡友反攻的 K 线组合,成为本轮行情的头部信号

赛格三星(000068)2003 年 6 月 6 日~2005 年 12 月 9 日的周 K 线走势图　图 29

其他类型的投资者也可以先抛掉一些筹码，余下的筹码可视乌云盖顶之后的走势而定。如果发现在这之后，股价重心出现下移，就基本上可以确定乌云盖顶的见顶信号已被市场确认，此时就要想到股价极有可能出现大跌。到了这个关键时刻，手中仍持有股票的投资者就不能再犹豫了，应将筹码全部抛空出局。下面我请大家看两个实例。

实例五：一致药业（000028）。图30中显示，该股在反弹时出现乌云盖顶的K线组合，随即就见顶回落，仅4个月时间股价就跌去了一半以上。

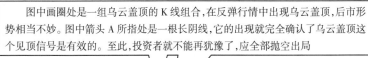

图中画圈处是一组乌云盖顶的K线组合，在反弹行情中出现乌云盖顶，后市形势相当不妙。图中箭头A所指处是一根长阴线，它的出现就完全确认了乌云盖顶这个见顶信号是有效的。至此，投资者就不能再犹豫了，应全部抛空出局

一致药业（000028）2008年2月5日~2008年9月9日的日K线走势图　图30

实例六：新都酒店（000033）。图31是该股2006年11月10日~2008年10月31日的周K线走势图。从图中看，该股的顶部就是由乌云盖顶构成的。这个乌云盖顶十分厉害，一根大阴线长驱直入，几乎把前面的一根大阳线全部吞吃干净，使得形势一下子变得非常严峻。

四、倾盆大雨。这是一组杀伤力很强，但平时并不多见的K线组合。因为该K线组合的第二根阴线已经击穿了前面一根阳线的开盘价，形势一下子变得非常糟糕，所以有人给它起了个别名叫"暴雨成

灾"。可想而知,暴雨成灾是会什么样子。所以,在股价上涨时,特别是在股价出现大幅上涨的情况下,一旦发现倾盆大雨这种 K 线组合,就应该意识到行情已经见顶了,接下去股价就会出现重挫。下面我请大家看两个实例。

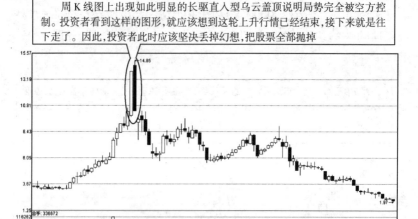

> 周 K 线图上出现如此明显的长驱直入型乌云盖顶说明局势完全被空方控制。投资者看到这样的图形,就应该想到这轮上升行情已经结束,接下来就是往下走了。因此,投资者此时应该坚决丢掉幻想,把股票全部抛掉

新都酒店(000033)2006 年 11 月 10 日~2008 年 10 月 31 日的周 K 线走势图　图 31

　　实例七:巢东股份(600318)。图 32 是该股某阶段的日 K 线走势图。该股在高位出现倾盆大雨的 K 线组合后,股价就见顶了,从此该股再也没有创过新高。不到 10 个月,该股就从最高价 16.18 元跌至2.61 元,跌幅竟高达 83.87%。可见,倾盆大雨的确是一个杀伤力非常强的见顶信号。

　　实例八:有研硅股(600206)。从图 33 中看,该股在高位区出现倾盆大雨的 K 线组合后,股价并没有马上跌下来,而是出现长时间横向整理。很多人把这个整理看作多方在蓄势。其实,这个想法是错的。这是主力在利用它进行出货(注:关于主力如何利用横盘出货的问题,本书后面会有详细介绍,请读者留意)。投资者要注意的是,在股价大幅上涨后,出现倾盆大雨的 K 线组合,只要以后连续几天股价重心在

下移,就应该认为这个见顶信号是有效的。投资者能认识到这一点很重要,这样就会在横盘时选择出逃,而不会等到横盘结束,破位下行时再走。

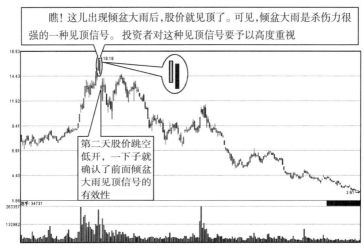

瞧!这儿出现倾盆大雨后,股价就见顶了。可见,倾盆大雨是杀伤力很强的一种见顶信号。投资者对这种见顶信号要予以高度重视

第二天股价跳空低开,一下子就确认了前面倾盆大雨见顶信号的有效性

巢东股份(600318)2007年10月25日~2008年11月4日的日K线走势图　图32

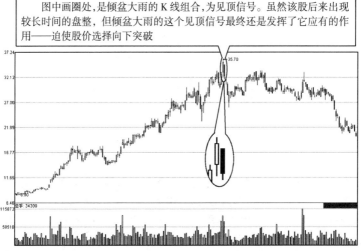

图中画圈处,是倾盆大雨的K线组合,为见顶信号。虽然该股后来出现较长时间的盘整,但倾盆大雨的这个见顶信号最终还是发挥了它应有的作用——迫使股价选择向下突破

有研硅股(600206)2006年11月24日~2007年11月9日的日K线走势图　图33

金老师说:上一堂课我们讨论了"身怀六甲"、"淡友反攻"、"乌云盖顶"、"倾盆大雨"这4个见顶信号,因时间关系,每个信号只举了两个例子,可能简单了点,以致有些道理还没有讲透,此事还请大家原谅。

根据教学计划,有一节课的时间可以用来重点讨论其中一组K线的见顶问题。我把这节课安排为重点讨论"穿头破脚"这个信号。我想大家只要把穿头破脚这个信号分析透了,就能举一反三、触类旁通,这样就可以弥补前面的不足。如此一来,用两根K线识顶、逃顶的讨论就能画上一个完美的句号。

现在我请大家思考两个问题:①为什么要选择穿头破脚作为重点讨论的对象?②投资者在利用穿头破脚这个信号进行识顶、逃顶时要注意哪些问题?

我认为选择穿头破脚这个信号作为重点讨论的对象,首先,因为它是所有见顶的K线组合信号中(不包括单根K线)出现频率最高的一种;其次,该信号集中了淡友反攻、乌云盖顶、倾盆大雨等这些K线见顶信号的所有特点[注];第三,该信号准确性较高。如果我们把这个信号研究透了,那么,对其他两根K线见顶信号中没有说透的问题,就可以迎刃而解了。

根据有关资料统计,在股价上涨,尤其是大幅上涨时,出现穿头破脚这样的信号,其见顶的意味是相当浓的。不过,该信号出现后,股

【注】 淡友反攻这个K线组合的特点是,一根长阴线在头上悬着,形成黑云压阵之势;乌云盖顶这个K线组合的特点是,一根长阴线深入前面阳线实体的1/2以上部位,形成长驱直入之势;倾盆大雨这个K线组合的特点是,一根长阴线已经击破前面阳线的开盘价,形成暴雨成灾之势。而穿头破脚这个K线组合同时具有了"黑云压阵"、"长驱直入"、"暴雨成灾"的特点,因为它后面的长阴线已从上到下把前面的阳线都吞吃了。

价一般会出现两种走势:第一种走势是,穿头破脚这个信号出现后,股价立刻见顶回落;第二种走势是穿头破脚这个信号出现后,股价并没有马上跌下来,而是经过一段时间盘整,最后才选择向下突破。

现在,我们先来分析第一种走势。在穿头破脚这个信号出现后,股价立刻见顶回落。这是一种最糟糕的走势。投资者必须予以高度重视,在这种情况下,投资者只能选择马上出逃,全线抛空。下面请大家看两个实例。

实例一:鼎立B股(900907)。该股除权后,先是下探,尔后出现了一波上涨行情,但自从高位出现穿头破脚的K线组合(见图34中画圈处)后,股价就见顶回落。从2008年3月7日最高价1.225元(注:沪市B股是以美元计价的)跌至2008年11月4日最低价0.242元,跌幅竟高达80.24%,致使没有及时出逃的投资者输得惨不忍睹。

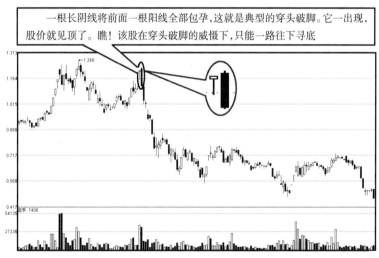

鼎立B股(900907)2007年12月5日~2008年8月18日的日K线走势图 图34

实例二:中国石化(600028)。这是沪深股市中权重最大的股票之一。它在2006年这轮大牛市中风光十足。但它见顶的形式也很简单明了,在高位出现穿头破脚后,股价就见顶了(见图35)。此后,该股就跌跌不休,一路走熊。

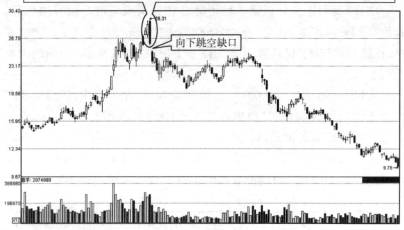

图中画圈处是一组穿头破脚的图形。在该图形出现后,紧接着第二天马上出现一个向下跳空缺口,从而确认了这个穿头破脚见顶信号的有效性。看懂这个图形的人就应马上出逃。否则情况只能越等越糟糕

向下跳空缺口

中国石化(600028)2007年8月9日~2008年4月21日的日K线走势图　图35

下面我们再来分析第二种走势。第二种走势是很麻痹人的,一些投资者就是因为被它麻痹,从而放松了警惕,最后栽了跟头。有人看到穿头破脚的见顶信号出现后,股价并没有马上跌下来,有的还出现较长时间的盘整。此时,这些投资者会想,主力(庄家)是否借助穿头破脚这个见顶信号,在刻意打压进行洗盘。但是,他们忘了洗盘只会发生在股价的低位区,少数可能发生在股价的中位区,但绝不可能发生在股价的高位区。如果在行情大幅上涨后,看到股价远远超过其内在价值,进入高位区,此时,主力(庄家)就会为了出货玩弄各种花招。由此我们可以明白一个道理:高位出现穿头破脚后,股价之所以没有跌下来,就是因为主力(庄家)的货还没有出完。一旦主力(庄家)把货出得差不多了,股价就会很快跌下来。有鉴于此,投资者必须坚持一个操作原则:只要确认股价进入高位区,即使在穿头破脚出现后股价没有马上跌下来,也不能放松警惕,而要抓紧时间赶快出逃。下面我们来看两个实例。

实例三:合加资源(000826);实例四:长城电脑(000066)。这两个

股票在高位出现穿头破脚(见图 36、图 37 中画圈处)的见顶信号后,股价就进入较长时期的上下震荡,但最终都选择了向下破位。

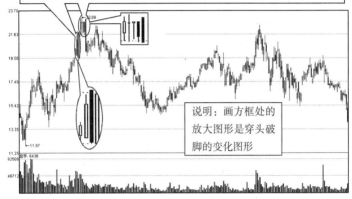

从图中看,该股在高位拉出两个穿头破脚的 K 线组合,股价并没有马上跌下来,之后,股价虽然有所下跌,但随后就出现长时间的上下震荡。当时很多人给这种走势迷惑了。其实,看得懂穿头破脚信号的投资者知道,该股上升行情早已结束,后面的上下震荡都是主力出货所为。待主力把货出完了,股价就会很快跌下来

说明:画方框处的放大图形是穿头破脚的变化图形

合加资源(000826)2007 年 5 月 30 日 ~2008 年 6 月 17 日的日 K 线走势图 图 36

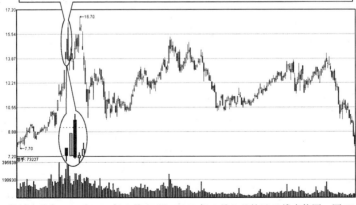

瞧!该股在这儿出现穿头破脚后,股价并没有立即跌下来,随后出现了长时间的震荡行情。这一切都是因为主力为了充分出货所致。等主力把股票抛光后,股价就出现了大幅下跌

长城电脑(000066)2007 年 3 月 12 日 ~2008 年 4 月 2 日的日 K 线走势图 图 37

对股价进入高位区后出现穿头破脚的信号，将会产生两种不同的走势，我们已进行了详细分析。接下来，我再与大家一起讨论，运用穿头破脚这个信号进行识顶、逃顶时必须注意的几个问题。

第一，当高位出现穿头破脚的K线组合时，投资者一定要及时作好止损出逃的准备。通常，高位发出穿头破脚的见顶信号后，股价走势会出现两种情况：一种是马上出现下跌；另一种是经过短暂盘整后再出现下跌。但不管是马上下跌还是以后再下跌，结果都是一样的，往下走几乎成了一种必然的归宿。有鉴于此，投资者一定要记住：在高位出现穿头破脚后，即使没有发现股价（指数）马上下跌，也应及时停损离场，这是一种最明智的选择。

有人担心，如果主力（庄家）利用穿头破脚进行洗盘，那么出逃不是正好中了主力（庄家）的圈套吗？对这个问题我是这样认识的，主力（庄家）是否在震仓洗盘（编者按：关于这个问题，本书附录《震荡出货与震荡洗盘的区别及应对策略》有详细论述，读者可留意），主要就看股价（指数）是处在高位区还是低位区。当投资者看到股价已有了很大涨幅后，在技术上显示疲态时，应判断股价（指数）已进入高位区，此时应考虑卖出而不是持股。另外，从穿头破脚出现之后的K线走势上也能作出判断。比如，在发生穿头破脚的现象后，股价（指数）重心在下移，那就应该看淡后市。一般来说，只要往后个股的收盘价（如果是大盘，即为收盘指数，下同）没有超过穿头破脚长阴线的开盘价[注]，就不应该盲目看好后市，而应该保持谨慎的投资态度。

第二，穿头破脚作为见顶信号，其信号的强弱与下列因素有关：①股价（指数）是否处在高位；②穿头破脚中的阴线实体是不是很长；③被这根阴线吞吃的K线是不是很多。如果这3个答案都是肯定的，那么该信号就属于超强状态，这样股价（指数）下跌就几无悬念；如果有两个答案是肯定的，那么，该信号就属于强势状态，股价（指数）下

【注】 这是一个最起码的条件。其实，在个股（大盘）上涨途中出现穿头破脚后，只有往后能连续3天收在穿头破脚长阴线的开盘价之上，并且超过3%，投资者才能认为穿头破脚的风险被化解了，可谨慎看好其后市。

跌的概率可达到 80%;如果只有一个答案是肯定的,那么,该信号就属于较强状态,股价(指数)下跌的概率可在 60%~70% 之间。

根据穿头破脚信号的强弱,我们建议投资者可以这样操作:①如果发现信号属于超强状态,就应该马上抛空出局;②如果发现信号属于强势状态,可先抛出一半以上的筹码,留下的筹码看形势变化再说(比如,未察觉股价重心在向下,那就可以继续持股观望,但是,一旦察觉股价重心向下,就应该及时止损离场);③如果发现信号属于较强状态,可先抛出 1/3 筹码,留下的筹码可观察后面的走势再定,往后只要看到穿头破脚的见顶信号被有效确认,就应该将筹码及时处理掉,以出局观望为宜。

第三,识图是关键,不识图就一切无从谈起。虽然,穿头破脚的基本图形[注]很容易识别,但在实际走势中,真正与基本图形相似的并不多,大多数都是变化图形。这就给投资者正确辨认它带来了一定困难。另外,从我们了解的情况中发现,穿头破脚的变化图形之多,在所有的 K 线图形中当属首屈一指。因此,如何能又快又好地识别出穿头破脚的图形,这就成了投资者不但不能回避,并且要高度重视的一个现实问题。多年的实战经验告诉我们,要解决好这个问题,就一定要多实践、多看图。现在为了帮助大家提高对顶部穿头破脚图形的识别能力,本书选登了一些实战图案,供读者参考。

一、由两根 K 线构成的顶部穿头破脚“脸谱”图
(以下图案均为日 K 线图形)

(1)　　　　　(2)　　　　　(3)　　　　　(4)

出处:江淮动力(000816)　出处:长丰汽车(600991)　出处:风帆股份(600482)　出处:金丰投资(600606)
时间:1998 年 6 月 25 日　时间:2008 年 5 月 28 日　时间:2008 年 2 月 19 日　时间:2007 年 5 月 15 日

【注】　关于穿头破脚的基本图形与特征,详见《股市操练大全》第一册第 70 页~第 72 页。

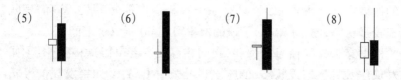

出处:大通燃气(000593)　出处:联华合纤(600617)　出处:瓦轴B(200706)　出处:浙江阳光(600261)
时间:2008 年 5 月 23 日　时间:2007 年 4 月 30 日　时间:2007 年 5 月 15 日　时间:2008 年 1 月 25 日

二、由两根以上 K 线构成的顶部穿头破脚"脸谱"图
(以下图案均为日 K 线图形)

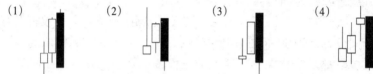

出处:永生数据(600613)　出处:美利纸业(000815)　出处:安凯客车(000868)　出处:亚星化学(600319)
时间:2007 年 9 月 7 日　　时间:2007 年 9 月 19 日　时间:2008 年 5 月 7 日　　时间:2008 年 3 月 4 日
~2007 年 9 月 11 日　　　~2007 年 9 月 24 日　　~2008 年 5 月 9 日　　　~2008 年 3 月 7 日

出处:首旅股份(600258)　出处:两面针(600249)　出处:大杨创世(600233)　出处:苏州固得(002079)
时间:2007 年 9 月 7 日　　时间:2008 年 2 月 20 日　时间:2008 年 3 月 4 日　时间:2008 年 2 月 18 日
~2007 年 9 月 12 日　　　~2008 年 2 月 25 日　　~2008 年 3 月 10 日　　~2008 年 2 月 22 日

  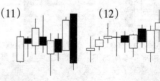

出处:民生银行(600016)　出处:山西焦化(600740)　出处:香江控股(600162)　出处:海王生物(000078)
时间:2007 年 11 月 6 日　时间:2007 年 9 月 18 日　时间:2007 年 9 月 17 日　时间:2008 年 3 月 4 日
~2007 年 11 月 13 日　　~2007 年 9 月 25 日　　~2007 年 9 月 26 日　　~2008 年 3 月 17 日

(13)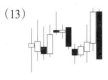

出处:铜峰电子(600237)
时间:2007 年 8 月 27 日
~2007 年 9 月 11 日

(14)

出处:健康元(600380)
时间:2007 年 10 月 9 日
~2007 年 10 月 26 日

(15)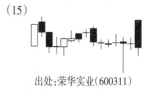

出处:荣华实业(600311)
时间:2007 年 9 月 19 日
~2007 年 10 月 16 日

说明:

①上面这些图形都是从实际走势图上剪辑下来的,本书未作任何修饰。因图形真实可靠,所以具有较大的参考价值。

②本栏中标明这些图形为日 K 线图,并不是说这样的图形,只能出现在日 K 线走势上。它只是告诉读者,若要查该原始图形,只能从其日 K 线图中才能查到。大家要记住,股市中的图形都是相通的。这也就是说,本栏中的 15 幅图,既可以出现在往后日 K 线走势上,也可以出现在往后的周 K 线或月 K 线走势上。

③我们把本栏的图形取名为"脸谱"图,意思是说,顶部穿头破脚见顶的实际走势图形大致就是这个样子。投资者只要把这些图形弄清楚,心中就有数了。以后在操作中再碰到类似的走势图形,就知道如何进行积极应对,这样就可以大大降低投资风险。

第四,操作时要有大局观。我们在判断大盘或个股走势时,首先要看月 K 线走势,然后再看周 K 线、日 K 线走势如何。如果发现月 K 线图上出现顶部穿头破脚的信号,就应该在战略上看空、做空;如果发现周 K 线图上出现顶部穿头破脚的见顶信号,就应该在战役上看空、做空。从操作层面上讲,在日 K 线图上出现顶部穿头破脚的见顶信号,只能作为战术上看空、做空的理由。有人问:如果发现月 K 线图上出现顶部穿头破脚的见顶信号,就要对它进行战略上看空、做空,那么具体应该如何操作? 这里我们举两个例子予以说明。

实例五:中信证券(600030)。图 38 是该股的一张月 K 线走势图。从图中看,该股在高位出现穿头破脚后,股价就呈一路下跌的态势。

所以,从原则上说,一旦发现它在月K线图上出现顶部穿头破脚的见顶信号,投资者就应该马上将手中的股票卖出,并且卖出之后,在较长时间里都不能再看好它(编者按:往后只有等它股价跌深了,在月K线图上发出了明显的见底信号后,投资者才可以对它试着看多、做多,否则,就一直对它持观望态度)。这就是我们上面说的,在股价大涨后,如果发现在月K线图上出现顶部穿头破脚的见顶信号,就必须对它进行战略上看空、做空的意思。

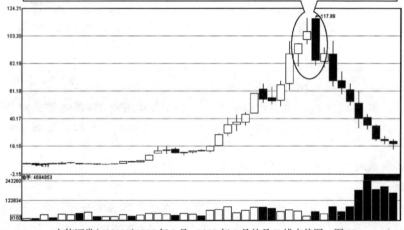

本图为月K线走势图。图中画圈处是一个穿头破脚的K线组合。这个穿头破脚中的长阴线一下子把前面的2根阳线都吃掉了,致使形势即刻变得非常严峻。投资者见此图形后,应马上把股票卖出,对它实施战略上看空、做空,这样就可以逃掉后面的惨跌,保存自己的实力

中信证券(600030)2005年2月~2008年8月的月K线走势图 图38

实例六:深振业A(000006)。图39是该股于1995年3月~2005年9月的月K线走势图。图中显示,该股一轮大的上升行情只用了一年半时间,而下跌行情却用了8年时间。投资者仔细观察可以发现,结束这轮历时一年半上涨行情的是月K线图上一个穿头破脚的K线组合(见图39中画圈处)。之后,该股就连跌8年,股价最大跌幅竟超过八成。

第五,在分析行情走势时,要学会用大道理来管住小道理,这样

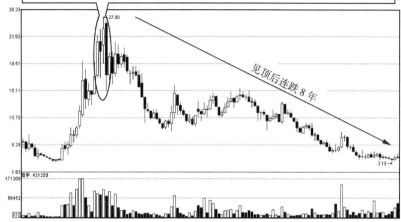

这是一张月 K 线走势图。瞧! 图中画圈处这儿出现了穿头破脚,见顶信号十分明显。如果投资者在此处对该股实行战略性看空、做空,那么,之后该股连续 8 年大跌的风险就可被避免了

见顶后连跌 8 年

深振业 A(000006)1995 年 3 月~2005 年 9 月的月 K 线走势图　图 39

才不会对行情作出误判。比如,我们在观察某股票的走势时,只是在月 K 线或周 K 线中发现顶部穿头破脚的信号,而其日 K 线走势中并没有发现这样的信号,而且日 K 线的表面走势有时还很乐观。此时,投资者应该如何作出抉择呢? 其抉择的原则就是时间短的要服从时间长的,即日 K 线要服从周 K 线,周 K 线要服从月 K 线。也就是大家通常说的,小道理要服从大道理。现在,我们不妨来看一个实例。

实例七:葛洲坝(600068)。我们先来看它的日 K 线走势图(见图 40)。从日 K 线走势图上,大家不一定能看出该股正在走向衰弱,可能有人看了它当时的日 K 线走势,还会认为有一波新的上升行情正在呼之欲出 (因为日 K 线图中的短期均线已形成多头排列,MACD 也回到 O 轴之上,开始走好)。但此时,我们如果把它的周 K 线走势图 (见图 41)打开,大家就能看明白该股走势并不好,而且不是一般的不好,形势十分严峻。其实,它早就失去了向上做多的动力,向下调整是必然的。原因很简单,因为周 K 线图显示,该股前面出现了一个十分显眼的穿头破脚 K 线组合(见图 41 中画圈处),此图形的出现,表

明该股上升行情已经结束。该股之所以没有马上跌下来,只是因为主力(庄家)还没把货出完。此后的横盘震荡并不是多方在蓄势,而是因为主力(庄家)在不断地派发手中的筹码才形成的一种特有现象。一旦主力(庄家)把筹码派发完了,股价必定会出现大跌(见下页图42)。

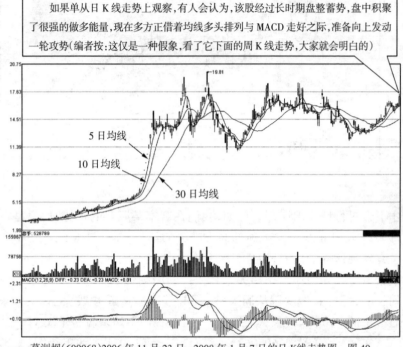

　　如果单从日 K 线走势上观察,有人会认为,该股经过长时期盘整蓄势,盘中积聚了很强的做多能量,现在多方正借着均线多头排列与 MACD 走好之际,准备向上发动一轮攻势(编者按:这仅是一种假象,看了它下面的周 K 线走势,大家就会明白的)

5 日均线

10 日均线

30 日均线

葛洲坝(600068)2006 年 11 月 23 日~2008 年 1 月 7 日的日 K 线走势图　图 40

　　上面我们同大家讨论了在运用穿头破脚这个信号进行识顶、逃顶时,必须注意的几个问题,以及高手在实际操作时的一些经验。其实,这些内容不光是针对投资者运用某一个见顶信号说的,它对投资者在运用其他 K 线见顶信号进行识顶、逃顶时,同样有着重要的参考作用(因为所有 K 线见顶的原理都是一样的)。我们相信,投资者只要做一个有心人,就可以拿它来进行举一反三,触类旁通,从而在运用K 线识顶、逃顶中获得很大的成功。

这是一张周K线走势图。图中画圈处为穿头破脚的K线组合，它宣告了该股上升行情已经终结。如果投资者看明白这一点，就可趁主力在横盘拉高出货时也跟着一起卖出。但令人痛惜的是，那些只注意看日K线走势，而忘了看周K线走势，以为该股横盘结束后，主力还会把股价做上去的投资者，到最后都吃了大亏

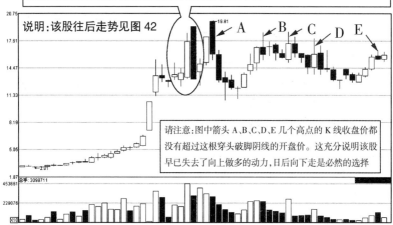

说明：该股往后走势见图42

A B C D E

19.81

请注意：图中箭头A、B、C、D、E几个高点的K线收盘价都没有超过这根穿头破脚阴线的开盘价。这充分说明该股早已失去了向上做多的动力，日后向下走是必然的选择

葛洲坝(600068)2006年11月~2008年1月的周K线走势图　图41

（上接图41）瞧！等主力(庄家)把货出完了，股价就往下走了，致使那些持股不抛，以为横盘后股价还要往上走的投资者吃了大亏。所以，当看到在周K线图上出现如此明显的顶部穿头破脚的图形时，就应该认识到日K线走势向好是一种假象，主力(庄家)绝不可能再把股价做上去了。跟着主力顺势做空，应该是投资者最明智的选择

在周K线中，穿头破脚的图形非常明显

19.81

葛洲坝(600068)2006年11月~2008年8月的周K线走势图　图42

53

金老师说：前面我们用很大篇幅讨论了如何运用单根 K 线、两根 K 线进行识顶、逃顶的问题。其中很多内容是讲如何用 K 线判断顶部，以及与之相关的操作原理与注意事项。今天，我们在讨论用 3 根 K 线的信号来识别顶部时，就要化繁为简，操作原理与注意事项这些内容都省掉了（因为再讲就重复），现在重点讨论它的形态。

请问：①在 3 根 K 线组合中，有多少是以见顶信号的面目出现的，它们各自的名称是什么？②在 3 根 K 线的见顶信号中，我们应该重点关注什么信号？为什么？

以 3 根 K 线组合成的见顶信号有"升势停顿"、"两黑夹一红"、"黄昏之星"、"下跌三连阴"等[注]几种形式。

根据有关资料统计，当股价在高位见顶时，出现升势停顿、两黑夹一红的情况并不多见，较多的是下跌三连阴与黄昏之星。

下面我分别对它们作些介绍。现在，我先向大家介绍两种不常见的见顶信号。

一、升势停顿。 该 K 线组合的主要特点是：第三根阳线的实体显得特别短小。出现这种情况，反映多方做多的能量已经跟不上。在股价大幅上涨后，出现升势停顿的 K 线组合，预示着股价很可能就此见顶回落。

【注】 关于"升势停顿"K 线组合的特征、技术意义，详见《股市操练大全》第一册第 88 页 ~ 第 90 页；关于"两黑夹一红"K 线组合的特征、技术意义，详见《股市操练大全》第一册第 115 页 ~ 第 117 页；关于"黄昏之星"K 线组合的特征、技术意义，详见《股市操练大全》第一册第 64 页 ~ 第 66 页；关于"下跌三连阴"K 线组合的特征、技术意义，详见《股市操练大全》第一册第 138 页 ~ 第 140 页。

实例一：马钢股份（600808）。从图 43 中看，该股在高位出现升势停顿的 K 线组合后，股价就见顶回落了，而且回落之后股价就再也没有创出新高。该股于 2008 年 8 月 11 日最低跌至 4.12 元，跌幅达 73.33%。

> 图中画圈处的左侧是一组升势停顿的 K 线组合，这是一个见顶信号。图中画圈处的右侧几根 K 线已将升势停顿的 3 根 K 线完全吞没。这样，这个见顶信号就完全被确认了。此时，投资者应该马上出逃，否则，就会遭受惨重的损失

马钢股份（600808）2007 年 8 月 3 日 ~2008 年 8 月 11 日的日 K 线走势图　图 43

二、两黑夹一红。该 K 线组合的主要特点是：两根较长的阴线将一根阳线夹在中间，而且后一根阴线已将当中的阳线实体全部覆盖。在涨势中出现这样的图形，见顶的意味是很浓的。

实例二：济南钢铁（600022）。图 44 中显示，该股在上涨途中出现两黑夹一红的 K 线组合后，股价就向下回落，经过一段时期盘整后再度向下破位，并创出新低。

前面，我已经讲过升势停顿、两黑夹一红的 K 线组合，虽然也是一种见顶信号，但它们出现的频率并不高。如果从实战角度出发，我们识顶、逃顶时，应该把眼光盯在出现频率较高的——下跌三连阴与黄昏之星上。下面，我就与大家重点讨论这两个图形。

三、下跌三连阴。该 K 线组合的主要特点是，从高位接连出现 3 根阴线，这 3 根阴线的跌幅都比较大，且这 3 根阴线多半是大阴线或

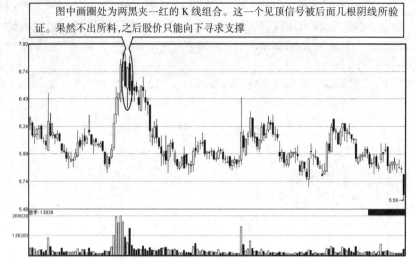

图中画圈处为两黑夹一红的 K 线组合。这一个见顶信号被后面几根阴线所验证。果然不出所料,之后股价只能向下寻求支撑

济南钢铁(600022)2004 年 7 月 23 日~2005 年 3 月 31 日的日 K 线走势图　图 44

中阴线,这是一个很强的见顶信号。投资者应予以高度重视。

实例三:弘业股份(600128)。从图 45 中看,该股在见顶时出现下跌三连阴的 K 线组合。正是这个见顶信号,使该股从此一蹶不振,江河日下。

实例四:伊力特(600197)。该股在稳步上涨过程中,突然拉出一个下跌三连阴的 K 线组合(见图 46 画圈处)。自从这个见顶信号出现后,该股就形成了一个逐浪下跌的走势,9 个月后,股价就跌掉了近七成。

四、黄昏之星。该 K 线组合的特点是:左右两边是一阳一阴的两根 K 线,这两根 K 线实体都比较长,夹在它们中间的是小阴线或小阳线。黄昏之星在高位出现,其见顶信号是十分强烈的。因此,我们对它必须高度重视。

下面,我们来看几个实例。

实例五:重庆钢铁(601005)。图 47 中显示,该股在高位出现黄昏之星后,股价出现明显逐步下滑的走势,此后股价越走越弱,不到半年,股价就跌掉了 70%。

图中画圈处的 K 线组合是下跌三连阴。其跌幅一根比一根大,这充分说明该股在高位已形成巨大的做空动力。这样一来,该股见顶回落也就不奇怪了

弘业股份(600128)2007 年 10 月 18 日~2008 年 8 月 13 日的日 K 线走势图　图 45

瞧!自从图中画圈处下跌三连阴出现后,该股上升行情即宣告结束,此后,股价越走越低。可见,看到高位出现下跌三连阴,投资者就应该意识到其顶部到了,如捂股不抛,就会被套在高位。此时,三十六计,走为上计,及时出逃,就能逃过一劫

伊力特(600197)2007 年 11 月 13 日 ~2008 年 10 月 16 日的日 K线走势图　图 46

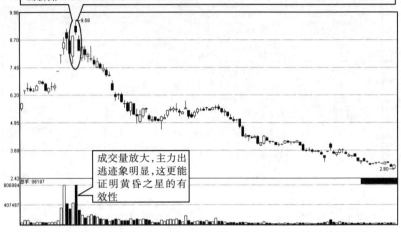

图中画圈处的 K 线组合是黄昏之星。它隐藏在其他 K 线之中,如不仔细分辨,恐怕还不一定看得清楚。但自从该股出现黄昏之星后,股价就此一蹶不振,不断创出新低

成交量放大,主力出逃迹象明显,这更能证明黄昏之星的有效性

重庆钢铁(601005)2008 年 4 月 23 日~2008 年 10 月 28 日的日 K 线走势图　图 47

实例六:莱宝高科(002106)。图 48 中显示,该股在高位接连出现两个黄昏之星。因为这两个黄昏之星都是变化图形,恐难引起人们高度关注。虽然股价经过短暂回调,随即就出现了探底回升的走势。但

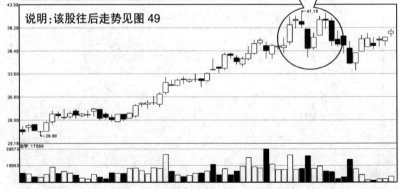

图中画圈处有两个黄昏之星的变化图形。黄昏之星一下子出现两个,说明盘中做空力量非常强,看懂此图形的投资者会选择马上出逃,看不懂此图形的投资者则会继续留在里面看多、做多,这将遭遇巨大的风险

说明:该股往后走势见图 49

莱宝高科(002106)2007 年 11 月 13 日~2008 年 12 月 18 日的日 K 线走势图　图 48

这仅仅给投资者提供了一次出逃的机会。如不及时出逃,投资者很可能因股价出现深幅调整(见图 49)而遭受重大损失。

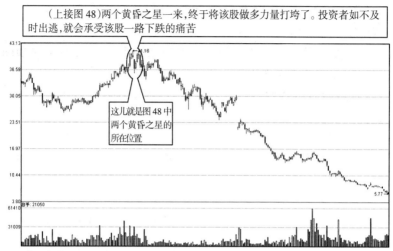

(上接图 48)两个黄昏之星一来,终于将该股做多力量打垮了。投资者如不及时出逃,就会承受该股一路下跌的痛苦

这儿就是图 48 中两个黄昏之星的所在位置

莱宝高科(002106)2007 年 9 月 25 日~2008 年 10 月 15 日的日 K 线走势图 图 49

实例七:华馨实业(000416)。图 50 是该股的周 K 线走势图。从图中看,该股在高位出现一个清晰的黄昏之星图形后,整个上升行情即

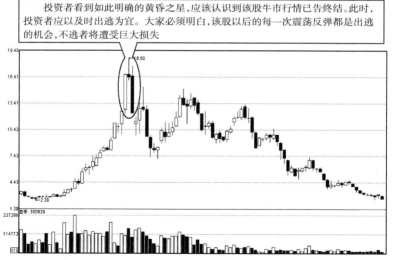

投资者看到如此明确的黄昏之星,应该认识到该股牛市行情已告终结。此时,投资者应以及时出逃为宜。大家必须明白,该股以后的每一次震荡反弹都是出逃的机会,不逃者将遭受巨大损失

华馨实业(000416)2006 年 10 月~2008 年 10 月的周 K 线走势图 图 50

告结束。随后的回落震荡都是主力拉抬出货所为，并不是要把行情再度做上去。等主力把货出完了，股价就呈现快速破位下跌的走势。

关于三根K线见顶信号的几个实例都介绍完了。现在，我就这个问题给大家作一个归纳总结。

第一，虽然我与大家重点讨论了下跌三连阴、黄昏之星的见顶图形，但大家千万不要认为升势停顿、两黑夹一红的见顶图形就不重要了。历史经验告诉我们，这些见顶图形在高位出现，一旦被后面的K线走势所验证，其见顶回落的风险也是非常大的。之所以我在本题中没有把它列为重点讨论的内容，完全是因为它们在盘中出现的次数较少的缘故。投资者对这一点应该认识清楚，不要对这个问题产生误解。

第二，下跌三连阴是一个很凶险的图形。为何这么说呢？大家想想看，在高位连续出现3根跌幅较大的阴线，甚至有时其跌幅一根比一根大，致使股价一下子跌掉一大截，这说明什么呢？说明做空的能量在高位突然大量向外渲泄。其实，这就像堤坝开始只有一个小的决口一样，洪水拼命从决口中往外涌出。这样的形势是很危险的。如果多方近期不能组织有效的反攻，把这个小决口堵上，小决口就会演变成大决口，3连阴就会演变成4连阴、5连阴、6连阴，这样局势就不可收拾了。所以，我们对高位出现下跌三连阴的现象要高度重视，切不可掉以轻心。投资者在操作时一定要注意以下两点：

①如果确信某股涨幅已经很大，股价已处在高位了。那么，在出现下跌三连阴，且成交量有明显放大迹象时，投资者就不必等后面的K线走势来验证这个下跌三连阴的见顶信号是否有效了。在这个当口，投资者可先将自己手中的筹码抛掉一部分（至少抛掉一半筹码），以规避将来股价继续下跌的风险。根据经验，在这样的情况下出现的下跌三连阴，其见顶信号极大多数都会被后面的K线走势所验证，所以预先采取一些高位减仓的措施是非常必要的。

②在高位出现下跌三连阴时，对以下3种情况应特别警惕：A，下跌三连阴都是大阴线或中阴线；B，下跌三连阴已将关键的技术点位或一些重要的均线击穿；C，换手率剧增。出现这3种情况的任何一种，

说明形势已危在旦夕;如果3种情况同时出现,那之后的大跌就几成定局。此时,投资者必须当机立断,迅速离场。

第三,黄昏之星(包括黄昏十字星)也是一个很凶险的图形。就其图形本身而言,可表示出下面的意义:即盘中做多的能量,在拉出一根大阳线或中阳线后就戛然而止,随后出现一个冲高回落的走势,这反映了多方的最后努力遭到失败。尔后从右边出现的一根大阴线或中阴线,将左边的阳线吞吃干净或大部分吞吃,此时,空方已经掌握了局势,行情开始走弱。如果股价重心继续下移,那么,黄昏之星的见顶信号就被验证了。接下来,股价很有可能出现一轮深幅调整的走势。另外,投资者须注意的是:在黄昏之星形成时,如果出现成交量明显放大,或者是关键的技术点位被其击穿的现象,那危险就更大了。这个时候投资者应马上出逃,不能犹豫不决了。否则,就会出现重大的投资失误。

第四,黄昏之星的操作难点是在图形的识别上,因为黄昏之星的变化图形特别多。有些投资者对它的变化图形很陌生,这样就会给图形的识别带来一定的困难。不能正确地辨别图形,识顶、逃顶就成了一句空话,这是一个很严重的问题。为了帮助大家认识黄昏之星的变化图形,我们找了一些黄昏之星的图形(大多数是黄昏之星的变化图形),把它们汇总后介绍给大家,供操作时参考。

黄昏之星基本图形与变化图形的"脸谱"图

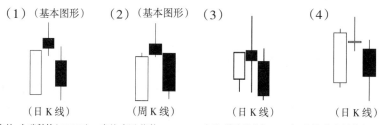

（1）（基本图形）　　（2）（基本图形）　　（3）　　　　　（4）

（日 K 线）　　　　（周 K 线）　　　　（日 K 线）　　　　（日 K 线）

出处:金瑞科技(600390)　出处:恒生指数　　出处:普洛股份(000739)　出处:新兴铸管(000778)
时间:2008 年 1 月 15 日　时间:2007 年 10 月 26 日　时间:2007 年 6 月 19 日　时间:2007 年 6 月 20 日
　~2008 年 1 月 17 日　　~2007 年 11 月 9 日　　~2007 年 6 月 20 日　　~2007 年 6 月 22 日

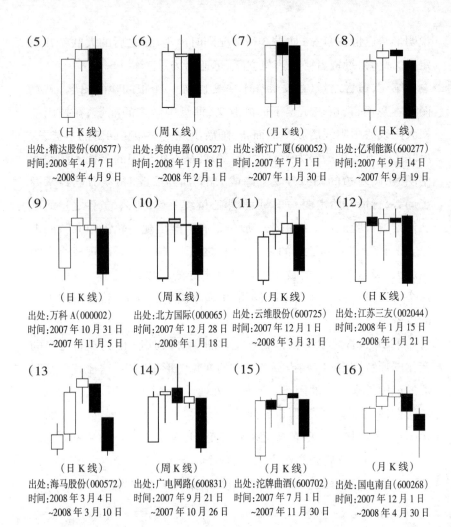

（5）
（日 K 线）
出处:精达股份(600577)
时间:2008 年 4 月 7 日
　　~2008 年 4 月 9 日

（6）
（周 K 线）
出处:美的电器(000527)
时间:2008 年 1 月 18 日
　　~2008 年 2 月 1 日

（7）
（月 K 线）
出处:浙江广厦(600052)
时间:2007 年 7 月 1 日
　　~2007 年 11 月 30 日

（8）
（日 K 线）
出处:亿利能源(600277)
时间:2007 年 9 月 14 日
　　~2007 年 9 月 19 日

（9）
（日 K 线）
出处:万科 A(000002)
时间:2007 年 10 月 31 日
　　~2007 年 11 月 5 日

（10）
（周 K 线）
出处:北方国际(000065)
时间:2007 年 12 月 28 日
　　~2008 年 1 月 18 日

（11）
（月 K 线）
出处:云维股份(600725)
时间:2007 年 12 月 1 日
　　~2008 年 3 月 31 日

（12）
（日 K 线）
出处:江苏三友(002044)
时间:2008 年 1 月 15 日
　　~2008 年 1 月 21 日

（13
（日 K 线）
出处:海马股份(000572)
时间:2008 年 3 月 4 日
　　~2008 年 3 月 10 日

（14）
（周 K 线）
出处:广电网路(600831)
时间:2007 年 9 月 21 日
　　~2007 年 10 月 26 日

（15）
（月 K 线）
出处:沱牌曲酒(600702)
时间:2007 年 7 月 1 日
　　~2007 年 11 月 30 日

（16）
（月 K 线）
出处:国电南自(600268)
时间:2007 年 12 月 1 日
　　~2008 年 4 月 30 日

说明:

①上面这些图形都是从实际走势图上剪辑下来的,本书未作任何修饰。因图形真实可靠,所以具有较大的参考价值。

②本栏中标明某个图形为"(月 K 线)",并不是说这样的图形,只能出现在月 K 线走势上。它只是告诉读者,若要查该原始图形,只能从其月 K 线图中才能查到。大家要记住,股市中的图形都是相通的。这也就是说,本栏中的 16 幅图,既可以出现在往后日 K 线走势上,也可以出现在往后的周 K 线或月 K 线走势上。

第五,为了提高图形的识别能力,我在这里向大家介绍识别黄昏之星变化图形的两个小技巧。

①用叠加图覆盖基本图形。只要覆盖后图形大致相似,即可认为这就是黄昏之星的变化图形了。那么,什么是叠加图呢?顾名思义就是将相近的 K 线叠在一起。比如,将 2 根或 3 根 K 线叠在一起当成一根 K 线看待。经过这样叠加处理后,就很容易看出它是不是黄昏之星了。这里举一个实例予以说明。现在请大家看图 51,这个图形由 5根 K 线组成。如果投资者光看这 5 根 K 线,是很难判断它究竟是不是黄昏之星的变化图形。但是,在我们将邻近的 K 线作叠加处理后,就会发现它确实是一个黄昏之星的变化图形。叠加的方法是:将它左边的第一、第二根 K 线叠在一起,然后再将它右边的第四、第五根 K线叠在一起,这样它就变成一个很"标准"的黄昏之星图形了(见图52)。

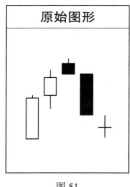
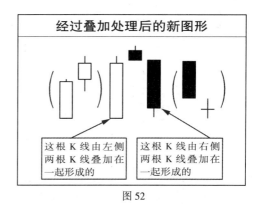

图 51

图 52

②用不对称图形代替原始图形。我们知道电脑上有日 K 线图、周 K 线图、月 K 线图等,但每一种 K 线图的时间单位都是相同的,是对称的。我们现在要大家画一种时间上不对称的 K 线图形来代替原始图形,这样就能看清楚它是不是黄昏之星的图形了。

比如,图 53 是一张日 K 线图,其中第 2 根~第 4 根 K 线,分别是小十字线、倒 T 字线、略带上影线的小阴线。面对这样的图形,我们说它是黄昏之星的变化图形，大家可能不信。但当我们把它不对称的图形画出来后，大家就会同意我们的判断了。这是为什么呢？先请大家看怎么画不对称的图形。方法是：A、原始图形上的 3 根小 K 线是以"日"为单位的，3 个交易日就是 3 根小 K 线。现在我们以 3 日为一个单位，将这 3 根小 K 线合并成一根新的 K 线，即 3 日 K 线（见图54）；B、然后，将新绘制的这根 3 日 K 线，替换图 53 中的第 2 根～第 4 根 K 线，组成一个新的 K 线组合（见图 55）。这样，我们见到的就是一个以前完全没有见到过的不对称日 K 线图，即这张图的第一根、第三根 K 线是以日为单位的，而当中的第二根 K 线是以 3 日为单位的。看过这张图，我们就会发现，经过不对称处理后的图 53 图形，变成了一张地道的黄昏之星的新图形（见图 55）。可见，学会画不对称的日 K 线图（此方法也可扩展到画不对称的周 K 线图、月 K 线图上），是帮助投资者识别黄昏之星变化图形的一个很有效的方法。

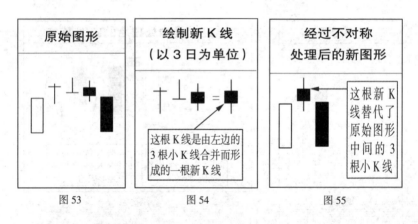

| 原始图形 | 绘制新 K 线（以 3 日为单位） | 经过不对称处理后的新图形 |

这根 K 线是由左边的 3 根小 K 线合并而形成的一根新 K 线

这根新 K 线替代了原始图形中间的 3 根小 K 线

图 53   图 54   图 55

总之，以上这两种小技巧是很有用处的。投资者学会了，今后无论黄昏之星的图形如何变化，我们都可以把它辨认出来。顺便说一句，叠加方法与不对称方法不仅适用于黄昏之星的变化图形的识别上，同样也适用于其他见顶或见底的图形识别上。

金老师说：下课后有人问我，把 K 线的见顶形式，分成单根见顶 K 线、两根见顶 K 线、3 根见顶 K 线进行叙述，这是不是对 K 线形式作一次新的分类？我告诉他，现在我们把 K 线的见顶形式，按照 K 线数量的多少进行叙述，这不是在作新的分类[注1]，主要是为了帮助读者增强对 K 线见顶信号的记忆才这样处理的。比如，读者通过这样的强化训练后，今后只要一提到两根 K 线，头脑里马上就会想起乌云盖顶、穿头破脚等 K 线的见顶信号。一旦头脑对它们形成条件反射后，即使当事人想忘记也难了。

现在我把话题转过来，今天是介绍 K 线见顶信号的最后一堂课，这节课主要与大家一起讨论如何运用 3 根以上 K 线见顶信号来识顶、逃顶的问题。

请问：常见的 3 根以上 K 线见顶信号有哪些(请举例说明)？投资者在操作上要注意哪些问题？

常见的 3 根以上 K 线见顶信号有"平顶"、"塔形顶"、"下跌不止形"[注2]这 3 种类型。

一、平顶。平顶最少是由 2 根 K 线组成，但这种情况比较少见，多数的是由 3 根或 3 根以上的 K 线组成。所以，我把它放在 3 根以上 K 线的见顶信号中进行介绍。平顶，顾名思义其顶是被一根无形的直线封锁了，它像一道不可逾越的屏障，迫使股价掉头下行。下面我们来看几个实例。

实例一：宝石 A(000413)。从图 56 中看，该股在 2008 年 7 月至 2008 年 8 月之间出现了一轮反弹，反弹行情何时结束，只要看其当

【注1】　K 线分类，详见《股市操练大全》第一册第 4 页～第 20 页。

【注2】　关于"平顶"K 线组合的特征、技术意义，详见《股市操练大全》第一册第 75 页～第 78 页；关于"塔形顶"K 线组合的特征、技术意义，详见《股市操练大全》第一册第 82 页～第 84 页；关于"下跌不止形"K 线组合的特征、技术意义，详见《股市操练大全》第一册第 102 页～第 104 页。

时的K线组合就可知道了。该股冲高时几根K线的上影线几乎同时定格在一个水平线上[注]（见图56中画虚线处）。显然，这是一个非常典型的平顶K线组合。投资者看到这样明确的见顶信号应该及早撤退。事实证明，看懂这个信号的投资者赢了，而看不懂这个信号，继续留在里面坚守的投资者可吃了大亏。

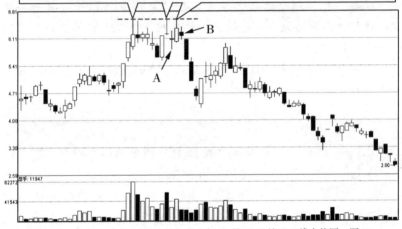

宝石A(000413)2008年6月20日~2008年10月16日的日K线走势图　图56

　　实例二：上海电力(600021)。图57中显示，该股在冲高横盘时构筑了一个平顶，这个平顶牵涉的K线很多。从平顶的技术意义上来说，牵涉的K线越多，说明这见顶信号越是强烈。有经验的投资者看到这样的图形，不等它破位下跌，早就卖出了，后来该股的走势表明，它在构筑平顶之后不到8个月的时间，股价又跌去了七成。可见，看到这样的平顶若不及时卖出，风险是非常大的。

―――――――――

【注】　这里需要注意的是，只要见顶K线的最高价彼此非常接近，比如只有二三分线，就可认为它们同在一个水平线上。此时，平顶就能成立。

66

图中画圈处是一个平顶,这个平顶由 10 根 K 线组成,它就像一个悬在头顶上的"堰塞湖"。可以推断,如此明显的平顶,十有八九是主力在拉高出货。瞧! 一旦主力把货出完后,该股就出现了连续破位下跌的走势

上海电力(600021)2008 年 11 月 22 日~2008 年 6 月 16 日的日 K 线走势图　图 57

　　实例三:*ST 泰格(000409)。图 58 是该股还没有戴上 ST 帽子的某阶段日 K 线走势图。从图中看,该股在上涨途中出现一个平顶 K 线组合后(见图 58 画圈处),就迅速见顶回落,随后形成一路下跌的走势。

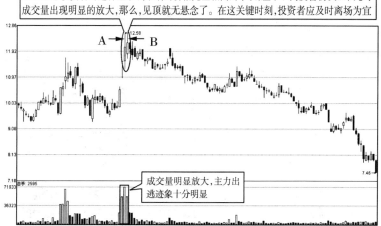

图中箭头 A 与箭头 B 所指的两根 K 线,构成了一个平顶。它们盘中的最高价都是 12.58 元。投资者对这种上影线末端的价格完全相同的平顶,应予以高度警惕。如果此时成交量出现明显的放大,那么,见顶就无悬念了。在这关键时刻,投资者应及时离场为宜

成交量明显放大,主力出逃迹象十分明显

*ST 泰格(000409)2002 年 4 月 17 日~2002 年 11 月 21 日的日 K 线走势图　图 58

二、塔形顶。它的形状就像一个足球场的球门。无论是大盘或个股,在上涨途中,尤其是有了很大涨幅后,出现塔形顶,下跌的概率是非常大的。下面我们来看两个实例。

实例四:双鹤药业(600062)。图 59 是该股 2002 年 12 月~2005 年 12 月的月 K 线走势图。从图中看,该股在月 K 线图上构筑成一个塔形顶的 K 线组合(见图 59 中画圈处)后,股价就出现了一轮深幅调整。该股出现塔形顶(当月该股收盘价为 16.43 元)后,仅过了 5 个月,其股价跌幅竟高达 76.45%(当月该股最低价为 3.87 元)。可见,在月 K 线图中,一旦形成塔形顶,风险是相当大的。

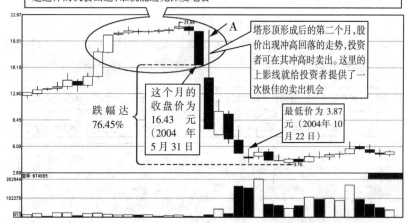

在这张图中,画圈处就是塔形顶。月 K 线图中出现塔形顶,威胁自然要比周 K 线、日 K 线中出现塔形顶的威胁大得多。不过,该股在月 K 线图上出现塔形顶后,次月仍给投资者提供了一个很好的出逃机会(见图中箭头 A 所指的上影线处)。谁能趁这样的机会出逃,谁就能避免深度吃套

塔形顶形成后的第二个月,股价出现冲高回落的走势,投资者可在其冲高时卖出。这里的上影线就给投资者提供了一次极佳的卖出机会

这个月的收盘价为 16.43 元(2004 年 5 月 31 日

跌幅达 76.45%

最低价为 3.87 元(2004 年 10 月 22 日)

双鹤药业(600062)2002 年 12 月~2005 年 12 月的月 K 线走势图　图 59

实例五:南坡 A(000012)。从图 60 中看,图中画圈处的 K 线组合是一个塔形顶。该股自出现塔形顶后,就形成逐波回落的走势,股价越走越弱。

三、下跌不止形。它的形状就像一个向下的斜坡。在股价上涨后出现这样的斜坡,对多方极为不利,股价向下的可能性是很大的。下面请大家看两个实例。

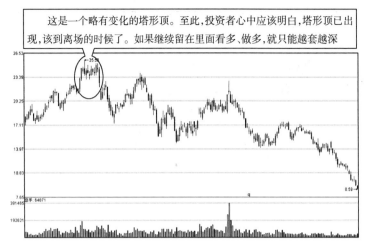

这是一个略有变化的塔形顶。至此,投资者心中应该明白,塔形顶已出现,该到离场的时候了。如果继续留在里面看多、做多,就只能越套越深

南坡 A(000012)2007 年 11 月 14 日 ~2008 年 9 月 12 日的日 K 线走势图　图 60

实例六:特力 A(000025)。图 61 中显示,该股见顶的 K 线组合是一个下跌不止形。从理论上说,在股价上涨途中出现下跌不止形的 K 线组合,意味着其做多能量已经耗尽,接下来很可能会出现一轮大的调整。后来该股的走势确实证明了这一观点(见图 62)。

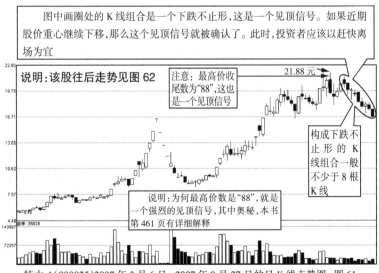

图中画圈处的 K 线组合是一个下跌不止形,这是一个见顶信号。如果近期股价重心继续下移,那么这个见顶信号就被确认了。此时,投资者应该以赶快离场为宜

说明:该股往后走势见图 62

注意:最高价收尾数为"88",这也是一个见顶信号

21.88 元

构成下跌不止形的 K 线组合一般不少于 8 根 K 线

说明:为何最高价数是"88",就是一个强烈的见顶信号,其中奥秘,本书第 461 页有详细解释

特力 A(000025)2007 年 3 月 6 日 ~2007 年 9 月 27 日的日 K 线走势图　图 61

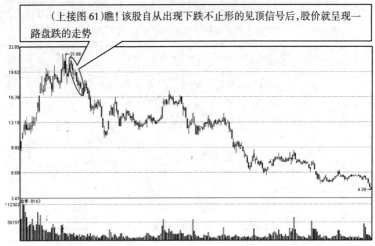

（上接图 61）瞧！该股自从出现下跌不止形的见顶信号后，股价就呈现一路盘跌的走势

特力 A（000025）2007 年 7 月 26 日~2008 年 8 月 12 日的日 K 线走势图　图 62

实例七：海星科技（600185）。从图 63 中看，该股反弹后出现一个下跌不止形的 K 线组合（见图 63 中画圈处）。这是一个强烈的看空、做空的信号。之后该股就出现一路下跌的走势。

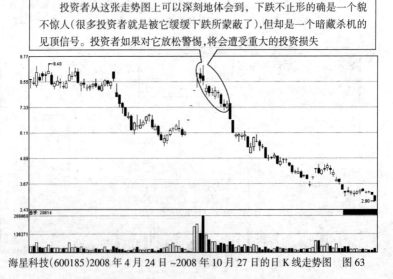

投资者从这张走势图上可以深刻地体会到，下跌不止形的确是一个貌不惊人（很多投资者就是被它缓缓下跌所蒙蔽了），但却是一个暗藏杀机的见顶信号。投资者如果对它放松警惕，将会遭受重大的投资损失

海星科技（600185）2008 年 4 月 24 日~2008 年 10 月 27 日的日 K 线走势图　图 63

通过以上几个实例,我们可以清楚地看到,在股价处于高位或处于反弹的后期,出现平顶、塔形顶、下跌不止形这样的走势图形,其见顶回落的可能性是很大的。投资者一旦发现这些见顶信号,就应及早作好撤退准备。接下来要做的事,就是紧盯住盘面,如看到后面的K线走势将这些见顶信号进行确认,那就应该果断地止损离场。

根据经验,对这些见顶信号还可细分成两种情况来处理。当信号属于普通型时,可观察后面的K线走势再作决定,如见顶信号被验证确认就卖出,如见顶信号尚没有被验证确认,仍可持股观望。但是,大家要记住,当这些见顶信号属于增强型时,就应该另当别论了。因为这些见顶信号一旦被增强,其后深跌的概率就会明显提高。到了这个时候,投资者就不必等它后面的K线走势是否验证其见顶信号再行动,可提前采取一些措施,及时斩仓出局,如有顾虑,至少也要抛出一半以上的筹码,以防不测。

那么,投资者如何才能分辨出这些见顶信号是否在增强呢?这里我向大家介绍一些简单的辨别方法。

(1)平顶信号增强的特征是:A,其平顶的"顶"是由很长的上影线构成的(见图64中①);B,平顶的"顶"两者距离较大(见图64中②);C,平顶的"顶"由多根K线构成(见图64中③)。

(2)塔形顶信号增强的特征是:A,在左右两根实体较长的大线之间,聚集的K线越多,信号就越强(见图65中①);B,左右两根K线的实体越长,尤其是右边的阴线实体越长,信号就越强(见图65中②、③)。

平顶信号中的普通型与增强型区别示意图

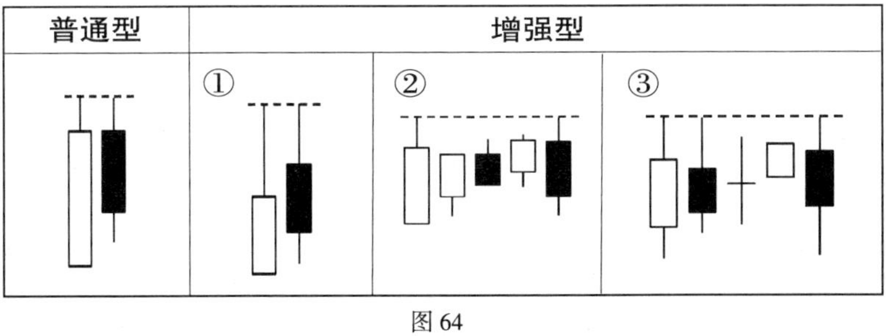

图64

塔形顶信号中的普通型与增强型区别示意图

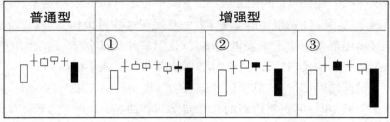

图 65

（3）下跌不止形信号增强的特征是：A，整个 K 线组合都是由阴线组成（见图 66 中①）；B，整个 K 线组合呈现较陡的状态（见图 66 中②）。

下跌不止形信号中的普通型与增强型区别示意图

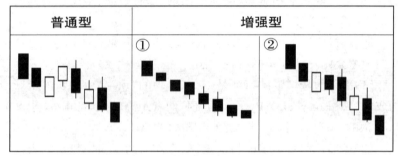

图 66

又及:本书初稿完成后,在向读者征求意见时,一些读者反映,他们对平顶、塔形顶这两种见顶信号的图形看得比较少,希望我们多举一些实例,便于他们实战时参考。为了满足这些读者的要求,我们特摘录一些实战图案,供大家阅览。

一、平顶信号"脸谱"图
(以下图案均为日 K 线图形)

(1)

出处:兰花科创(600123)
时间:2008 年 1 月 9 日
~2008 年 1 月 10 日

(2)

出处:三精制药(600829)
时间:2008 年 5 月 13 日
~2008 年 5 月 14 日

(3)

出处:黑华股份(600179)
时间:2008 年 5 月 14 日
~2008 年 5 月 15 日

(4)

出处:中信海直(000099)
时间:2006 年 5 月 11 日
~2006 年 5 月 15 日

(5)

出处:金宇集团(600201)
时间:2007 年 9 月 19 日
~2007 年 9 月 21 日

(6)

出处:景谷林业(600265)
时间:2008 年 1 月 7 日
~2008 年 1 月 10 日

(7)

出处:中海发展(600026)
时间:2005 年 4 月 21 日
~2005 年 4 月 26 日

(8)

出处:华资实业(600191)
时间:2008 年 2 月 19 日
~2008 年 2 月 22 日

(9)

出处:紫江企业(600210)
时间:2007 年 9 月 20 日
~2007 年 9 月 25 日

(10)

出处:沈阳机床(000410)
时间:2004 年 9 月 21 日
~2004 年 9 月 28 日

(11)

出处:东方市场(000301)
时间:2002 年 6 月 28 日
~2002 年 7 月 8 日

(12)
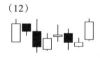
出处:精诚铜业(002171)
时间:2008 年 1 月 4 日
~2008 年 1 月 15 日

二、塔形顶信号"脸谱"图

(1)

(日 K 线)
出处:海翔药业(002099)
时间:2008 年 3 月 19 日
~2008 年 3 月 27 日

(2)

(日 K 线)
出处:丹化科技(600844)
时间:2008 年 5 月 9 日
~2008 年 5 月 20 日

(3)
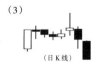
(日 K 线)
出处:三普药业(600869)
时间:2008 年 1 月 10 日
~2008 年 1 月 21 日

(4)

(周 K 线)
出处:林海股份(600099)
时间:2007 年 4 月 13 日
~2007 年 6 月 1 日

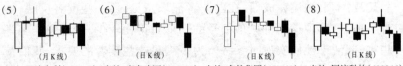

(5) （月K线）
出处：三峡水利(600116)
时间：2007 年 7 月 1 日
～2008 年 3 月 31 日

(6) （日K线）
出处：惠泉啤酒(600573)
时间：2008 年 1 月 4 日
～2008 年 1 月 17 日

(7) （日K线）
出处：东软集团(600718)
时间：2008 年 7 月 18 日
～2008 年 7 月 31 日

(8) （日K线）
出处：同济科技(600846)
时间：2008 年 5 月 6 日
～2008 年 5 月 20 日

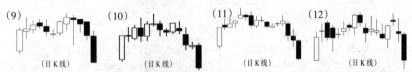

(9) （日K线）
出处：长春经开(600215)
时间：2008 年 1 月 7 日
～2008 年 1 月 22 日

(10) （日K线）
出处：亿利能源(600277)
时间：2008 年 1 月 3 日
～2008 年 1 月 21 日

(11) （日K线）
出处：中船股份(600072)
时间：2007 年 12 月 27 日
～2008 年 1 月 21 日

(12) （日K线）
出处：上海建工(600170)
时间：2008 年 2 月 21 日
～2008 年 3 月 14 日

说明：

①上面这些图形都是从实际走势图上剪辑下来的，本书未作任何修饰。因图形真实可靠，所以具有较大的参考价值。

②这些图形大部分是从日 K 线图上剪辑下来的，少数是从周 K 线图上或从月 K 线图上剪辑下来的。每个图形下面对此都作了说明。

③本栏中标明某个图形为"（月 K 线）"，并不是说这样的图形，只能出现在月 K 线走势上。它只是告诉读者，若要查该原始图形，只能从其月 K 线图中才能查到。大家要记住，股市中的图形都是相通的。这也就是说，本栏中的 24 幅图，既可以出现在往后日 K 线走势上，也可以出现在往后的周 K 线或月 K 线走势上。

④我们把本栏的图形取名为"脸谱"图，意思是说，K 线中的"平顶"信号、"塔形顶"信号的实际走势图形大致就是这个样子。投资者只要把这些图形弄清楚，心中就有数了。以后在操作中再碰到类似的走势图形，就知道如何进行积极应对，这样就可以大大降低投资风险。

第二章 运用特殊 K 线技巧识顶逃顶 专题训练

金老师说：我们前面讨论了当走势图上出现 K 线见顶信号时，这个见顶信号能否成立，一般都需要通过后面的 K 线走势来验证。少了这个环节，就很容易出现误判。比如，有的投资者就会把主力以故意制造一种虚幻的 K 线见顶信号进行洗盘的行为，误认为是行情已见顶，从而做出错误的投资决策。但是话要说回来，也并非是所有的 K 线见顶信号都需要经过验证的。根据我们的长期观察，无论大盘还是个股，在盘中出现某种 K 线见顶图形，投资者都可以结合当日的分时走势图，马上判断出行情是否已见顶。只要发现形势不妙，就应赶快停损离场。如果当天没有抛掉，第二天一开盘应立即全部抛光。经验证明，碰到这种情况，投资者的反应速度越快，出货越早，损失就越少。

请问：你知道不需要经过验证的 K 线见顶图形有哪几种吗？为什么这些 K 线见顶图形不经过验证就能基本上判断行情已见顶（请举例说明）？

据了解，不需要经过验证的 K 线见顶图形大致有以下三种情形：①在高位出现高开低走放量跳水的大阴线或中阴线（见图 67、图 68）；②在高位出现低开低走放量的大阴线或中阴线（见图 69、图 70）；③在高位出现跌停一字线（见图 71、图 72）。

高位出现高开低走放量跳水的大阴线或中阴线示意图

日 K 线走势示意图

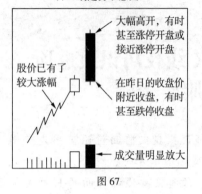

大幅高开，有时甚至涨停开盘或接近涨停开盘

股价已有了较大涨幅

在昨日的收盘价附近收盘，有时甚至跌停收盘

成交量明显放大

图 67

当日分时走势示意图

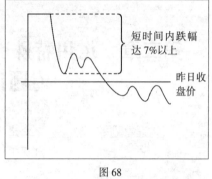

短时间内跌幅达 7% 以上

昨日收盘价

图 68

高位出现低开低走放量的大阴线或中阴线示意图

日 K 线走势示意图

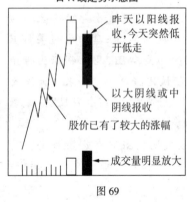

昨天以阳线报收，今天突然低开低走

以大阴线或中阴线报收

股价已有了较大的涨幅

成交量明显放大

图 69

当日分时走势示意图

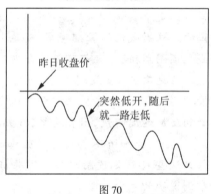

昨日收盘价

突然低开，随后就一路走低

图 70

　　为什么出现上面三种情形，不需验证就可以大致肯定行情已见顶呢？其实，懂行的人知道，在股市里，绝对肯定的事是没有的，所谓肯定也只是相对肯定。那么，什么是相对肯定呢？就是说大概有八九成把握。之所以有这样的把握，因为这些个股的走势图形明白无误地透露了主力坚决出逃的信息。前面我们说过，通常投资者看到盘中出现一种 K 线见顶图形，还不能马上肯定这种见顶信号是真的，需要后

高位出现跌停一字线示意图

日 K 线走势示意图

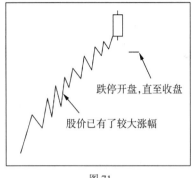

跌停开盘,直至收盘

股价已有了较大涨幅

图 71

当日分时走势示意图

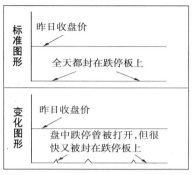

标准图形

昨日收盘价

全天都封在跌停板上

变化图形

昨日收盘价

盘中跌停曾被打开,但很快又被封在跌停板上

图 72

面的 K 线走势来验证,主要就是担心主力会利用它进行诱空洗盘。如果我们能基本上排除主力在诱空洗盘这种可能性,并确实能从盘中发现主力在坚决出逃的痕迹,那么还要犹豫什么呢? 对投资者来说,接下来的任务就是马上出逃,因为行情见顶回落的概率实在是太大了。

有人问:从什么地方可以看出主力在坚决出逃呢? 发现主力有坚决出逃的迹象,主要是基于以下几个理由:①在指数或股价已有了较大涨幅后,突然出现上面三种 K 线见顶图形,说明盘中筹码出现了较大的松动,这是一个严重的偏空信号。②该涨不涨,理应看跌。在行情上涨势头良好的情况下,突然高开后跳水,或低开低走,或突然封至跌停板,这都是不正常的。出现这种情况,只有一种比较合理的解释,是某些不为人知的突然出现的一种利空因素,致使盘中主力采取坚决出逃的操作策略。③高位放量,多半是主力在兑现获利筹码。如果高位放量,指数或股价急剧下挫,那就更能说明主力已无心做多,在大规模撤退。

下面我们来看几个实例:

实例一:隆平高科(000998)。图 73 中显示,该股在高位出现高开低走放量跳水(见图 74)的大阴线后,多方虽然作了一些抵抗,但这种抵抗没能战胜空方的强大抛压,股价只得往下跌落。

77

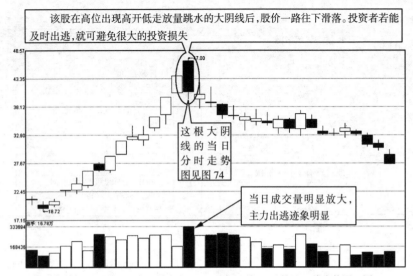

该股在高位出现高开低走放量跳水的大阴线后,股价一路往下滑落。投资者若能及时出逃,就可避免很大的投资损失

这根大阴线的当日分时走势图见图74

当日成交量明显放大,主力出逃迹象明显

隆平高科(000998)2008 年 4 月 21 日~2008 年 6 月 10 日的日 K 线走势图　图 73

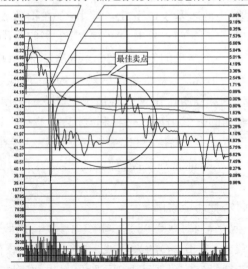

该股在盘中出现跳水后,多方军心开始动摇,股价基本运行于昨天收盘价的下方。投资者看到分时走势出现跳水,可在其跳水后股价回升时赶紧卖出。在这个区域卖出,股价相对可以卖得高一点,也容易卖出,故把它称为当日最佳卖出区域

最佳卖点

隆平高科(000998)2008 年 5 月 14 日的分时走势图　图 74

实例二:獐子岛(002069)。该股高位出现低开低走放量的大阴线
(见图75)后,尽管多方作了顽强抵抗,使股价横盘了较长一段时间,
但在空方打击下,最终股价只能破位下行。

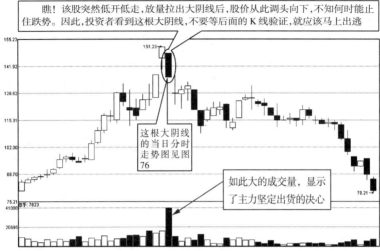

瞧!该股突然低开低走,放量拉出大阴线后,股价从此调头向下,不知何时能止
住跌势。因此,投资者看到这根大阴线,不要等后面的K线验证,就应该马上出逃

这根大阴线
的当日分时
走势图见图
76

如此大的成交量,显示
了主力坚定出货的决心

獐子岛(002069)2007年12月20日~2008年3月18日的日K线走势图　图75

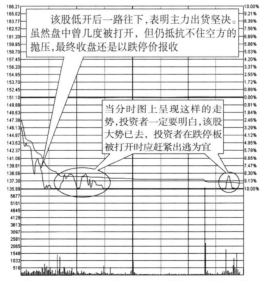

该股低开后一路往下,表明主力出货坚决。
虽然盘中曾几度被打开,但仍抵抗不住空方的
抛压,最终收盘还是以跌停价报收

当分时图上呈现这样的走
势,投资者一定要明白,该股
大势已去,投资者在跌停板
被打开时应赶紧出逃为宜

獐子岛(002069)2008年1月25日的分时走势图　图76

实例三：江西铜业（600362）。图 77 中显示,该股在高位突然出现跌停一字线后,股价快速回落,虽然多方作了一定的反抗,但股价稍作反弹后继续快速下跌,并创出新低。

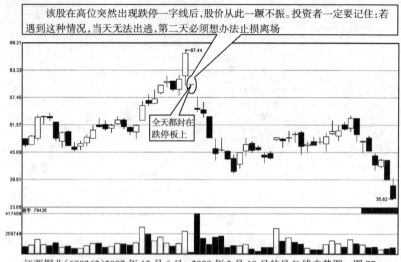

该股在高位突然出现跌停一字线后,股价从此一蹶不振。投资者一定要记住:若遇到这种情况,当天无法出逃,第二天必须想办法止损离场

全天都封在跌停板上

江西铜业（600362）2007 年 12 月 6 日~2008 年 3 月 18 日的日 K 线走势图　图 77

上面我们向大家介绍了"不需要经过验证的 K 线见顶图形"的几种情况,但有人仍心有余虑,他们问:万一行情并没有因此见顶,主力也没有出逃,而是在利用它们进行震荡洗盘呢? 如果是这样,在这个时候看空卖出,就正好中了主力洗盘的计谋,这不是明显吃亏了吗? 我们认为,出现这种情况的概率很小。但即便如此,当出现上面几种走势图形时,我们仍然要坚持先退出的策略,等日后看明白主力确实在往上做时再跟进也不迟。这就相当于气象台发出台风警报,在野外工作的人得到警报后先躲了起来,结果台风却刮到别的地方去了,随后气象台解除了台风警报,躲起来的人又重新返回工作岗位。你能说,当初在野外工作的人在得到台风警报后躲起来的行为是错了吗? 恐怕谁也不会这样说。同样的道理,当走势图上出现前面讲的三种走势时,持股的投资者就应该先抛出再说(这就相当于台风警报来了,在野外工作的人先躲起来再说)。关于这个问题,投资者一定要有清醒的认识。大家必须记住:做股票千万不能抱侥幸心理,而要朝发生概率大的方向去思考,去操作,只有这样,才能在今后的识顶、逃顶中成为赢家。

金老师说:刚才我们讨论了不需要后面K线验证,就可以基本确定为见顶信号的三种K线图形。在这三种K线见顶图形中,最常见的是第一种,即在高位出现的高开低走放量跳水的大阴线或中阴线,这也是最让人难以捉摸的。为什么它会让人难以捉摸呢?因为其走势怪异,跳水往往是在毫无征兆的情况下突然发生的。不过,话要说回来,不管它怎样让人难以捉摸,既然我们做了股票,想要回避它是回避不了的,剩下的只有想办法去战胜它。

请问:你知道高位放量跳水究竟有哪几种形式?当高位放量跳水的情况出现时,我们应该如何操作?

通常高位放量跳水有两种基本形式:一是在开盘或开盘之初就出现高位放量跳水;二是在交易的中途或尾盘出现高位放量跳水。高位放量跳水后,当日的K线图上往往收出的是大阴线、中阴线,有时也可以收出一根长十字线或螺旋桨K线。但不管收出的是什么样的K线,大凡高位出现放量跳水,往后下跌就几成定局。因此对投资者而言,及时出逃就成了一个首要任务。下面我就高位放量跳水的两种基本形式各举一个实例,向大家作一些解释与说明。

实例一:中国联通(600050)。2008年6月3日,该股在利好消息刺激下,以涨停价开盘,涨停板上封有数千万股大买单。按理说,有如此大的买单接盘,当日的走势应该被看好,但谁也没有料到,该股开盘后马上出现连续的大手笔卖单。在这巨大的抛盘下,仅一分钟左右的时间,股价就出现了高位放量跳水的现象(见图78)。自从该股当日收出一根大阴线之后,其股价随即出现了快速回落的走势(见图79)。

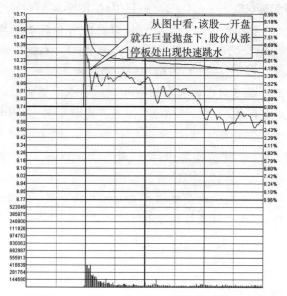

从图中看，该股一开盘就在巨量抛盘下，股价从涨停板处出现快速跳水

中国联通（600050）2008年6月3日的分时走势图　图78

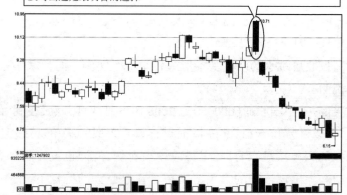

瞧！该股在反弹途中，出现高位放量跳水，拉出一根长阴线后，仅13个交易日，股价就跌掉42.58%。可见，股价一旦出现高位放量跳水，及时出逃是最明智的选择

中国联通（600050）2008年4月2日~2008年6月20日的日K线走势图　图79

实例二：江苏开元（600981）。该股是一个题材股，2007年6月见顶前夕，股价出现快速飚升。在见顶的当日，分时走势图上也出现了

一轮高位放量跳水的走势(见图80),最后收出一根螺旋桨K线。随后,股价就出现了一轮快速下跌的走势(见图81)。

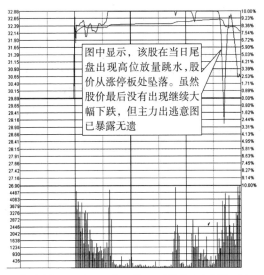

图中显示,该股在当日尾盘出现高位放量跳水,股价从涨停板处坠落。虽然股价最后没有出现继续大幅下跌,但主力出逃意图已暴露无遗

江苏开元(600981)2007年6月20日的分时走势图 图80

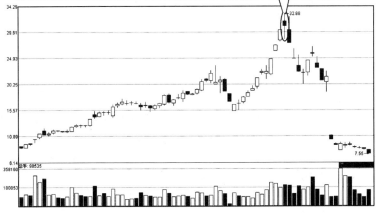

2007年6月20日,该股高位放量跳水,拉出一根螺旋桨K线。随后,股价就出现了一轮快速下跌。事实很清楚,该股高位放量跳水之日即为该股见顶之时,投资者如能在高位放量跳水的当日出逃,就可以规避掉往后大跌的风险

江苏开元(600981)2007年3月22日~2007年7月16日的日K线走势图 图81

上面我向大家介绍了高位放量跳水的两种基本形式及有关实例。有人问：如果盘中发生高位突然放量跳水的情况，投资者具体应该怎样去操作呢？

关于这个问题，我们是这样认识的：不管在什么时候只要盘中出现高位突然放量跳水的情况，投资者就应尽量争取在当日分时图上卖出信号出现后的第一时间内出逃。如第一时间没有逃成功，就应争取当日卖出信号出现后的第二时间、第三时间内出逃。如实在没有办法在当日逃掉，那么就必须争取在第二天将股票全部卖出。对这种股票割肉时不能拖，一拖损失就会很大。

有人问：第一时间、第二时间、第三时间出逃的时间点是如何界定的？其界定的原则是：分时图上突然出现跳水，瞬间跌幅达7%以上，并有大成交量出现，此时就可基本上认定主力在出货了。第一时间出逃的地点（又称为第一卖出点）可定在从高位跳水下来，跌幅达7%处。第二时间出逃的地点（又称为第二卖出点）可定在当日盘中反弹受夭折的附近处（编者按：通常，大盘或个股突然出现跳水后，当跌幅过深时，当日分时走势图上往往会出现一波或几波反弹行情，但这种反弹时间很短，很快就会夭折，随后指数或股价又会继续下跌）。第三时间出逃的地点（又称为第三卖出点）可定在当日盘中反弹夭折后，指数或股价继续下跌的任何一处。从理论上说，即使收盘前半分钟逃掉的地方也可视作为第三时间出逃处。

为了让大家对第一出逃时间、第二出逃时间、第三出逃时间有一个形象化的认识，我们特地设计了一张"高位放量跳水当日分时走势与出逃示意图"（见图82），供大家操作时参考（编者按：实际走势可能千变万化，这张示意图只是描绘了一个大致的情况，投资者操作时应根据盘面变化，适时变通，尽快出逃）。

大家看了这张示意图后，对什么是第一、第二、第三出逃时间，想必心里应该有数了。下面我再举一个与这示意图的走势相近的实例，看看具体应该如何操作。

实例三：人福科技（600079）。该股于2007年8月1日突然从涨停状态放量跳水（见图83），收盘时拉出一根大阴线（见图84中画圈处）。一些眼明手快及时出逃的投资者保住了胜利成果，但是，一些反应不及时没有出逃的投资者却遭到了重大损失。

高位放量跳水当日分时走势与出逃示意图

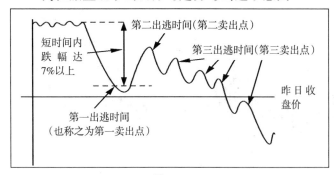

图 82

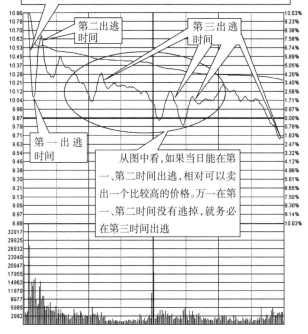

人福科技(600079)2007年8月1日的分时走势图　图83

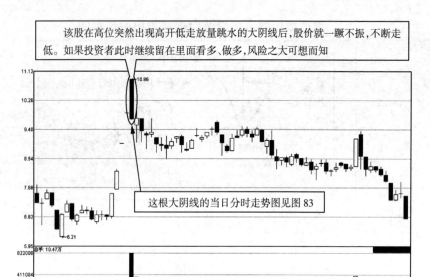

該股在高位突然出現高開低走放量跳水的大陰線後,股價就一蹶不振,不斷走低。如果投資者此時繼續留在裡面看多、做多,風險之大可想而知

10.86

6.21

這根大陰線的當日分時走勢圖見圖83

總手:10.47萬

人福科技(600079)2007年6月29日~2007年10月25日的日K線走勢圖　圖84

金老师说:除了前面介绍的 3 种形式的 K 线见顶信号出现时,基本上不需要后面的 K 线来验证,大致就可以确定行情是见顶了之外,还有一种情况,即当见顶的 K 线形状处于特别夸张状态时,一般也不需要通过后面的 K 线走势验证就可以基本确定行情在做头了。

请问:什么叫做见顶的 K 线形状处于特别夸张状态,你能对此作一番解释吗?然后请你举例说明碰到这样的情况,具体应该如何操作?

所谓见顶的 K 线形状处于特别夸张状态,是指它的形状与普通 K 线不一样,或者是外形看上去特别高大,或者是上影线、下影线特别长。总而言之,非常醒目。这犹如身高在 2 米以上的篮球运动员,与普通人在一起,一看就十分醒目的情况是一样的。

经验告诉我们,那些形状处于特别夸张状态的见顶 K 线,十有八九都是主力主动出货留下来的痕迹。既然主力在蓄意出逃,那么行情做头也就不容置疑了。所以,如果在实战中碰到这种形状处于特别夸张状态的见顶 K 线,投资者应该当机立断,立马斩仓出局,这样就可以保住胜利成果,并将投资损失降到最低限度。

下面我们来看几个实例。

实例一:老白干酒(600599)。图 85 中的倒 T 字线显得很夸张,上影线的长度竟有两个涨停板幅度那样长,这在股市中是非常罕见的。在该股拉出这根倒 T 字线后,多方的能量消耗殆尽,股价只能向下寻找支撑。

实例二:皇台酒业(000995)。T 字线是常见的 K 线之一,但是,T 字线的下影线长度超过了当日涨幅的 10%,这在日 K 线图中非常罕见,这当然也是一种特别夸张的 K 线形状(见图 86)。大凡在高位出现这样的 K 线形状,股价往往就涨到头了。

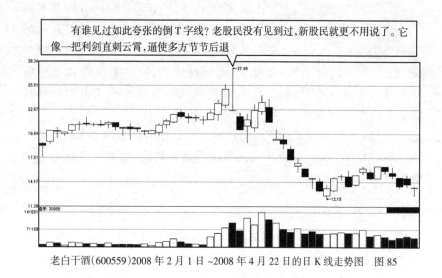

有谁见过如此夸张的倒 T 字线? 老股民没有见到过,新股民就更不用说了。它像一把利剑直刺云霄,逼使多方节节后退

老白干酒(600559)2008 年 2 月 1 日~2008 年 4 月 22 日的日 K 线走势图　图 85

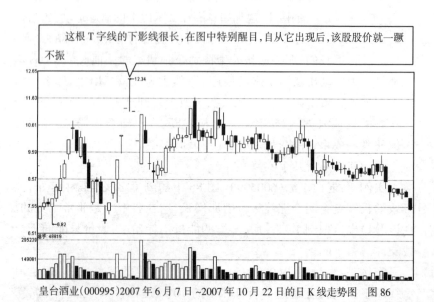

这根 T 字线的下影线很长,在图中特别醒目,自从它出现后,该股股价就一蹶不振

皇台酒业(000995)2007 年 6 月 7 日~2007 年 10 月 22 日的日 K 线走势图　图 86

实例三:卧龙地产(600173)。该股在2007年7月6日之前都保持着一个上升态势,随后因公司进行股改停牌,一直到2007年10月8日才复牌。该股复牌当天拉出了一根大阴线,大阴线上面又出现了一根比大阴线实体还要长几倍的上影线。当天上下振幅竟达到了38.38%(该股股改后复牌当日,与新股第一天上市一样,没有涨跌幅限制)。其图形在整个走势图中显得十分夸张(见图87中箭头A所指处)。就是这根夸张K线改变了该股整个运行趋势,自它出现后,该股就开始逐渐向下回落,不到一年股价就跌去近70%。

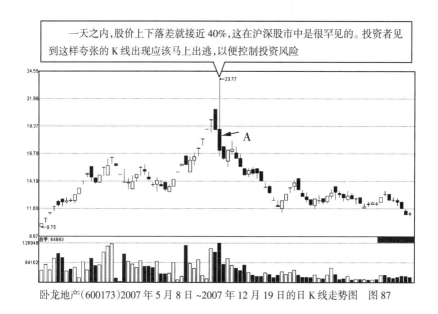

卧龙地产(600173)2007年5月8日~2007年12月19日的日K线走势图　图87

实例四:酒鬼酒(000799)。2008年1月11日,该股拉出了一根带有很长上影线的大阳线(见图88箭头A所指处),而且其上影线的长度超过了大阳线实体的长度。当天最高时涨幅竟达26.04%(该股股改后复牌当日,与新股市第一天上市一样,没有涨跌幅限制)。"大阳线+长上影线",这样的图形在走势图中非常醒目。但自从该股出现这样夸张形状的K线后,股价就一路向下滑落。

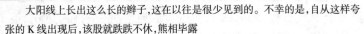

大阳线上长出这么长的辫子,这在以往是很少见到的。不幸的是,自从这样夸张的 K 线出现后,该股就跌跌不休,熊相毕露

酒鬼酒(000799)2007 年 8 月 30 日~2008 年 3 月 27 日的日 K 线走势图　图 88

实例五:广电电子(600602)。该股在 2008 年 5 月 12 日拉出一根很长的长阴线(见图 89 中箭头 A 所指处)后,股价就形成了直线下跌的走势,仅一个多月时间,股价就又跌去了将近 50%。

瞧!一根罕见的长阴线从天而降,股价随后就出现了一轮暴跌走势。没有及时出逃的投资者,损失十分惨重

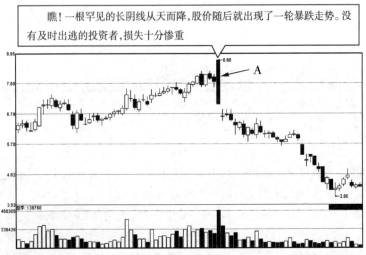

广电电子(600602)2007 年 11 月 5 日~2008 年 7 月 1 日的日 K 线走势图　图 89

实例六:龙元建设(600491)。从图 90 中看,该股也是拉出一根特别长的阴线(见图 90 中箭头 A 所指处)见顶的。不过,在其见顶后股价作了一段时间的横盘。看懂此图形的投资者趁机溜了,而看不懂此图形的投资者在里面坚守则吃了大亏。

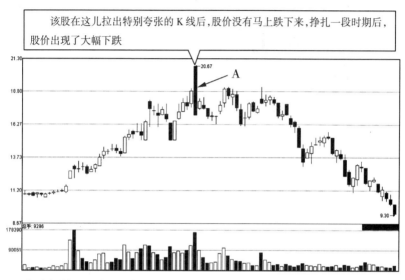

龙元建设(600491)2007 年 11 月 26 日~2008 年 4 月 18 日的日 K 线走势图　图 90

实例七:城投控股(600649)。图 91 中显示,该股在冲高时出现了一根平时很少看到带有很长下影线的 T 字线(见图 90 中箭头 A 所指处)后,其见顶就成了定局。此后,虽然股价并没有马上跌下来,但这也仅仅是为多方提供一次逃命机会而已。

上面几个实例表明,在盘中出现特别夸张的 K 线后,一般情况下,股价很快就会跌下来。但要注意的是,在某些情况下,这些特别夸张的 K 线出现后,有时股价不会马上就跌下来,甚至还会出现小幅上涨的态势(见图 90、图 91)。此时,投资者一定要冷静,要相信这些特别夸张的 K 线出现后,即使股价不马上跌下来,出现小幅上涨,都是一个假象(编者按:据我们对沪深股市资料统计,只有极个别极度夸张的 K 线是作为洗盘的角色出现的。但这是有条件的,即该股确实有

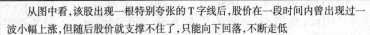

从图中看,该股出现一根特别夸张的 T 字线后,股价在一段时间内曾出现过一波小幅上涨,但随后股价就支撑不住了,只能向下回落,不断走低

城投控股(600649)2007 年 7 月 17 日~2008 年 3 月 18 日的日 K线走势图　图 91

实质性重大利好题材隐藏着,主力才会这样操作。不过即使如此,投资者可等股价重心上移,上升趋势明确后再跟进也不迟。一开始还是要把它当作假象来看待,先退出观望为宜),是主力在继续诱多,千万别上当。要相信这种假象维持不了多久,它很快就会把真面目暴露出来,走向其价值回归之路。

金老师说:前面我们讲了股价大幅上涨后,一旦突然出现跌停一字线,就可以基本确定头部已经形成,不需要通过后面的K线走势来验证了,此时投资者应以及时止损出逃为宜。不过话要说回来,在盘面突然出现跌停一字线后,投资者即使想逃,有时也不一定逃得掉,原因是股价出现了连续跌停。

请问:碰到连续跌停的情况,投资者应该如何操作才能化被动为主动呢(请举例说明)?

股市交易中存在价格优先、时间优先的规则,即当电脑在撮合一笔成交时,先看价格,谁卖出的价格低,谁就优先成交,在卖出报价相同的情况下,谁输入电脑的时间早,谁就优先成交(编者按:据了解,网络报单速度最快,其次是在证券公司直接按电脑报单,速度最慢的为电话报单。如有条件,投资者应尽可能利用网络报单速度快的优势,在集合竞价时抢先挂单卖出)。

根据这个交易规则,投资者若要化被动为主动,就应该这样操作,首先在出现跌停一字线后的第二天,可在集合竞价时以跌停价卖出。为了争取成交,应在集合竞价启动的第一时间抢先挂单卖出。但即便如此,因为在股价出现连续跌停的情况下,买盘实在太少,大量股票等着卖出,逃不掉成了一种常见现象。投资者如果碰到这种情况应该怎么办呢?此时,唯一可做的就是耐心等待,等到它跌停板打开的那一天,赶快把股票全部卖掉。

有人问:这是为什么呢?道理很简单:因为一个股票连继跌停板后被打开,通常都是由于被套主力为了"生产自救"而采用的一种苦肉计所致。主力用的这个苦肉计是很阴毒的。为了使其阴谋得逞,主力在出逃之前会先大量买进该股,把跌停板打开,待投资者进场抢反弹时再趁机抛售。所以,一般来说,这种连续跌停板的股票,在跌停板被打开之后,往往还有很大的下跌空间等在后面。

那么,主力具体是如何操作的呢?他们先是用一笔资金试探性地强势买进,看看盘中如何反应。如果发现连续几笔大单买入,使想抛的人犹豫了,卖盘开始减少,那么主力就会用大买单扫盘,将跌停板打开。通常,只要跌停板被打开,短线客就会冲进来,从而使股价形成触底回升的假象。此时,成交量如果能继续放大(编者按:要成交量放大并不难,主力只要用对敲的方法,就可以使成交量"放大"),场外资金就会纷纷前来抢盘。届时主力将"顺势"把大量筹码抛给他们,自己则趁机溜之大吉。在主力出逃后,股价即恢复疲态,抢反弹的短线客一看形势不对就会不断割肉出局,盘中原来的套牢盘也会跟着逃命。此时,一轮多翻空、多杀多的惨剧又开始上演,从而使这些股票不断创出新低。

可见,投资者一定要清楚,那些连续跌停的股票,一旦出现跌停板被打开,回升放量的现象,并不是一件好事,这多半是一个陷阱,是主力在"请君入瓮"。此时,投资者一定要提高警惕,不要被假象所蒙蔽,千万不能上当受骗。

结论已经很清楚,连续跌停的股票在跌停板被打开后,一般情况下也是不可以买的(除非出现突发的实质性利好消息,促使其股价见底回升,才可以看多、做多)。但原来被套的投资者又该怎么操作呢?

这里有两种方法可供这些投资者选择:第一种方法是,在跌停板被打开时先卖出一半以上的筹码,然后待盘中反弹结束调头向下时再将余下的筹码抛出;第二种方法是,在连续跌停板被打开后立即把它全部卖出,不让损失再扩大。

下面,我们来看两个实例。

实例一:丰华股份(600615)。从图92中可以看出,该股在连续跌停之后放量打开了跌停板(注:从图93中可以看出,该股当日股价整天运行于跌停价的上方,要想卖出是很容易的)。看到这样的图形,仍然持有该股的投资者必须马上全线出局,当天一定要把筹码出空,不留死角。如果这些投资者仍然对该股抱有幻想,当天不跑,第二天再想跑,恐怕已跑不掉了,损失将会越来越大(见图94)。

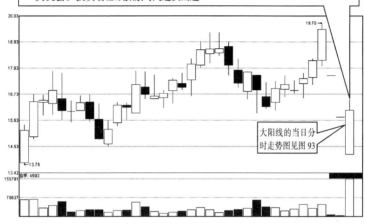

一个股票在高位突然被封死在跌停板上,这不是一件好事,投资者看到这样的现象要想办法逃出来,现在出现的这根大阳线为投资者出逃提供了一次机会。投资者必须抓紧时间赶快出逃

大阳线的当日分时走势图见图93

丰华股份(600615)2007年11月12日~2008年4月11日的日K线走势图　图92

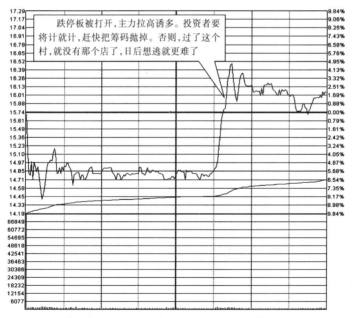

跌停板被打开,主力拉高诱多。投资者要将计就计,赶快把筹码抛掉。否则,过了这个村,就没有那个店了,日后想逃就更难了

丰华股份(600615)2008年4月11日的分时走势图　图93

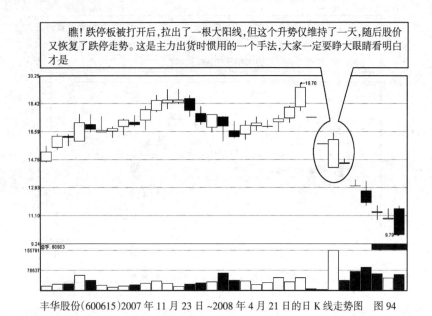

瞧！跌停板被打开后，拉出了一根大阳线，但这个升势仅维持了一天，随后股价又恢复了跌停走势。这是主力出货时惯用的一个手法，大家一定要睁大眼睛看明白才是

丰华股份(600615)2007 年 11 月 23 日~2008 年 4 月 21 日的日 K 线走势图　图 94

实例二：宏达股份(600331)。图 95 中显示，该股在连续 6 个无量跌停板后，才迎来一线生机，到第 7 个跌停板时，在尾盘被主力强行上拉，跌停一下子几乎变成了涨停(见图 96)，故而其日 K 线走势图上出现了一根放量的大阳线(见图 95 中箭头 A 所指处)。但如果当天不跑，第二天该股又被打到跌停板，而随后它就形成了绵绵阴跌的走势，持股者的损失将越来越惨重。

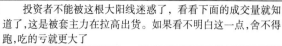

投资者不能被这根大阳线迷惑了，看看下面的成交量就知道了,这是被套主力在拉高出货。如果看不明白这一点,舍不得跑,吃的亏就更大了

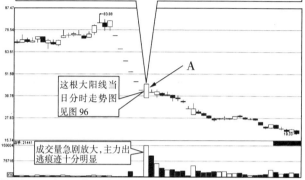

A

这根大阳线当日分时走势图见图96

成交量急剧放大,主力出逃痕迹十分明显

宏达股份(600331)2007 年 8 月 31 日 ~2008 年 6 月 19 日的日 K 线走势图　图 95

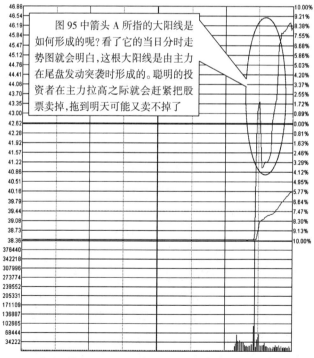

图 95 中箭头 A 所指的大阳线是如何形成的呢?看了它的当日分时走势图就会明白,这根大阳线是由主力在尾盘发动突袭时形成的。聪明的投资者在主力拉高之际就会赶紧把股票卖掉,拖到明天可能又卖不掉了

宏达股份(600331)2008 年 4 月 29 日的分时走势图　图 96

一位高手指着图97说,该股大主力已在高位胜利出逃,接下来的行情就是小主力、中小散户的行情。投资者对该股应该战略上看空。

请问:高手究竟是如何看出该股大主力已经胜利出逃的?你认为高手这一看法对吗?所谓对该股战略上看空究竟是什么意思?

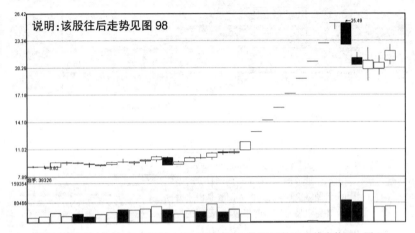

说明:该股往后走势见图98

深深宝A(000019)2007年4月3日~2007年10月31日的日K线走势图　图97

高手主要是根据该股高位巨大的换手率,得出了该股大主力已经胜利出逃的结论。

我认为高手这一判断是正确的。 因为该股在见顶后的短短6个交易日里已经换手七八成。尤其使人担心的是, 在这个高换手率之前, 连拉8个涨停板,而且基本上都是无量封至涨停的。老股民知道,连续无量涨停为持有该股大量筹码的主力出逃提供了一个极佳机会。这是什么道理呢? 因为通常主力要将一个股票做上去,少不了有一个"震仓洗盘 - 拉升 - 再震仓洗盘 - 再拉升"的过程。这个过程少则需要几个月时间,多则需要几年时间。况且震仓洗盘也不是一件容易的事,来来回回折腾要消耗掉主力大量的资金与精力。如果一个股票受到某种因素刺激,致使股价出现连续无量涨停,那么,最高兴的是炒作该股的主力。因为这样就把主力在操盘中常用的"震仓洗盘 - 拉升 - 再震仓洗盘 - 再拉升"的过程全部省了,其结果必然会使主力的持股成本大幅下降,将来出货就会更加轻松、更加肆无忌惮了。

　　显然,连续的无量涨停对主力最有利,但主力心中明白,仅靠利好消息的刺激促使股价出现连续无量涨停,短期还可以,时间一长这个空中楼阁肯定要倒下来。因此,主力在密切注意市场变化,一旦发现无量涨停的股票出现一种乏力状态,他们就会抢先发货。此时,因为市场中很多投资者对这种连续涨停的股票还寄予厚望,所以主力出货也相对容易。通常,如果主力出货顺利的话,那么,盘中每卖出 2 股将有 1 股为主力派发的筹码。按此框算,图 97 的这个股票在最近短短 6 个交易日里换手率已达到 78.59%。所以可以估计该股主力极有可能已经把手中一大半筹码抛掉了[注]。正是鉴于这个理由,高手才判断图 97 中的大主力已经胜利出逃(见图 98)。

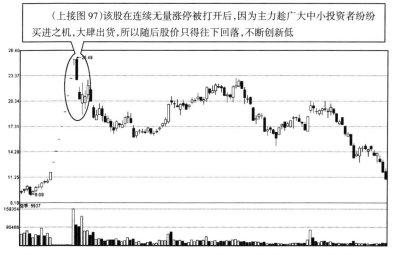

深深宝 A(000019)2007 年 4 月 16 日 ~2008 年 4 月 2 日的日 K 线走势图　图 98

　　【注】　主力妙作一个股票,到底要控制多少筹码,才能做到"得心应手"。《股市操练大全》第三册第 196 页 ~ 第 207 页有详细介绍。读者如要了解这方面情况,可自行参阅。

众所周知,大凡一个股票,控盘的主力逃掉了,留在里面捣腾的只能是一些中小机构和个人投资者。中小机构由于资金实力较小,只会跟在大机构后面推波助澜,但自己要独立操作,发动什么行情几乎是不可能的。个人投资者力量分散形不成合力,他们只能参与行情,不能左右行情,要想靠个人投资者把股价推上去是绝对行不通的。所以,一个股票大涨之后,控盘的主力逃掉了,其后市将岌岌可危。此时,投资者就应该像高手所说的那样,对它进行战略性看空。说得通俗一点,所谓战略性看空,就是指一个股票向下已成定局,而在短期内不可能翻身,投资者陷在里面只能越陷越深,所以要尽早离开它为妙。

当然,所谓战略性看空,主要是指中长线走势。至于短线走势就不一定了,因为里面的中小机构还没有出逃,再加上一些飘忽不定的游资会进来,短线机会可能还是有的。比如图99中,该股在逐浪下跌时,就产生了一些短线机会。但这些短线反弹机会,对大多数投资者来说意义不大,因为很难把握。

经验告诉我们,当连续无量封涨停的股票在大涨后见顶回落,形成了下降趋势,其下跌往往是很可怕的。我们这里来看两个典型例子。

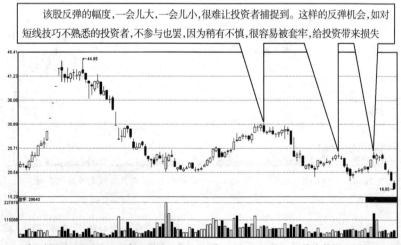

该股反弹的幅度,一会儿大,一会儿小,很难让投资者捕捉到。这样的反弹机会,如对短线技巧不熟悉的投资者,不参与也罢,因为稍有不慎,很容易被套牢,给投资带来损失

岳阳纸业(600963)2007年7月17日~2008年3月18日的日K线走势图 图99

实例一:海虹控股(000503)。该股在 1999 年末起动,股价连拉阳线往上攀升,从 2000 年 1 月 19 日始,至 2000 年 3 月 1 日,在这短短一个多月时间里,几乎每天都在拉涨停板,而且大多数都是以涨停一字线报收,它在拉涨停一字线时都是无量的。1999 年 12 月 29 日,该股起动时股价是 18.54 元,到 2000 年 3 月 2 日股价已升至 83.18 元(见图 100)。短短的两个多月,该股股价就上涨了 348.65%,上涨速度之快,令人惊叹不已。

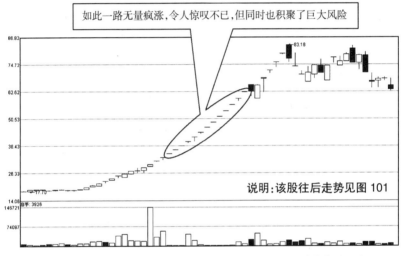

如此一路无量疯涨,令人惊叹不已,但同时也积聚了巨大风险

说明:该股往后走势见图 101

海虹控股(000503)1999 年 12 月 15 日~2000 年 3 月 27 日的日 K 线走势图　图 100

股市里有一个基本规律,涨幅越大积聚的风险也越大。当该股在 83 元处见顶,股价走势出现趋势性的改变后,聪明的投资者就开始对它进行战略性看空了。果不出所料,到 2002 年 1 月 15 日,该股最低已跌到 10.40 元(见图 101)。

实例二:ST 金泰(600385)。该股自 2007 年 7 月 9 日拉出第一个涨停一字线后,就一口气拉了 38 个涨停板,创下了沪深股市短期内连拉涨停板的最高历史记录。但谁也没有想到,该股摸高 26.58 元之后,当日就出现了高台跳水(见图 102),以跌停板收盘,紧接着又出现了连续 6 个跌停的走势,虽然在第八、第九个跌停板被打开时放出了巨量(仅这两个交易日的换手率就达到 47.08%,几乎将所有的流通股换了

（上接图 100）对前期疯涨的股票,唯一的出路就是逃。因为这些股票一旦开跌,下跌就深不可测。一想到这里,就让人不寒而栗

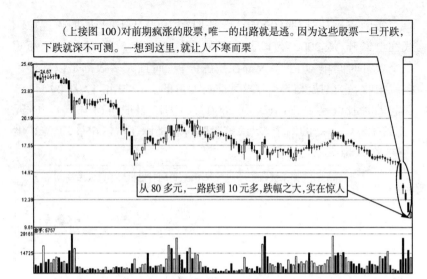

从 80 多元,一路跌到 10 元多,跌幅之大,实在惊人

海虹控股(000503)2001 年 6 月 13 日~2002 年 1 月 15 日的日 K 线走势图　　图 101

当日该股高台跳水,从涨停快速至跌停,致使持股者措手不及,根本无法出逃,从而不幸被一网打尽

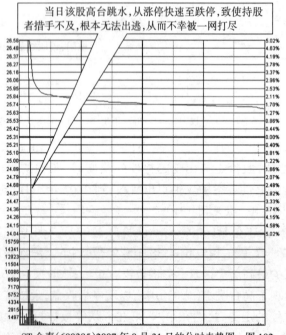

ST 金泰(600385)2007 年 8 月 31 日的分时走势图　　图 102

一半），但这仍然没有改变该股的下跌趋势。具有讽刺意义的是，2007年7月9日，当时该股拉出第一个涨停一字线的收盘价为 4.16 元，而一年后，到了 2008 年 7 月 3 日，该股股价最低已跌至 3.99 元（见图103），真可谓终点又回到了起点。

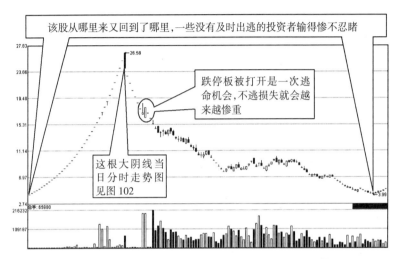

ST 金泰(600385)2007 年 7 月 9 日~2008 年 7 月 10 日的日 K 线走势图　图 103

以上几个实例都证明，对连续无量封涨停的个股，在其控盘主力出逃后，一定要像高手所说的那样，对它进行战略性看空，否则，当其股价从哪里涨上去又跌回到哪里时，你陷在该股里不能自拔，最后必将会输得惨不忍睹。

有一位同学对上一道题高手所说的经验持有不同的看法。其原因是,他曾经也用这样的方式操作过一个股票,结果这个股票在他卖出后不久又重拾升势,出现了大涨(见图104),为此他后悔不已。故而他认为,高手的这条经验并无典型意义,弄不好就会给投资者的操作带来误导。

请问:这位同学的看法对吗?如果你认为上一道题高手所说的经验是错的,请说出它错在哪里?如果你认为上一道题高手所说的经验是正确的,那么这位同学在使用这条经验时却没有收到好的效果,其原因是什么?

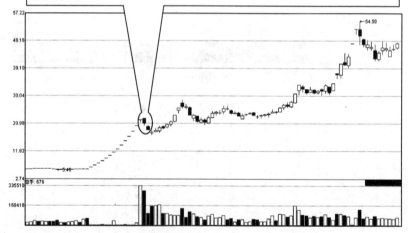

该同学看见该股连续无量涨停之后,在此放出巨量,以为它在这里构筑了头部,所以将该股票悉数卖出。但不料在他卖出后不久该股重返升势,出现了大涨,使之后悔不已

海通证券(600837)2006年9月14日~2007年5月23日的日K线走势图　图104

我认为这位同学的看法不对。它不对在哪里呢?我们不妨在此作一些分析。这位同学说,在上一道题中高手所说的经验并无典型意义。这个结论下得太武断了。我们知道一条经验究竟有无典型意义,关键

就是要看这条经验覆盖面有多大。如果这条经验只是在个别特殊场合才能派上用处，那么这条经验就没有什么典型意义，反之，如果这条经验在多数场合、多数个股上都能发挥作用，那么这条经验就肯定有典型意义。对照沪深股市的实际走势，大家就会发现使用这条经验在大多数情况下都会产生积极的效果，因此以这个评判标准来看，高手总结出来的这条经验是值得我们重视的，它并没有误导投资者的操作，而确确实实能在实践中指导投资者如何来规避风险，避免陷入主力设置的多头陷阱之中。

该经验揭示的是这样一个事实：连续无量涨停之后突然出现巨量换手，说明筹码开始松动。如果此时股价出现大跌，那么，很可能就是主力在高位发货了。出现这种情况，对绝大多数个股而言，都是一个不祥信号，它们往后都会走上一个漫长的寻底之路。有鉴于此，投资者对出现这种走势的个股，原则上要对它进行战略性看空。

一般来说，投资者只要把这条经验揭示的事实，与沪深股市中一些个股的实际走势相对照，就会知道这条经验对我们实际操作有着非常重要的指导意义。

当然，在股市中任何经验都有局限性，即使这条经验覆盖面达到了90%，但仍然有10%的情况游离在这条经验之外，需要我们用其他方法去处理。如果从这个角度考虑问题，那么这位同学使用这条经验后没有产生好的效果，就属于10%这样的少数情况了。

退一步说，即使属于10%的情况，如果投资者能用一个良好的心态来看待、使用这条经验，仍然可以取得相对较好的效果，决不会在使用这条经验后让自己感到"后悔不已"。

首先，我们认为这位投资者在该股连续无量涨停被打开，成交量急剧放大，股价出现下跌的情况下，将该股卖出，这一操作方法并没有什么错误。至于该股后来没有继续下跌反而涨上去了，那不能怪高手这条经验不灵，因为这已经是另外一回事了。这好比眼看洪水袭来，一些原来在大道上行走的人为了赶快逃命，丢掉身上负重，比如箱子、背包，逃到了高地，后来洪水又突然改变走向，与大道擦肩而过。当这些人从高地再返回大道时，发现一些丢在大道上的箱子、背包不见了。你说当初这些人丢掉箱子、背包赶快逃命,这样的做法是对还是不对呢? 这个答案是不言自明的。可见,当危险来了先躲避一下是人的正常反应。否则,人若缺乏这个正常反应,危险来了也不知道躲避,一旦危险真的如期降临,届时想逃命都逃不掉了,那才叫做真的后悔呢。可见,做股票首先就要想到如何来躲开大的危险,这是检验投资者是否成熟的主要标志。

其次,我们应该认识到股票卖出后又涨上去了,这是很正常的事,用不着大惊小怪,更没有什么可以懊悔的。试想,如果一个投资者每次卖出都卖对了,那不是成了股神吗? 其实,高手在操作中也经常会有失误,一般做 10 次能做对 7 次,那就是很不错的成绩了。在股市中,我们还没有见到过每次操作都做对的人。这也就是说,股市里从来就没有什么百战百胜的股神。另外,我们还应该知道,高手之所以能成为高手,因为他们养成了知错必改的品性。经验告诉我们,在股市中做错了不要紧,错了能及时改正就好。普通的投资者只要培养出这个良好的习惯,将来也能成为高手。这位同学如果有了这样的认识,那么,即使这次卖错了,再寻找机会把它买进来就是了。但是,这位同学卖错后,一心想等它跌到自己卖出价格之下再把它买回来,而不愿以高出自己原先卖出的价格再把它买回来,正是这种"知错不改",只能眼睁睁地看着这个股票涨上去,最后彻底与它"拜拜"。

可见,造成对该股踏空的结果,若要怨的话,只能怨这位同学自己,怨他缺乏一个"知错必改"的良好投资心态。这位同学将怨气迁怒到高手这条经验上,显然是找错了对象。其实,在股市中"知错必改"并不难,进行波段操作就能较好地解决这个问题。比如,这位同学在前一波段操作中看见危险来了把股票卖了,这一波段的操作就告一个段落。后来发现该股没有跌下去又涨上来了,K 线走势图上发出了买进信号,此时就可以考虑再把它买进来,这样新的波段操作又开始了。而第二个波段操作与第一个波段操作已经没有什么关系了,这里根本不存在什么吃亏的问题。波段操作是高手常用的方法,高手的许多知错必改的措施往往都是在波段操作中实现的。

波段操作的最大优点是:能将预见的投资风险降到最低限度,同时又能将发现的投资机会及时抓在手里。当然,实施波段操作也要有一个良好心态,即一个波段一个波段地操作,一个波段操作结束了,结账后就不要再去想它。下一个波段操作就从零开始,该怎么操作就怎么操作,这个操作已经与上一轮波段操作无任何的内在联系了。不然的话,在进入下一轮波段操作时,老是想着在上一轮操作中还有什么吃亏的地方,那就会永远陷入痛苦的回忆之中,这样不后悔也不可能了。试想,如果这位同学真正理解了什么是波段操作,他就决不会再有什么后悔之言了。这个道理很简单,因为在图104中,他是在该股连续无量封涨停后成交放出巨量时卖出股票的,因而在这个波段操作中他是赢家。以后就不要再去惦记它。而当这个股票重新上涨时,再根据图中买进信号买进股票,从而进入另一个波段操作。此时,这位同学的主要任务就是如何把这个新的波段操作好。这两个波段操作完全是两回事,风马牛不相及,那又有什么可以牵挂与后悔的呢?

有人问:为何上一道题举的几个实例,在连续无量封涨停后,一旦筹码出现松动,成交放出巨量,股价趋势就开始逆转,而图104中的个股在连续无量封涨停后,筹码出现松动,成交放出巨量,股价只是稍有回调仍旧继续向上呢?

出现这种情况,根本的原因还是与个股的基本面有关。虽然连续无量封涨停的股票,都有利好题材刺激,同时这个利好题材又被当时市场高度认可,才出现了连续无量封涨停的现象。但这个利好题材日后到底能否兑现,主力是心知肚明的。不能兑现的利好题材犹如海市蜃楼,过后就会消失得一干二净。上一道题举的几个实例就是这种情形。

比如,2000年网络走红时,海虹控股从18.54元涨到80多元,股价翻了两番,其最大的题材就是海虹控股摇身一变成了"网络股"。至于海虹控股投资网络到底赚不赚钱,谁的心里都没有数。反正在当时网络股是很时髦的,美国网络股在大涨,所以,摇身一变成为网络股的海虹控股,被主力借题发挥引起市场疯狂的追捧,从而出现了大涨。主力对这一情况心里是很清楚的,海虹控股的一度疯涨,完全是市场人为炒作的结果,公司的发展前景、业绩并没有得到什么根本的改变,因此当股价无量涨停到达极致时,第一个想兑现筹码的就是控盘主力。待主力在高位来回拉锯,将筹码悄悄派发后,该股后市就变得岌岌可危了。

大家一定要明白,在股市里题材、概念都是被主力用来炒作股票的一个理由。这种理由表面上看起来是冠冕堂皇的,但这些所谓利好题材、概念,最后大多数都会被证明仅是投资人做的一个美梦而已,它并没有什么实质性的内容在里面。所以,绝大多数凭借题材炒作而出现连续无量涨停的股票,一旦在高位发生趋势性改变后,最终都会跌得一塌糊涂,其道理就在这里。

但是,话要说回来,虽然题材、概念以假的居多,不过毕竟也有少数题材、概念是真的,这也是不可否认的事实。图104中的个股就是一个典型例子。当初该股出现连续无量封涨停的情况,主要就是该股被海通证券公司借壳上市。这个题材局外人不知是真是假,但炒作该股的主力心里是很清楚的,此事是真的。因此,当该股连续无量涨停,在股价涨到22元时,主力并无出货的打算。因为他们比较下来,该股如果借壳上市获得成功,当时的股价要比同类型证券公司股票的股价相差一大截。从比价效应来说,该股还有很大的上涨空间。于是,主力在该股连续无量涨停至22元的当口,进行了一次震仓洗盘。最后,该股一直摸高到68.53元才真正见顶回落。试想,这68元的股价与当初主力对该股进行第一次震仓洗盘的22元股价相比,足足涨了200%多,主力怎么会在该股连续无量涨停板打开的地方,即22元股价处鸣金收兵呢? 主力把该股拉到60多元才大量派发手中的筹码,其中既有主力自己的想法, 也与当时市场对证券行业前景普遍看好有关(编者按:牛市中证券类上市公司赢利常常超出市场预期,所以,牛市中证券公司的股价都有不俗表现。比如,在2006年~2007年这轮大牛市中,国金证券最高股价就涨到了159元)。

说到这里情况就很清楚了,对题材、概念有实质性内容的个股来说,在连续无量涨停之后,经过短期调整,股价能继续往上攀升,这已经与技术面没有什么大的关系了, 主要的还是公司基本面和比价效应[注1]在起作用。投资者在操作该类股票时,应密切关注它们的基本面变化与比价效应带来的影响。

有人问:当此类事情发生时,怎么知道某个题材是真是假呢?确实,要确定某个题材的真假不是一两句话就讲得清楚的,这主要靠投资者自己来观察与分析[注2]。如果实在分析不清楚,那只有回到盘面上来进行鉴别。比如,连续无量涨停的股票,出现大成交量后股价重心开始向下移动,那么这个题材十有八九是假的。此时,投资者对这类股票应该进行战略性看空、做空。反之,连续无量涨停的股票,出现大成交量后股价经过短期调整重心开始向上移动,并创出了无量涨停后的新高,此类题材可能是真的。此时,投资者对这类股票可试着买进,中期看多、做多。

【注1】 关于什么是比价效应,以及如何利用比价效应选时选股,详见《股市操练大全》第三册第212页~第221页。

【注2】 如何分辨题材的真假,其方法在《股市操练大全》第三册中有详细介绍,读者如有兴趣,可参阅该书第116页~第129页。

金老师说:下面两张图都画了圈,你对画圈处的图形是否有一种似曾相识的感觉,你能说出它们的特征和技术意义吗?投资者遇到这样的图形应该怎么操作?

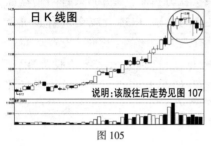

说明:该股往后走势见图107

图105

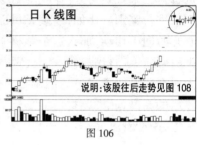

说明:该股往后走势见图108

图106

　　看了这两张图中画圈处的图形,确实有一种似曾相识的感觉。如果我记忆不错的话,该图形与《股市操练大全》第六册中提到的"篱笆墙"[注]图形极为相似,都有一个明显的特征,即图中K线的上、下影线特别多,这些K线排列在一起就像人故意编织起来的篱笆一样。图105、图106中画圈处的图形称为"篱笆头"。篱笆墙与篱笆头的区别是:篱笆墙中人为雕琢的K线数量比篱笆头中人为雕琢的K线数量要多得多。这个也很好理解:"墙"的面积自然比"头部"的面积要大得多。

　　无论大盘或个股,一旦在大涨之后出现了篱笆头图形,基本可以判断主力是在出逃了。篱笆头中K线的上、下影线多,这说明主力是在利用上、下影线做盘,乘机发货,如果此时成交量有明显放大的迹

　　【注】　何谓"篱笆墙"图形,详见《股市操练大全》第六册第365页。另可参见《股市操练大全》第五册第267页中的图形。

象,那就更能证明主力要溜之大吉了。

投资者见到了篱笆头的图形,原则上应该全线看空、做空。当然,如有人感到该股有重大利好题材在里面,怀疑控盘的主力在利用篱笆头进行洗盘,那么,我们建议这些投资者至少先抛出一半以上的筹码。因为根据经验,大盘或个股出现了篱笆头,往后下跌的概率超过80%,既然有如此大的下跌概率,总要防一防吧! 所以,先抛出一些筹码锁定风险还是应该的。另外,这些投资者还应该想到篱笆头出现后,即使不是中长期顶部,也可能是一个阶段性顶部。主力把篱笆头作为阶段性顶部来处理,同样可以达到震仓洗盘的目的。要知道,阶段性顶部出现后,股价往往也有一个比较大的下跌空间。因此,投资者看到篱笆头后顺势做空,以后发现主力是用它来震仓洗盘的,等到股价在低位时再把筹码捡回来,这样做基本上不会吃什么亏,处理得好仍然可以占到一定便宜的。

有人担心,如果主力确实是用篱笆头进行震仓洗盘,篱笆头过后,主力就直接把股价打上去了,那又该怎么办呢? 其实,实战中出现这样的情况很少。试想,你老是这样担心自己会踏空,而不担心一旦真的头部形成会在高位深度套牢,这样能做好股票吗? 在股市中先想到机会而不先想到风险的投资者,最后都会成为输家,这已经被中外股市的历史反复证明。现在退一步说,就是有人有这样的担心,看到篱笆头后抛出了一部分筹码也不吃亏,因为他手中还留了一些股票。这种进可攻退可守的策略,应该是一种很好的选择。再说,等真的看清主力操作意图了,在上升趋势明确后重新加价买进就是了,这也不存在什么踏空的问题。

总之,篱笆头出现是一个十分危险的信号,投资者一定要高度警惕,适时做空是一个明智之举。对篱笆头千万不要寄予一些不切实际的幻想,否则,贻误卖出时机,将会铸成大错(见图 107、图 108)。

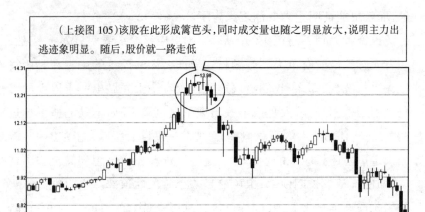

（上接图 105）该股在此形成篱芭头，同时成交量也随之明显放大，说明主力出逃迹象明显。随后，股价就一路走低

粤水电（002060）2007 年 11 月 14 日~2008 年 4 月 2 日的日 K 线走势图　图 107

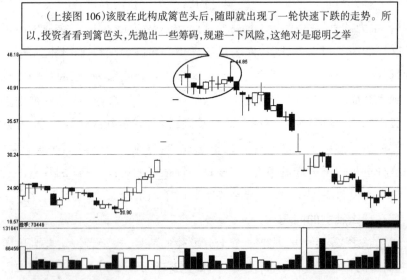

（上接图 106）该股在此构成篱芭头后，随即就出现了一轮快速下跌的走势。所以，投资者看到篱芭头，先抛出一些筹码，规避一下风险，这绝对是聪明之举

岳阳纸业（600963）2007 年 6 月 28 日~2007 年 11 月 16 日的日 K 线走势图　图 108

金老师问：你们认识图109中箭头A所指处是什么K线吗？这根K线在技术上有何意义？行情走到现在，下一步应该如何操作？

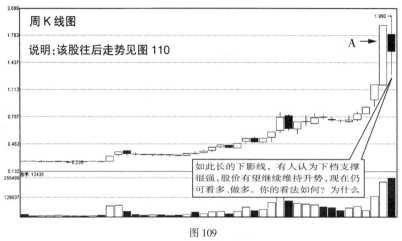

周K线图

说明：该股往后走势见图110

A ➤

如此长的下影线，有人认为下档支撑很强，股价有望继续维持升势，现在仍可看多、做多。你的看法如何？为什么

图109

图109是一张周K线走势图，图中的箭头A所指处是一根巨阳线。什么是巨阳线呢？顾名思义，它是比通常我们所了解的大阳线还要大得多的阳线。我们知道，日K线中的大阳线，其阳线的实体最长只能达到涨幅的20%（即从跌停板开盘，到涨停板收盘），但周K线中巨阳线的实体，要大大超过这个比例，就拿图109中的巨阳线来说吧，其阳线的实体已达到涨幅的61.12%。是不是巨阳线在走势图中很容易分辨出来，它的阳线实体特别长，非常醒目。

无论是大盘或个股，在周K线走势图中出现巨阳线后，投资者就要当心了，因为巨阳线意味着短期升幅过大，进入了超买状态。正因为如此，巨阳线被视为一种见顶信号。在股价大幅上涨后出现巨阳线，行情见顶往下深幅调整的可能性就非常大（见图110）。

(上接图 109)经验告诉我们:大幅上涨后拉出巨阳线,是一种强烈的赶顶行为,一旦股价出现回调,往后的跌势就很难预料。所以,聪明的投资者见此情景早就开溜了,这样就可以避免深套的风险

至此,股价已跌去近 9 成

联华 B 股(900913)2006 年 8 月 ~2008 年 11 月的周 K 线走势图　图 110

有人问:股价大幅上涨后,在周 K 线图中出现巨阳线,这种现象究竟是短期见顶信号呢,还是中长期见顶信号呢? 其实,这两种可能都有,关键是要看当时股价被高估的程度如何,以及市场主力战略意图是什么。比如,某一个质地一般的股票,凭着一些捕风捉影的题材,短期内出现了大幅飙升, 拉出巨阳线, 像这类股票一旦题材完全破灭,股价就会形成连续下跌的走势,而且很长时间内不会有新的增量资金进驻。这样,前面由巨阳线构筑的顶部就不是一个短期顶部,而是一个中长期顶部了。类似这种例子,在以往沪深股市中可以说是屡见不鲜(见图 111)。所以,投资者见到巨阳线,一旦发现情况不对,就应该及时止损出局,而且出来后, 千万不要认为它只是短线见顶而已,调整一段时间就可以重新进去。有如此想法,往往是要吃大亏的。

又有人问:巨阳线之后是不是就一定见顶了?这倒不一定。因为,从统计上来说,巨阳线之后继续维持升势的情况也有,只不过出现的比例较低。有人估计,在周 K 线上拉出巨阳线后,仍能继续维持上涨的情况不足 3 成,而这些能继续上涨的个股,都是市场热门,有特殊

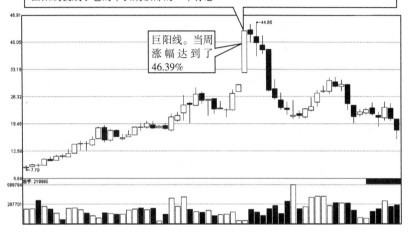

该股质地一般,前一阵子市场好的时候,市盈率被炒得很高。但自从该股在大幅上升过程中出现巨阳线之后,股价很快就见顶回落,出现了深幅下挫。结果这根巨阳线就成了它的中长期顶部的一个标志

巨阳线。当周涨幅达到了46.39%

岳阳纸业(600963)2006年11月~2008年3月的周K线走势图　图111

题材的超级强势股。既然是超级强势股,其K线走势就和一般股票的K线走势不一样,在拉出周巨阳线后,仍会维持着向上的态势。那么,落实到具体操作上,投资者应该怎样进行判断呢?比如,在周K线图上拉出巨阳线后,在什么情况下应该卖出,在什么情况下可以继续持股,在什么情况下可暂时做多呢? 根据一些高手的操作经验,我们这里为大家设计了一张"周巨阳线后操作示意图",供投资者实战时参考(见图112)。

大家看了这张周巨线后操作示意图后有什么感觉呢? 可能一些新来的学员对这张图还比较陌生,接下来,我就这张图的内容作一些解释与说明,以方便大家使用。

第一,为什么巨阳线后,股价回调超过实体的1/3就应该出局呢(见图112中①)? 因为巨阳线不同于一般大阳线,超买现象十分严重,获利盘甚丰,盘中积累了巨大的做空能量。在巨阳线后股价出现回调时,我们首先要以防范风险为主。一般来说,巨阳线之后股价回调超过实体的1/3,说明股价继续向下寻底的可能性在增大,所以,此

周巨阳线后操作示意图

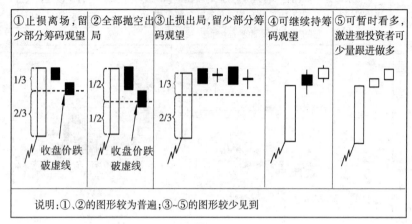

图 112

时投资者应将手中大部分筹码兑现,锁定利润,以便保存住实力。

第二,为什么巨阳线后股价回调超过实体的 1/2,就要全部抛空出局呢(见图 112 中②)? 因为根据以往的资料统计,一旦巨阳线之后股价回调超过实体的 1/2,往后股价继续暴跌的可能性将增加到 80%以上。所以,从防范风险出发,此时投资者必须将大部分筹码卖出。

第三,为什么巨阳线后股价出现回调,有时回调并没有超过实体的1/3,也要主动将大部分股票卖出呢(见图 112 中③)? 其原因是:巨阳线后,盘整时间已经超出了想继续做多的时间允许范围。通常,如果市场主力想在巨阳线后继续做多,那最多在这之后经过短时间盘整就会继续向上发动攻击。如果巨阳线之后,盘整时间过长,那只能有两种解释:一是主力早就在拉巨阳线的过程中已经把大部分筹码派发了,剩下来的都是小股部队,比如小机构、个人大户、中小散户在小打小闹。所以才会出现谁也不肯主动往上拉升,但又不甘心就此撤退的格局,从而形成了长时间的盘整现象,但是这种盘整到最后必然会以暴跌告终。因为市场主力早已逃之夭夭,光靠小部队,这样的局面是支撑不了多久的。二是主力利用巨阳线之后的盘整在悄悄出货。

经验告诉我们:股价进入高位区后,盘整时间越长,说明主力利

116

用盘整出货的可能性就越大。那么,多少时间才算盘整时间过长呢?一般来说,盘整时间不能超过一个月。换言之,超过一个月时间就算过长了,一个月即4周时间。周K线走势图上也就是4根K线而已。所以盘整时超过4根周K线就要警惕了。此时投资者应该以主动出局为宜,以防不测。

第四,为什么见到巨阳线后出现1到2根小阳小阴之类的周K线,成交量出现明显的萎缩,但其收盘价与巨阳线的收盘价基本持平时,可继续持股观望呢(见图112中④)?因为一般来说,如果市场出现这样的情况,说明巨阳线后,有可能还有潜在的利好题材在支撑其继续走强,此时投资者不妨先持筹观望一阵子再说。当然,投资者在期盼股价继续向上的同时,也要设好止损点。比如,一旦发现日后出现了图112中①~③的现象,就应马上斩仓出局。

第五,为什么见到图112中⑤这样的图形时,可暂时看多呢?因为一般来说,出现这样的图形,表明在周巨阳线之后,市场主力还在积极看多、做多。至于市场主力为何不惧巨阳线之后出现超买、获利盘太多,而继续采取往上攻击的策略呢?这或许与当时的市场氛围人气旺盛有关;或许与诸多利好题材有待进一步挖掘有关;或许与上市公司的经营业绩出现突飞猛进有关;或许与……但到底是什么原因,局外人是很难猜测的。不过,从操作层面上来说,主力为何在巨阳线后做多,其理由是什么,我们先不要去管它。大家只要紧紧盯住巨阳线之后的走势,如发现出现像图112中⑤那种股价重心向上的现象出现,就可以继续保持看多、做多的策略。当然还是一句老话,在对其看多、做多的同时,要预先设好止损点,一旦发现股价重心掉头向下,就应及时止损离场。

金老师说：刚才我们讨论了周 K 线的巨阳线问题，但就识顶、逃顶而言，月 K 线中的巨阳线比周 K 线中的巨阳线更值得我们去认真研究和关注。

请问：你知道这是为什么吗？月 K 线中的巨阳线有什么规律可寻？面对月 K 线中的巨阳线，投资者应该如何操作？

《股市操练大全》第五册在谈到如何运用 K 线研判大势问题时，强调了一个观点，即要正确地判断大势，首先要关注月 K 线。投资者只有把月 K 线走势看准了，才能有效地避免对股市趋势发生误判现象。

月 K 线对把握大势有着十分重要的意义，这是不容置疑的。经验告诉我们，研判大盘走势要看月 K 线，研判个股走势也要看月 K 线。这是为什么呢？原因有二：一是月 K 线能清楚地勾画出大盘或个股走势的全貌。看了月 K 线，投资者对大盘或个股总的变化趋势心中就有数了。二是月 K 线时间跨度较长，信号真实可靠，它不像日 K 线时间短，主力（庄家）可以在里面做手脚。换言之，主力（庄家）要想在月 K 线中制造骗线几乎是不可能的。

与周 K 线相比，一根月 K 线要抵上 4 根周 K 线，月 K 线包含的信息比周 K 线包含的信息更集中，更有利于投资者对中长期趋势作出正确预判。只要明白这个道理，我们就知道，虽然周 K 线中的巨阳线与月 K 线中的巨阳线都是见顶信号，但是，月 K 线中的巨阳线所反映的见顶信号比周 K 线中的巨阳线所反映的见顶信号，无论是强度还是可靠性都要高得多。正因为如此，我们看到月 K 线图中出现巨阳线就更要引起警觉，随时作好出逃的准备。

另外大家要注意，月巨阳线也有强弱之分，其见顶信号的强度、可靠性与以下两个因素有关：一是与月巨阳线的实体长短有紧密联系，即月巨阳线实体越长，中长期见顶的可能性就越大；二是与月巨阳线表现形式有着很大的关系。通常，如果月巨阳线以加速上涨，或以叠罗汉的形式出现(注:什么是加速上涨,叠罗汉,下面有详细解释,这里就不展开了),那就意味着中长期见顶即将来临。

下面,我请大家看几个实例:

实例一:浪潮软件(600756)。图113中显示,该股在月K线中拉出一根巨阳线,涨幅达到233.60%。显然,这可以称得上是一根超级巨阳线。这根超级巨阳线的出现,宣告了该股这轮上升行情即将结束。随后,该股就呈现不断向下寻底的走势。

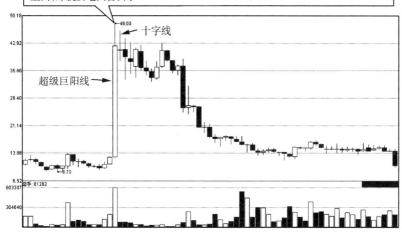

浪潮软件(600756)1998年10月~2004年8月的月K线走势图　图113

实例二:兰生股份(600826)。从图114中可以看出,该股在经过连续11个月平稳上涨后,突然拉出一根巨阳线。显然,这根巨阳线充当了加速赶顶的角色。在巨阳线之后,该股收出一根高开低走的阴线。尽管这根阴线的实体不是很大,但是它已切入到巨阳线的实体之内,所以它对前面巨阳线的见顶性质作了进一步确认。

实例三:深天地A(000023)。从图115中看,该股的两根巨阳线就像两个杂技演员,一个人站在另一个人的肩上,表演着"叠罗汉"。

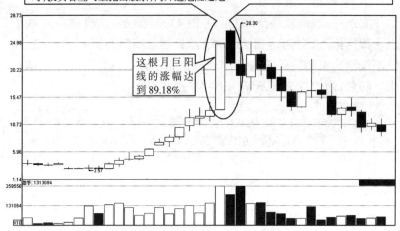

当月巨阳线以加速上涨的形式出现时,只要后面的第二根 K 线是阴线,并有一部分实体切入前面月巨阳线的实体之内,那就基本上可以确认该股见顶了。此时,投资者应马上抛出股票,离开这危险之地

这根月巨阳线的涨幅达到 89.18%

兰生股份(600826)2005 年 9 月 ~2008 年 8 月的月 K 线走势图　图 114

据有关资料统计,无论大盘还是个股,出现这样的图案,表明行情基本走到头了,即使后面再有上涨,也多半是强弩之末,短期内见顶的概率非常大。

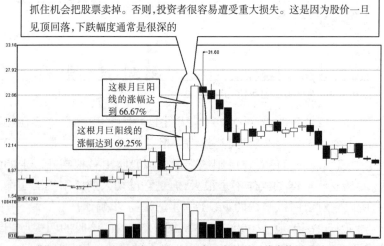

巨阳线以"叠罗汉"的形式出现,是股价见顶的预兆。此时,投资者应赶紧抓住机会把股票卖掉。否则,投资者很容易遭受重大损失。这是因为股价一旦见顶回落,下跌幅度通常是很深的

这根月巨阳线的涨幅达到 66.67%

这根月巨阳线的涨幅达到 69.25%

深天地 A(000023)1995 年 7 月 ~1999 年 2 月的月 K 线走势图　图 115

关于月巨阳线的几种表现形式，我通过上面3个实例向大家作了介绍。接下来，我就要同大家谈谈怎么操作的问题。

第一，投资者可以根据月巨阳线实体长短，选择不同的操作策略。如果看到月巨阳线实体并不是超长型的（实体长短相当于涨幅50%~100%），那么，大家还可以看一看，或者按照周巨阳线操作法示意图里介绍的方法进行操作；如果月巨阳线是以超级巨阳线（涨幅超过100%）的面貌出现的，则应该先抛出一部分筹码，将利润锁定（至少要收回投资成本），余下的筹码看情况再说。另外，大家在操作时必须注意，一旦发现月巨阳线的实体上端的1/3部分被后面的K线吞吃了，那就应该毫不犹豫地把股票全部抛光，停损离场。

第二，根据月巨阳线表现形式，选择不同的操作策略。如果月巨阳线是以加速上涨，或以叠罗汉的形式出现，那么随后见顶的可能性极大。此时，稳健型投资者可选择全线退出（请注意：即使看好该股，也只能留一小部分筹码，并要作好随时撤退的准备），激进型投资者仍可持股观望，但应选择逢高逐步退出。激进型投资者在操作时一定要坚持一个原则，即一旦发现月巨阳线实体的1/3部分被后面的K线所吞没，就应该无条件地全部抛空，立即出局。如果看到月巨阳线是以普通形式出现的，则可以按照周巨阳线操作示意图中介绍的方法进行操作。

第三，投资者可根据月巨阳线顶上有无上影线，以及上影线的长短，选择不同的操作策略。如果月巨阳线没有上影线，那就说明短期走势仍属于强势。此时，投资者可以作好中长期撤离的准备，但就短期走势而言，投资者还可以看一看，或者选择在股价向上冲击的时候抛出。但是，如果巨阳线上面出现上影线，而且上影线又很长，则说明不仅中长期走势已经转弱，就是短期走势也有走弱的迹象。此时，投资者应将中长线筹码及时抛出（可选择在月巨阳线之后，第二个月的第一个交易日就将筹码抛出），手中只能留少数短线筹码与主力周旋。不过要注意的是，如果当事人对短线技巧并不熟悉，那么干脆连短线筹码都不要留下，全部抛光。这也是一种明智的选择。

最后，考虑到一些读者对月巨阳线的图案还比较陌生，我们特地绘制了一张"月巨阳线见顶图例一览表"（见表5），供大家操作时参考。

月巨阳线见顶图例一览表

类　型	图例一	图例二
超级型 特征:巨阳线的涨幅超过100% 见顶概率:≥90%	 超级巨阳线 出处:中卫国脉(600640) 时间:2006年10月~2008年4月	 超级巨阳线 出处:华升股份(600156) 时间:2007年2月~2008年6月
加速上涨型 特征:先是平稳上涨,然后以巨阳线形式加速上涨 见顶概率:≥80%	 加速上涨型巨阳线 出处:锦江投资(600650) 时间:2006年10月~2008年6月	 加速上涨型巨阳线 出处:西南药业(600666) 时间:2006年12月~2008年8月
叠罗汉型 特征:接边拉出两根巨阳线,成叠罗汉形状 见顶概率:≥80%	 叠罗汉型巨阳线 出处:西宁特钢(600117) 时间:2007年4月~2008年8月	 叠罗汉型巨阳线 出处:古井贡酒(000596) 时间:2006年12月~2008年9月
普通型 特征:巨阳线的涨幅在50%~100%之间 见顶概率:≥70%	 普通巨阳线 出处:西单商场(600723) 时间:2007年5月~2008年8月	 普通巨阳线 出处:津劝业(600821) 时间:2007年4月~2008年8月

表5

又及:本书初稿完成后,在向读者征求意见时,有一位读者对本题介绍的月巨阳线操作方法提出了疑义。他说,他曾在较低价位买进吉恩镍业(600432),然后就一直捂着,等到它涨到100元时才把它卖掉,结果在这个股票上赚到很多钱。但是,如果按照本题介绍的方法操作,也许他早就把这个大牛股卖出了。因此,他感到本题介绍的方法是有问题的。他希望《股市操练大全》编写组就他这件事向读者作一个合理的解释,避免误导读者。

在我们收到这位读者的信息反馈后,大家对这位读者的意见表示了高度重视,《股市操练大全》编写组的同志一致认为,这个问题一定要向广大读者解释清楚,这对写书人和读书人来说都有很大益处。

下面我们就这个问题谈谈自己的看法,供读者参考。

我们查了这位读者买的股票——吉恩镍业,这是一个有色金属股。当时,他在买进该股时,正好遇到全球有色金属期货、现货一路大涨。所以,在沪深股市里一些有色金属股的走势显得很牛。其中,吉恩镍业的股价也因此一路攀高,最高涨到132.60元,不过,随后股价就出现了大幅回落,2008年11月4日,该股最低跌至7元。但是,该股曾经是一只大牛股是不可否认的。因为该股从最低价8.62元(2005年6月3日)涨起,一直涨到132.60元(2007年10月25日),最大上涨幅度高达2250.20%[注]。可见,该股在大牛市中涨幅是非常惊人的。

这位读者在低位买进该股后一直捂着,当该股涨到100元时才将它卖出。至于他到底在这个股票上赚到多少,我们不是很清楚(因为他具体的买进价格没有向大家交代,所以就无法对其赢利作出精确计算),但有一点是可以肯定的,他在这个股票上赚到很多钱,基本上跑完了这个大牛股的全程。

这位读者说,如果按本题介绍的方法操作,他早就把这个股票卖出了。根据这位读者讲话的意思,估计他若按上面介绍的方法进行操

【注】 该股上涨幅度高达2250.20%,这里面包括2006年3月15日实施10送2.7股的股改方案,和2006年7月6日实施10股转增2股派1元的分配方案,以及2007年5月17日实施10送2.5元的分配方案。

作,就很有可能把该股放在图116中箭头A所指处卖出。因为在它前面已经拉出一根涨幅达到69.34%的月巨阳线（请注意：因电脑上图形被压缩的关系，这根巨阳线的实体看上去并不长，但事实上它是很长的）。再则，此处收出的一根螺旋桨月K线，其阴线实体已将巨阳线实体1/3以上吞吃掉。按照月巨阳线的操作原则，这个地方是应该卖出的。但这位读者认为这样卖出肯定是卖错了，因为在这之后该股有一段非常好的涨势在延续。

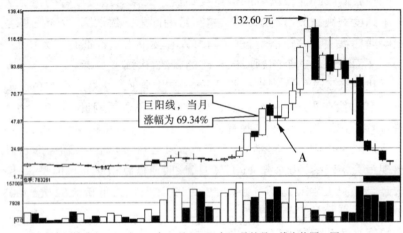

吉恩镍业(600432)2004年9月~2008年9月的月K线走势图　　图116

当然，我们应该承认，就该股来说，这样卖出确实是卖错了，这是一个事实，是不可否认的。但同时我们也别忘了，月巨阳线的操作原则并不是针对某一个股票说的，它针对的是沪深股市所有的股票，过去的、现在的，甚至包括将来的。将来发生什么事，我们只能进行推测，不能进行统计，但过去与现在发生的事情，是可以进行统计的。只要投资者进行认真统计，大家就会发现，月巨阳线被吞吃1/3后卖出，绝大多数情况下是对的。对与错的比例至少为7：3。所以，即使在这个股票上做错了，不等于在其他股票上也做错了。只要我们坚持按此方法操作，做对的比例还是很高的。因此，我们认为投资者今后仍然要按照这样的原则去操作。其实，这跟过马路要走横道线的道理是一样的,即使这次走横道线时发生意外,被车子碰撞了一下,但以后过马路时仍然要走横道线。试问:在这个问题上,是否可以随便改变行事的原则呢?答案应该是否定的。

投资者必须明白,在股市里我们只能做大概率的事情,因为如果一味追求小概率的事情,日子久了,那肯定要翻船。

我们可以作这样一个设想,假如这位读者当时在吉恩镍业拉出的巨阳线被吞吃 1/3 后没有卖出是做对了,那么只要他继续在做股票,在别的股票上碰到类似的情况,如果他仍然按此方法操作,将来出错的概率就非常大。我们想这位读者不可能次次都能有这样的好运吧!

投资者还必须懂得一个道理,在股市里,任何一种方法都存在着缺陷,百战百胜的方法是不存在的。月巨阳线的操作原则也是如此。但股市里还有一种现象也值得我们注意,即当某种方法失效时,可以用另一种方法去弥补。现在我们仍然以吉恩镍业这个股票为例作一番分析。如果大家在它的月 K 线走势图上加上一根 5 月均线(见图 117),那么情况就能看得更清楚了。此时,投资者就可以按照月均线

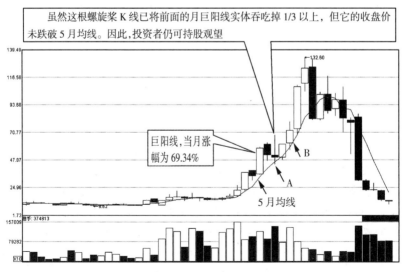

吉恩镍业(600432)2004 年 9 月~2008 年 9 月的月 K 线走势图　图 117

的规则进行操作,方法是:只要股价不跌破 5 月均线就持股不动,这样的话,就能避免出现因月巨阳线被吞吃1/3 以上而马上作出停损的"错误"。

其实,做股票时如果心态好的话,那么,即使按巨阳线的处理原则进行操作,卖错了也没有什么大不了的。因为卖出股票,就意味着你规避掉了一个下跌的风险,换来的却是资金的安全。这样做也是值得的。试想,在股市里每次操作都很成功,有这种可能吗?如有这种可能,那就是常胜将军了,这样的人在股市里是找不到的,就连世界顶级高手巴菲特、林奇、索罗斯都无法避免失误,一般的投资者又怎么能不犯错误呢?经验告诉我们,投资者在股市里出错是经常的,关键是在发现错误后要及时改正。这是高手与低手的一个重要区别。

现在我们继续回到吉恩镍业这个股票上来进行分析。当投资者发现在图 117 中箭头 A 所指处将它抛出是卖错了时,可等到新的买进信号出现后再把它买进来。这样就能纠正前面的错误。那么,新的买进信号在什么地方呢? 新的买进信号可选择在图 117 中箭头 B 所指处。因为这根月 K 线的收盘价已明显高于前面月巨阳线的收盘价,并创出新高。这在技术上是一个新的买进点。投资者如继续看好该股,可在这个地方把它再买回来。如此操作,总账算下来,最多损失的是一些小的差价和一点手续费而已。另外,还有一种方法也可供大家选择。即卖就卖了,手里拿着现金不是很好吗?股市里赚钱的机会很多,耐心等待也是一个很好的投资策略。比如,手里有了现金,即可以等其他股票价值被低估,技术走势开始向好的时候进场,也可以等前面卖出的股票今后跌下来(比如,像吉恩镍业这个大牛股后来也出现了大幅下跌),看到新的买进机会出现时再进行回补。反正现金在手,买不买,何时买,主动权完全在自己手里。俗话说:"手中有粮(现金),心中不慌。"留有一部分现金在手里,待寻找到更好的机会时再出击,这对炒股人来说有时还是一个求之不得的好事。要知道,很多人炒股炒到最后,钞票都换成了股票,而股票又被套在高位。真的到股市大幅下跌,机会出现时,手里已经没有现金了。这样以后就是有机会也只好让给别人。所以,做股票手里多留点现金并非是一件坏事,尤其是在下跌行情中,手里现金越多,心里就越踏实,赚钱的机会也就越多。

最后还有一个问题必须向大家说清楚。我们之所以要把月巨阳线看成是一个见顶信号,归根结底,是因为出现月巨阳线是行情透支的一种表现。在股市里,凡是透支的最终是一定要还的,至于什么时候还,仅仅是一个时间早晚的问题。所以,有经验的投资者,看到在月K线走势图中出现巨阳线就特别警觉。有人曾这样比方说,中小散户是羊,月巨阳线是狼。狼在你面前,怎能不当心呢?

不过话要说回来,我们还应该认识到,并不是所有的月巨阳线都是透支了未来的行情。在月巨阳线这个大家庭中,有那么一小部分巨阳线,不是以透支未来的行情面貌出现的,而是以超跌后报复性上涨,或者是价值被严重低估后恢复性上涨的面貌出现的,这种月巨阳线,我们就不能把它看作是一个见顶信号,而应该把它看作为一个继续看涨的信号。换一句话说,在这种月巨阳线出现后,我们可以继续对它看多、做多,而不应该对它看空、做空。

有人问:这种可以继续对它看多、做多的巨阳线,如何进行识别呢?一是这种月巨阳线必须出现在低位,而不是出现在高位。那种连续上扬后再加速上涨形成的月巨阳线,就不在这个范围之内。二是出现这种月巨阳线之前,股价必须长期超跌,或者是内在价值被市场严重低估了。三是这种月巨阳线必须有一个价值支撑。比如,出现突发性的利好,致使其估值上了一个新的台阶。四是个股出现月巨阳线时应得到大势配合。比如,股市环境开始变好,使大盘走势出现了止跌回升。在上面这些条件部分或者全部满足的情况下,这时出现的巨阳线,我们就应该对它另眼相看了,即不应该把它看成是一个见顶信号,而应该把它看作为继续上涨的信号。从技术上来说,月巨阳线到底是一个见顶信号,还是一个继续看涨的信号,其后的第二根、第三根月K线是非常关键的。如果第二根、第三根月K线都在巨阳线上方运行,则说明这种月巨阳线属于继续看涨的信号的可能性较大。否则,投资者要多留一个心眼,当心内中有诈。

第三章　运用均线技巧识顶逃顶
专题训练

金老师说：图 118 是中国平安上市以来的周 K 线走势图。从图中看，该股上市后不久就走出了一轮飚升行情，股价一直涨到 149.28 元才见顶回落。随后，该股又走了一轮惨跌行情，截至 2008 年 10 月 28 日，股价最低已跌至 19.90 元，这个价位离最高价已跌去 86.67%。

中国平安这个股票大起大落套住了不少投资者。但我们在调查中发现，有一位高手却在该股上赚得钵满盆满。他操作中最大的亮点，就是在该股进入顶部区域后，当别人茫然无知，纷纷追涨时，他却能果断、干净利落地全部抛空，成为当时市场上为数甚少的成功逃顶者之一。

据了解，高手是这样操作的：他先在图 118 中箭头 A 所指处买了一点，然后在箭头 B 所指处重仓跟进，随后，他就一直把这个股票捂在手里，到箭头 C 所指处全线清仓。由于他买进的量很大，所以清仓后获利十分丰厚。更使人感到惊奇的是，虽然高手很看好该股的发展前景，但他在该股下跌过程中，当很多人因为该股深跌而争着去抄底时，他却能冷眼旁观，不为所动。难怪有人认为高手这种众人皆醉我独醒的行为，一定是他有着一种与众不同的超凡生存本领。否则，高手当时绝对不可能做到如此冷静、达观。

怀着心中的好奇，一些投资者登门向高手虚心求教。然而，高手却表现得很"吝啬"。他除了给来访者写了"5"这个数字外，其他什么都没有说。

请问：高手写这个"5"字表示的是什么意思？谁能解开高手的操作之谜？我们从高手成功逃顶与冷静观望中学到些什么(请举例说明)？

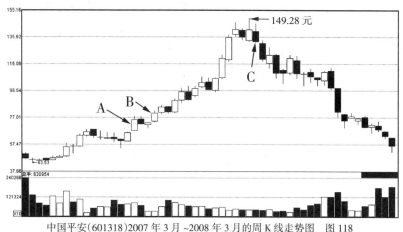

中国平安(601318)2007年3月~2008年3月的周K线走势图　图118

高手写给大家的"5"字,是有深刻含义的。据我们研究,这个"5"字指的是5周均线。5周均线在实战操作中是一条很有参考价值的均线。就中国平安这个股票而言,投资者只要在它周K线走势图上加一条5周均线(见图119),该股的中长期买点、卖点马上就会显现出来。据分析,高手正是根据5周均线的提示进行了一次成功操作,取得令人羡慕的成绩。

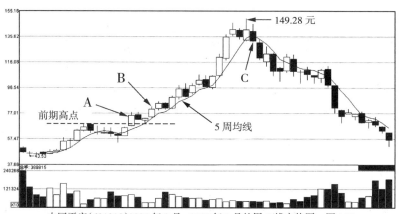

中国平安(601318)2007年3月~2008年3月的周K线走势图　图119

另据知情人透露，高手在国外蹲过，他知道保险业发展空间巨大，尤其在我国保险行业又是一个新兴的朝阳行业，因此他很看好保险股。但是，高手无论看好什么股票，操作时一定会坚持一个原则：必须在技术上找到充分的看多理由，才会积极做多。否则，他会持币等待直到机会出现时再动手。

在中国平安上市时，高手就看好它了。他认为中国平安是一个质地很优秀的保险股，再加上当时整个市场正处于牛市氛围中，因此它上市后肯定会受到市场的追捧。高手指出，该股上市第一天，只要股价不是高开得太离谱，出现一波上升行情是可以期待的。尽管高手有此想法，但他仍然坚持自己一贯的操作思路：技术上没有明显的买进信号出现，就坚决不买进。高手根据自己长期的实战经验，在该股上市后观察了一段时间，并对该股设置了一根5周均线，他要等其股价站稳5周均线，才开始对它积极看多、做多。

那么，高手是如何选择该股的买点、卖点的呢？高手发现，该股上市后不久就沿着5周均线形成一波上涨行情。这个上涨行情到底是真的还是假的，当时高手心里并没有底。因为高手发现很多新股上市后形成的一波上涨行情，最后都被证明是在新股摇号中获得大量筹码的机构在拉高出货，贸然跟进很容易成为高位追涨的牺牲品，所以高手一直没有动手，他需要冷静地观察。高手经过一段时间观察，发现图119中箭头A所指处的股价经过短暂的回调，重新站到5周均线之上，并突破了前期高点。高手认为出现这样的走势，表明新股上市后拉高出货的风险基本上可以排除了，它反映出主力想把该股股价做上去的欲望，现在跟进做多正是时候。但出于谨慎考虑，高手一开始在这儿也只是试着买了一点中国平安这个股票。

有人问：那么，高手为何要在图119中箭头B所指处大量买进该股呢？这个道理很简单，因为高手发现，这根阳线已对突破前期高点的有效性进行了确认，并创了新高，主力积极做多的意图已显露无遗，所以，高手才敢于在这儿大量跟进。

又有人问：为什么在买进该股后，高手能按兵不动，一直持股待涨呢？高手认为，只要股价能沿着5周均线往上移动，至于短期波动可以不去理睬它(编者按:经验证明,在牛市中频繁做短线是很难赚到钱的。高手对此心知肚明,所以才这样操作)。但是,在上涨过程中,5 周均线是不能被击破的。只要发现股价跌破 5 周均线,就应该立刻止损离场。难怪高手在买进该股后,因为没有看到该股 5 周均线失守的现象,所以就一直捂着,即使当该股涨到 149 元时,他都没有卖出,而是等到 5 周均线被跌破时(见图 119 中箭头 C 所指处),才将该股全部卖出。

另有人问:为何在该股价涨到 149 元见顶时,高手没有将它卖出,而在图 119 中箭头 C 所指处,当股价只有 130 多元时,高手却将它全部卖出呢? 这个道理也很简单。因为当该股涨到 149 元时,周 K 线仍站在 5 周均线之上,所以高手没有把它卖掉。但是,等到该股跌破 5 周均线时(编者按:据了解,当时该股 5 周均线的价格在 136.53 元,而高手是在股价跌破 136 元后全线清仓的),形势已初步明朗,高手判断该股行情可能出现了拐点。于是,他果断地作出了全线撤退的决策。高手如此迅速地采取行动也是意料之中的事,因为高手是重仓持有该股,大意不得。所以,一旦有充分的理由怀疑行情的性质发生了变化,高手自然会选择在第一时间把该股全部卖出。

事实证明,高手这次卖出是完全正确的。从此,该股就一路向下。高手认为,当该股跌破 5 周均线,特别是 5 周均线朝下走的时候,投资者只能看空、做空,任何看多、做多的举动都是错误的。即使途中拉出了周阳线,投资者也不能"逢低买进"。因为在 5 周均线趋势向下的情况下,股价出现大跌并不能成为做多的理由。当时看看股价是跌得很低了,但是后面还有更低的价格在等着它,所以盲目逢低买进风险很大,屡买屡套的现象可谓屡见不鲜。尽管高手长期看好保险类股票,但在该股 5 周均线向下移动时,高手是不会对它看多、做多的。

高手认为,在下跌趋势中慎言抄底,一定要贯彻"买进要谨慎"的原则[注]。就拿中国平安这个股票来说吧,必须等到 5 周均线的下降

【注】 关于为什么"买进要谨慎",它究竟应该如何操作,详见《股市操练大全》第四册第 13 页~第 17 页。

趋势得到根本扭转之后，才可试着做多（编者按：据了解，该股自2007年11月跌破5周均线之后，截至2008年10月，途中虽然曾出现股价往上突破5周均线的现象，但有效地重新站在5周均线之上的现象并没有发生过）。所以，高手自卖出中国平安这个股票后，直到2008年10月，仍然对它保持着观望的态度。

说到这里大家应该明白了，其实，高手之所以能在一些投资者抢着去抄底时冷眼旁观，不为所动，并非是高手有了一种超凡的生存本领才这样做的。只不过高手是一个执行力较强的人，他能根据周均线发出的信号，作出一种理性的选择。如果一定要说高手有什么与众不同的超凡本领，那只能说高手不仅是一个深谙周均线操作真谛的行家，而且又是一个言行一致，能管好自己并严格执行操作纪律的模范（编者按：这点非常重要，在股市里有些人讲的与做的不一样，即使看懂了也不根据技术要求去做，所以失败了）。

由此可见，在股市里识顶、逃顶与避免抄底被套，有时并不难，投资者只要掌握了一些技术要领，并能严格按照技术要领的规则去操作，就有可能像这位高手一样，取得令人羡慕的投资收益，成为股市大赢家。

有人问：高手能在该股上成功逃顶是依据哪种技术原理进行操作的呢？看过《股市操练大全》第二册的读者知道，作为均线上升形态中，有一种形态称之为"上山爬坡形"[注]。其操作原理是：出现上山爬坡形，表明股价上升就像爬一座山坡一样，向上爬的时候是不会见顶的，但当爬到山坡顶上时，已无路可爬，股价只能掉头向下，此时股价也就见顶了。在股市中，这个"山坡"可能是某一根日均线，或者是某一根周均线，或者是某一根月均线。当股价沿着这根均线向上攀升时，只要股价不跌破这根均线，或者是这根均线不出现向下弯头的现象，投资者就可以一直持股待涨。但是，大家操作时一定要注意，一旦发现这根均线被打穿了，或者是出现了向下弯头的现象，就应及时止损出局。此时绝对不能马虎大意，拖着不走。

【注】 关于"上山爬坡形"的特征、技术意义，详见《股市操练大全》第二册第60页～第63页。

高手在中国平安这个股票上获得成功，就是因为他能严格按照均线上山爬坡形的原理进行操作。高手用的是5周均线，但这绝对不是个案。据我们调查，股市中确实有不少个股可以用5周均线来锁定风险。也就是说，一些原来沿着5周均线上涨的个股，一旦股价跌破5周均线，或者5周均线出现了向下弯头的现象，股价就见顶了。此时出逃，十有九对；此时不逃，十有九错。下面我们再来看一个实例。

实例一：华联控股(000036)。这也是依照5周均线操作的一个典型案例。从图120中看，投资者可在其站稳5周均线时买进，然后就一路持有，等其股价跌破5周均线时卖出，这样就能获得较高的投资收益。所以，投资者只要严格按照5周均线的提示进行操作，该卖出时一定要坚决卖出，一般就不会出现什么大的风险。

在图中箭头A所指处处买进(因为此处股价已站在5周均线之上，且突破前期高点)，然后就一路持有(因为此时股价一直沿着5周均线往上攀升，从未发生跌破5周均线的现象)，到图中箭头B所指处卖出(因为此处股价已跌破5周均线)。经验证明，碰到上山爬坡形的股票，按此方法操作，获胜的概率是非常大的

华联控股(000036)2006年5月~2008年7月的周K线走势图　图120

据我们了解，在周K线走势图中，有的个股并不是依托5周均线而是依托10周均线展开上升行情的。它们运作的模式是：股价在上涨时会沿着10周均线往上攀升，只要股价不跌破10周均线，行情就

不会结束。但是,一旦股价收在10周均线之下,局势即发生根本变化,随后股价就会形成一个明显的下跌趋势。下面请大家看一个实例。

实例二:羚锐股份(600285)。从图121中看,该股在2006年末至2007年8月出现一波可观的上涨行情,股价一下子涨了6倍多。但这个上涨行情走得并不轻松,上下震荡十分厉害。如果把握不好,投资者要么很快就被震荡洗盘出局,要么就在高位深度被套。但是,投资者如果能够设置5周、10周2条均线,操作起来就容易多了。其方法是:只要周K线收盘价收在10周均线之上,就把股票拿在手里,持股待涨,一旦发现周K线收盘价跌破10周均线,就清仓出局。投资者如以这样的方式操作,虽然不能在最高位出逃,但也能在次高位出逃,同时还可避免在中途被主力震荡洗盘出局的尴尬境地。

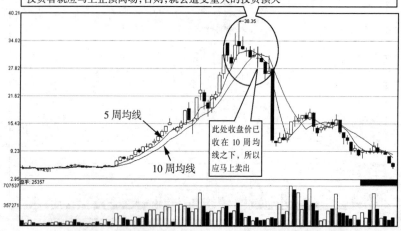

这是一张周K线图。从图中看,对该股光设置一条5周均线是不行的,此时可再增加一条10周均线。这样就能清楚地看出,该股是依托10周均线往上攀升的。只要周K线收盘价不跌破10周均线就无大碍。但是,当发现股价收在10周均线之下时,投资者就应马上止损离场,否则,就会遭受重大的投资损失

羚锐股份(600285)2006年7月~2008年6月的周K线走势图　图121

上面介绍了在周K线图中上山爬坡形的几个实例,下面我们再来分析在月K线图中上山爬坡形的一些实例。当看到在月K线图中

出现上山爬坡形时,投资者应该如何操作,如何识顶、逃顶呢?

先请大家来看沿着 5 月均线运作的个股实例。

实例三:浦发银行(600000)。图 122 是该股的一张月 K 线走势图。该股在 2006 年 8 月~2007 年 10 月之间走了一波牛市大行情,股价上涨幅度达 6 倍。据了解,虽然在这段时期操作过这个股票的投资者有很多,但是,其中很大一部分投资者不是在中途被洗盘出局,就是在股价见顶回落时不知道卖出,结果坐了一趟过山车,大部分胜利成果已被抹去,有的还出现了严重亏损。那么,如何在低位买进该股后,到其见顶时稳稳当当出局呢? 对普通投资者而言,看其月 K 线图进行操作应该是个好办法。投资者只要在其月 K 线图上加上一根 5 月均线就可以很好地操作了。其方法是:在股价上升时,不管怎么波动,只要每月收盘价收在 5 月均线之上,就可以放心持股。反之,当某月收盘价收在 5 月均线之下,就应该马上抛空出局。如此操作似乎非常简单,但其效果非常好。虽然这样操作的结果,并不能使当事人逃

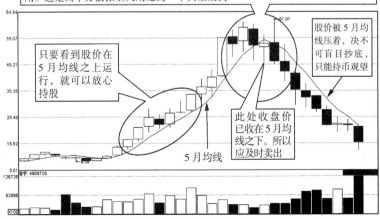

从月 K 线走势图上看,该股运作是很有规律的。在上升时,股价沿着 5 月均线一级级地往上爬升;在下跌时,股价沿着 5 月均线一级级地往下盘跌。投资者看见股价站在 5 月均线之上时可看多、做多,看见股价在 5 月均线之下时应看空、做空。如此操作,就可成为一个大赢家。可见,方法不在简单、复杂,而在于实用。这是简单方法派上大用处的一个典型案例

只要看到股价在 5 月均线之上运行,就可以放心持股

股价被 5 月均线压着,决不可盲目抄底,只能持币观望

此处收盘价已收在 5 月均线之下。所以应及时卖出

5 月均线

浦发银行(600000)2005 年 12 月~2008 年 9 月的月 K 线走势图　图 122

在最高点,但可以逃在离最高点不远的地方。投资者若能取得这样的成绩,还是相当令人羡慕的。

下面我们再来看沿着10月均线展开上升行情的个股实例。

实例四:海油工程(600583)。图123是该股月K线走势图。图中设置了5月、10月两根均线。从其走势看,该股在上升时,走的是一个上山爬坡的图形,面对这样的走势,投资者该如何操作呢?中长线投资者平时可以不要关注其股价涨跌,只要在月末,看看股价是否跌破10月均线,如果发现收盘价收在10月均线之上,投资者就应继续持股;如果发现收盘价跌破10月均线,投资者就应马上停损离场。如此操作,虽然逃顶逃得并不理想,卖出的价格与其见顶时的最高价要相差一大截(编者按:依据10月均线操作,只能取得这样的结果,如要取得逃顶的更好成绩,就要另觅其他方法。本书在其他地方已对这些方法过介绍,这里就不展开了),但它可以使低位买入者能保住大部分胜利成果,高位买入者可及时止损出局,避免出现深套。

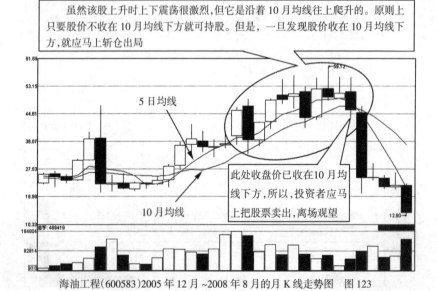

海油工程(600583)2005年12月~2008年8月的月K线走势图   图123

上山爬坡形不仅在周K线图中、月K线图中可以时常见到它们的踪影,在日K线图中,这也是一个常见的图形。下面我们来看看日K线图中出现这样的走势图形,投资者应该如何操作,如何识顶、逃顶呢?

实例五:浦东建设(600284)。图124是该股某阶段的日K线走势图。从图中看,该股这一波上涨行情是沿着5日均线往上攀升的,上涨幅度近一倍。但在股价跌破5日均线后,行情就急转直下。

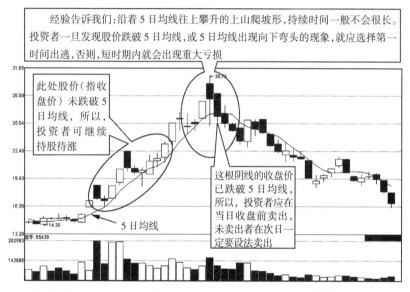

浦东建设(600284)2007年8月20日~2007年11月12日的日K线走势图 图124

实例六:黑化股份(600179)。图125是该股某阶段的日K线走势图。从图中看,该股在上涨时,不是沿着5日均线,而是依托10日均线往上爬升的。在上涨过程中,该股收盘价从未跌破10日均线。但自从该股见顶回落,收盘价在高位跌破10日均线后,整个形势风云突变,股价出现快速下跌的走势,致使未及时出逃的投资者损失巨大。

通过上面这些实例的介绍,大家可以清楚地看到,均线上山爬坡形在日K线图中、周K线图中、月K线图中都是存在的。那么,投资者在操作时究竟应该选择哪一种图形、选用什么均线参数才能做到

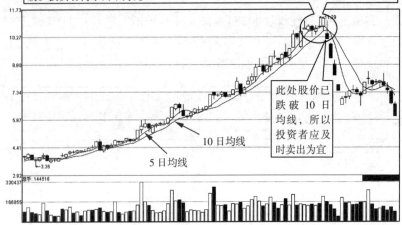

了解均线上山爬坡形特征的投资者,在操作这个股票时就很顺手。前面股价未发生跌破 10 日均线的现象,就可将股票一直捂着,持股待涨,而一旦发现股价跌破10 日均线,就马上把股票卖出。如此操作,收益很高,且风险可以得到有效控制。投资者何乐而不为呢

10 日均线

5 日均线

此处股价已跌破 10 日均线,所以投资者应及时卖出为宜

黑化股份(600179)2007 年 1 月 23 日~2007 年 6 月 25 日的日 K线走势图　图 125

有的放矢呢？这就要根据当时的大盘或个股情况来定,不能一概而论。此外,大家还要注意,大盘或个股上涨时运行的模式,除了上山爬坡形之外,还有其他别的形式。当大盘或个股在上涨时以别的形式运行时,就不能按照上山爬坡形的规则进行操作。总之,投资者一定要先看清楚股价上涨时的运行模式,然后再针对这种运行模式,采取有的放矢的行动,切不可犯张冠李戴的错误,否则,操作时弄错了对象,就会遭受不必要的投资损失。

　　最后,我要向大家解释一个问题。有人问:当事人如何知道手中的股票是沿着哪一根均线进行上山爬坡的？如果不清楚这是什么均线,又如何判断它究竟是跌破 5 日均线,还是跌破 10 日均线,或跌破5 周均线、5 月均线才见顶的呢？这确实是个比较棘手的问题,但这个问题是可以解决的,关键是当事人在操作时要学会对各种均线进行调试、鉴别。 这里向大家介绍一些简单的调试、鉴别的方法:

　　①当手中的股票有了一定的涨幅后,就可以进行均线调试了。

②调试时,先将日 K 线、周 K 线、月 K 线走势图中所有的均线删去。

③打开日 K 线走势图,加上 5 日均线,看看股价是否沿着 5 日均线在向上移动。如果是的,那么基本上就可以确定它是沿着 5 日均线往上爬升的,今后只要股价(指收盘价,下同)收在 5 日均线之下,就马上卖出;如果不是,再加一条 10 日均线,看看股价是否沿着 10 日均线在向上移动。假如观察下来,发现股价是沿着 10 日均线往上移动的,那么今后股价就不能跌破 10 日均线,跌破了就立刻停损离场。

④如果日 K 线图试下来不行,即转换到周 K 线图上,继续用周均线进行调试。此时,可先在周 K 线走势图上加一根 5 周均线(观察的方法与观察日 K 线的方法相同),一旦确认股价是沿着 5 周均线往上爬升的,那么,今后股价就不能跌破 5 周均线,跌破了就立马走人。如果观察下来,股价不是沿着 5 周均线而是沿着 10 周均线往上移动的,那么,今后股价一旦收在 10 周均线之下,即可认为是股价见顶了,此时应马上卖出(编者按:总之,当发现大盘或某个股票是沿着某条均线往上爬升的,这条均线应视为操作该股的"生命线"。生命线被击破,应无条件地坚决抛空离场)。

⑤如果周 K 线试下来也不行,就转到月 K 线图上,看看股价是否沿着 5 月均线或 10 月均线在往上移动,处理的方法与日 K 线、周 K 线处理的方法相同。

⑥如果日 K 线、周 K 线、月 K 线试下来,都未发现该股上涨时是沿着哪一条均线往上爬升的。那么,当事人就要想到该股上涨的形式不是上山爬坡形,而是采用了别的方式展开上升行情的,此时,识顶、逃顶就应该另寻对策了。

金老师说：前面我与大家一起分析、讨论了上山爬坡形，投资者只要了解这种上涨形式的特点，就很容易辨别出其顶部在哪里。现在，我要与大家一起探讨均线中另外一种上涨形式。这种形式与上山爬形一路向上的情况有很大的区别，它上涨时会采取大涨小回、进二退一的方式，逐级向上攀升。

请问：这是一种什么样的上涨形式？它的特点是什么？投资者如何依据它的运作特点辨别出其顶部在什么地方？操作时要注意哪些问题？

这种向上攀升的形式，在技术上称之为"逐浪上升形"[注]。其特点是：行情起来时，5日、10日均线，沿着一根时间较长的均线（即逐浪上升形的底线），进行上下波动，一浪一浪地逐级向上攀升。当日K线收盘价跌破逐浪上升形的底线后，逐浪上升的行情即告结束，接下来就可能出现一轮大跌。此时，投资者应该及时卖出，以规避日后大跌的风险。

为了使大家对逐浪上升形这个图形有更深入的了解，我们特地画了一张"逐浪上升形操作示意图"（见图126），大家不妨先认真地看一看。看明白了，日后操作起来就方便了。

下面请大家看一个标准型逐浪上升形的实例。

实例一：中国船舶（600150）。2007年1月~2007年10月是该股最牛，也是最疯狂的时期。在这段时间内，它从30元附近起步，一直涨到300元才见顶回落，股价足足涨了9倍，可谓风光无限。但世事难料，随后该股就形势逆转，一年后，股价又跌回到原来起步的地方。该股如此疯狂的暴涨暴跌，确实令人吃惊。不过，我们今天的主要任务不是研究它暴涨暴跌走势的，而只是想通过它了解一种均线的上涨形式，看看投资者遇到这种均线上涨形式应该怎么操作，怎么来识顶、逃顶。

【注】 关于逐浪上升的特点、技术意义，详见《股市操练大全》第二册第66页~第70页。

逐浪上升形操作示意图

①标准型	②非标准型
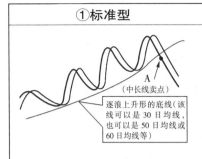	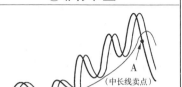
特点:股价逐浪上升时,基本上是沿着上升通道在作上下波动,其上升形态较规范。如下图	特点:股价逐浪上升时,虽然也是沿着上升通道作上下波动,但起伏很大,上升形态不规范。如下图
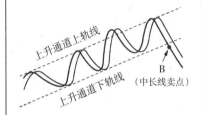	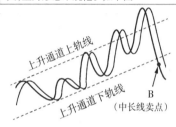

说明:(1)中长线买家在股价逐浪上升时可持股不动,在股价跌破逐浪上升形底边线(见上图①、②中箭头A所指处),或跌破上升通道下轨线时(见上图①、②中箭头B所指处)卖出。(2)逐浪上升形的短线操作较难把握,尤其是遇到非标准形的逐浪上升个股,短线操作就更难把握。若要提高这方面的成功率,一是靠实战经验的积累,二是要掌握一定的短线技巧。其操作原则是:在股价触及上升通道上轨线,或股价冲高K线发出短期见顶信号时进行短线卖出,在股价跌到逐浪上升形的底线,或上升通道的下轨线时,看到股价有止跌企稳迹象出现后,进行短线回补买进。(3)短线操作原则不顺利应主动放弃,重点把握好逐浪上升形的长线买卖机会。

图126

现在,我请大家一起来看该股当时上涨的走势图。从图127中,我们可以发现,该股上涨形式就是一个标准的逐浪上升形。5日、10日均线非常有规律地沿着30日均线在进行上下波动,而30日均线则不断地在向上延伸(注:这根30日均线就是当时该股逐浪上升的底线)。那么,这个逐浪上升形是在什么时候变得不行的呢?其标志就是在图127中箭头A所指处,因为此处的K线已明显地收于30日均线下方。根据逐浪上升形的操作原理,股价大涨后跌破逐浪上升形的底线,说明形势有可能发生逆转了。投资者见到这个情况,必须引起高度警惕。之后,该股在 30 日均线下方低开低走又收出一根中阴线(见图 127 中箭头 B 所指处),致使该股的形势彻底变坏了。从图中看,这根中阴线不但是对前面 K 线跌破 30 日均线的有效性进行了确认,而且它还预示行情会进一步向不利于多方的方向发展。此时,看懂该图形走势的人就会马上作出全线撤退的反应,而看不懂该图形走势继续留在里面坚守的投资者,那往后肯定要吃大亏了。

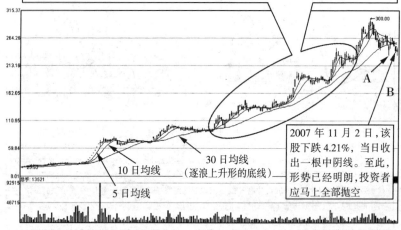

瞧!该股的逐浪上升走势很有规律。了解逐浪上升形运作规律的投资者,不但可以在较低价位买进股票,而且可以一直捂股到图中箭头 A 或箭头 B 所指处卖出。如此一来,那真是既赚了大钱,又及时避开该股日后大跌的风险。这样的操作是非常成功的,也是人人想望的

2007 年 11 月 2 日,该股下跌 4.21%,当日收出一根中阴线。至此,形势已经明朗,投资者应马上全部抛空

中国船舶(600150)2006 年 11 月 23 日~2007 年 11 月 5 日的日 K 线走势图　图 127

接下来,我们再看一个非标准型的逐浪上升形的实例。

实例二:通程控股(000419)。图 128 是该股于 2006 年 8 月 28 日~2007 年 9 月 12 日的日 K 线走势图。从图中可以清晰地看出,该股上涨时是一浪一浪地往上攀升的,但其浪与浪之间的时间跨度是不一样的,上升的幅度也有高有低,呈现一种不规则的状态。因此,我们说它是一个非标准型的逐浪上升形。

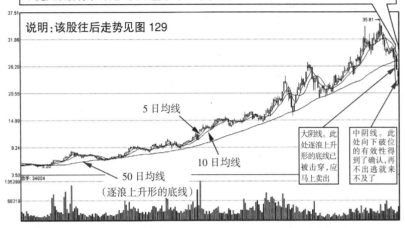

图中显示,该股逐浪上升形的底线是由一根大阴线打穿的,这说明形势一下子发生了大逆转,投资者见此情景应该及时卖出。第二天该股又收出一根中阴线,从而确认了昨天这根大阴线击破 50 日均线是有效的。此时,投资者更要下定决心出逃,以免因股价将来出现大跌而遭受巨大的投资损失

说明:该股往后走势见图129

5 日均线

10 日均线

50 日均线
(逐浪上升形的底线)

大阴线。此处逐浪上升形的底线已被击穿,应马上卖出

中阴线。此处向下破位的有效性得到了确认,再不出逃就来不及了

通程控股(000419)2006 年 8 月 28 日~2007 年 9 月 12 日的日 K 线走势图　图 128

那么,如何来确定该股逐浪上升形的头部呢?这主要看其日 K 线的收盘价是否收在逐浪上升形的底线之下（该股逐浪上升形的底线为 50 日均线）。也就是说,只要它一浪一浪上升时,日 K 线的收盘价是收在 50 日均线之上,那就没有什么大问题。但是,一旦股价收在 50 日均线之下,并得到有效确认,那问题就很大了,这种现象说明逐浪上升形的行情已经结束,下面就会出现大跌的走势(见图 129)。此时,投资者应马上止损出局。

最后,我想同大家交流一下,在根据逐浪上升形操作时要注意哪些问题。

第一,投资者在根据逐浪上升形的图形操作时,必须记住:正确的操作策略远胜于短线频繁的买进卖出。这是因为在逐浪上升的过程中,5 日均线与 10 日均线将不断地出现死亡交叉与黄金交叉,而这些交叉的有效性是很有问题的,这也就是说黄金交叉并非就是买进机会,死亡交叉并非就是卖出机会。

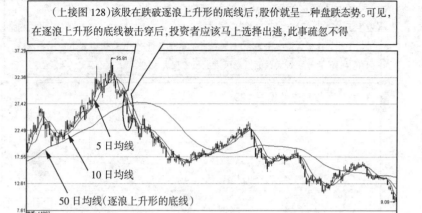

（上接图128）该股在跌破逐浪上升形的底线后，股价就呈一种盘跌态势。可见，在逐浪上升形的底线被击穿后，投资者应该马上选择出逃，此事疏忽不得

5 日均线

10 日均线

50 日均线（逐浪上升形的底线）

通程控股（000419）2007 年 6 月 7 日~2008 年 6 月 19 日的日 K 线走势图　图 129

　　如果投资者看到它们出现死亡交叉就卖出，看到它们出现黄金交叉就买进，那么结果就会发现，虽然操作很频繁，但最终并没有赚到什么钱。更令人沮丧的是：弄不好还会出现低卖高买的现象，这样就更加得不偿失了。

　　实际上，根据逐浪上升形的图形操作的最佳策略是：低位买进股票后，在逐浪上升过程未结束前应该一路持有，直到逐浪上升过程结束后再全部卖出。如此操作，就能保证投资者获得成功。因为它可以使你稳稳当当地把股价上升的大部分利润赚到手，而且可以在股价下跌风险释放前做到安全退出。

　　第二，逐浪上升形的底线，是由主力（庄家）确定的，但他们具体选用哪一根均线作为逐浪上升形的底线是不确定的。我们发现有的主力（庄家）在做行情时，喜欢选择 30 日均线，作为股价回落的底线，有的则喜欢选择 50 或 60 日均线作为股价回落的底线。另外，有的主力（庄家）在做行情时，则会根据一些神秘数字，如 34、55 作为股价回落的底线。当然主力（庄家）究竟选择哪根均线作为逐浪上升行情的底线，他们是不会让外人知道的，因为这是他们的商业秘密。

可见,投资者想要弄清楚逐浪上升形的底线究竟是哪一根均线,就要进行仔细的"摸索排查"。这里向大家介绍一个比较实用的方法:投资者不妨利用电脑设置不同的均线。比如,先设置一根30日均线,如看看不行,就换一根50日均线,如再不行,那就再换一根60日均线,等等。耐心、细致,不断地变换均线参数进行反复调试,只有当试到股价几次冲高回落至某一根均线附近都出现止跌回升时,才能基本确认这根均线就是逐浪上升的底线。只有把底线找准了,依据逐浪上升形操作才会有很大的胜算。下面请大家看一个实例。

实例三:贵州茅台(600519)。这是沪深股市中有名的高价股。该股曾被很多人认为,它就是中国的可口可乐,可以一直长期持有。但即便如此,该股股价也有被高估的时候,高估了照样会从高空坠落,走向它的价值回归之路。当然,确认该股股价是否被高估了,这需要许多企业的财务知识,个股价值的估值知识,但这不是本书讨论的范围。现在,我们只能从其走势图形上加以辨别,看看它在什么情况下会发出卖出信号。如果这个卖出信号是对的,那就说明该股的股价被高估了。此时,我们就应该把它卖掉。

从该股走势分析,它在上升时走的是一个逐浪上升的图形。但它逐浪上升形的底线究竟是哪一根均线呢?开始我们并不清楚,如果我们偷一下"懒",设置一组常规的均线组合——5日、10日、30日均线,把30日均线作为该股逐浪上升形的底线,那么,结果会发生什么情况呢?很显然,在该股新的一轮上升行情刚启动后不久,我们就会作出错误的判断——一看到30日均线被击穿马上卖出。这样就会被主力(庄家)洗盘出局(见图130),这是非常可惜的。

但是,如果我们对当时该股的逐浪上升形的底线进行重新调试,将30日均线改成50日均线后,就会发现情况完全不一样了。投资者把50日均线作为该股逐浪上升形的底线,并按照逐浪上升形的方法进行操作,就能稳稳当当地跑完该股上涨的全过程,将应该赚到手的钱基本上可以归入囊中,而且在卖出时因为有了明确的信号提示,不会发生错卖的现象。如此一来,既不会被主力(庄家)中途洗盘出局,同时又能确保在高位顺利地进行逃顶(见图131)。这样的操作就十分完美了。

这儿跌破 30 日均线已有 4 个交易日,而且股价重心出现明显下移。当时不管从什么角度分析,30 日均线都会被大家认为是有效跌破了。按照均线操作规则,有效跌破就应该离场。但这一停损离场,正好被主力诱空出局,这在操作上显然是犯了一个低位抛出的错误。而之所以出现这样的错误,说到底就是因为对逐浪上升形的底线设置不当造成的。这说明当初设置的 30 日均线是有问题的,它必须被修改

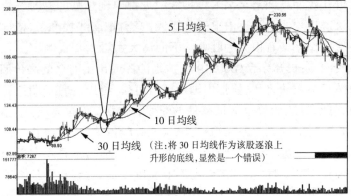

贵州茅台(600519)2007 年 4 月 2 日~2008 年 4 月 14 日的日 K 线走势图　图 130

将逐浪上升形的底线,由 30 日均线改成 50 均线后,情况就变得十分明朗。从图中看,该股在一轮大的上升行情中,每次冲高回落的低点都落在 50 日均线之上,随后就形成止跌回升的走势。有鉴于此,投资者要坚持一个原则,股价回落时没有跌破 50 日均线就可以放心继续持股。如此操作,就能稳稳当当地跑完该股上涨的全过程

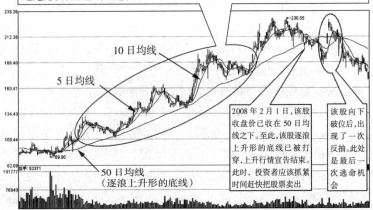

贵州茅台(600519)2007 年 4 月 2 日~2008 年 4 月 14 日的日 K 线走势图　图 131

146

第三，在股价出现逐浪上升走势时，有人问：能不能进行高抛低吸呢？即在股价冲向浪峰时卖出，跌进浪谷时买进。对这个问题我们是这样看的：如果市场感觉好，且掌握一定短线技巧的投资者，可以适当地进行一些短线高抛低吸的买卖。例如，前面介绍的贵州茅台，当事人就可在它走逐浪上升形时，适当地做一些短线差价，增加一些投资收益。至于究竟如何选择它的短线卖点与买点，大家可以根据"逐浪上升形操作示意图"的提示进行操作（见图132）。

但是，需要提醒大家的是：一旦发现这样的短线操作并不顺利，就应该主动放弃这种短线机会，而改用一种较保守的策略，即低位买进后就一路持股，直等到逐浪上升形走完再卖出。逐浪上升行情是否走完，关键看一条，只要发现股价跌破了逐浪上升形的底线，就应该认为逐浪上升行情已告终结，此时就是最佳卖出时机。

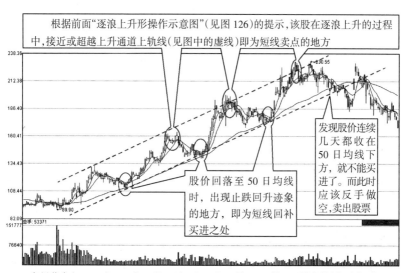

贵州茅台(600519)2007年4月2日~2008年4月14日的日K线走势图　图132

第四，从原则上说，投资者只要发现股价（指收盘价）低于逐浪上升形的底线，就应选择卖出。但有一种情况不妨可以看一看再说，即行情刚启动不久，就发生股价跌破底线的现象，或者在股价涨幅并不是很大时就出现股价跌破底线的现象，而此时作为底线的均线仍保持上行的态势。出现这两种现象,只要下跌时成交量不是急剧放大,仍可持股看一看,不必急于抛出。但是,这样看一看也是有条件的,这个条件就是股价收于底线下方的距离不能过远,且时间不能过长,股价重心不能出现明显的下移,逐浪上升形的底线仍保持着一种上移态势(见图 133)。如果缺少这些条件,那就另当别论了。比如,在逐浪上升形的底线被跌破后,股价出现连续下跌,并且重心开始下移,或者是逐浪上升形的底线开始向下弯头,那就应该马上止损出局。

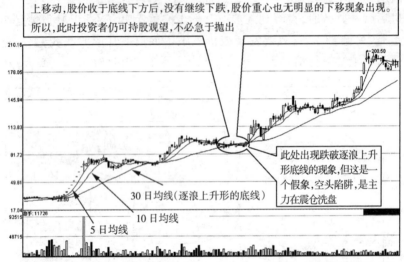

中国船舶(600150)2006 年 12 月 25 日 ~2007 年 8 月 23 日的日 K 线走势图   图 133

有人问:在上涨途中出现股价跌破逐浪上升形的底线的现象,但这个跌破仅是偶尔跌破,后来股价又马上站到逐浪上升形的底线之上。碰到这种情况应该如何操作呢? 我们认为,偶尔跌破的情况是有的,如果确定是偶尔跌破,那自然不必急于卖出,但问题是,当某一天的 K 线收于逐浪上升形的底线下方时,你无法判断它是偶尔跌破还是正式跌破,这就需要用后面的 K 线来验证。

我们的经验是:在股价有一定涨幅后,如果发现逐浪上升形的底线是由十字线或小阴线打穿的,投资者可以不马上出货,看它第二天、第三天的 K 线走势再来决定下一步动作。如果发现第二天、第三天的 K 线继续收阴，股价重心明显下移，那就不能认为它是偶然跌破了。此时，至少要把手中的一半筹码先卖出再说。假如在这之后，股价出现继续下沉的现象，则就更不应该抱有什么希望了，必须及时地将筹码全部抛出，离场观望。但需要注意的是，如果逐浪上升形的底线是由一根大阴线（如本题图 127 中箭头 A 所指的那根阴线）打穿的，或者在股价跌破逐浪上升形的底线时，成交量呈明显的放大迹象，这说明形势已经非常危险。此时，投资者就不能犹豫了，应该当机立断，斩仓出局。

第五，逐浪上升形的图形，一般只存在于日 K 线图中，如果把日 K 线中逐浪上升的上下波动放在周 K 线图中，特别是月 K 线图中，这个波动就不明显了，有时根本看不出来。所以，投资者在根据逐浪上升形的图形进行操作，以及识顶、逃顶时，应该把关注的重点放在日 K 线图的研究上。

第六，在实际走势中，标准型的逐浪上升形的走势比较少见，而大多数是非标准型的逐浪上升形的走势。投资者还要注意的是，一个股票的整个上升行情也可能由几个阶段组成的。比如，在某一个阶段，主力（庄家）选用的是逐浪上升形进行操盘，而在另一个阶段，主力（庄家）又选用另一种上升形式进行操盘。投资者碰到这种情况，就只能一个阶段一个阶段地进行分析、研究，有的放矢地进行操作。换一句话说，当主力（庄家）在这个阶段是用逐浪上升形来推升行情时，我们就要用学到的逐浪上升形的运作规律来对付它，而主力（庄家）在另外一个阶段用其他形式来推升行情时，我们就要因时而变，寻找另外的方法来对付它。总之，投资者一定要学会兵来将挡，水来土掩，针对不同的情况运用不同的办法，这样在操作上就不会犯张冠李戴的错误了。

金老师说：从均线角度分析，股价上涨主要有3种形式。前两种形式，即上山爬坡形、逐浪上升形我已向大家介绍了，接下来我要与大家一起讨论的是最后一种常见的形式——均线加速上涨形。

请问：你知道均线加速上涨形的特点是什么？在其见顶时，投资者如何识别它？有什么应对良策？

均线加速上涨形的特点是：整个上涨行情可分成明显的前后两个部分，前面部分属于平稳上涨阶段，后面部分属于快速上涨阶段，它像一辆赛车，先是平稳地开着，开到后面以越来越快的速度驶向终点。

在均线走势上可以明显地看出它的特点，5日、10日均线前半部分是以平坦的角度缓慢地在向上延伸，后半部分则是以陡峭的角度加速向上延伸，在达到某一个点时突然出现掉头向下的现象。其掉头的地方即为股价见顶之处，随后股价就会呈现一路下行或盘跌走势。打一个不恰当的比方，均线加速上涨形的图形，就像一条发怒的眼镜蛇一样，整个身子在向前游动时，一下子都竖了起来（见图134）。

均线加速上涨形操作示意图

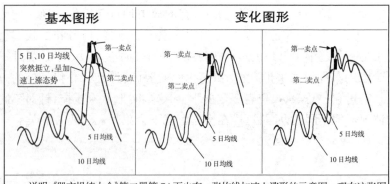

说明：《股市操练大全》第二册第74页也有一张均线加速上涨形的示意图。现在这张图就是在那张图的基础上作了更细化的描述，目的是为了帮助读者更好地熟悉、认识这种图形

图134

实例一：中国武夷（000797）。该股是均线加速上涨的一个典型案例。从图 135 中看，该股从图中箭头 A 所指的这根阳线开始加速，经过 8 个交易日，股价摸高至 15.49 元后见顶回落。随后，股价就逐渐震荡向下，于 2008 年 11 月 4 日最低跌至 2.61 元，跌幅达到 83.15%。回想起来，如果投资者能在该股均线加速上涨的行情结束时卖出，那么，这个顶基本上就逃成功了（卖出的地方，见图 135 中箭头 B 所指处，因为此处的收盘价已收在 5 日均线下方），这样就可以避开后面的大跌风险。

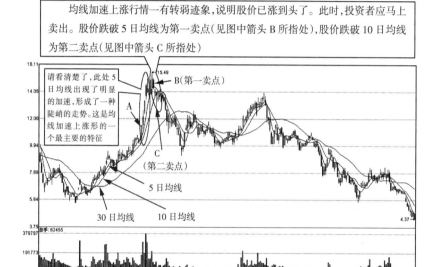

中国武夷（000797）2007 年 5 月 31 日~2008 年 6 月 19 日的日 K 线走势图　图 135

实例二：力合股份（000532）。图 136 中显示，该股在见顶之前加速上涨态势十分明显，5 日均线昂首挺立，股价见顶后才弯头向下（注：整个形态就像一条发怒的眼镜蛇）。投资者如果了解均线加速上涨形的操作原理，可选择在图中箭头 A 所指处出逃（注：此处股价已跌破 5 日均线），以后该股大跌的风险就可以安然地避开了。

实例三：渝开发（000514）。从图 137 中看，该股的均线加速上涨走势与前面介绍的两个实例有所不同，其均线加速上涨的时间相对

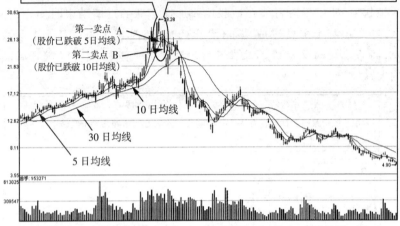

投资者看这张图时,如果光看 K 线走势,因为该股上下震荡很厉害,不一定马上就能看出其顶部在何处。但是,投资者此时如果换一个视角,分析其均线走势,就可以明显地看出,这是一个均线加速上涨的走势图。其第一卖点、第二卖点在什么地方非常清楚。这样,投资者就能顺利地逃顶了

第一卖点 A
(股价已跌破 5 日均线)

第二卖点 B
(股价已跌破 10 日均线)

10 日均线

30 日均线

5 日均线

力合股份(000532)2007 年 11 月 20 日~2008 年 9 月 16 日的日 K 线走势图　图 136

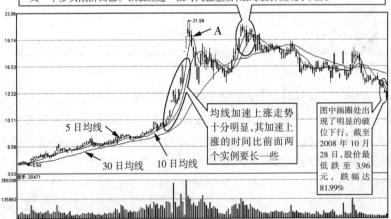

图中箭头 A 所指处的 K 线已经击穿 5 日均线,投资者见此情况应马上卖出。虽然后面股价没有马上出现大跌,但这仅仅是因为主力(庄家)没有出完货,而制造的又一个多头陷阱而已。该股经过一段时间盘整后,最终股价出现了大跌

A

5 日均线

30 日均线

10 日均线

均线加速上涨走势十分明显,其加速上涨的时间比前面两个实例要长一些

图中画圈处出现了明显的破位下行。截至 2008 年 10 月 28 日,股价最低跌至 3.96 元,跌幅达 81.99%

渝开发(000514)2006 年 12 月 21 日~2007 年 11 月 28 日的日 K 线走势图　图 137

比较长。但见顶的情况与卖出地方的选择，基本上是一样的，即 5 日均线弯头的上方就是它的顶部。投资者若发现股价收于 5 日均线下方，就应该选择卖出。一般来说，按上述的原则操作，就会有很大的胜算。该股的走势已证明了这一点。

前面我与大家一起讨论了均线加速上涨走势的鉴别与卖出技巧。课后有一些同学向我提出几个问题。因此，我感到有必要再向大家作些具体说明。

第一，有人问：前面举的几个实例都是现在的例子，那么，前几年有无这种情况发生，将来又会怎么样？我们认为，投资者依据均线加速上涨形的原理操作，在股价跌破 5 日均线（指收盘价跌破 5 日均线）后卖出，胜算是很大的。这不仅是指现在，过去也是如此，相信将来也一定会这样。我在这里请大家看几年前的一个实例。

实例四：永生数据（600613）。该股在 2001 年 5 月均线呈加速上涨走势，在股价跌破 5 日均线后（见图 138 中箭头 A 所指处），股价就呈一路下跌的走势。

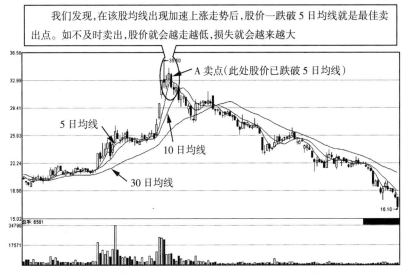

永生数据（600613）2001 年 3 月 7 日~2001 年 10 月 22 日的日 K 线走势图　图 138

第二,有人问:在股价跌破 5 日均线后马上卖出股票会不会卖错? 我们认为,在均线出现加速上涨走势的情况下,一旦发现股价跌破 5 日均线就卖出股票, 一般不会出现大的错误, 至少有八成的把握。不过,投资者要注意的是,有时按上述方法把股票卖出后,股价没有马上跌下来,有的盘整几天(见图 139),有的往上涨了几天(见图 140)之后才跌下来。这样的操作也算是基本成功的。当然,出现失误的情况也是有的,不过这个比例很低,仅属于偶然事件(编者按:碰到这样的问题如何处理,本书后面的内容会向读者作详细交代)。

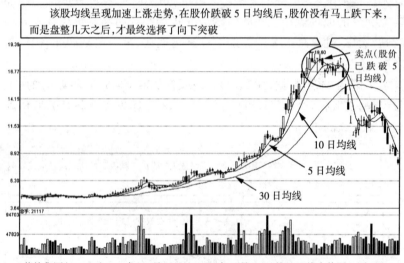

英特集团(000411)2006 年 11 月 20 日~2007 年 6 月 29 日的日 K 线走势图　图 139

第三,有人问:①前面讲的都是个股,大盘是否会出现这样的走势? ②将来我们的股市要与国际接轨,成熟市场有没有这样的事情发生? ③现在举的都是日 K 线的例子,周 K 线、月 K 线中会不会产生这种现象?

对上述的问题,我是这样看的:①大盘也会出现这样的走势。②成熟市场照样有这样的事情发生。③均线加速上涨形的现象,在日 K 线中表现较多,在周 K 线、月 K 线中表现较少。但表现较少不等于没有。在周 K 线或月 K 线中均线出现加速上涨形的走势,其操作原则与日 K 线中均线出现加速上涨形走势的操作原则是相同的, 没有什么变化。

从图中看,箭头 A 所指处的股价已跌破 5 日均线。此时,投资者应该卖出股票,但之后股价并没有马上跌下来,仍继续往上涨,并创出新高,不过,该股最终还是难逃一劫

此处上涨应视为多头陷阱

A 卖点
(因为此处股价已跌破 5 日均线)

5 日均线
10 日均线

30 日均线

长城电脑(000066)2006 年 11 月 10 日~2007 年 6 月 25 日的日 K 线走势图　图 140

　　我这样回答可能大家还不太明白,下面就请大家看一个实例。这个实例非常典型,能将上面 3 个问题作一次集中交代,因为它既是一个大盘走势,又属于成熟市场,同时又是一个周 K 线走势图,可谓集三种现象于一身。这个实例就是香港恒生指数 2005 年 3 月至 2008 年 10 月的周 K 线走势图。

　　实例五:香港恒生指数周 K 线走势图。从图 141 中看,香港恒生指数冲向顶峰时表现的也是均线加速上涨的走势。根据均线加速上涨走势这一图形的操作原理,其顶部是很容易识别的。图中箭头 A 所指处就是一个中长线卖点,原因就是这根周 K 线的收盘价已收在 5 周均线之下,说明这一轮牛市行情已走到尽头。此时不走,更待何时!

投资者一定要记住:无论大盘还是个股,只要是均线呈加速上涨的走势,就不能出现股价(指数)跌破5日均线(如果是周K线图,就不能出现跌破5周均线)的现象。一旦出现这样的现象,说明上涨行情极有可能已经结束,接下来就是下跌行情。此时,投资者应该马上卖出。瞧!投资者如在图中箭头A所指处卖出,即可避开往后巨大的下跌风险

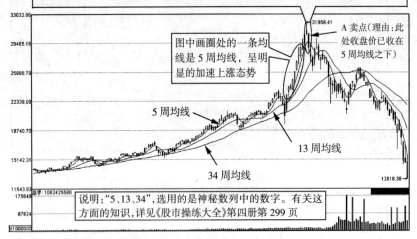

香港恒生指数 2005 年 3 月 ~2008 年 10 月的周 K 线走势图   图 141

金老师说:在利用均线识顶、逃顶时,有一个很重要的技巧,大家是不能疏忽的。这是什么技巧呢? 我暂时不说,只把股市上的一句流行的俗语介绍给大家:"三线向下散开,多头死期已到。"这话虽然说得粗了一点,但对大家是一个重要的提醒,或许一些心存幻想的投资者听了这刺耳的话会醒悟过来,赶快出逃,这样就能避免日后出现重大的亏损。

请问:什么是"三线向下散开"? 它有哪些基本形式? 它对我们识顶、逃顶有何重要参考价值(请举例说明)?

"三线向下散开"是一种形象化的说法,它是指均线组合中的短、中、长 3 条均线,成伞状向下散开。这在技术上称之为均线向下发散。

均线向下发散有两种基本形式:一种是 3 条均线先粘合在一起,然后向下发散,这种形式人们把它称为"粘合向下发散形";另一种是 3 条均线先收敛后再向下发散, 这种形式人们把它称为 "交叉向下发散形"(见图

均线向下发散示意图

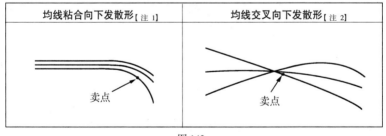

图 142

【注 1】 关于均线粘合向下发散形的特征与技术意义,详见《股市操练大全》第二册第36 页~第 41 页。

【注 2】 关于均线交叉向下发散形的特征与技术意义,详见《股市操练大全》第二册第46 页~第 49 页。

142)。不过无论均线是以什么形式向下发散,只要是向下发散,就意味着行情已经见顶,市场已由多方市场转向了空方市场。投资者见到这种情况,应力争在第一时间出逃,否则,捂股不抛,或者逃晚了都会遭受重大的投资损失。

下面我们先来看均线粘合向下发散的两个实例。

实例一:两面针(600249)。从图143中看,该股正在进行横向整理,今天收了一根小T字线,短期内股价似乎有止跌回升的迹象,但如果你仔细观察它的均线情况,就会大吃一惊,感到情况不妙了。该股5日、10日、30日3条均线先是粘合着,现在已出现向下发散的现象。假如投资者看懂该股的均线形状,就应该及时作出止损出逃的决定,从而可以规避掉往后极有可能出现的大跌风险(见图144)。

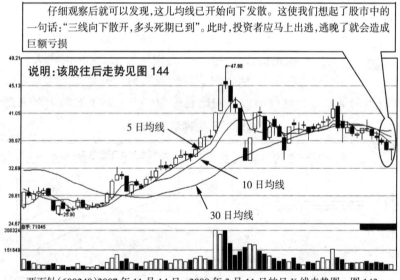

仔细观察后就可以发现,这儿均线已开始向下发散。这使我们想起了股市中的一句话:"三线向下散开,多头死期已到"。此时,投资者应马上出逃,逃晚了就会造成巨额亏损

说明:该股往后走势见图144

5日均线

10日均线

30日均线

两面针(600249)2007年11月14日~2008年3月11日的日K线走势图　图143

实例二:华馨实业(000416)。从图145中看,这是一个典型的均线粘合向下发散的图形。5日、10日、30日3根均线先是紧紧地粘在一起,后来突然向下发散,股价随即就出现高台跳水,致使未及时出逃者损失十分惨重。

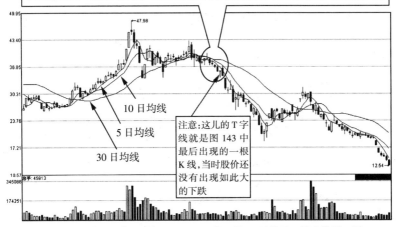

（上接图143）瞧！该股5日、10日、30日均线向下发散后，就一路下跌，不到4个月，股价又一次遭到腰斩。可见，在均线向下发散后，若不及时出逃，风险是很大的

10日均线

5日均线

30日均线

注意：这儿的T字线就是图143中最后出现的一根K线，当时股价还没有出现如此大的下跌

两面针(600249)2007年11月13日~2008年6月17日的日K线走势图　图144

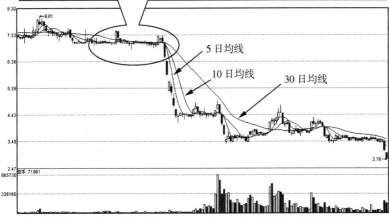

有经验的投资者知道，股价大幅上涨后出现几条均线粘合在一起的现象，这多半不是好事，一旦均线向下发散，股价就会狂跌不止。面对这种现象，投资者一是要在其均线粘合时，就学会先卖出；二是一旦发现均线向下发散，应毫不犹豫地斩仓出局。否则，就会像投资该股一样，遭受巨大亏损

5日均线

10日均线

30日均线

华馨实业(000416)2005年3月29日~2005年12月5日的日K线走势图　图145

接下来我们再来看两个均线交叉向下发散的实例。

实例三：园城股份（600766）。图146是该股2001年3月28日~2002年1月22日的日K线走势图。从图中可以清楚地看到，在均线交叉向下发散后，该股走势就一路向下，最后形成加速下跌的态势。在技术上，均线交叉向下发散处（见图146中画圈处），就是股价见顶之处。投资者看到这样的图形，应该及时把股票卖出。

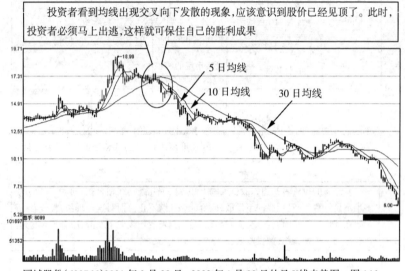

园城股份（600766）2001年3月28日~2002年1月22日的日K线走势图　图146

实例四：栖霞建设（600533）。图147是该股2007年7月4日~2007年10月8日的日K线走势图。从表面上看，该股放量突破近期高点，似乎经多次探底获得成功，一轮新的升势呼之欲出。这样的走势，一些缺乏实战经验的投资者可能会被它蒙骗，盲目看多、做多。但是，有经验的投资者是不会看好它的。这是为什么呢？其中一个重要原因就是该股5日、10日、30日均线已形成交叉向下发散形（见图147中画圈处）。从技术上讲，均线出现交叉向下发散形，意味着升势结束，跌势开始。所以，投资者应该趁股价反弹之际赶紧出逃，若逃晚了，就有可能遭受很大的损失（见图148）。

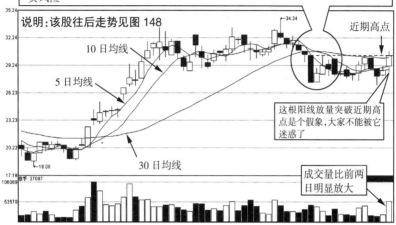

瞧！图中画圈处已清楚地表明,5日、10日、30日均线已形成交叉向下发散形。投资者看到这样一个很凶险的图形,应该尽早抛空出局,以此来规避投资风险

说明:该股往后走势见图148

10日均线

5日均线

30日均线

34.34

近期高点

这根阳线放量突破近期高点是个假象,大家不能被它迷惑了

成交量比前两日明显放大

栖霞建设(600533)2007年7月4日~2007年10月8日的日K线走势图　图147

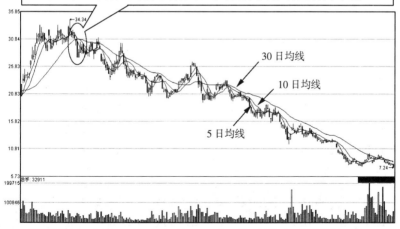

(上接图147)该股自从5日、10日、30日均线形成交叉向下发散形后,股价就一路下滑。可见,在均线出现交叉向下发散形时,投资者首先要想到趋势已转弱,此时应该立即抛股离场。否则就很容易出现深套,这个教训值得投资者牢牢记住

34.34

30日均线

10日均线

5日均线

栖霞建设(600533)2007年7月20日~2008年8月8日的日K线走势图　图148

金老师说:做股票就是四个字"善买善卖"。要做到善买,并不是股价跌深了、便宜了,你就可以买了。因为在大盘或个股走熊时,股价没有最低,只有更低,熊市是不言底的,任何以为股价跌深了、便宜了,就盲目买进者,都有可能被套在半山腰上,所以,我们一定要学会善买,也就是说要找到充分的买进理由才可以建仓。从日均线角度分析,当大盘或个股的均线出现"银山谷"[注1]时才可以试着看多、做多,而只有在均线出现"金山谷"[注2]时才可以积极看多、做多。经验证明,按照这个方法买股票,胜算率是很高的。不过,我现在不是向大家介绍如何识底、抄底的问题。因为识底、抄底的问题是一个很大的题目,它涉及很多内容,并不是三言两语就能讲清楚的(编者按:关于这个问题,以后我们会与大家展开专题讨论),我今天只是想通过银山谷、金山谷引出一个话题。

这个话题就是:投资者善买股票,要学会看银山谷、金山谷;同样,投资者善卖股票也要学会看一个"谷"。请问:这个谷是什么谷?投资者如何根据这个谷来识顶、逃顶(请举例说明)?

这个"谷",在技术上称之为"死亡谷"[注3]。死亡谷是由 3 根均线构成的一个倒三角图形。在日 K 线图上可以出现死亡谷,在周 K 线图上、月 K 线图上也可以出现死亡谷(见图 149)。死亡谷出现,表示上升行情已经结束,股价见顶了,往后股价就会形成不断下跌的走势。有经验的投资者看到死亡谷出现,就会选择顺势做空,规避掉股价继续下跌的风险,而无经验的投资者,或者根本不知道死亡谷为何物的投资者,看到死亡谷仍在看

【注1】 关于银山谷的特征与技术含义,详见《股市操练大全》第二册第 29 页~第 33 页。

【注2】 关于金山谷的特征与技术含义,详见《股市操练大全》第二册第 29 页~第 33 页。

【注3】 关于死亡谷的特征与技术意义,详见《股市操练大全》第二册第 33 页~第 36 页。

多、做多,最后就会套在"山峰"上,结果会输得很惨。因此,从这个意义上说,不识死亡谷,不懂利用死亡谷逃顶者,还不能说真正学会了识顶、逃顶,在实战中就有可能出现重大亏损。

死亡谷示意图

日 K 线图中的死亡谷	周 K 线图中的死亡谷	月 K 线图中的死亡谷

注:周均线、月均线选用"20"这个参数,而不像日均线选用"30"这个参数,是因为考虑周均线、月均线时间跨度大,选用 20 这个参数更合适

图 149

下面我们来看几个实例。

实例一:鲁润股份(600157)。图 150 是该股于 2007 年 7 月 9 日~2008 年 2 月 27 日的日 K 线走势图。从图中看,该股在摸高 24.60 元后出现了一轮快速下跌,现在股价已经止跌回升,且构筑成一个小双底,这两天拉出两根大阳线,成交量也出现明显放大的迹象,且今天还出现一个明显的向上跳空缺口。

对于这样的走势,很多人认为该股前期冲高回落,股价已调整到位,现在正酝酿一轮新的上升行情,目前正是积极跟进做多的最好时机。但是,如果我们从均线形态考虑,就不会这么乐观,因为在今日收出大阳线的上方,已出现了一个明显的"死亡谷"。在股价大涨后,均线形态上出现死亡谷,往后下跌的概率是很大的。有人问:这两天拉出大阳线,成交量开始放大,难道不是一个强烈看多、做多的信号吗?其实,此时的大阳线并不能作为看多、做多的理由,因为主力(庄家)常常会通过拉大阳线掩护出货(编者按:本书中篇第七章中"拉大阳线诱多出货法",对这种现象作了专门的分析,这里就不展开讲了)。如果昨天和今天这两根大阳线,是主力(庄家)用它来诱多的,那么盲目跟进者就要吃大亏了(见图 151)。

光凭借图中画圈处的两根大阳线看多、做多是要上当的。投资者在分析股价走势时,对均线处于什么形态要特别注意。大阳线的前面出现死亡谷,说明行情可能见顶了,接下来股价就会不断地创出新低。所以,投资者看到大阳线时,首先应该想到,主力是否用它来诱多出货。此时,逢高卖出应该是投资者明智的选择,盲目看多、做多是要承担很大风险的

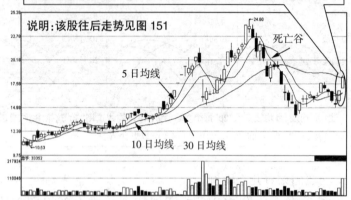

鲁润股份(600157)2007年7月9日~2008年2月27日的日K线走势图　图150

　　(上接图150)果然不出所料,图中这根大阳线是主力用它来掩护出货的,主力并没有把股价做上去的欲望。可见,当均线出现死亡谷时,投资者就不应该看多、做多,盲目跟进,或者持股不抛,到头来都要吃大亏。该股就是一个明显的例子

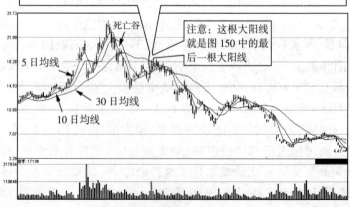

鲁润股份(600157)2007年7月20日~2008年8月18日的日K线走势图　图151

实例二：中国联通（600050）。图 152 是该股 2006 年 9 月下旬
~2008 年 5 月上旬的周 K 线走势图。从图中看，该股在一波回调后拉
出 3 根周阳线。这样的走势是否能看好呢？答案应该是否定的。因为
在其上方已出现死亡谷。周均线出现死亡谷可不是闹着玩的。股价往
后十有八九要继续下跌。此时，投资者应抓紧时机逢高出局，而不应
该盲目看多、做多，以免遭受不必要的投资损失（见图 153）。

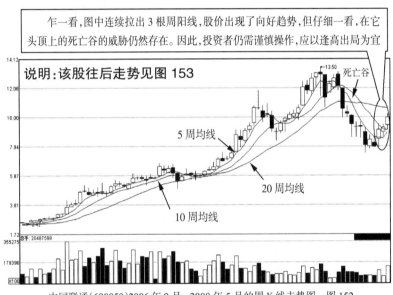

乍一看，图中连续拉出 3 根周阳线，股价出现了向好趋势，但仔细一看，在它
头顶上的死亡谷的威胁仍然存在。因此，投资者仍需谨慎操作，应以逢高出局为宜

说明：该股往后走势见图 153

中国联通(600050)2006 年 9 月 ~2008 年 5 月的周 K 线走势图　图 152

实例三：广电信息（600637）。图 154 是该股于 1998 年 2 月 ~2006
年 4 月的月 K 线走势图。图中设置了 5 月、10 月、20 月 3 条均线。在
图中左上方出现了一个死亡谷。自这个死亡谷出现后，该股连续 5 年
都翻不了身，一直在往下不断寻底。可见，月 K 线图中一旦出现死亡
谷，对股价的杀伤力，无论是下跌空间、下跌时间都超出了大家的想
象。这也是为何一些投资高手见到月 K 线图中出现死亡谷，就长期不
看好其股价走势，主动选择做空的一个重要原因。

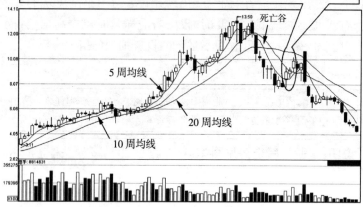

（上接图 152）死亡谷多半即为顶，此话一点不假。该股在 K 线图上出现死亡谷后，股价虽然出现过一轮强劲的反弹，但最终仍旧没有摆脱死亡谷的威胁，股价只能继续向下寻底

死亡谷

5 周均线

20 周均线

10 周均线

中国联通（600050）2006 年 12 月 ~2008 年 9 月的周 K 线走势图　图 153

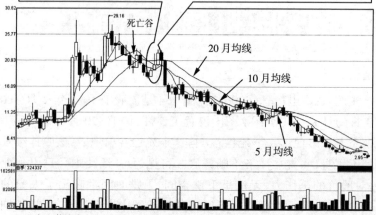

按理说，图中画圈处连拉了 3 根月阳线，而且最后一根月阳线的收盘价已站在 5 月、10 月、20 月均线上方。这样看多的理由似乎很充足。但是，在它的前面，月均线出现了一个死亡谷，在死亡谷的威胁下，最后该股仍然选择了下行的走势。所以，投资者决不可以轻视月线中死亡谷的杀伤力

死亡谷

20 月均线

10 月均线

5 月均线

广电信息（600637）1998 年 2 月 ~2006 年 4 月的月 K 线走势图　图 154

第四章 运用技术图形技巧识顶逃顶专题训练

金老师说:我们在运用技术图形进行识顶、逃顶时,首先要关注一个重点图形,这是什么技术图形呢?我先暂时"保密"。这里只是告诉大家一些重要的事实数据:①全球股市一百年来跌幅最惨的股市就是以这种技术图形见顶的;②中国股市有史以来最贵的股票也是以这种技术图形见顶的;③世界商品市场的领头羊——国际原油价格在 2008 年 7 月见顶时,也是因为这种技术图形而一蹶不振的。

请问:你知道这是什么技术图形吗?投资者如何运用这种技术图形来识顶、逃顶? 操作时要注意哪些问题?

这是一个"双顶"[注]技术图形,双顶又称为"双头"、"M 头"。双顶图形是很容易辨别的。但问题是, 投资者看到双顶图形是否就意识到危险已经来临了, 以及看到双顶图形后怎样操作才能做到既可规避掉风险, 又能把握好其中的投资机会呢?关于这个问题,我们准备通过下面一些实例来作一番解释说明。当然,为了紧扣主题,这些实例与题目中的 3 个事实数据有关。

· 实例一:全球股市一百年来跌幅最惨的股市——1997 年至 1998

【注】 关于双顶的特征、技术意义,详见《股市操练大全》第一册第 243 页~第 245 页。

年俄罗斯股市大崩溃。人类有股市已有几百年历史，在大家的印象中，1929 年美国股市的大崩溃似乎是自从股市诞生以来跌得最惨的。其实不然，迄今为止（截至 2008 年 9 月 30 日），在全球所有的走熊股市中，跌幅第一的当属 1997 年至 1998 年的俄罗斯股市。仅一年时间，俄罗斯 RTS 指数从 571.65 点狂泻至 38.53 点，跌幅为 93.26%，上演了一场资本市场的俄罗斯式休克，并创造了一百年来全球股市跌幅之最（详细情况见本题附录一）。

有人问：俄罗斯股市为何出现如此凶狠的惨跌，其原因是什么，这不是本书分析的内容（编者按：关于这方面的背景资料，我们在本题结束后的附录二中将向大家介绍，有兴趣的读者可留意）。现在，我们要重点分析的是，当时俄罗斯股市是以何种技术图形见顶的，投资者看到这种图形后应该怎样操作。从图 155 中我们可以发现，当时俄罗斯股市是以一个双顶的技术图形见顶的，其确切卖出的地方应该在图 155 中画虚线的下方箭头 A 所指处。

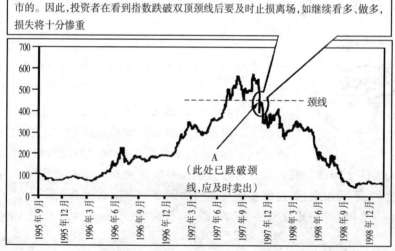

俄罗斯 RTS 指数 1995 年 9 月 ~1998 年 12 月的走势图　图 155

实例二:世界商品市场的领头羊——2007 年 10 月至 2008 年 12 月,国际原油价格的大起大落。图 156 是国际原油价格 2007 年10 月至 2008 年 10 月的走势图。从图中看,国际原油价格在这一年中走了一个过山车的行情。国际油价自 2008 年 1 月 3 日突破 100 美元大关后,一路上扬,于 2008 年 7 月 11 日达到每桶 147.27 美元的历史最高记录。此后国际油价迅速回落, 至 2008 年 12 月 24 日最低已跌至 35.35 美元,这一价格与历史最高记录相比,已跌去了 70% 多。

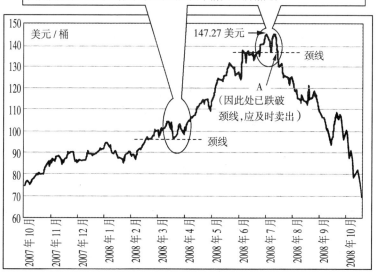

该图中有两个画圈处,表面上看里面的图形都是双顶图形。其实不然,这里一个是真的双顶,另一个是假的双顶。其中,看左下方画圈处的双顶因未跌破颈线,回调后行情又上去了,这个双顶就是假双顶。右上方画圈处的双顶,已跌破颈线,这是真双顶。当投资者看到真双顶出现时应赶快出逃,其卖点就在双顶颈线被跌破之处(见图中箭头 A 所指处)

147.27 美元

颈线

A
(因此处已跌破
颈线,应及时卖出)

颈线

2007 年 10 月 ~2008 年 10 月国际原油价格的走势图   图 156

国际原油价格摸高 147.27 美元见顶后, 接着在高位就出现了一个双顶的图形。了解双顶技术图形的投资者知道,一旦油价跌破该图双顶的颈线,就意味着国际原油价格的顶部正式被确认。此时,投资者应该赶快看空、做空,否则,损失就会越来越大。

实例三：中国船舶（600150）。这是沪深股市 18 年来股价首次摸高 300 元的股票（注：沪深股市早期的豫园商城曾涨到 1 万多元，但那时该股股票的面值为 100 元。这样算下来，当时该股的实际股价只涨到 100 多元）。图 157 是中国船舶于 2007 年 3 月 1 日~2008 年 10 月 28 日的日 K 线走势图。从图中看，该股见顶时走了一个双顶图形，投资者在该股跌破双顶颈线位后，就应该清楚地认识到，其顶部正式确立，多方大势已去。此时，投资者应该立刻全线抛空出局。如果当时能及时出逃，低位买进者还能保存大部分胜利成果，否则，再过半年，在该股股价打了八九折之后再想到出逃，那么低位买进者也会出现严重亏损，而高位买进者则更是输得惨不忍睹。

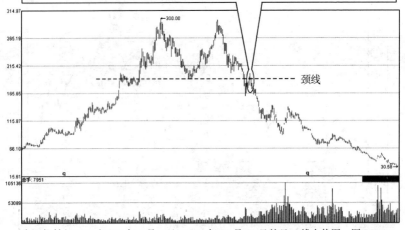

该股在跌破双顶颈线后不久，出现一次反抽（见图中画圈处）。懂此图形的人知道，这是给持有该股的投资者又一次逃命的机会。因为反抽是对颈线破位的一次确认，并不是股价要重拾升势。反抽过后，该股将继续其下行走势

中国船舶（600150）2007 年 3 月 1 日~2008 年 10 月 28 日的日 K 线走势图　图 157

通过对上面几个实例的分析，我们应该认识到，双顶是股市或者其他商品市场见顶的一个重要形式。但是，这里面有几个重要的操作原则，投资者需要记住：①双顶的图形出现时，在未跌破双顶的颈线之前，则不能定论双顶的形态已经成立，若贸然做空，就容易出错。因为股价在下跌时受到颈线支撑，重拾升势那也是有可能的，这在本题实例二的

图形中已出现过这样的情况（见图 156 中左下方画圈处）。②在股价跌破双顶的颈线后，则局势已定，双顶正式确立。此时，投资者就应果断卖出，卖出越早，损失越少。③股价跌破双顶的颈线后，一般会出现两种走势：一种走势是，股价就此一路跌下去了；另一种走势是，股价跌破颈线后不久，出现止跌回升。这时也会出现两种情形：一是这种回升走势碰到颈线就掉头向下；另一种是回升时冲破颈线，并暂时站到颈线之上，但好景不长，股价很快又会跌破颈线掉头向下（见图 158）。其实，这两种情形性质都是一样的，这在技术上称为"反抽"，反抽是给前期未及时出逃的投资者提供了又一次逃命的机会。因此，投资者绝不能把反抽当成新的升势开始，去盲目看多、做多，否则，就会犯下致命的错误。

双顶颈线被跌破后的两种反抽走势及卖点选择示意图

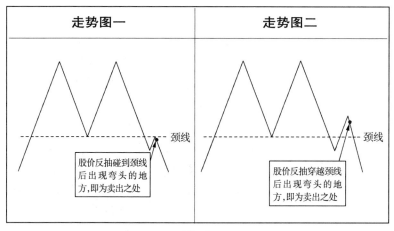

图 158

附录一:全球百年股市跌幅前五名情况一览表 (截至 2008 年 9 月 30 日)

发生区域	见顶点位	见底点位	见顶时间	见底时间	累计跌幅
俄罗斯股市	571.65	38.53	1997 年 10 月 6 日	1998 年 10 月 5 日	-93.26%
香港股市	1774.96	150.11	1973 年 12 月 10 日	1974 年 12 月 10 日	-91.54%
美国股市	386.1	41.22	1929 年 9 月 3 日	1932 年 7 月 8 日	-87.06%
日本股市	38916	7607.88	1989 年 12 月 19 日	2003 年 4 月 28 日	-80.45%
台湾股市	12495.34	2560.47	1990 年 2 月 10 日	1990 年 10 月 1 日	-79.51%

表6

附录二:1997 年俄罗斯股市见顶走熊的背景资料与走势图形

【历史背景】

一般认为,当时俄政府长期推行货币主义政策,依靠出售资源和举债的经济增长方式是导致这次金融崩溃的根本原因。具体来看,1997 年俄罗斯股市的崩溃可分为三个阶段(见图 159):

第一阶段:东南亚金融风暴造成投机性外资出逃。俄罗斯经济在 1997 年逐步步入景气周期后,大量短线资本涌入资本市场。这一时期俄股市平均回报率高达 1 倍以上, 国债回报率超过 20%(从期限结构来看 80% 为流动性强的 3 到 4 个月的短期国债)。至 1997 年 10 月,外资掌握了 60%~70% 的股市交易量,30%~40% 的国债交易额。然而,自从 1997 年 7 月东南亚金融风暴爆发后,俄罗斯金融局势急转直下,外资开始大量出逃,引起了市场的很大恐慌。

第二阶段:国内外"信任危机",导致国内融资困难,外资持续流出。自1992 年以来俄政府持续采取发行国债、举借外债、拖延支付等所谓"软赤字"的办法,以弥补财政赤字。至 1998 年,俄内外负债总额超过2000 亿美元。由于东南亚金融危机的升级,全球流动性已经极度萎缩,此时,俄当局对内发国债难以筹集足够资金,对外则因为议会晚些时候修改了政府的私有化政策, 致使国外投资者对俄政府产生不信任感,外资持续流出,俄财政出现了严重的危机。

第三阶段：当时，俄罗斯管理部门贸然推行的金融稳定措施未见效果，从而引起了市场的更大恐慌，加剧了市场的波动。为应对债务危机，俄政府于 1997 年 8 月初贸然推出了稳定金融形势的三大经济纲领，包括扩大卢布汇率浮动区间甚至宣布卢布自由浮动、延期偿还外债、转换内债偿还期等。但 1998 年 8 月更为严重的第三次金融危机爆发，新政府垮台，致使原有计划落空。

俄罗斯这次金融大风波带来的后果十分严重，不仅使本国已是困难重重的经济雪上加霜，还震撼了全球金融市场。从国内来说，到 1998 年 9 月时俄居民存款已损失一半，国内通胀率高达 40％，居民实际工资收入下降 13.8％，整个经济下降 5％；而对于国际市场的波动，俄罗斯市场的崩溃也起到了推波助澜的作用，不仅导致了美国多家对冲基金的巨额亏损，还导致其最大债权国德国债券资产的缩水，进一步影响欧洲经济。

此轮危机结束后，俄罗斯 RTS 指数进入了一个较长时期的调整恢复过程，直到 2003 年 10 月 1 日才再次超过 1997 年的历史高位，历时整整 6 年。

【走势图形】

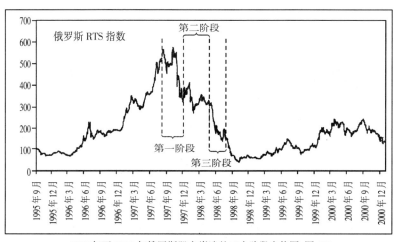

1997 年至 1998 年俄罗斯股市崩溃的三个阶段走势图 图 159

股市实战训练题 24

金老师说：上一节课我们讨论了双顶这个技术图形。该图形的一个特点是：在大盘或个股形成双顶走势的情况下，如果投资者在指数或股价第一次见顶时，没有来得及出逃，那么，以后还有第二次机会让他出逃。不过，今天我们给大家介绍的这种技术图形却是另外一个特点了，它在高位只给投资者一次出逃机会。据说，这种见顶图形一旦形成，就会产生巨大的杀伤力，以致未能逃掉其魔掌的投资者遭受极为惨重的损失。

请问：你知道这是一种什么见顶图形吗？为什么很多投资者会受到它的威胁，其中的原因是什么？我们应该采用什么办法才能摆脱它的威胁，在识顶、逃顶上获得成功？

解答

这种技术图形就是人们常说的一种"尖顶"[注]图形。尖顶，又称之为"倒置 V 字形顶"（见图 160）。虽然，尖顶图形很容易识别，但很多投资者仍然无法避开它的威胁，最终都被套在高位，不能自拔。

尖顶示意图

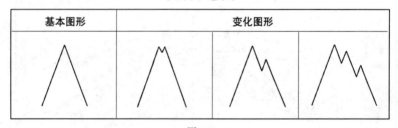

基本图形	变化图形		

图 160

那么，为什么会造成这样的结果呢？我们认为可能与下面两个因素有关：一是投资者对尖顶的杀伤力估计不足，疏忽大意了；二是一

【注】 关于尖顶的特征、技术意义，详见《股市操练大全》第一册第 271 页～第 273 页。

些投资者在操作上出现了重大错误,在股价第一次见顶回落时,没有及时出逃,后来幻想股价再次冲顶时出逃,但始终没有等到这样的机会,结果就出现了越等越输、越套越深的糟糕局面。

事实证明,虽然尖顶图形很容易被识别,但很多人却操作不好。那么,这个问题应该如何解决呢? 我们认为,投资者只要把下面两件事情处理好了,尖顶就可以逃掉,操作就能获得成功。

第一,投资者必须充分认识到尖顶形成后所产生的巨大杀伤力。据调查证实,虽然很多投资者知道股市里有尖顶这样一个技术图形,但是对尖顶的巨大杀伤力并不清楚,这是因为他们对股市中的许多历史知识不了解。这些投资者没有看到尖顶形成后的巨大杀伤力,自然就不可能有这样深刻的感受了。为了帮助大家提高这方面认识,我感到有必要给大家简单介绍有关的历史知识。现在我就拿全球百年股市跌幅前5名为例来说明这个问题。其中,这里面多数股市的历史大顶是以尖顶形式出现的,后面的跌幅也都是创历史记录的。从有关资料了解到,在这些股市以尖顶形式见顶后,当时继续看多、做多、未及时出逃者,最后都亏损累累,把老本输得一干二净的可谓不计其数。

下面就请大家仔细看看这几个股市形成尖顶后的实际走势。

实例一:1973 年~1974 年香港股市的大熊市。香港股市在 20 世纪60 年代末 70 年代初逐渐形成规模。随着交易量的增加,恒生指数大幅上扬,延续三年的牛市开始转化为投机泡沫。至 1973 年发生股市崩溃时,恒生指数较 1970 年年底上涨了接近 740%。随后,香港股市就遭遇了前所未有的大崩溃。从 1973 年 3 月 9 日的最高 1774.96 点,跌至 1974 年 12 月 10 日的最低 150.11 点,整轮跌幅达到 91.54%,列全球股市百年来跌幅第二名。其见顶的形式就是尖顶(见图 161)。

实例二:1990 年 2 月~1990 年 10 月台湾股市的大熊市。台湾股市在 20 世纪 80 年代末至 90 年代初出现过一轮强劲的升势。但台股加权指数自 1990 年 2 月 10 日在 12495 点见顶后,就狂泻不止,仅 8 个月就跌掉79.5%,致使广大投资者遭受了重大损失。我们回顾当初台湾股市的走势就可以发现,它基本上也是以尖顶方式见顶的,并且出现了断崖式的暴跌(见图 162)。

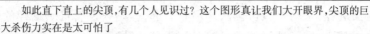

如此直下直上的尖顶,有几个人见识过?这个图形真让我们大开眼界,尖顶的巨大杀伤力实在是太可怕了

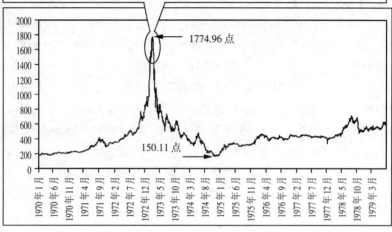

1774.96 点

150.11 点

香港恒生指数 1970 年 1 月 ~1979 年 3 月的走势图 图 161

当时,台湾股市出现了一轮疯涨行情,几次大的下跌后都起死回升了,但最后一次以尖顶方式的下跌,却让所有的台湾投资者大跌眼镜。这是一次断崖式的狂跌,它从顶峰时的 12495 点一直跌到 2560 点,这轮大跌让未及时出逃者输得惨不忍睹

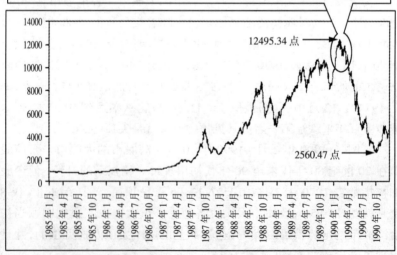

12495.34 点

2560.47 点

台股加权指数 1985 年 1 月 ~1990 年 10 月的走势图 图 162

实例三:1989年12月~2003年4月日本股市的大熊市。第二次世界大战结束后,日本在经历20多年的高增长后成为仅次于美国的第二大经济体,巅峰时期的日本曾经一度购买了全美国10%的不动产。1985年"广场协议"签订之后,日元与美元的汇率两年间升值一倍。在这一背景下,扩张的货币政策刺激了日本经济在1988年到1990年的高增长,大量盈余资金流入股市和房地产市场,促使以股票和房地产为代表的资产价格迅速膨胀。

随后,日本的银行改变货币政策,短时间内大幅度提高贴现率。这种紧缩措施对股市产生了直接影响。1989年至2003年,日本股市从当初1989年12月19日的最高38916点跌至2003年4月28日的最低7607点,遭遇了连续14年的下跌,跌幅达80.45%。从其走势图看,其顶部基本上也是一个尖顶(见图163)。

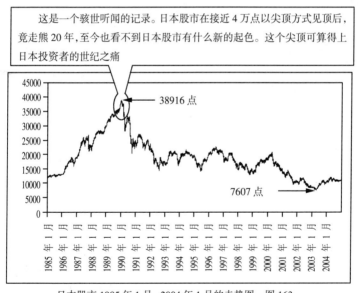

这是一个骇世听闻的记录。日本股市在接近4万点以尖顶方式见顶后,竟走熊20年,至今也看不到日本股市有什么新的起色。这个尖顶可算得上日本投资者的世纪之痛

日本股市1985年1月~2004年1月的走势图　图163

从上面3个实例中可以看出,股市一旦以尖顶方式见顶走熊后,它所产生的杀伤力是绝对不可以轻视的。如果投资者轻视它、疏忽它,就会犯重大的投资错误。其实,在沪深股市中也发生过这样的情

况,一些个股在高位形成尖顶走势后,那种自由落体式下跌,让人看了心中同样会有一种毛骨悚然的感觉。下面我就请大家看两个实例。

实例四:中国远洋(601919)。图 164 中显示,该股在涨至 68.40 元之后就呈单边下跌态势,它的顶部是一个名符其实的尖顶。可是谁也没有想到,这个当时被众多机构看好的蓝筹股,一年后股价最低时竟跌去近九成,真可谓惨不忍睹。

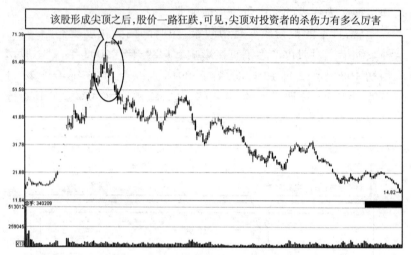

中国远洋(601919)2007 年 6 月 26 日~2008 年 8 月 12 日的日 K 线走势图　图 164

实例五:ST 金泰(600385)。图 165 是该股于 2007 年 1 月 11 日~2008 年 10 月 31 日的日 K 线走势图。从图中看,该股出现尖顶形状后的下跌走势更是吓人,涨时连拉涨停板,一口气窜至顶峰,跌时连拉跌停板,大家争相逃命。仅过了一年多时间,该股的最低价与见顶时的价格相比,已足足跌去九成。其风险之大,真让人不寒而栗。

第二,投资者在识顶、逃顶时要注意的是,如果发现行情涨至高位突然出现掉头向下的走势,那么此时宁可把问题想得严重些,而不要抱有一些不切实际的幻想,以致贻误出逃的时机,最终被套在高位上。

此话怎么讲呢?我们在调查中发现,一些投资者看到股价在高位出现急速掉头向下的走势,并不感到着急,甚至还有急于补仓的现象

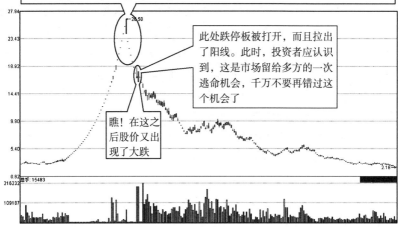

投资者对尖顶的杀伤力要有充分的估计。该股以尖顶方式见顶后,出现了连续跌停。当跌停板被打开后,前面未来得及出逃的投资者仍然要坚持出逃,如继续留在里面坚守,最后一定会输得分不清东西南北

此处跌停板被打开,而且拉出了阳线。此时,投资者应认识到,这是市场留给多方的一次逃命机会,千万不要再错过这个机会了

瞧!在这之后股价又出现了大跌

ST 金泰(600385)2007 年 1 月 11 日~2008 年 10 月 31 日的日 K 线走势图　图 165

出现。这是怎么回事呢?因为这些股票前期涨得很好,所以当股价出现这样的调整时,很多人首先想到的是,主力(庄家)可能在震仓洗盘,这是其一。其二呢?这些投资者会这样想,即使主力(庄家)真的在出逃,那也不要紧,因为股价在高位见顶回落,主力(庄家)手里的筹码很多,一下子是出不完的。所以还会构成双顶、多重顶等形式,总不至于就这样一路跌下去。因此,这些投资者认为看清楚后再逃也来得及。他们觉得就是股价真的见顶了,第二次出逃的机会总归是有的。由于这些投资者心存幻想,当形势发生急剧变化时就束手无策了。一方面,这些人盼望的第二次出逃机会并没有出现;另一方面,股价在尖顶形成后一路下滑,跌幅已经不小,此时这些投资者已不愿意就此认赔出局。于是,他们就会被迫无奈地将股票拿在手里,此后只能眼睁睁地看着股价不断往下创新低。随着股价越跌越厉害,他们手中的筹码也就越套越深,最后陷在里面不能自拔。悲剧就这样发生了。

从上面的分析中我们可以得知,尖顶易识不易逃。若要改变这种状况,就一定要采取以下措施:首先,当股价在高位突然掉头向下时,

投资者一定要把它当成一回事,密切关注,注意风险,认真研究,想好对策。其次,当发现股价掉头向下跌破关键技术点位,或者是在图形上已经可以看出尖顶的雏形时,就不要再犹豫了,应果断作出决定,及时止损离场。尤其是当股价跌幅超过20%仍未见反弹的现象出现时,投资者更要有这方面的忧患意识。投资者应该想到,现在自己遇到的这个顶,可能就是一路狂泻的尖顶,尖顶是不会有第二次高位出逃机会的,此时必须马上止损离场,否则越拖损失就越大。

经验证明,投资者只要坚持这两条,尖顶的杀伤力再厉害也伤不到自己了。因为你的割肉止损的极限底线就是在高位跌下来的20%地方。试想,在股价跌到20%时,你已把股票卖出,止损离场了,那么,尖顶杀伤力再大,以后股价跌得再深,这一切自然就与你无关了。

有人问:如果股价下跌幅度达到20%,此时止损离场了,而后来股价却出现了反弹,并形成了双顶、多重顶等这样的走势,那么,在股价跌至20%的地方止损离场不是吃亏了吗?关于这个问题,我们是这样认识的:确实,当股价在高位突然掉头向下,跌了20%之后,会出现两种走势:一种是很快出现反弹,在回升到前一高点附近处再掉头向下,从而形成双顶走势,再复杂一点,还可能形成多重顶、头肩顶这样的走势。另一种是,股价继续其尖顶走势,跌了20%之后,并没有出现什么强劲的反弹,股价还是义无反顾地一路往下走。

那么,这两种走势,哪一种走势可能性更大呢?坦率地说,开始大家心中都是没有数的。因为形态没有完全走出来之前,谁都无法事先下一个定论。大家可以想一想,如果股价万一从高位跌掉20%后继续再下跌,等反弹等不到又该怎么办呢?越等损失越大,这也是完全有可能的,前面我们举的几个实例都说明了这个问题。所以鉴于这种情况,股价从高位跌了20%,不管今后形势如何,从防范风险这一角度来看,必须先割肉离场再说。即使当时有人心理还抱有什么希望,那至少也要先卖出一半以上的筹码。这样今后无论股价是上还是下,手里既有现金,又有筹码,进可攻,退可守,不至于操作太被动,更不会在尖顶形成后股价出现一路狂泻时,因为筹码全部捂在手里,最后导致全军覆没的悲剧发生。

又及:本书初稿完成后,在向读者征求意见时,一些读者对当年香港股市、台湾股市的大熊市历史背景资料很感兴趣。他们认为了解这些历史知识对其日后投资有很大好处。为了满足这些读者的要求,现将我们了解的情况作一些简单介绍,供读者参考。

一、香港股市 1973 年至 1974 年大熊市的历史背景资料。

1969 年至 1971 年,香港成立了多家证券交易所,这使得证券交易成为普通民众关注的焦点。1973 年香港进入"全民炒股"阶段,在当年股市见顶时,恒生指数比 1970 年末上涨 700%以上,市场中的过度投机现象已到了极限,而监管的缺位使得大量空壳公司混水摸鱼,上市圈钱行为屡见不鲜,市场上甚至出现了假股票。为平抑股市泡沫,香港税务局于 1973 年 4 月开征资本增值税,并相继提高存款利息,从而导致股市形势急剧恶化,而 1973 年 12 月第一次石油危机的爆发则导致世界经济前景黯淡,对香港股市也是一个沉重的打击。在一系列负面因素重压下,香港股市出现了其成立后的最大一次熊市。香港股市这次走熊后一直蛰伏了 8 年,直到 1981 年 7 月 17 日,香港恒生指数冲破 1810 点创出新高后,才最终将这轮熊市的阴影抹去。

二、台湾股市 1990 年大熊市的历史背影资料。

1986 年,台湾股市在台湾经济高增长的影响下,行情开始启动,直至 1990 年 2 月 10 日台股加权指数最高升至 12495 点后,这一轮牛市才告终结,随后就出现了一轮罕见的大暴跌。虽然有不少人认为台湾股市的下跌是由于台湾金融管理局在资本利得税问题上处理不当引起的,但据有关资料表明,实际上暴跌的根源主要在于虚拟经济与实体经济相互脱节。这可以从五个阶段(见图 166)进行说明。

第一阶段:台湾经济高增长的阶段。当时,以劳动密集型为出口导向的发展模式,使台湾经济走上了快车道,并从中赚取了大量外汇。

第二阶段:1987 年 10 月,受美国股灾影响,台湾股市开始下跌。这个过程可以认为是市场在自我修复,因为股价短期升幅过大,需要进行一次技术上的调整。此后,仅 3 个月的时间台湾股市就跌去

50%,但随着风险的释放,投资者情绪迅速恢复,股市又开始向上飚升,随后股市急剧升温。这一时期台股泡沫开始形成。

第三阶段:宣布开征资本利得税,导致台湾股市出现跳水。当时,台湾当局为了防止股市泡沫进一步扩大,突然宣布要开征资本利得税,马上引起股市暴跌。但后来迫于市场压力与投资者强烈反对,台湾当局最终取消了资本利得税。随后台股很快重拾升势,并出现全民炒股的热潮。

第四阶段:与此同时,新台币升值导致流动性泛滥,游资加速涌入,股市、房市等各种资产价格大幅往上攀升。最终这一巨大的资产泡沫,随着1990年爆发的海湾战争走向破灭。

第五阶段:台湾股市出现了罕见的连续暴跌,至此,台湾股市进入了其有史以来的最大熊市

附:台湾股市牛熊变换5个阶段示意图(1985~1990年)

图 166

182

股市实战
训练题
25

下面有3张图,均为周K线图。有人说,这些图中的个股有戏;有人说没戏;也有人说,这些图中的个股有的有戏,有的没戏。那么,这些图中的个股究竟是有戏还是没戏呢?我们只要把它们各自的技术图形走势弄清楚,就会知道具体的答案了。这里我可以提醒大家,这些个股的技术图形走势都和"三角形"3个字有关。当然,它们到底是一种什么样的三角形技术图形,就要看各人的眼光去分辨了。

现在,请大家根据《股市操练大全》第一册中有关技术图形的知识,判断图167~169,它们各自属于什么技术图形? 如果你认为这些个股是有戏的,那么,请你用划线的方法标明其买点在何处? 如果你认为这些个股是没戏的, 那么也请你用划线的方法标明其卖点在何处?

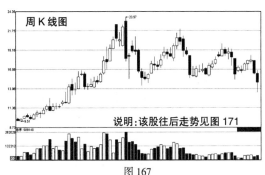

图 167

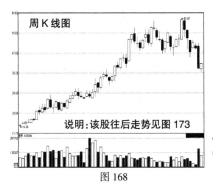

图 168

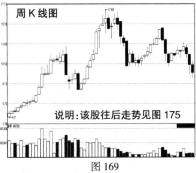

图 169

图 167 为"收敛三角形"[注 1]，图 168 为"扩散三角形"[注 2]，图 169 为"下降三角形"[注 3]。从技术图形上分析，这 3 个股票都无戏可唱了，因为它们的顶部形态已经确立，且都已破位下行，卖点也十分清晰。下面我们就分别对这些个股的技术图形走势作一个分析。

先来分析图 167 的走势。图 167 的走势为"收敛三角形"，它又被称为"对称三角形"。

收敛三角形既可以在上升趋势中出现，又可以在下降趋势中出现。该形态是因为多空双方的力量在某段价格区域内势均力敌，暂时达到平衡状态而形成的。股价从第一个短期性高点回落后，很快便在多方的推动下回升。但多方阵营对后市信心不足，因此股价未回升至上次高点又再次回落；在下跌的时候，投资者不愿意以太低价格贱卖，或是对前景仍抱希望，所以回落时主动性卖压不强，股价未回落至上次低点便告回升。多空双方犹豫性的争执使得股价来回波动的幅度逐渐缩小，连接依次降低的高点就会形成收敛三角形的上边线，连接依次抬高的低点就会形成收敛三角形的下边线，两线交于一点（此点为收敛三角形的顶点）。这样，收敛三角形就形成了。一般来说，在收敛三角形出现后，股价在离开收敛三角形顶点尚有一段距离时，就会寻找突破方向，往上突破可看多，往下突破就应该看空。

在明白了收敛三角形的形成机理后，我们再回过头来看图 167，对该股究竟是否有戏就清楚了。只要我们能准确地画出图中收敛三角形的上边线与下边线，其卖点就显露无遗（见图 170 中箭头 B 所指处），投资者在此卖出胜算是非常大的（见图 171）。

【注 1】 关于收敛三角形的特征、技术意义，详见《股市操练大全》第一册第 259 页、第 260 页。

【注 2】 关于扩散三角形的特征、技术意义，详见《股市操练大全》第一册第 256 页～第 259 页。

【注 3】 关于下降三角形的特征、技术意义，详见《股市操练大全》第一册第 251 页～第 254 页。

图中箭头 A 所指处,已跌破下边线,为第一卖点。股价经回抽后又往下创出新低,在箭头 B 所指处,为第二卖点。出现这种情况,说明该股最终选择向下突破。因此,手中仍持有该股的投资者见此走势应马上抛空出局,离场观望

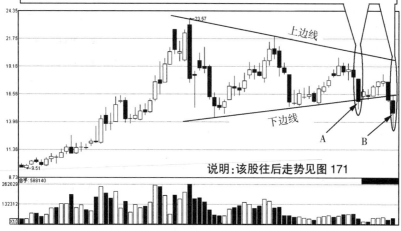

说明:该股往后走势见图 171

图 170

(上接图 170)瞧! 该股有效跌破收敛三角形的下边线后,股价就不断向下寻底

东方明珠(600832)2006 年 11 月 17 日~2008 年 8 月 15 日的周 K 线走势图　图 171

接下来,我们再来分析图 168 的走势。图 168 的走势为"扩散三角形",又被人称为"扩散喇叭形"(因其形状像一个喇叭,而得此名)

扩散三角形是由于投资者冲动的投机情绪所造成的,通常在长期上升阶段的末期出现。在一个过度投机,缺乏理性和失去控制的市场,经常会发生这样的情形:投资者受到市场炽烈的投机氛围所感染,当股价上升时便疯狂追涨,但当股价下跌时又盲目地加入抛售行列,疯狂杀跌。这种市场极度冲动和杂乱无序的行动,使得股价走势不正常地大起大落,形成高点上移,低点下移,呈现一种犹如喇叭的形状。同时,这也容易使成交量呈现不规则且落差较大的状态,从而反映出投资者冲动的买卖情绪。扩散三角形就是这种情况下形成的。通常,人们将扩散三角形看作是市场最后的消耗性上涨,最后的疯狂往往会将股价推高到很高的价位,但随后的多杀多、多翻空式的下跌也非常惨烈——股价向下破位后,下跌速度会很快,短时期内就会出现较大的跌幅。

扩散三角形是市场情绪化不理智的产物。因此,它绝少在熊市后期出现,其原因是,股价经过很长一段时间的下跌之后,低沉的市场气氛使得人们的投资意愿相当薄弱,因而难以形成这种形态。

上面讲的是扩散三角形的形成机理。从图形上看,扩散三角形是这样构成的:股价经过一段时间的上升后下跌,然后再上升再下跌,上升的高点比上次的高点要高,下跌的低点比上次的低点要低,整个形态从狭窄的波动开始,然后向上下两方面扩大。如果把上面的高点和下面的低点分别用直线连接起来,就可以画出一个扩散三角形的形状。从技术上说,不管扩散三角形是向上还是向下倾斜,其含义是一样的。扩散三角形最常见的是出现在涨势末期,意味着多头市场结束,空头市场即将开始。故而,投资者一旦发现扩散三角形选择向下突破,就必须立即斩仓出局。

现在我们回过头来看图 168 的走势。该股已跌破扩散三角形的下边线(见图 172 箭头 A 所指处)。此时,投资者应果断地止损离场,若不及时离场,往后将会受到很大的损失(见图 173)。

最后,我们再来分析图 169 的走势。图 169 的走势为"下降三角扩散三角形与收敛三角形不同,它基本上是下跌形态。因此,在股价冲击上边线时,投资可放心大胆地卖出,不必担心它会向上突破(发生这种情况的概率极小)。从这个意义上说,最佳卖点应在股价冲击上边线时,而不是在跌破下边线时。这里需要注意的是,跌破下边线,虽不是最佳卖点,但它是一个最后逃命的卖点

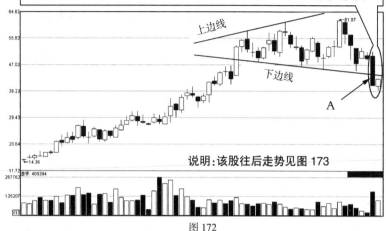

说明:该股往后走势见图 173

图 172

(上接图 172)该股跌破扩散三角形的下边线后,往下调整就成了定局。投资者看到扩散三角形向下破位所出现的卖点时(即图中箭头 A 所指处),应及时卖出

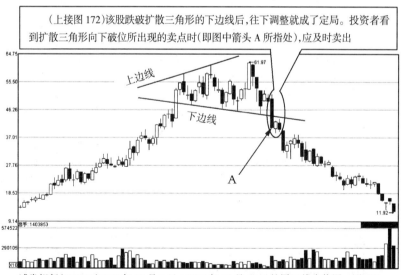

浦发银行(600000)2006 年 11 月 3 日 ~2008 年 10 月 10 日的周 K 线走势图　图 173

形"，它又被称为"下降直角三角形"。

　　下降三角形为典型的主力清仓出货的图形。主力在高位将股价抛出后，致使股价下行，但下行到某一低点后，主动接货不让它再继续下行。从这一低点开始，股价会出现反弹，不过反弹的高点会低于前面的高点。其原因是，主力又开始忙不迭地出货了，等股价再次跌回到前面的低点时，主力再次将股价拉起，接着就会形成新一轮短期反弹走势，但再次反弹高点，一般不会超过前一高点，卖方的抛压一次比一次强。这种打压——反弹——再打压的向下态势，是由于主力不断地清仓出货造成的，等主力把手中的货出完了，股价就会迅速向下破位。从该图形构成上来说，它有如下特征：下降三角形的底边线为水平线，表示股价回档的低点均在同一价位上，这是多方的一条支撑线。斜线在底线上方，从左向右下倾斜，表示股价的次级波动的高点一次比一次要低，是一条股价上行压力线，它反映投资者卖出意愿越来越强烈。由此形成了一个下降三角形形态。

　　在了解下降三角形形成的机理与图形特征后，我们再回过头来看图169，对其走势就容易分析了。该股价的高点下移情况十分明显，低点则处在同一个水平线上，这是一个十分清晰的下降三角形图形（见图174）。

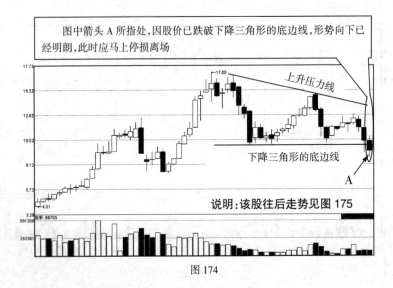

图 174

投资者见此图形在操作时一定要注意,在股价跌破下降三角形的底边线(即上面所说的水平线)后,应该马上止损离场(见图175)。

（上接图174）瞧！该股跌破下降三角形的底边线后,股价就呈现一路下跌的态势

加上一条虚线,这样就可以清楚地看出,这是一个很典型的下降三角形图形

上升压力线

下降三角形的底边线

青海华鼎(600243)2007年1月12日~2008年10月17日的周K线走势图　图175

通过上面几个实例介绍,大家对几种三角形的见顶形态应该有所了解了。这里我们再归纳总结几点意见,供大家操作时参考。

①三角形见顶形态是技术图形中出现频率较高的一种形态,投资者在识顶、逃顶时,一定要予以高度重视。

②三角形见顶形态,具有图形清晰,操作简单的特点。投资者只要找准其高点和低点,两根线一画,就能马上辨别出它是什么图形。操作时也很简单,只要股价跌破底边线(又称为下边线)就坚决卖出,其成功概率是相当高的。

③从图形归类上来区分,扩散三角形、下降三角形都属于一种下跌形态。也就是说,当它们出现时百分之八九十的情况都是下跌的,往上突破的情况极少发生,其概率不足15%(根据有关资料统计);而且这种图形出现时,下跌不一定要有量,无量也可以往下突破(当然,下跌放量情况就更加严重了),但是,上涨一定要有量,无量上涨即为假突破,最终还是要跌下来的(见图176、图177)。

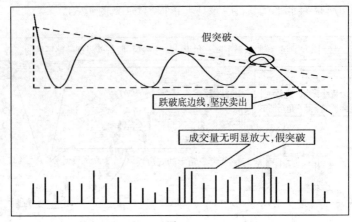

下降三角形假突破示意图

图 176

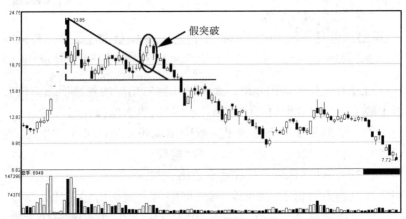

联美控股(600167)2007 年 10 月 11 日~2008 年 6 月 19 日的日 K 线走势图　图 177

　　④从图形归类上来区分,收敛三角形属于一种中性形态。它既可以表示多方在蓄势,待做多的能量积聚后会再次向上发动攻击;也可以表示空方在蓄势,待做空的能量积聚后会再次向下发动攻击。至于究竟是多方在蓄势还是空方在蓄势,关键就看其股价最后是选择向上突破还是向下突破。如向上突破,投资者可以跟进做多;如向下突破,投资者应及时卖出做空。

　　⑤从操作策略上说,投资者见到扩散三角形、下降三角形与收敛

三角形的投资策略是不一样的。如果是扩散三角形、下降三角形,因为它们往后下跌概率居多,所以投资者不必等它跌破下边线后再做空,可在其未跌破下边线之前,股价向上冲高时卖出,等到跌至下边线出现止跌回升迹象时,可适量买进(当然,不想做短期差价的就不要买进啦)。但要记住,当股价跌破下边线时,必须立即无条件地全部抛空,要把它看成是最后一次逃命机会。只要投资者在股价跌破下边线后坚决离场,就不会遭受很大损失。反之,如果是收敛三角形,因其往后究竟是向上走还是向下走有很大的不确定性,所以持股观望或持币观望是最好策略。对持股者而言,看到股价突破上边线,可持股待涨,看到股价跌破下边线,就应马上卖出;对持币者而言,看到股价突破上边线,并确认其有效突破后可积极跟进,看到股价跌破下边线,就持币冷眼观望。

⑥从三角形出现的位置来说,扩散三角形属于最后形态,基本上是出现在股价顶部区域。而下降三角形、收敛三角形属于整理形态,多数出现在股价中部区域。不过,下降三角形以出现在股价下跌趋势中较多(见图178),而收敛三角形,既可以出现在股价下跌趋势中,也可以出现在股价上升趋势中,两者还是有一定区别的。

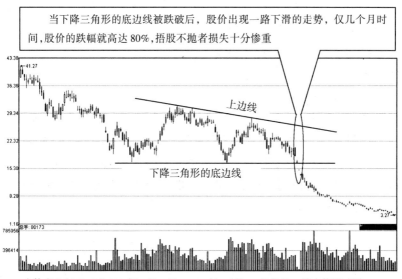

中体产业(600158)2008年1月2日~2008年10月31日的日K线走势图　图178

又及：本书初稿完成后，在向读者征求意见时，有人提出，三角形中还有一个"上升三角形"，为什么不提及？现简复如下：上升三角形，又称之为"上升直角三角形"，最后以向上突破居多，下跌情况不多，所以我们没有列举它。当然，既然它有见顶下跌的可能，理应在本书向读者做一个明确交代，不交代是我们的疏忽，请读者原谅。

这里我先向大家介绍上升三角形的形成机理：在已经形成的上升趋势中途，股价每次上升到某一水平价位便呈现出相当强大的卖压，形成冲高回落之势，但市场上有不少投资者看好该股后市，逢低吸纳的买盘更强，因此，股价每次未回落至前次低点便告回升，致使下探低点逐渐抬高。此时，投资者只要连接若干个短期波段高点，就可以画出一条水平压力线（上边线），连接依次抬高的回档低点，则可以画出另一条向上倾斜的支撑线（下边线），两线在某一个点相交，这就形成了上升三角形。

那么，判断上升三角形要注意些什么呢？

①上升三角形一般见于整理形态。其走势的最终方向较易判别——上升三角形图形构造完毕，往往意味着股价新的上升开始，根据有关资料统计，与此相反的例外情况不到30%。

②在上升三角形内，成交量应逐渐萎缩，突破上边线时，成交量应显著放大，若股价向上突破而成交量没有相应跟上，则警惕可能构成向上的假突破。

③若在股价上升初期形成的上升三角形，投资者可根据盘面变化，在股价有效向上突破时，可积极跟进（见图179）。反之，若在上升趋势的末期出现的上升三角形，可能预示着股价会反转下跌。此时，投资者应考虑退出为宜，尤其是看到股价跌破其下边线时，应及时将股票卖出（见图180）。

图中是一个上升三角形,在股价放量突破上边线,并有效站稳后,投资者即可积极跟进。以此方式操作,胜算率还是比较高的

武钢股份(600005)2006年11月24日~2007年5月18日的日K线走势图 图179

这里的上升三角形为见顶形态。跌破上升三角形下边线的地方,为第一卖出点。此时,投资者应马上全部卖出,否则,就会遭受重大的投资损失

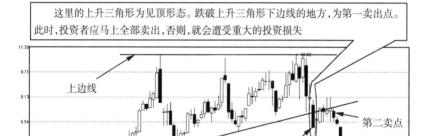

三峡新材(600293)2006年8月25日~2008年10月31日的周K线走势图 图180

股市实战
训练题
26

金老师说：今天我要与大家讨论的两个技术图形，与上一道题中的三角形图形一样，都是股市中常见的技术图形。那么，它们究竟是什么图形呢？我暂时"保密"，这里向大家作一个提示：这两种技术图形名称中的末尾都有一个"顶"字。

请问：你知道图181、图182是什么技术图形吗？投资者见此图形应如何操作？

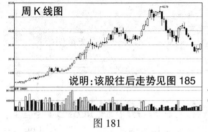

图 181

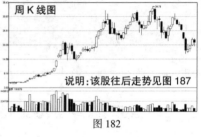

图 182

解答

图181中的技术图形是"头肩顶"[注]；图182中的技术图形是"多重顶"。

我们先来看图181。所谓头肩顶，因其图形像一个人的上半身，当中凸起部位类似人的头部，左右两边凸起部位类似人的左右两个肩膀，故而称为头肩顶。图181中的走势就是一个头肩顶的走势。头肩顶图形形成的机理是：股价在形成第一个肩膀，即左肩时，股价正处在涨势中，人气很旺盛，所以，在股价冲高回落时成交量还相对较大，但后来在形成头部时，虽然股价创出新高，不过，由于主力在大力做空，赚钱效应减弱，因而跟进盘减少，致使成交量开始有所萎缩，而到了右肩形成时，市场上很多人已看清股价上冲乏力，因此跟进盘越来越少，致使右肩比头部要明显地低一个台阶，且成交量处于一种更加萎缩的状态。实际上，在头肩顶的右肩形成过程中，主力的货已出得所剩无几，

【注】　关于头肩顶的特征、技术意义，详见《股市操练大全》第一册第238页～第241页。

194

因此,当股价回落到颈线(两个低点的连线)时,主力就会主动把买单撤掉,甚至会故意往下砸盘,这样破位下行就成了定局。

股价跌破头肩顶的颈线后会出现两种情况:一种是,股价跌破颈线后会出现一次反抽,反抽之后再往下走;另一种是,股价跌破颈线后就一路跌了下去。

头肩顶还有一种情况,就是其左肩、右肩,并不只是一个"肩膀",有时会出现两个肩膀的现象,这在技术上称之为"复合型头肩顶"。

当然不管是简单的头肩顶还是复合型头肩顶,投资者见到头肩顶图形后的操作原理是一样的。其方法是:最佳卖点可设在头部区域,次佳卖点可设在右肩处,必须抛出的卖点可设在颈线破位处。这里要特别强调的是,颈线被击破就是必卖的卖点,也就是说,要无条件地马上卖出。

通常必卖的卖点,又可分成两种情况:①收盘价收在颈线下方,可在当日收盘前夕卖出或次日卖出,这在技术上称为第一卖点;②股价跌破颈线后出现反抽,在股价接近颈线或稍微越过颈线后弯头处,即反抽结束时,投资者必须马上卖出,这在技术上称为第二卖点(头肩顶操作方法参见图183)。

头肩顶操作示意图

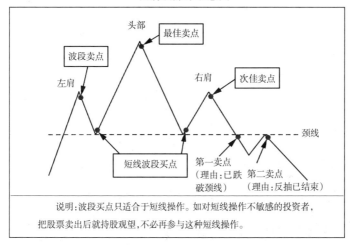

说明:波段买点只适合于短线操作。如对短线操作不敏感的投资者,把股票卖出后就持股观望,不必再参与这种短线操作。

图183

在了解头肩顶形成的机理与操作方法之后,我们再来看两个实例。

实例一:格力电器(000651)。图184 是该股 2006 年 9 月 22 日 ~2008 年 7 月 11 日的周 K 线走势图(此图与图181 为同一张图,只不过本图中加了一些标识)。从图中看,该股是一个典型的头肩顶走势。左肩、头部、右肩、跌破颈线后的反抽,头肩顶中的这几个要素它都具备了。那么,投资者看到这样头肩顶的图形应该如何操作呢?比如,最佳卖点、次佳卖点、第一卖点、第二卖点,应分别设在何处?我们认为,投资者可以将最佳卖点设在图184 中的箭头 A 所指处,因为此处股价已收在前面一根 K 线——螺旋桨 K 线的下方;次佳卖点可设在图184 中箭头 B 所指处,因为此处 K 线已收在前面一根 K 线——射击之星的下方;第一卖点可设在图184 中箭头 C 所指处,因为此处股价已跌破头肩顶的颈线;第二卖点可设在图184 中箭头 D 所指处,因为此处股价回抽时已触及颈线。如果按照上述思路与方法进行操作,我们就会发现,尽管头肩顶是一个很凶险的见顶图形,但魔高一尺,道高一丈,我们终究有办法可以战胜它,不至于被它一路深套,翻不了身(见图185)。

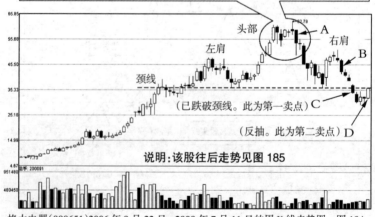

格力电器(000651)2006 年 9 月 22 日 ~2008 年 7 月 11 日的周 K 线走势图　图184

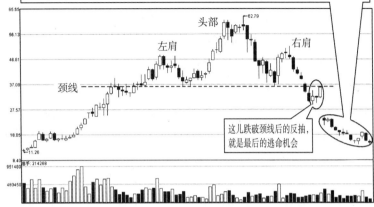

（上接图184）该股走了一个头肩顶走势，在跌破颈线后，曾经出现过一次反抽，但反抽结束后，股价继续其下行的跌势，致使看多、做多的投资者都遭受了重大损失

头部

左肩

右肩

颈线

这儿跌破颈线后的反抽，就是最后的逃命机会

格力电器(000651)2006年12月29日~2008年10月17日的周K线走势图　图185

实例二：漳泽电力(000767)。图186中显示，该股的头肩顶与实例一中的头肩顶在形式上有些变化。它有两个右肩，在技术上构成了一个复

这是一张复合型头肩顶走势图。根据"头肩顶操作示意图"的提示，投资者可将最佳卖点设在图中箭头A所指处，因为它是一根射击之星，见顶现象十分明显。投资者可在当周或下一周开盘之际将股票卖掉。图中箭头B所指处为第一卖点，因为此处已跌破头肩顶的颈线，此时必须马上抛空离场

左肩

A

复合型右肩

颈线

B

漳泽电力(000767)2006年11月10日~2008年10月31日的周K线走势图　图186

合型右肩。股价跌破颈线后没有出现反抽,就一路跌了下来,其最大跌幅超过八成。可见,一旦个股形成头肩顶走势,杀伤力是非常厉害的。

头肩顶分析完了,接下来我们看图182。这张图中的技术图形是一个多重顶。多重顶与头肩顶的区别是:头肩顶的当中部分最高,整个图形为"山"字形,而多重顶的几个顶并没有最突出处,整个图形为横卧的"S"形。多重顶形成的机理是:股价上升一段时间后开始获利回吐,从第一个峰顶回落,当股价落至某一区域时,吸引了一些看好后市的投资者的兴趣,另外以前在高位卖出者,在低位进行回补,于是行情再度回升,但因为市场买气不如以前那样旺盛,在前一高位附近会再度走软,掉头向下,这样的情况会周而复始地重复出现数次。每当股价升至前一高点附近,即遭到空方的无情打压,最终迫使越来越多的投资者退出观望,其结果就会导致低点连线(即颈线)的失守。这样多重顶就形成了。

多重顶的操作方法与头肩顶的操作方法基本上是相同的,这里就不再重复介绍了。

在了解了多重顶形成的机理与操作方法后,我们再回过头来分析图182的走势,下一步怎么做就胸有成竹了(具体如何操作见图187)。可以说,只要大家严格按照技术规则进行操作,获胜的概率是相当大的。

有人问:多重顶与三重顶是不是同一个意思?确实,在股市中多重顶多数为三重顶,因此有一些人就以为多重顶与三重顶是一回事。我们认为,这样的认识是不妥当的。因为多重顶并不都是三重顶,也有可能是四重顶、五重顶……我们仍旧拿图182中的个股"英力特"为例,它在2006年~2008年这波行情中,走的就是一个四重顶走势(见图187)。所以,我们不能把多重顶简单地理解为三重顶。可见,多重顶究竟有几个顶是不确定的。否则,把多重顶与三重顶画上等号,就会对自己的投资行为产生误导,从而带来不必要的投资损失。

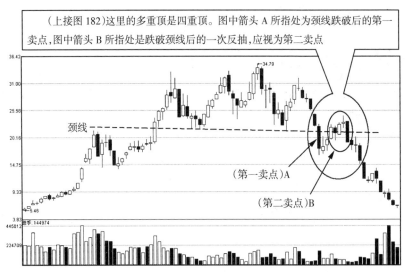

（上接图182)这里的多重顶是四重顶。图中箭头 A 所指处为颈线跌破后的第一卖点,图中箭头 B 所指处是跌破颈线后的一次反抽,应视为第二卖点

颈线

（第一卖点)A

（第二卖点)B

英力特(000635)2007 年 1 月 12 日~2008 年 11 月 7 日的周 K 线走势图　图 187

199

金老师说:下面2张走势图代表的是两种不同的技术图形走势,现在股价已出现明显的破位下行,以此来看,这两种技术图形当属见顶形态。从统计资料中发现,虽然这两种见顶图形出现的次数很少,但是,一旦出现并形成向下破位的情况,对多方杀伤力还是相当厉害的。因此,我们应该熟悉它、了解它。

请问:这是哪两种技术图形走势?投资者见此图形应如何操作?

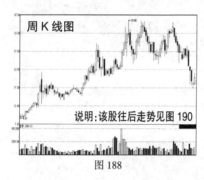

图 188

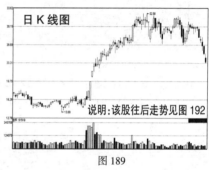

图 189

图 188 是"矩形"[注1]走势,图 189 是"圆顶"[注2]走势。

我们先来看图 188。矩形又称为箱形,它是多空双方冲突暂时达到一种均衡状态的反应。换一句话说,矩形就是多空双方争斗一时难以决出胜负,致使股价在二条水平线区间波动而出现的一种盘局形态。矩形出现时,股价在某个范围之内波动,当股价上升到上方水平线附近时,即遇到阻力掉头回落,但当股价跌到下方水平线附近时,有人就会逢低吸纳,促使股价回升,不过,股价回升到上次同

【注1】 关于矩形的特征、技术意义,详见《股市操练大全》第一册第 282 页~第 284 页。

【注2】 关于圆顶的特征、技术意义,详见《股市操练大全》第一册第 247 页~第 249页。

一高点时会再次受阻,而挫落到上次低点时则又获得支撑。如果我们将这些短期最高点和最低点分别以直线连接起来, 便可以绘出一条水平通道,这个通道既非上倾亦非下降,而是平行发展,这就是长方矩形形态。

从表面上看, 矩形是多空双方自然争斗处于相持阶段表现出来的一种现象,但实际上,之所以会出现矩形走势,多数是因为主力(庄家)控盘所为。有时主力(庄家)为了吸货或出货,都会利用矩形走势来达到他们的目的。当主力(庄家)吸货时,矩形的结局必定是选择向上突破;当主力(庄家)出货时,矩形的结局必定是选择向下突破。

在了解矩形形成的机理后,我们再回过头来分析图 188 的走势。图 188 已选择向下突破,这说明主力利用矩形在大量出货。现在主力已把货出完,股价开始往下走了。此时,投资者若再不赶紧卖出,就会遭受巨大损失(见图 190)。

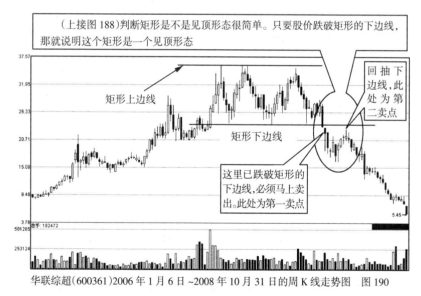

华联综超(600361)2006 年 1 月 6 日~2008 年 10 月 31 日的周 K 线走势图　图 190

矩形的见顶情况分析暂告一段落,接下来我们看图 189。该图为"圆顶"走势,圆顶又被人们称之为"圆弧顶"。从统计资料上看,大的圆顶多数出现在高价区,股价呈现出一种圆弧形的走势,这是下跌浪的开始。其形成的机理是：市场在经过一段买方力量强于卖方力量的升势之后，随着股价不断攀升，风险加大，跟进盘开始减少，买方力量逐渐趋弱，使涨势缓和，而卖方力量却在不断加强，最初双方力量均衡，股价保持着一种几乎看不出什么涨跌的静止状态。但是，当卖方力量逐渐超过买方力量时，股价重心开始下沉，起先只是慢慢回落，跌势并不明显，但后来则由卖方完全控制市场，跌势开始转急，整个走势呈现一种圆弧状态，圆顶就此形成了。

当出现圆顶走势时，我们可以遵循以下的操作策略：由于圆顶没有像其他图形有着明显的卖出点，但其构筑形态耗时较长，因此有足够的时间让投资者依照 K 线、重要均线、MACD 等技术指标逃顶。

现在，我们回过头来分析图 189 的走势，看看应该如何操作。

①先看 K 线。如在原图 189 中加上均线与箭头（见图 191），就可以发现图中箭头 A、箭头 B 所指的两根 K 线已构成了一个平顶。平顶是一个重要的顶部信号，投资者看到这个见顶信号，应及早撤退。

②再看均线。图 191 中箭头 C 所指处，均线已处于向下发散的状态，均线向下发散是一个重要的卖出信号。投资者见此信号，应立即斩仓出局。

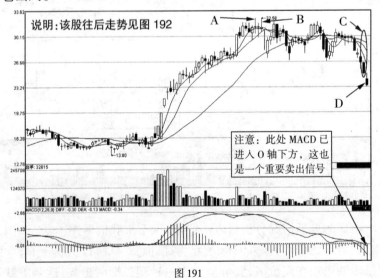

图 191

③最后看 MACD。图 191 中箭头 D 所指处，与之对应的 MACD 走势已进入 O 轴下方（编者按：请读者注意，在图中左下方横格里 MACD 的几个数值，此时都已转为负数），这也是一个重要的卖出信号。投资者看到这个信号，应抓紧卖出。

可见，投资者只要按照上面几个卖出信号进行操作，就能在圆顶形成时顺利出逃。但是，投资者如果无视这几个卖出信号，没能下决心及时地将股票卖出，就会遭受很大的损失（见图 192）。

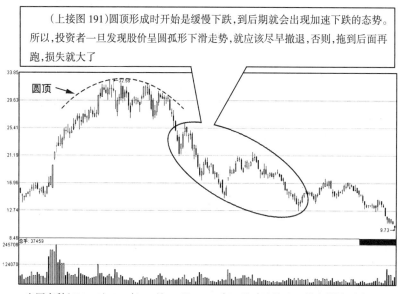

（上接图 191）圆顶形成时开始是缓慢下跌，到后期就会出现加速下跌的态势。所以，投资者一旦发现股价呈圆弧形下滑走势，就应该尽早撤退，否则，拖到后面再跑，损失就大了

圆顶

宏图高科(600122)2007 年 10 月 10 日~2008 年 9 月 2 日的日 K 线走势图　图 192

说到这里，我还想提醒大家几句，根据有关资料统计，以矩形、圆顶作为大的顶部形态，在沪深股市里并不多见，但是，一旦出现了杀伤力就很厉害。此其一。其二呢？矩形、圆顶作为下跌趋势中的阶段性顶部，在股市里倒是可以经常见到。为此，我们特地找了中天科技（600522）、广济药业（000952）、山西焦化（600740）这 3 个实例，让大家看看其阶段性顶部，如以矩形、圆顶形式出现，会发生什么情况。我们建议投资者如看到这样的图形走势，仍然要按照上面所讲的操作

原则进行操作,这样就可以有效地规避股价进一步下跌的风险(见图
193、图 194、图 195)。

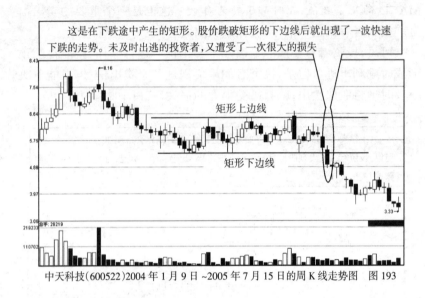

这是在下跌途中产生的矩形。股价跌破矩形的下边线后就出现了一波快速
下跌的走势。未及时出逃的投资者,又遭受了一次很大的损失

矩形上边线

矩形下边线

中天科技(600522)2004 年 1 月 9 日~2005 年 7 月 15 日的周 K 线走势图　图 193

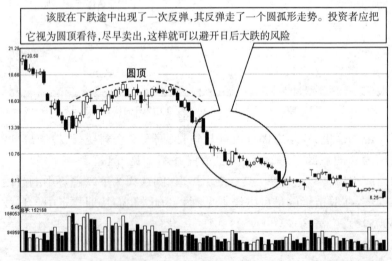

该股在下跌途中出现了一次反弹,其反弹走了一个圆弧形走势。投资者应把
它视为圆顶看待,尽早卖出,这样就可以避开日后大跌的风险

圆顶

广济药业(000952)2008 年 5 月 28 日~2008 年 10 月 27 日的日 K 线走势图　图 194

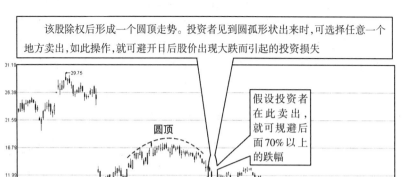

该股除权后形成一个圆顶走势。投资者见到圆孤形状出来时,可选择任意一个地方卖出,如此操作,就可避开日后股价出现大跌而引起的投资损失

假设投资者在此卖出,就可规避后面70%以上的跌幅

圆顶

这里圆顶态势已非常明显,投资者应尽早卖出

山西焦化(600740)2008年1月4日~2008年11月6日的日K线走势图　图195

205

又及: 本书初稿完成后,在向读者征求意见时,一些读者认为,全球百年股市几大熊市的走势图与背景资料,对他们有很大的启发。不过,他们发现缺了一张 1929 年美股走熊的走势图与历史背景资料,这多少使人感到有点遗憾。为了满足这些读者的要求,现将此图与历史背景资料补上,以供参考。

一、美国股市 1929 年大崩盘历史背景资料:

1929 年 10 月,整个 20 世纪 20 年代都显得蒸蒸日上的美国股市突然上演了一场"山体崩溃,人人争相逃命"的悲剧。1929 年 10 月的最后 10 天,是美国证券史上最黑暗,也是历年股市中出现连续暴跌最多的日子。这里有一份资料,记载了当时美国股市连续暴跌的情景。

1929 年 10 月 21 日,纽约证券交易所开市即遭大笔抛售,由于卖出的股票数量太多,以致股市行情自动记录器到收盘 1 小时 40 分后才记录完最后一笔交易。

1929 年 10 月 23 日,形势继续恶化,指数出现了 8% 以上的跌幅。

1929 年 10 月 24 日,股市暴跌呈扩大化趋势,这一天是历史上著名的"黑色星期四"。早晨刚刚开市,股价就如决堤之水轰然下泄。纽约数家主要银行迅速组成"救市基金",纽约证券交易所总裁理查德·韦尼亲自购入股票,希望力挽狂澜。但大厦将倾,独木难支。

1929 年 10 月 25 日,胡佛总统发表文告说,"美国的经济,即商品的生产与分配,是立足于健全和繁荣的基础之上的",力图以此刺激新一轮投资。然而,过了一个周末,市场恐慌情绪不减反增,投资者争相逃命,一切挽救股市的努力都白费了。

1929 年 10 月 28 日,史称"黑色星期一"。当天,道琼斯指数狂泻 38.33 点,日跌幅达 13%。这一天,已经没有人再敢出面救市。

1929 年 10 月 29 日,最黑暗的一天到来了。早晨 10 点钟,纽约证券交易所刚刚开市,猛烈的抛单就铺天盖地席卷而来,人人都在不计价格地抛售,经纪人被团团围住,交易大厅一片混乱。道琼斯指数一泻千里,当日股市大跌,且成交量创出了历史上的天量。人们将这一天形容为纽约交易所 112 年历史上"最糟糕的一天"。这就是历史上著名的"黑色星期二"。

1929 年 11 月，股市跌势不止，滑至 198 点。短短 2 个月美国股市跌幅就高达 48%。

至此，美国股市结束了此前长达 8 年，被誉为"新纪元（The New Era）"的大牛市，并拉开了"大萧条（Big Fall）的序幕"。

1929 年美国股市崩盘前，美国经济刚刚经历了 Warren Harding 政府的重商主义阶段与"柯立兹繁荣"。但华尔街的繁荣与实体经济开始脱节，这从同期股市 10% 的复合增长和实体经济不到 5% 的复合增速对比可窥见一斑。从细节来说，1929 年美国股市的崩溃还与政府不得力的财政政策相关。

当时美国股市一路疯涨，形成很大的泡沫。管理者主张对股票市场采取紧缩政策，他们采取了一些错误的政策。比如，一开始威胁那些给处于边际的投机者提供贷款的股票经纪人，但毫无效果，于是便在 1928 年开始提高利率，尽管此时的通货膨胀率还是略微为负，而且经济也刚刚从一轮小幅下降中恢复过来。到了 1929 年 3 月，利率已首次提高到 14%，随后不到一个月，利率进一步提高到 20%（其中还闹了一个笑话，就在电子报告板刚刚显示出 20% 的利率时，仪器保险丝烧断了，在场的人群里爆发出一阵笑声）。后来，虽然股票价格再次出现了反弹，但在广大投资者看来，利率如此飙升则是另一个明显的警示。于是，股市的疯狂抛售就此开始了。股市出现暴跌后，美国政府、美联储、交易所等管理部门推出了许多稳定股市的措施，但效果不佳，股市就像一匹脱缰的野马，一路向下狂奔。

虽然，美国这场股灾的跌幅在全球百年股灾中，跌幅不是最大的，排名第三。但由于美国股市在世界上有着非常重要的地位，因此，它的影响非同一般，被人们称之为"世纪股灾"。美国道琼斯工业指数从 1929 年 9 月 3 日的最高点 386.1 点开始下跌，一直跌至 1932 年 7 月 8 日的最低点 41.22 点，此轮熊市最大跌幅达到了 89.32%，在这场大熊市中，股价跌幅超过 90% 的股票可谓比比皆是。比如，与股灾前相比，美国钢铁公司的股价由每股 262 美元跌至 21 美元。通用汽车公司的股价从 92 美元跌至 7 美元。在这场股灾中,数以千计的投资者跳楼自杀,成千上万的股市大亨资金被打穿,变成了一文不名的穷光蛋。

美国股市 1929 的的大崩溃带来的后果是十分严重的,它引起了当时美国经济与世界经济的大萧条。如银行纷纷倒闭(据了解,当时倒闭的银行约占银行总数的 40%),企业大量破产,无数的穷人处于饥寒交迫之中。到 1932 年,美国失业人数已经从 150 万急剧攀升到 1300 万,失业率达到 25%这样惊人的数字。到 1993 年,美国的国民收入已从 1929 年的 870 亿美元滑到了 390 亿美元——竟一下子倒退到 20 年前的水平之下。更令人失望的是,1932 年 10 月,极度缺乏信心的 美国资本市场,短期国债利率竟出现了为负的离奇状况。大萧条之后,美国股市时隔 25 年之久,直到 1954 年 9 月 22 日才超越 1929 年崩溃发生前的高点。至此,美国股市才彻底摆脱了 1929 年大崩溃的阴影,走向一个新的发展阶段。

二、1929 年美国股市大崩盘走势一览

美国道琼斯工业指数 1927 年 1 月 ~1932 年 10 月的走势图　图 196

金老师指着图 197 说:虽然今天该股收出一根中阳线,且阳线的实体已将昨天大阴线实体的大部分覆盖了,但该股见顶的可能性仍然非常大。因此,他建议有此股票的投资者,明天就将该股卖出,如有顾虑,那至少也要将手中的筹码抛掉一半。

请问:金老师凭什么说该股见顶的可能性非常大?从金老师对该股的研判上,我们能得到什么启发? 今后碰到类似的情况,我们应该怎么操作?

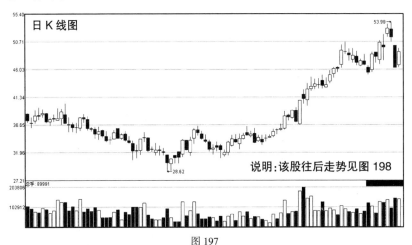

图 197

金老师主要是看到该股昨天出现了一个"向下跳空缺口"[注](见图 198 中箭头 A 所指处)。此外,当然还有别的原因。比如,昨天跳空低开收的是一根大阴线,上升趋势线已被击破(见图 198 箭头 B 所指处),等等。

【注】 关于向下跳空缺口的特征、技术意义,详见《股市操练大全》第一册第 277 页～第 279 页。

大家知道,股价在高位出现向下跳空缺口是一件很严重的事情。虽然,该股这次产生的向下跳空缺口很小,不仔细辨别还看不出。但是,既然它是向下跳空缺口,我们就要重视它。另外要注意的是:它是在高位出现的第一个向下跳空缺口,这在技术上称之为"向下突破缺口"。一般来说,向下突破缺口出现后,如果在3日之内,股价不能将这个缺口完全填补（所谓完全填补是指股价收于该缺口的上方）,就可视为有效突破。向下突破缺口一旦被证明是有效的,那么,该股的顶部就基本上确立了。除此之外,我们还发现,该股短期上升趋势线已被打穿,而且它是被大阴线打穿的(见图198箭头B所指处),这说明盘中做空力量很强。这样,该股见顶的可能性就大大增强了。正因为如此,金老师建议大家明天赶紧把这个股票卖出。此后该股的走势完全证实了金老师的判断是正确的。

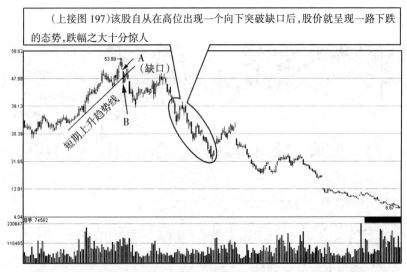

同方股份(600100)2007年10月18日~2008年11月4日的日K线走势图　图198

　　从金老师对同方股份顶部的研判上,我们可以深刻体会到,高位出现向下突破缺口,股价就此见顶的概率是很大的,如果再加上其他技术指标,如K线、均线、趋势线等,同时发出见顶信号,那么,股价见顶回落基本上就成定局了。为了更好地说明这个问题,我们不妨再来看一个实例。图 199,这是沪市的一个股票。该股在一轮快速上涨后,回调时也出现了一个向下跳空缺口,随后,该股就一路下探寻底,熊步不止。

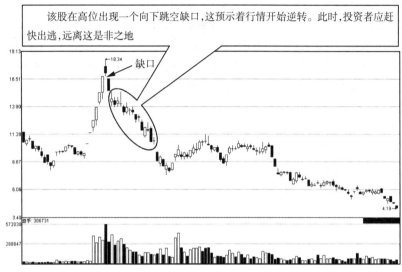

该股在高位出现一个向下跳空缺口,这预示着行情开始逆转。此时,投资者应赶快出逃,远离这是非之地

缺口

重庆路桥(600106)2008 年 4 月 9 日~2008 年 10 月 16 日的日 K 线走势图　图 199

　　我们知道,向下缺口可分为向下突破缺口、向下持续缺口、向下竭尽缺口[注]。传统的技术分析理论认为,第一个、第二个向下跳空缺口都是重要的看空、做空的信号,到了第三个向下跳空缺口,即向下竭尽缺口出现时,投资者就不宜盲目看空、做空了。这个观点对不对呢?从大的原则上说当然是对的,“一鼓作气,再而衰,三而竭”。但是,随着股市的发展和主力操盘手法越来越多样化, 这个观点也受到了挑战。一方面它合理的部分仍然会得到投资者的肯定。比如,我们看到一个股票在某一个时段连续出现 3 个向下跳空缺口, 这第三个缺口就极有可能是向下竭尽缺口。当这个向下竭尽缺口出现时,如果再盲目看空、做空,就会吃大亏;但另一方面我们也应该看到,在一轮大

<hr />

　　【注】　关于什么是“向下突破缺口”、“向下持续缺口”、“向下竭尽缺口”,其特征与技术意义,详见《股市操练大全》第一册第 278 页、第 279 页。

的跌势中,一些股票下跌的时间会拉得很长,有的股票一年、二年、三年都在延续一个下跌趋势,而在这漫长的下跌趋势中,向下跳空缺口不断出现,4 个、5 个甚至更多个都有可能。此时,如果我们机械地把第三个向下跳空缺口认定为向下竭尽缺口,就会犯错误。因为技术分析理论告诉我们,只有最后一个向下跳空缺口才能被认定为向下竭尽缺口,但最后一个缺口是第几个缺口呢? 在事先,你心中是完全没有数的。在这种情况下,投资者只能把下跌趋势中出现的向下跳空缺口看成是持续缺口,继续看空、做空。事实证明,这样做的结果多半是正确的。这是为什么呢? 因为经验告诉我们,在一轮大的下跌趋势中,看到一个向下跳空缺口,首先要想到的是风险,要想到之所以又出现向下跳空缺口,说明盘中做空的力量又有了增强,致使股价向下的压力陡然增加。此时,三十六计,走为上计,投资者应马上卖出。这样操作,成功概率是很高的,而继续持股观望却要承担很大的风险(见图 200)。

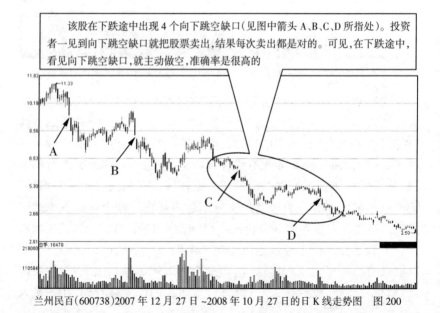

该股在下跌途中出现 4 个向下跳空缺口(见图中箭头 A、B、C、D 所指处)。投资者一见到向下跳空缺口就把股票卖出,结果每次卖出都是对的。可见,在下跌途中,看见向下跳空缺口,就主动做空,准确率是很高的

兰州民百(600738)2007 年 12 月 27 日~2008 年 10 月 27 日的日 K 线走势图　图 200

有人会问:照此说法,难道就没有向下竭尽缺口了吗? 其实,我们并不是这个意思。我们认为,无论大盘或个股,出现多大的跌势,也无

论这个跌势中出现多少个向下跳空缺口，但最后一个缺口当属向下竭尽缺口，这是没有什么疑义的。问题是，这最后一个向下跳空缺口出现在什么地方是无人能预先知道的。此事只有等日后的上升趋势重新确立时，回过头来看，大家才知道最后一个向下跳空缺口究竟在什么地方。这正像地量之后有地价，但在一轮大的跌势中，最后一个地量是多少，它在什么时候出现，事先谁也不知道。只有等股价反转了，回过头来看，人们才知道什么时候的地量就是谷底的量了。这两者的道理是一样的。

当然，如果一个股票的股价已有了很大的跌幅，此时，走势图上出现 K 线加速赶底的迹象，且乖离率已接近或超过历史最小值，再加上这个股票的质地很好，价值已被严重低估，那么，在这个当口出现的向下跳空缺口，大家倒要当心了。此时应该想一想，主力是否在刻意打压，这个向下跳空缺口会不会成为一个向下竭尽缺口（编者按：向下竭尽缺口与识底、抄底的问题有关，此事我们放到别处再议论，这里就不展开了）。

总之，投资者要把向下跳空缺口预先认定为向下竭尽缺口是有相当难度的。既然这样，普通投资者在操作时是否可以采取一个折衷的办法呢？比如，当怀疑某一个向下跳空缺口是向下竭尽缺口时，有股票的投资者应该把手中的筹码抛掉一半（编者按：空仓的投资者仍应持币观望，等形势明朗后再说）。过几天后，如发现股价仍然阴跌不止，成交量又继续处于萎缩状态，这说明这位投资者开始怀疑的向下竭尽缺口并没有出现，这个向下跳空缺口仍然属于普通的向下持续缺口。此时持有股票的投资者，就应该将手中剩余的筹码继续卖出。当然，有时也会出现另外一种情况。例如，后来的走势证明这位投资者开始的判断是对的，这个向下跳空缺口确实是一个向下竭尽缺口，股价就此反转上去了。但是，即使发生了这种情况，那也没有什么关系，因为这位投资者手里仍有一半筹码捏着，仍可获得因股价上涨带来的快乐。我们认为，这种一半对一半的操作方法，对无法确定的，且又无法躲避的事，是一个不错的选择，操作时进可攻、退可守，不至于因为判断错了，弄得没有退路。

现在,需要提醒投资者的是,不仅向下跳空缺口可以作为我们识顶、逃顶的重要参考资料,就是一些上涨途中形成的向上跳空缺口也可以作为我们识顶、逃顶的重要参考资料。比如,股价或股指在高位出现一个向上跳空缺口,但后来这个向上跳空缺口很快被填补了,这就说明这个向上跳空缺口很可能就是一个向上竭尽缺口。一旦向上竭尽缺口被填补,这就意味着顶部即在眼前。此时,投资者应赶快出逃为宜(见图201)。

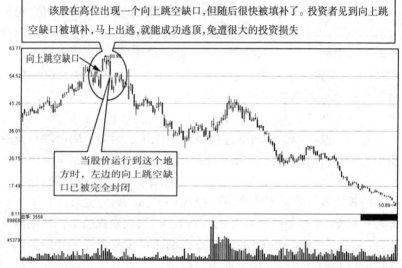

恒源煤电(600971)2007年11月23日~2008年9月18日的日K线走势图 图201

又如,股价或股指经大幅下跌后,出现阶段性反弹,而且这个反弹是以向上跳空缺口的方式展开的。如果这个向上跳空缺口很快被填补,那就说明反弹结束了。类似这种低位向上跳空缺口被填补的现象,我们可以把它视为熊市阶段性顶部的信号。既然是顶部,当然要赶快出逃,逃之不及,就会被困在里面,导致资产大幅缩水(见图202)。

214

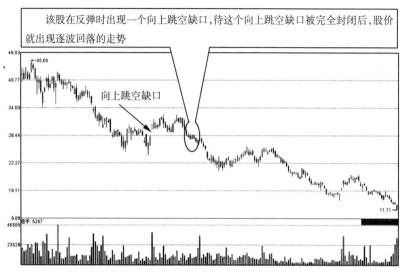

该股在反弹时出现一个向上跳空缺口,待这个向上跳空缺口被完全封闭后,股价就出现逐波回落的走势

向上跳空缺口

太原重工(600169)2008 年 1 月 7 日~2008 年 11 月 6 日的日 K 线走势图　图 202

金老师说:上一道题,我们讨论了如何根据缺口来识顶、逃顶的问题,下面这张图(见图203)也是有关缺口的图,但它与上一道题介绍的缺口不同,它的两边都有一个缺口(见图203中箭头A、箭头B所指处)。今天它收出一根小阳线,右边的向下跳空缺口已被填补。有人认为,向下跳空缺口马上被回补,说明多方力量很强,股价极有可能再续升势。说老实话,我并不看好该股的走势,我认为该股的顶部已经形成,除非在短期内,该股能有效地站稳在16.70元之上,否则,我劝持有该股的投资者趁其股价还没有大跌之前赶紧把它卖掉。

请问:金老师为何如此看淡该股走势?你认为金老师劝大家赶紧把该股卖掉有无道理? 为什么?

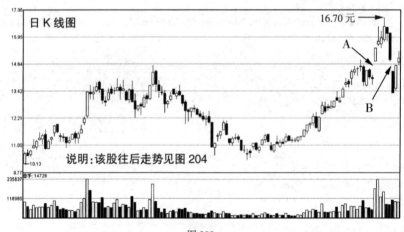

图 203

金老师为何如此看淡该股走势呢? 因为他看到了一个非常可怕的图形——"顶部岛形反转"。

顶部岛形反转形成的机理是:股价不断地上升,致使一些原来想在低位买入的投资者屡屡踏空,最后他们会因为难以忍受踏空的痛苦,终于忍不住不计价格地追高买进,于是形成一个向上跳空缺口。但是,股价却没有因为这些投资者高位追涨而继续快速向上,反而明显地出现放量滞涨,这说明此时暗中出现了巨大的抛盘。等主力和先知先觉的投资者趁多空争夺之机大量出逃后,股价终于支撑不住,并出现一个与前面的向上跳空缺口基本处于同一价格区域的向下跳空缺口,从而使股价趋势发生逆转。从走势上看,该图形的出现,使其K线图走势就像是一个远离海岸的"孤岛",左右两边的缺口令这座岛屿孤立地飘浮在海洋上。岛形反转的名称就是由此而来的。如果这种情况发生在高位,就称之为顶部岛形反转[注]。

顶部岛形反转出现后,会形成两种走势:一种走势是股价经过一段时间横盘再选择向下突破;另一种走势是股价马上就此跌了下去。但不管在后面出现何种走势,顶部岛形反转就是一个很典型的头部信号,在股价大幅上涨后出现这样的图形,其见顶的概率是非常大的。

因为金老师实战经验丰富,对顶部岛形反转的形成机理与往后走势心知肚明,所以他不看好该股的后市也是理所当然的。他建议持有该股的投资者,要趁股价还没有大跌之前赶紧把它抛了,我觉得这个建议是很有道理的。后来的事实证明,金老师这个判断是完全正确的(见图204)。

其实,据我们了解,顶部岛形反转出现后,向下跳空缺口被马上封闭的现象并非只有A股有,B股也有这种现象出现。现在请大家看一个实例(见图205)。从图中看,该股在高位出现一个顶部岛形反转图形,但随后它右边的向下跳空缺口马上就被封闭,而且封闭这个缺口的是两根放大量的阳线。按理说,出现如此大的反击力度,该股后市仍可看好,它至少反映了多方的实力不可小视,股价往上走的可能

【注】 关于"顶部岛形反转"图形的特征、技术含义,详见《股市操练大全》第一册第281页、第282页。

性还是很大的。但事实却偏偏不是大家想像的那样,在这个向下跳空缺口被封闭后,股价随即就出现了一波快速下跌的走势。后来,虽然该股出现一轮较大力度的反弹,但最终还是沿袭前面的下跌趋势出现了大跌,股价跌得面目全非(见图 206)。

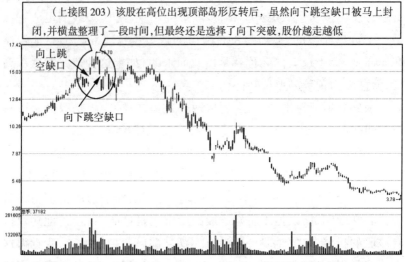

（上接图 203）该股在高位出现顶部岛形反转后,虽然向下跳空缺口被马上封闭,并横盘整理了一段时间,但最终还是选择了向下突破,股价越走越低

向上跳空缺口

向下跳空缺口

金陵药业(000919)2007 年 11 月 21 日~2008 年 9 月 18 日的日 K 线走势图　图 204

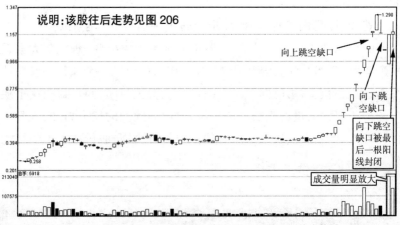

说明:该股往后走势见图 206

向上跳空缺口

向下跳空缺口

向下跳空缺口被最后一根阳线封闭

成交量明显放大

大化 B 股(900951)2007 年 1 月 4 日~2007 年 5 月 28 日的日 K 线走势图　图 205

（上接图 205）图中画圈处就是该股顶部岛形反转所在的位置。从总体上看，自该股出现顶部岛形反转后，就由牛转熊了，其日后的反弹行情都是主力的出货行情。投资者若看明白这一点，就会知道应该怎么操作了

缺口

缺口

大化 B 股（900951）2007 年 1 月 24 日~2008 年 11 月 3 日的日 K 线走势图　　图 206

通过以上两个实例的分析，我们可以得到一个重要的经验：无论大盘或个股，只要在高位出现顶部岛形反转的图形，不管向下跳空缺口是否被封闭，都要先逃出来再说，绝对不能因为向下跳空缺口被封闭就盲目看多、做多。

其实，除了股价在冲击最高处时会出现顶部岛形反转这种见顶图形外，在下跌途中，即股价在反弹时，也会出现这样的阶段性见顶图形。如果出现这种情况，投资者同样要引起高度警惕。此时，首先就应该想到在这之后，股价还会出现新一轮的大跌。为了避免这样的大跌，投资者看到这种下跌途中形成的顶部岛形反转，第一反应就应该是马上出逃，离场观望（见图 207）。

最后，考虑到一些读者对顶部岛形反转的图形比较陌生，我们在这里列了一组顶部岛形反转的"脸谱"图，供大家参考，希望它能对投资者识顶、逃顶有一定的帮助。

该股在反弹过后出现一个顶部岛形反转的图形(见图中画圈处)。投资者在看到这样的图形时,就应该明白多方大势已去,必须赶紧卖出。只有这样,才能避开日后继续下跌所带来的投资风险

缺口

当日或次日必须卖出

凯迪电力(000939)2008年2月15日~2008年10月27日的日K线走势图　图207

附:顶部岛形反转"脸谱"图
(以下均为日K线图)

(1)

出处:深深房A(000029)
时间:2008年3月3日
　　~2008年3月12日

(2)

出处:南天信息(000948)
时间:2008年4月22日
　　~2008年6月13日

(3)

出处:中环股份(002129)
时间:2007年10月10日
　　~2008年1月23日

(4)

出处:吉电股份(000875)
时间:2007年4月18日
　　~2007年6月28日

(5)

出处:武钢股份(600005)
时间:2008年4月23日
　　~2008年6月10日

(6)

出处:冀东水泥(000401)
时间:2008年1月2日
　　~2008年1月23日

（7）

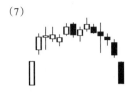

出处:华北高速(000916)
时间:2008 年 1 月 2 日
~2008 年 1 月 22 日

（8）

出处:狮头股份(600539)
时间:2007 年 12 月 28 日
~2008 年 1 月 24 日

（9）

出处:耀皮 B 股(900918)
时间:2008 年 4 月 22 日
~2008 年 6 月 11 日

（10）

出处:和记黄浦(HK0013)
时间:2008 年 5 月 13 日
~2008 年 6 月 24 日

（11）

出处:中孚实业(600595)
时间:2004 年 4 月 1 日
~2004 年 4 月 21 日

（12）

出处:天宸股分(600620)
时间:2007 年 5 月 8 日
~2007 年 5 月 31 日

（13）

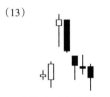

出处:凯乐科技(600260)
时间:2002 年 6 月 20 日
~2002 年 6 月 28 日

（14）

出处:中国软件(600536)
时间:2008 年 5 月 30 日
~2008 年 6 月 10 日

（15）

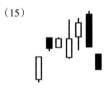

出处:路桥建设(600263)
时间:2007 年 5 月 25 日
~2007 年 6 月 4 日

（16）

出处:大连控股(600747)
时间:2000 年 2 月 14 日
~2000 年 2 月 21 日

（17）

出处:哈投股份(600864)
时间:2004 年 2 月 17 日
~2004 年 2 月 25 日

（18）

出处:波导股份(600130)
时间:2008 年 3 月 4 日
~2008 年 3 月 12 日

又及：本书初稿完成后，在向读者征求意见时，有一位读者向我们反映，顶部岛形反转，其左侧为向上竭尽缺口，右侧为向下突破缺口，是以缺口填补缺口，这两个缺口出现在很短暂的时间内，说明市场情绪化特征十分明显。这是市场过度投机达到极致的一种表现，而这种情况大多发生在新兴市场，在成熟股市就很少见。按照这位读者的意见，随着沪深股市与成熟股市接轨，顶部岛形反转的现象将会逐步消失。

收到这位读者的信息反馈后，我们作了进一步调查，发现持有这样观点的读者并不在少数。我们认为这个观点欠妥当，可能是一些读者对外面的情况不太了解而产生的一种错觉。现在如果不把这个问题讲清楚，将来就会影响一些读者对顶部的准确判断。因此，我们感到很有必要对这个问题作一些澄清。

下面，我们就请金老师对这个问题作一番解答。

金老师说：顶部岛形反转是股票形态学中的一个重要反转形态，也是一个常见的头部信号。换一句话说，这种形态出现之后，股票走势往往会转向相反方向，由升转跌，由牛转熊。因此，投资者看到这种图形后应及时做出卖出的决定。

顶部岛形反转的形态由来已久，自从股市出现后它就存在了。股市诞生几百年来，无论是成熟市场还是新兴市场，都会经常见到它的身影。因此，只要股市存在一天，顶部岛形反转的现象就会存在一天，永远不会减少，更不可能因为市场成熟了而消失。

有人说，它是市场过度投机的产物，但客观的评价，正确的说法应该是，它是股市中人性弱点的一个集中反映。因为人性最大的两个弱点——贪婪、恐惧，都在顶部岛形反转的两个缺口中得到了淋漓尽致的表现。其实，无论是成熟股市还是新兴股市，人性的弱点都是一样的。这里面并没有什么质的差异，所以，在新兴市场上出现的顶部岛形反转，在成熟市场上也会出现。

我们知道，欧美股市、日本股市、香港股市都是成熟市场。就拿香港股市来说吧，它是一个开放度很高的市场，全世界资金都可以自由地进出，香港股市的交易制度和监管水平都属世界一流的。因此，港股的成熟程度非常高。但就是这样一个成熟市场，顶部岛形反转的现象也是屡见不鲜,一点不逊色于沪深股市。下面我请大家看两个实例。

图208、图209,是香港股市中某两个股票的走势图。它们在高位都出现了顶部岛形反转形态。其区别是:图208中的"岛"仅为一根K线,是一座名副其实的"孤岛";而图209则是由几根K线构成的孤岛。但不管这座"孤岛"是由多少根K线组成的,只要它们在高位是以顶部岛形反转形式出现的,其最后的结局都是一样的——股价将跌得惨不忍睹。

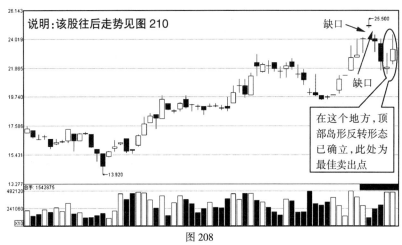

图 208

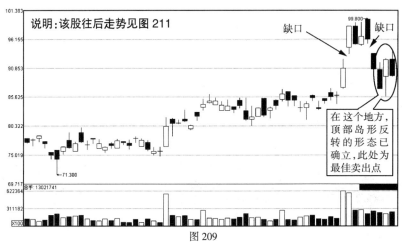

图 209

面对这样的情况，聪明的投资者在看到了顶部岛形反转的形态刚形成时，应趁股价没有深跌之际赶快出逃。如果发现当时市场热度还没有完全消退，致使股价暂时停留在高位附近，那么，当事人应该意识到这是一个极佳的逃命机会，此时不逃，更待何时？若逃晚了，将会遭受巨大的亏损（见图210、图211）。

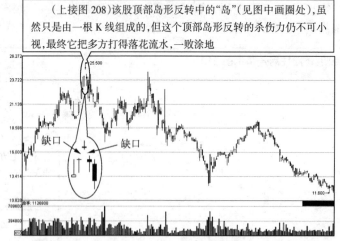

（上接图208）该股顶部岛形反转中的"岛"（见图中画圈处），虽然只是由一根K线组成的，但这个顶部岛形反转的杀伤力仍不可小视，最终它把多方打得落花流水，一败涂地

九龙建业（HK0034）2007年8月15日~2008年8月12日的日K线走势图　图210

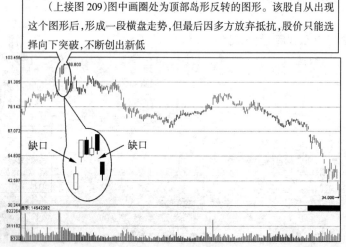

（上接图209）图中画圈处为顶部岛形反转的图形。该股自从出现这个图形后，形成一段横盘走势，但最后因多方放弃抵抗，股价只能选择向下突破，不断创出新低

和记黄浦（HK0013）2007年9月7日~2008年10月27日的日K线走势图　图211

下面我再请大家看一张香港的个股走势图(见图 212)。该股目前的走势和我们本题一开始讨论的第一张图(见图 203)的走势十分相似。它在高位形成顶部岛形反转后,右边这个向下跳空缺口,现在已被图中最后一根阳线所封闭。有人认为,向下跳空缺口很快就被封闭,说明盘中做多力量很强,这样股价再次上攻是可以期待的。但是,这些投资者并不了解顶部岛形反转的杀伤力。事实上,股价一旦在高位形成顶部岛形反转,其做空的能量是相当大的,它并不会因为向下跳空缺口被马上封闭, 就使盘中做空能量转化成做多能量。根据经验,顶部岛形反转积聚的做空能量最终是要释放出来的。因此,从这个思路出发,向下跳空缺口暂时被封闭是给未出逃者提供了再一次逃命的机会,而不是叫投资者盲目地去看多、做多的。该股后来的大跌走势又一次证明,这条经验非常实用(见图 213)。

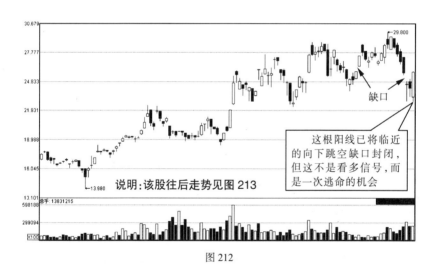

图 212

有人曾经问我,你在看图 203 时(指本题开头的一张图)建议大家出逃,现在看来这个建议是对的,但是,你当时为什么就能一眼看准呢?其实,这并非是我眼光好。说白了,这样的图形在成熟市场可以经常见到,看多了,自然会形成一种条件反射。因为,只要是在高位出现顶部岛形反转,不管是马上下跌还是暂时不跌,最后几乎都是以大

跌告终，这样的教训实在是太多了。所以，我才会建议大家看到图
203这样的走势，应该立刻停损离场。我相信，大家对这样的图形看
多、看熟了，也会同我一样，自然会形成一种看空、做空的条件反射。

现在我们回过头来看图212的走势。该股在高位出现顶部岛形
反转之后，就一路盘跌，后来的跌势越来越凶猛，让人见了不寒而栗
（见图213）。

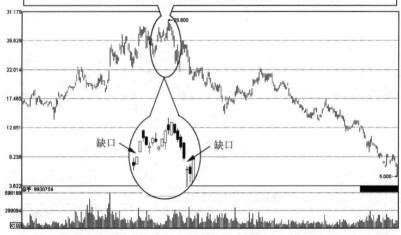

（上接图212）无论大盘或个股，一旦在高位出现顶部岛形反转（见图中画圈处）
的走势，就像大堤被洪水冲开一个裂口一样，多方企图用一两根阳线来封闭顶部岛
形反转中的向下跳空缺口，是无济于事的，它不会改变股价由牛转熊的趋势。投资
者应趁股价尚未出现深跌之际赶快出逃，以此来避开后面的巨大风险

信和置业（HK0083）2007年7月12日~2008年10月27日的日K线走势图　图213

金老师接着说：最后我要告诉大家的是，在沪深股市里，在下跌
趋势中因反弹而出现顶部岛形反转，后来，又因为这个顶部岛形反转
而形成新的一轮跌势的现象，同样存在于香港股市中，它们的总体走
势几乎是相同的（见图214、图215）。

总之，顶部岛形反转是一个重要的见顶信号，我们一定要对它予
以高度重视，要充分估计它的巨大杀伤力。历史已经证明，顶部岛形

反转给看多、做多的投资者带来的灾难,在新兴市场、成熟市场都是一样的。对此,投资者一定要有清醒的认识。

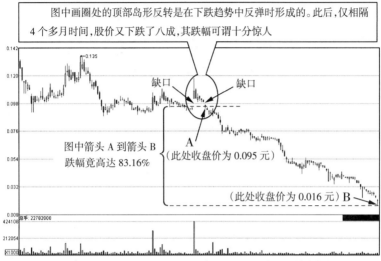

图中画圈处的顶部岛形反转是在下跌趋势中反弹时形成的。此后,仅相隔4个多月时间,股价又下跌了八成,其跌幅可谓十分惊人

缺口

缺口

图中箭头 A 到箭头 B 跌幅竟高达 83.16%

A
(此处收盘价为 0.095 元)

(此处收盘价为 0.016 元)B

南海石油(HK0076)2008 年 1 月 14 日 ~2008 年 10 月 24 日的日 K 线走势图　图 214

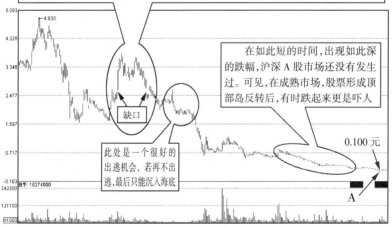

图中画圈处为顶部岛形反转,从整个图面上可以看出,这个岛形反转是在下跌趋势中反弹时形成的。后来,股价就此形成一轮新的跌势,到图中箭头 A 所指处,股价又跌掉了 95%,只剩一个零头的零头

缺口

在如此短的时间,出现如此深的跌幅,沪深 A 股市场还没有发生过。可见,在成熟市场,股票形成顶部岛反转后,有时跌起来更是吓人

此处是一个很好的出逃机会,若再不出逃,最后只能沉入海底

0.100 元

A

第一视频(HK0082)2007 年 5 月 16 日 ~2008 年 9 月 26 日的日 K 线走势图　图 215

第五章　运用均量线与 MACD 技巧识顶逃顶专题训练

在一次股市座谈会上,一位高手在介绍他的成功逃顶经验时说:在识顶、逃顶中,尤其是遇到大的顶部时,请不要忘了均量线[注],因为均量线常常可以起到一种预警作用。正是这种预警信号提醒了我,使我几次在顶部成功出逃,保住了胜利成果。因此,我觉得这种预警信号对投资者来说实在是太重要了。

请问:这位高手的话可信吗? 如果可信,请你谈谈均量线的预警作用表现在什么地方?投资者应该如何利用均量线来提高识顶、逃顶的成功率,操作时要注意哪些问题?

高手说的话是可信的,经我们仔细核对,高手的经验与事实基本上是符合的。那么,为什么高手一提到均量线在识顶、逃顶中有如此大的作用,许多人却表示怀疑呢? 原因在于,以往在分析大盘或个股见顶时,很少有人用到均量线这个指标(可能有一些人连均量线这个概念是怎么回事都没有搞明白)。另外,即使有人用了均量线,也不会把它当成识顶、逃顶的一个重要指标进行参考。

不过经验告诉我们,高手之所以成为高手,他们一定是找到了股

【注】　关于什么是均量线,均量线的特征、技术意义,详见《股市操练大全》第二册第407页、第408页。

市制胜的秘诀,这个秘诀可能是非常简单,但同时也是非常有效的一种方法,这位高手的识顶、逃顶经验大概就属于这一种。这使我们想起了一句名言:"大道至简。"这句话的意思是说,世界上一些看似很复杂、很难解决的问题,最佳解决办法往往就是存在于最简单的方法之中。比如,上世纪五十年代,日本松下公司生产的大量产品卖不出去,该公司董事会想了各种办法,如提高产品质量、提高产品使用功能、推出新的品种、降低销售价格等,总之该想的办法都想到了,但销售仍然不见起色。眼看公司因产品严重积压濒临倒闭,公事董事会不得已向员工征求解决方案,并许诺谁能提出解决公司产品销售的合理化建议,在证明有效后,公司将奖给他 10%的股权。一个大公司的 10%股权,这在当时是一个非常大的奖励。但出乎众人意料的是,这个销售难题最终竟被一个不知名的小职员提出的建议解决了。解决方案非常简单,即把松下生产的电器产品由单一的黑色改变成多种颜色。当时这位员工提出这个建议的理由是:产品都是黑色,时间长了,顾客就会产生审美疲劳。后来公司董事会采用了这个建议,销售马上起死回升,松下电器又成了市场热销产品。真可谓,一条最简单的合理化建议拯救了一家大公司。又如,香港回归祖国前,以什么样的方式回归,既能做到维护国家的主权,又能保持香港社会长期的繁荣稳定,这是一个非常复杂、很难解决的问题。当时这个问题几乎难倒了所有人,最后还是由改革开放的总设计师邓小平用"一国两制"四个字一锤定音,把这个重大历史问题完美地解决了。

回到股市中来,我们同样可以发现,很多炒股中看似很复杂、很难解决的问题,最后都被高手用一些简单的方法解决了,这就是股市中的"大道至简"。有鉴于此,我们认为这位高手用均量线作为大盘、个股的见顶预警信号,不管它多么简单,也不管这种方法是否被名家、权威肯定过,只要这种方法能行之有效,具有一定的操作性,这样的经验就是可信的,就值得我们去认真学习、研究,为我所用。

据了解,高手说的均量线对见顶有预警作用,并不是泛指,而是特指月均量线。高手认为,只有月均量线有明确的预警作用,而日均量线、周均量线因时间短、变化快,很难担负起这样的重任(编者按:

高手设置的是 5 月均量线与 10 月均量线这两根均量线）。

说来有人可能不信，2007 年 10 月上海股市在 6124 点见顶回落，当时能预见 6000 点上方是本轮牛市之顶的人寥寥无几，但这位高手却预见到了，并在 6000 点附近成功逃顶。为何他有如此佳绩呢？高手让我们打开了上证指数的月 K 线走势图（见图 216）。他指着图说，大家可以看到，上证指数自从有效突破 1300 点后（编者按：1300 点在 2001 年～2005 年这轮大熊市中有着特殊意义。2005 年，虽然上证指数跌到千点后止跌，并出现了见底回升的迹象，但是从技术上说，上证指数只有重新站在 1300 点上方，行情才有可能向纵深方向发展。故而很多人认为 1300 点是新行情的起点），从未发生过 5 月均量线下穿 10 月均量线的现象，而唯一的一次 5 月均量线下穿 10 月均量线的现象是在图 216 中箭头所指处。5 月均量线下穿 10 月均量线，在技术上称为"死亡交叉"，是一种见顶看空信号。而均量线出现死亡交叉的地方，相对应的是上证指数向上攀升的最后一根阳线之处，就是这根阳线创出了 6124 点新高。高手接着说："根据月均量线死亡交叉的预警提醒，我知道大盘做多能量已经衰退，大盘很快就要见顶了，但什么时候真正见顶当时还不清楚。不过，均量线的预警见顶信

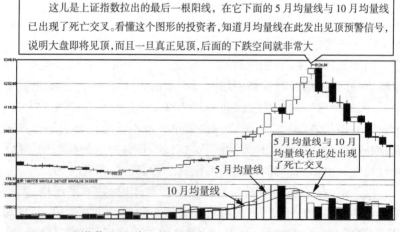

上证指数 2004 年 6 月～2008 年 9 月的月 K 线走势图 图 216

号在提醒我,随时准备出逃。"后来的大盘走势,完全验证了高手的预见。在上证指数创下 6124 点新高后第二个月,大盘收了一根长阴线,这根长阴线一下子把前面两根半阳线吞吃了,形成顶部穿头破脚的 K 线组合。至此,大盘就进入了一轮熊市大调整。

高手告诉我们,月均量线发出见顶预警信号,不一定要马上就逃,但时刻要作好出逃的准备。他说:"我真正出逃的是在上证指数跌破 6000 点时开始的,当时,我手中还留了一些筹码,但在上证指数最后一根阳线被后来的一根阴线全部覆盖后,我知道月均量线的见顶预警信号,已经变成为一个现实见顶信号,而且月均量线一旦出现死亡交叉,其下跌空间是很大的,所以我把手中剩下的筹码全部抛了。可以说,正是月均量线见顶预警信号提醒了我,帮助我成功逃脱了这轮牛市的大顶。"

高手向我们介绍,月均量线的见顶预警信号,主要有两种表现形式:

一、当大盘或个股处于单边上升时,尤其是有了较大的涨幅后,月均量线的预警信号,比月 K 线的见顶信号、月均线的见顶信号出现的时间要早,起到了一个预警作用。有了这个预警信号,投资者就有充分的时间作好出逃准备。下面我们就来看两个实例:

实例一:浦发银行(600000)。该股是沪深股市中知名的大盘蓝筹股,也是 2006 年这轮牛市中的一个大牛股(见图 217)。该股从 2005 年 6 月 2 日最低价 6.41 元涨起,于 2008 年 1 月 11 日涨到最高价 61.97 元才见顶回落,加上股改中的 10 送 3 股,最大涨幅已达到 1157%。2 年多时间里,一个大盘股有如此大的涨幅是相当惊人的。从它的 K 线走势图看,该股基本上是沿着 5 月均线一直往上攀升的。当股价攀升到图中箭头 A 所指的 K 线处时,下面的 5 月均量线与 10 月均量线已出现死亡交叉。这说明支持其股价上升的内在动力已消失,现在只是依靠原来的上升惯性继续维持着上升态势。接着,该股在第二个月收了一根阴线,与它前面的一根阳线一起构成倾盆大雨[注]的 K 线组合。

【注】 关于"倾盆大雨"K 线组合的特征、技术意义,详见《股市操练大全》第一册第 56 页~第 58 页。

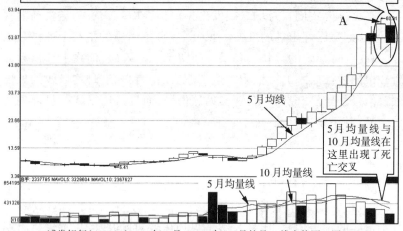

均量线出现死亡交叉,是见顶的一个预警信号。投资者看到这个预警信号,就要作好随时出逃的准备。瞧!这儿出现了倾盆大雨的K线组合,这是一个典型的头部形态。投资者见此形态,应马上斩仓出局,不应该再有什么犹豫了。此后,虽然该股曾一度创出61.97元的新高,但是,在多方耗掉最后一点力量后,只得调头往下,股价跌幅超过70%

A

5月均线

5月均量线与10月均量线在这里出现了死亡交叉

10月均量线

5月均量线

浦发银行(600000)2004年9月~2007年11月的月K线走势图　图217

倾盆大雨是一个见顶信号。当这个见顶信号出现时,说明该股很可能涨到头了。此时,投资者就应抓紧时机止损出局,以期保住前面的胜利成果。

实例二:宝钢股份(600019)。该股也是沪深股市中一个著名的大盘蓝筹股(见图218)。从它的月K线走势图看,该股走势一直很稳健,但当收出图中最后一根月K线时,表明它这轮上升行情很有可能就此结束了。作出这样判断的依据是:图218中的最后一根月K线是长十字线,这是一个见顶信号。按理说,这根长十字线是不是见顶信号,需要后面的K线来验证。但此时已不需要验证了,因为它下面的月均量线也出现了死亡交叉。这样,月均量线的见顶预警信号与长十字线的见顶信号就重迭在一起了,它们相互起到了一个验证作用。投资者看到这样的图形,在当月就应该将股票抛空出局。

二、在股价进入横向整理,突破方向不明的情况下,5月均量线与10月均量线出现死亡交叉,显示其做多能量已经衰竭。此时,投资

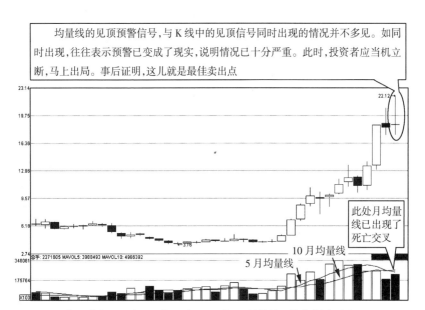

均量线的见顶预警信号,与 K 线中的见顶信号同时出现的情况并不多见。如同时出现,往往表示预警已变成了现实,说明情况已十分严重。此时,投资者应当机立断,马上出局。事后证明,这儿就是最佳卖出点

此处月均量线已出现了死亡交叉

10 月均量线

5 月均量线

宝钢股份(600019)2004 年 8 月~2007 年 10 月的月 K 线走势图　图 218

者应趁横向整理仍在进行、技术形态尚未破坏之际，就择机逢高退出。

实例三:冠城大通(600067)。图 219 中显示的是该股某阶段的月 K 线走势图,其跨度有 3 年半时间。从图中看,该股走的是一个大圆弧底的上升走势,最近 4 个月在横盘整理,而且最后一根K线已有向上突破的迹象(阳线实体已收于前 3 根 K 线上影线处)。总之,从该股的月 K 线、月均线、月 MACD 等走势上,都表现出一种强势,给人可以积极看多、做多的感觉。但是,我们如果仔细观察其月均量线走势就会发现, 现实情况对多方已经相当不利,因为 5 月均量线已下穿 10 月均量线形成了死亡交叉,这是一种强烈的见顶预警信号。这种见顶预警信号出现在横盘走势中,意味着该股横盘整理结束后,极有可能选择向下突破。

试想, 我们如果预先就知道了该股横盘整理后是向下突破的结局,那么,投资者再参与横盘整理就毫无意义了,因为这除了日后承

担巨大亏损外,其他可能什么都得不到。此时,我们为什么还要蹲在里面不走呢? 所以,就当时情况而言,投资者唯一正确的选择就是尽快离场,这样就可以规避掉日后极有可能发生的大跌风险。

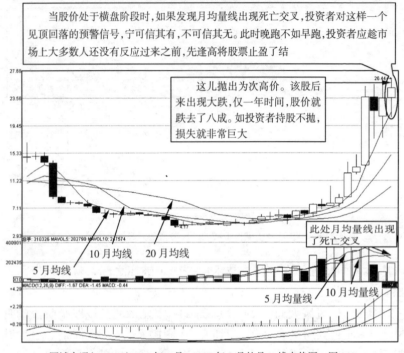

当股价处于横盘阶段时,如果发现月均量线出现死亡交叉,投资者对这样一个见顶回落的预警信号,宁可信其有,不可信其无。此时晚跑不如早跑,投资者应趁市场上大多数人还没有反应过来之前,先逢高将股票止盈了结

这儿抛出为次高价。该股后来出现大跌,仅一年时间,股价就跌去了八成。如投资者持股不抛,损失就非常巨大

此处月均量线出现了死亡交叉

5月均线　　10月均线　　20月均线

5月均量线　　10月均量线

冠城大通(600067)2004年2月~2007年8月的月K线走势图　图219

实例四:宁波联合(600051)。图220是该股1998年5月~2001年1月的月K线走势图。从图中看,该股在经过一轮上涨之后进入到横盘整理阶段,最近3个月拉出3根小阳线,而且出现低点逐步抬高的迹象。按理说,股价在横盘时,出现这样的走势并不坏,在多方占据一定优势的情况下,股价经过横盘蓄势之后,仍有可能再次向上发动攻击。但是,如果观察它的均量线走势,我们就会发现,该股走势已经危机重重,破位大跌仅是早晚的事。因此,此时必须考虑尽快卖出。

经过上面几个实例分析,大家对均量线在识顶、逃顶中的作用应

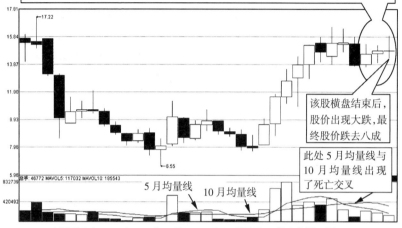

股价进入横盘整理阶段,整理之后究竟是选择向上突破还是向下突破,月均量线的走势具有重要的参考作用。瞧!此处月K线走势有"向好"的迹象,但月均量线早已发出见顶的预警信号,这说明月K线走好是一个假象,实际上多方已处于一种颓势,为了预防风险,投资者应考虑先撤退为宜

该股横盘结束后,股价出现大跌,最终股价跌去八成

此处5月均量线与10月均量线出现了死亡交叉

5月均量线   10月均量线

宁波联合(600051)1998年5月~2001年1月的月K线走势图   图220

该有所认识了。下面我就这个问题再作些归纳总结,便于大家日后操作。

第一,在识顶、逃顶中,投资者必须高度重视月均量线对行情见顶的预警作用。当其他指标,如月K线、月均线、月MACD等走势都处于向好,或基本向好状态时,它会提前向投资者发出股价即将见顶的警告。一旦5月均量线从上向下穿越10月均量线,出现死亡交叉,这就意味着做多的力量在衰退,行情见顶也就为时不远了。正因为月均量线有这样的预警作用,它使投资者有充分的时间来考虑如何逃顶的问题,这对投资者安全逃顶无疑是一种很大的帮助。

第二,投资者应该认识到,虽然月均量线出现死亡交叉对行情见顶有预警作用,但这并不等于行情马上就要见顶了,何时真正见顶,与当时的市场环境、个股股性有着一定的关系。快的时候,可能在当月或隔月行情就见顶了;慢的时候,可能要隔几个月行情才真正见顶。

第三,投资者见到月均量线发出见顶预警信号,即使发现其股价技术走势良好,此时也不宜再追涨买进,谨防高位被套。这是因为,一旦5月均量线下穿10月均量线形成死亡交叉,在多数情况下,继续上涨的空间与时间都很有限,相反往下调整的可能性却大大增加了。为安全起见,稳健型投资者见此情形肯定是不能参与了,激进型投资者如想追逐短期赢利,也应该在设好止损位的前提下,用少量资金参与,以防不测。我在这里向大家举一个例子予以说明。

实例五:中国医药(600056)。从图221中看,该股最后一根月K线收出一根带有上影线的大阳线,它已把前面两根阴线全部吞吃掉,形成了再次向上攻击的态势,再则,月均线多头排列、月MACD也走得很

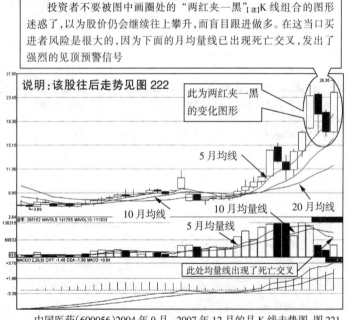

投资者不要被图中画圈处的"两红夹一黑"[注]K线组合的图形迷惑了,以为股价仍会继续往上攀升,而盲目跟进做多。在这当口买进者风险是很大的,因为下面的月均量线已出现死亡交叉,发出了强烈的见顶预警信号

说明:该股往后走势见图222

此为两红夹一黑的变化图形

5月均线

10月均线

10月均量线

20月均线

5月均量线

此处均量线出现了死亡交叉

中国医药(600056)2004年9月~2007年12月的月K线走势图 图221

[注] 关于"两红夹一黑"K线组合的特征、技术意义,详见《股市操练大全》第一册第114页、第115页。这里的图形与标准的两红一黑有所不同,可视为它的一种变化图形。从均量线分析,此处的两红夹一黑已不是看多、做多的信号,而是被主力利用成为一个诱多信号,其目的是要吸引投资者高位跟风追涨。

好,这一切似乎都在支持股价继续上行,但唯一不妙的就是月均量线出现死亡交叉。此时,持股者因为 K 线或均线都没有发出卖出信号,股票拿在手里还可以看一看,但对持币者来说,这个时候买进是绝对不适宜了。果然,盲目追涨买进者,一下子就被套在高位(见图 222)。

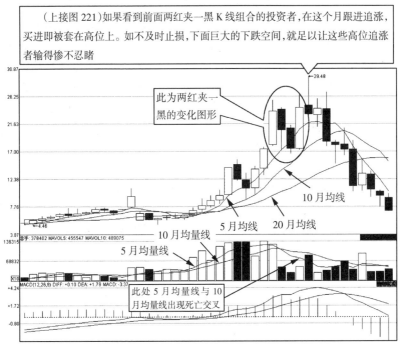

(上接图 221)如果看到前面两红夹一黑 K 线组合的投资者,在这个月跟进追涨,买进即被套在高位上。如不及时止损,下面巨大的下跌空间,就足以让这些高位追涨者输得惨不忍睹

此为两红夹一黑的变化图形

10 月均线
5 月均线
20 月均线
10 月均量线
5 月均量线
此处 5 月均量线与 10 月均量线出现死亡交叉

中国医药(600056)2005 年 5 月~2008 年 10 月的月 K 线走势图   图 222

第四,投资者如见到月均量线发出见顶预警信号,可根据不同情况选用不同的对策。其方法是:

①在股价处于上涨之后的横盘整理过程中,如果投资者发现月均量线出现死亡交叉,应趁技术图形尚未走坏前抓紧出货。到了这个时候,大家就不要再等了。有人想等到横盘整理结束,有了明确的突破方向时再开始行动,时间上可能晚了,损失就会更大。这是为什么呢?因为股价上涨后进入横盘整理阶段,月均量线出现死亡交叉,一般表示上涨行情已经结束。此时,主力不可能再往上做多了。这样横

盘整理的结果,十有八九会选择向下突破。既然如此,投资者就不能再傻等下去,而应该在股价进行横盘整理时选择撤退,因为此时抛出还可以卖出一个好价钱。

当然,从操作层面上来讲,也不是说股价在横盘时,因均量线出现死亡交叉而马上就会下跌的,因为主力利用横盘出货需要有一个过程。在这个过程中,股价会出现一定范围的上下波动,投资者可趁横盘中股价向上波动的时候卖出。但操作时一定要记住,一有这样的机会就必须赶紧卖出,不能再拖了。因为均量线发出死亡交叉的信号后,留给投资者逃命的时间已经不多了。此外,投资者操作时还要注意一个问题,即一旦发现横盘后股价向下突破,就应当即刻斩仓出局[注]。此时无论如何不能犹豫不决了,这也可能是股价大幅下跌前留给投资者最后一次逃命机会。到了这个当口若再不出逃,将悔之晚矣!

②在股价处于上升趋势中,如果投资者发现月均量线出现死亡交叉,那么可依据当时的具体情况,采取不同对策,进行积极应对。比如,估计大幅上涨后,股价已进入高位区。此时,投资者不妨先逢高卖出一部分筹码,先将赢利部分锁定(至少先将投资成本收回来再说),然后留下一部分筹码,继续观望,只要月 K 线或月均线没有发出卖出信号,就可以暂时持股不动,但是,一旦发现月 K 线或月均线中的任何一个发出了卖出信号,就应该马上采取行动,全部抛空。又如,看到月均量线出现死亡交叉,但估计该股股性活跃,人气旺盛,股价仍有一定的上涨惯性。此时,稳健型投资者可逢高退出,激进型投资者可采取"积极作好卖出准备,但是暂时按兵不动(即不马上卖出)"的策略,什么时候卖出,可密切关注其 K 线、均线的走势,一旦发现月 K 线出现见顶信号(此时就不需要通过后面的月 K 线走势进行验证

[注]　对持股者来说,在月均量线发出见顶预警信号后,最佳策略是在股价横向整理还未结束前已将手中股票处理完毕,看到股价整理后向下突破时再抛出已属于下策。但这个下策对持股者而言也是最后的一把安全锁。投资者一定要把风险锁定在向下突破的刹那间,不让损失再扩大。

了),或者月均线出现走坏的迹象,就应该马上把股票抛出。

第五,我们在统计中发现,月均量线发出的卖出预警信号,在大多数情况下表示行情即将见顶,但在少数情况下,预警信号发出的时间会出现过早的现象。此时投资者若按月均量线的预警信号卖出,就有可能错过后面的一大段上升行情,这很可能犯了牛市中踏空的错误。这种错误,我们也应该想办法尽量避免。那么,如何避免牛市中踏空的错误呢?我们建议投资者可以这样操作:即把整个卖出行为当成一次跑步比赛来处理。比如,当月均量线卖出预警信号出现时,即意味着跑步比赛即将开始了。此时,运动员就必须进入跑道作好起跑准备,但这个时候没有开始正式跑(也就是还没有把股票卖出)。何时跑? 等跑步发令枪响了再开始跑(即再开始卖出股票)。投资者要记住,只要发令枪不响,就一直蹲着(相当于把股票一直捂着不卖出)。在股市中,这个发令枪响与不响,就看月K线或月均线有没有发出卖出信号。它们当中任何一个发出了卖出信号,说明发令枪响了。此时,投资者就应该主动卖出了,否则就一直持股不动。如此操作,即使碰到月均量线卖出的预警信号发早了,也不会出现卖早、踏空的错误了(编者按:预警信号发早了,一般只出现在上升趋势中。股价出现横盘时,不存在预警信号发早的问题,投资者应及时卖出)。下面我们来看一个实例。

实例六:华夏银行(600015)。从图223中看,该股在图中箭头A所指处,5月均量线与10月均量线已出现死亡交叉。如果投资者一看到月均量线发出见顶的预警信号就马上卖出,显然就错过了这之后的一大段上升行情,这是很可惜的。正确的做法是:投资者先做好卖出的准备,但暂时可持股不动,等到下面的发令枪响了(即K线上出现了见顶信号)再卖出。这样就可以做到既不忘均量线见顶的预警信号,切实提高风险的防范意识,又做到了在牛市中不至于过早卖出,犯下踏空的错误。可以说这是一个两全其美之计。如果条件允许我们两全其美,理所当然地应该努力争取做到。这也是一个成熟的投资者必须具备的投资素质。

第六,我们在统计中发现,在股价处于上升趋势中,尤其是股价从图中看,在箭头 A 所指的一根月 K 线下面,月均量线已出现死亡交叉,发出了见顶的预警信号。此时,投资者可暂时持股不动,等待发令枪响了再卖出。图中箭头 B 所指处就是发令枪响的地方。因为这根月 K 线是倒 T 字线(严格意义上说,它是倒 T 字线的变化图形),这是一个明显的见顶信号。投资者在此卖出,胜算率是很高的

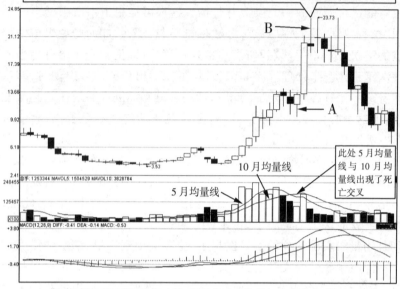

10 月均量线

5 月均量线

此处 5 月均量线与 10 月均量线出现了死亡交叉

华夏银行(600015)2004 年 1 月~2008 年 9 月的月 K 线走势图　图 223

出现了大幅上涨后,此时月均量线出现死亡交叉,其预警作用可靠性最强,而在股价处于底部构造,或股价在低位震荡时,月均量线有时候会发出错误的见顶预警信号。对此投资者要有一个清醒认识,不要被月均量线错误的预警信号忽悠了。此时,投资者应该依据月 K 线、月均线的走势进行操作, 该看多时还是应该看多。关于这方面的情况,我们举一个例子予以说明。

实例七:包钢股份(600010)。从图 224 中看,箭头 A 所指的月 K 线处下面,月均量线已出现死亡交叉,但是,对于这个死亡交叉,我们不能把它视为见顶的预警信号,其原因是股价在低位徘徊(注:此时股价没有大涨,何来之顶)。既然低位无顶可言,均量线的见顶预警信号也就不存在了。根据经验,股价在低位震荡时,均量线出现死亡交

叉,多半是因为主力洗盘才出现的一种现象(关于这个问题,本书附录一"震荡出货与震荡洗盘的鉴别及应对策略"有详细说明,这里就不重复讲了)。投资者对这种现象一定要看明白,否则,就会中了主力的奸计。

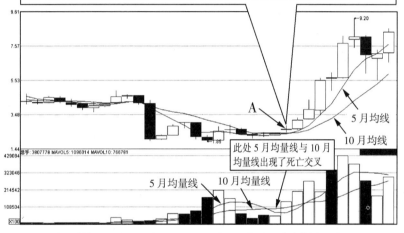

> 股价在低位震荡时,下面均量线出现"死亡交叉"[注],多半是主力震仓洗盘所出现的一种现象。此时,投资者应根据月K线、月均线的走势进行操作。瞧! 这儿拉出一根小十字线,股价已站在5月、10月均线之上,这是一个看多信号。投资者理应在此积极做多,而不要被所谓的均量线"死亡交叉"所误导,以致做出错误的投资决策

包钢股份(600010)2004年12月~2007年8月的月K线走势图　图224

第七,在少数情况下,月均量线的见顶预警信号会滞后于月K线、月均线的见顶信号。遇到这种情况,投资者应该怎么办呢?此时正确的做法是:如果投资者发现月K线、月均线走势已发出明确的见顶信号,就应该坚决看空、做空,止损离场,决不能因为没有看到月均量线的预警见顶信号,就忘了防范股价高位见顶回落的风险。其实,见

【注】　严格意义上说,这样的死亡交叉并不是真的,因为5月均量线下穿10月均量线时,10月均量线还在朝上走。关于如何辨别真假死亡交叉,参见《股市操练大全》第二册第99页~第106页。

顶预警信号落后于现实见顶信号也是一种正常的现象,这犹如地震警报还没来得及发出,地震就发生了。众所周知,当地震发生时,逃命最要紧。所以,当股价已经见顶时,投资者应该赶快把手中的股票卖掉,此时就不用再等什么均量线的见顶预警信号了(即使等到也没有什么意义了)。这里向大家举一个实例。

实例八:中江地产(600053)。从图225中看,该股月均量线的见顶预警信号,直到图中箭头A所指的K线处才出现,原因是在它下面,月均量线刚刚发出了一个死亡交叉的信号。显然,这个月均量线的见顶预警信号,已大大落后于该股月K线、月均线的见顶信号,因为轮到它发出预警信号时,股价已跌掉了一大截。此时,投资者再看月均量线的见顶预警信号已经没有什么意义了。

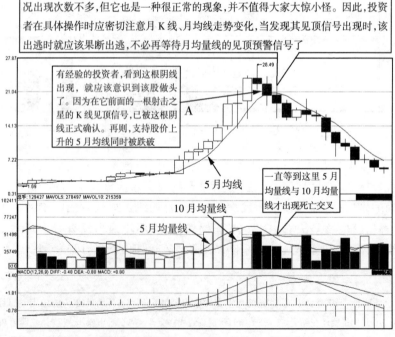

中江地产(600053)2005年8月~2008年9月的月K线走势图　图225

又及:本书初稿完成后,在向读者征求意见时,一些读者认为此题具有很大的实用参考价值,但也有些读者认为本题讲得不够全面,还有许多问题没有讲透。比如,有人认为日均量线、周均量线也有一定的预警作用。本题只讲月均量线有预警作用,而忽略了日均量线、周均量线的作用,这肯定是一个遗憾。又如,月均量线的参数是不是一定要选用 5 月均量线、10 月均量线,能不能选用其他月份的参数。关于这些问题,大家提得很好,但由于本书篇幅有限,更重要的是,我们对这些问题还没有作深入研究,故只能保持原稿现状,暂不作修改。此事只能等本书重新修订时再议。

上一道题,高手在会上向大家介绍了用均量线研判顶部的经验,与会者听后深受启发。于是,有一位投资者向高手请教如何用 MACD 来识顶、逃顶的问题。虽然高手答应他的请求,不过,高手当场只讲了这样一句话:"用 MACD 研判顶部,逃顶看周线,锁定风险看月线,为券商打工看日线。"高手说完这句话随后就离开了会场。这样,高手的话只能靠大家去琢磨、理解了。

请问:你能理解高手所说的这句话是什么意思吗?为什么高手在用均量线研判顶部时,特别重视月均量线的作用,而现在用 MACD 研判顶部时,却特别重视周线 MACD 的作用?这是什么道理,你能不能对它作一番合理解释(请举例说明)?

以前,在《股市操练大全》培训班上,我也听到金老师说过与高手类似的话,所以,我能理解高手说的"用 MACD 研判顶部,逃顶看周线,锁定风险看月线,为券商打工看日线[注1]"这句话的意思。下面我就来谈谈自己对这个问题的认识。

稍有技术分析常识的投资者知道,用 MACD 研判顶部,主要看两点:一是看 MACD 在高位是否出现死亡交叉,如出现死亡交叉,说明股价走势变弱,此时应该看空、做空;二是看 MACD 与股价是否形成顶背离[注2]的走势,如果形成顶背离的走势,意味着股价可能见顶回落,此时也应该看空、做空。

但值得注意的是,同样是死亡交叉、顶背离,表现在日线 MACD、周线 MACD、月线 MACD 上(月线 MACD 因时间长一般不会出现什么顶背离的走势),其信号可靠程度和技术意义是有很大差别的。

【注1】 一些投资者做短线,买进卖出十分频繁,交易量做得很大。最后除了交给商券一大笔佣金外,自己并没赚到什么钱。股市里把这种现象比喻为给券商打工。

【注2】 关于"顶背离"的特征、技术意义,详见《股市操练大全》第二册第 364 页~第 366 页。

据了解,日线 MACD 死亡交叉、顶背离所发出的看空、做空信号,可靠性最差,其显示的技术意义也只有短线意义,并不能反映股价长期走势如何。

比如,有的股票在一轮大的上涨行情中,日线 MACD 会出现很多次死亡交叉。如果投资者看到 MACD 出现死亡交叉就卖出,就算每次短线卖出都是对的,但从中长线视角看,这样操作是得不偿失的。因为股价形成上涨趋势后,最忌讳的就是短线不断买进卖出,而此时正确的做法应该是一路持股,少做或不做差价。经验证明:在一轮大的涨势中,频繁地买进卖出,事实上是赚不到什么钱的,做得好的,在付了"车马费"(即交易的手续费,如佣金、印花税)后,仅有一点小赚头,做得不好的,在付了"车马费"后,可能根本没有赚到什么钱,有时还会把本线亏掉一点。为了说明这个问题,这里我们不妨来看两个实例:

实例一:深圳能源(000027);实例二:广船国际(600685)。这两个股票在 2006 年冬至 2007 年秋都出现了一轮强劲的升势(见图 226、

深圳能源(000027)2006 年 12 月 18 日~2007 年 10 月 26 日的日 K 线走势图　图 226

图 227）。在这轮强劲升势中,它们的日线 MACD 曾经出现过很多次死亡交叉。如果投资者按照见到 MACD 出现死亡交叉就卖出,等到股价出现上涨信号再买进的方法操作,就会不断地卖出买进,忙得不亦乐乎。但最后结果呢? 肯定是很不理想,几乎没有赚到什么钱。不过,这种操作方法对券商最有利,让券商笑得合不拢嘴,因为投资者买进卖出次数越多,交给他们的佣金也就越多。

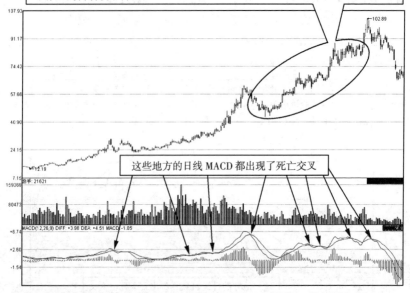

该股在一年多时间里,股价猛涨了 10 多倍。但盘中出现了多次洗盘,每一次洗盘日线 MACD 都会出现一次死亡交叉。如果投资者依照日线 MACD 发出的信号进行操作,这样的大牛股肯定是骑不住的。即使操作好的,看到它上涨后再继续买进,但这样不断地买进卖出,最后也只能赚点小钱,大多数的时候都是在为券商打工。真可谓肥了券商,瘦了自己

这些地方的日线 MACD 都出现了死亡交叉

广船国际(600685)2006 年 11 月 7 日~2007 年 11 月 16 日的日 K 线走势图　图 227

又如,股价在上涨过程中,日线 MACD 经常会与股价形成顶背离的走势。投资者如果看到顶背离信号就卖出,有时很可能就卖错了。这种情况在大盘中较少出现,但在个股中却经常发生。下面我们来看两个实例。

实例三:浦发银行(600000);实例四:重庆百货(600729)。这两个股票在上涨途中都出现过日线 MACD 与股价顶背离的走势(见图 228、图 229),但在形成顶背离的走势后不久,它们的股价都出现了大涨。

从图中看,该股在前半段涨势中与日线 MACD 的走势形成了顶背离状态。投资者如果看到这个顶背离就卖出,显然是卖错了,因为此后股价仍然是不断向上攀升

顶背离

浦发银行(600000)2006 年 12 月 18 日~2007 年 8 月 24 日的日 K 线走势图　图 228

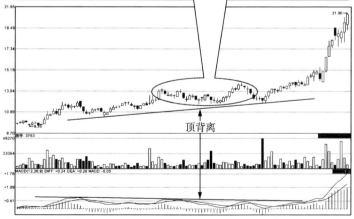

瞧! 该股前面的股价走势与日线 MACD 走势顶背离的情况十分严重。但即便如此,这个顶背离发出的见顶信号仍然是一种错误信号。谁对它信以为真看空、做空,谁就会卖错,踏空后面的上涨行情

顶背离

重庆百货(600729)2006 年 8 月 15 日~2007 年 1 月 26 日的日 K 线走势图　图 229

经过上面几个实例分析，我们就会深刻地感受到用日线 MACD 识顶、逃顶存在着诸多缺陷。除了少数短线高手，凭借其丰富的实战经验与高超的短线炒作技巧，可以通过日线 MACD 识顶、逃顶获利外，绝大多数投资者用日线 MACD 识顶、逃顶，效果都很不理想，除掉为券商打工外，当事人多半是白忙乎一场，结果并没有得到什么实际收益。高手所言"为券商打工看日线"，说的就是这个意思，事实也对高手这一看法作了验证。

高手在看淡用日线 MACD 识顶、逃顶的同时，却非常青睐周线 MACD，特别强调"逃顶看周线"这个观点。在高手看来，用日线 MACD 识顶、逃顶不会有什么好的效果，但运用周线 MACD 研判大盘或个股顶部，往往就能获得令人满意的效果，这是为什么呢？因为周线 MACD 发出的信号比日线 MACD 发出的信号要慢，比月线 MACD 发出的信号要快，处于适中状态。而这个适中状态所反映的信号，特别是由它发出的见顶信号能比较真实地反映行情见顶的态势，就其信号的正确性来说，它比日线 MACD 要高，比月线 MACD 要及时。下面请大家来看几个实例。

实例五：深圳能源（000027）；实例六：广船国际（600685）。这两个股票在前面也向大家介绍过（见本题实例一、实例二），当时介绍的是它们的日线 MACD 走势情况。为了便于比较，我们仍然以它们为例，但现在介绍的是它们的周线 MACD 走势情况（见图 230、图 231）。从这两个股票的周线 MACD 走势可以看出，在它们的股价一路上涨中，只出现过一次死亡交叉。而这一次死亡交叉出现，即宣告它们上涨行情正式终止了。周线 MACD 这样简单的走势，为投资者操作提供了极大的方便。在这两个股票上涨时，投资者只要依照周线 MACD 不出现死亡交叉就一路持股待涨，不管盘中如何震荡，主力怎么洗盘，投资者都可以稳坐钩鱼台，持股不动，但只要发现周线 MACD 出现死亡交叉，就应该马上改变操作方法，坚决抛出，一股不留。投资者如按上面的原则操作，在这两个股票上就可以赚得钵满盆满，而且基本上可以做到高位顺利逃顶。

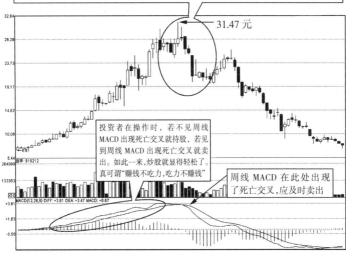

瞧! 该股在上涨时,盘中经常出现震荡。日线 MACD 死亡交叉不断出现(见图 226),但周线 MACD 始终未有死亡交叉出现,而当图中唯一的一次死亡交叉出现时,行情即宣告结束了

31.47 元

投资者在操作时, 若不见周线 MACD 出现死亡交叉就持股, 若见到周线 MACD 出现死亡交叉就卖出。如此一来,炒股就显得轻松了。真可谓"赚钱不吃力,吃力不赚钱"

周线 MACD 在此处出现了死亡交叉,应及时卖出

深圳能源(000027)2006 年 11 月 ~2008 年 8 月的周 K 线走势图　图 230

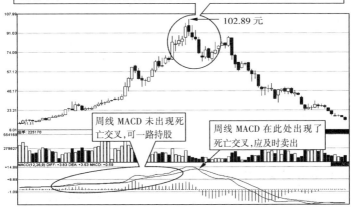

该股不到一年半时间涨 10 几倍,在当时可称得上是一个大牛股。但是看日线 MACD 操作,是骑不住这只大牛股的,也逃不好顶。如果投资者改用周线 MACD 进行操作,就能骑住这只大牛股,顶也基本上能逃成功了

102.89 元

周线 MACD 未出现死亡交叉,可一路持股

周线 MACD 在此处出现了死亡交叉,应及时卖出

广船国际(600685)2006 年 10 月 ~2008 年 9 月的周 K 线走势图　图 231

实例七:哈空调(600202);实例八:紫江企业(600210)。图232、图233是这两个股票的周K线走势图。从图中可以清楚地看出,它们的MACD走势与股价走势形成了顶背离的态势。根据高手所言"逃顶看周线"的经验,一旦周线中MACD与股价出现顶背离,即宣告行情已经见顶。此时,投资者抛出股票就有较大的胜算。

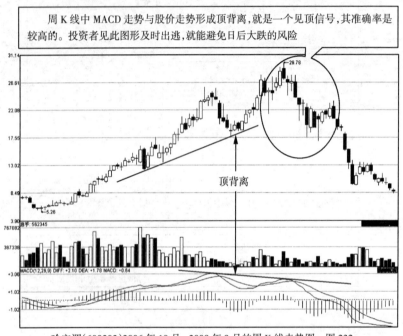

哈空调(600202)2006年10月~2008年9月的周K线走势图   图232

以上几个实例已证明,用周线MACD研判顶部,比用日线MACD研判顶部的准确率要高得多。不仅如此,用周线MACD识顶,比用月线MACD识顶的效果也要好很多。这也是一些高手喜欢使用周线MACD来识顶、逃顶的一个重要原因。那么,为什么用月线MACD识顶、逃顶的效果要比用周线MACD识顶、逃顶的效果差呢?关键是月线MACD的信号反应太慢,等其发出死亡交叉的卖出信号时,股价往往已跌去了一大截。

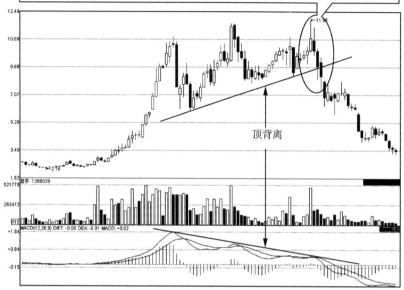

瞧！该股似乎在震荡向上，但周线 MACD 却一路向下，其顶背离的态势十分明显。能看懂此图形的投资者就会趁主力将股价拉高诱多之机，把筹码卖出去。如此一来，逃顶就逃得非常成功

顶背离

紫江企业(600210)2006 年 7 月~2008 年 8 月的周 K 线走势图　图 233

当然，用月线 MACD 识顶、逃顶也并非没有什么作用。它的一个重要作用是，如果月线 MACD 出现死亡交叉，一般就为行情走熊定下了基调。换言之，无论大盘或个股，只要月线 MACD 出现死亡交叉，行情就义无反顾地进入了熊市，而且这轮熊市到月线 MACD 出现死亡交叉时，也只能说股价（指数）仅是跌到半山腰。以后还有很大的下跌空间。这样就提醒了一些心理尚存幻想的投资者：行情要彻底走熊了，现在再不赶快出逃，将来就要遭受灭顶之灾，它一定会使你输得更多、更惨。因此，从这个意义上来说，月线 MACD 出现死亡交叉，是在催促投资者赶快出逃，帮助一些反应迟钝的股民锁定风险。如果有的投资者因为心存幻想在前面股价见顶回落时没有出逃，现在看到月线 MACD 出现死亡交叉，马上出逃，就可以避免损失继续扩大，这样就能保存一定实力，将来还有本钱东山再起。所以，高手谈

到用 MACD 识顶、逃顶时,用"锁定风险看月线"这几个字点出了它的重要性。在高手看来,月线 MACD 就是投资者控制风险的最后一把安全锁,只要在月线 MACD 出现死亡交叉时逃掉,一切还有希望。如果连月线 MACD 这把安全锁最后也被投资者抛弃,那后果就不堪设想了。下面我们来看两个实例。

实例九:国恒铁路(000594);实例十:四川长虹(600839)。图 234 是国恒铁路 2004 年 2 月 ~2008 年 9 月的月 K 线走势图,图 235 是四川长虹 1994 年 12 月 ~2005 年 3 月的月 K 线走势图。这两张图反映了两个不同时期的股价走势。尽管它们所处的"时代"不同,但月均线出现死亡交叉,考验投资者能不能面对现实来锁定风险,并最后决定他们生死存亡的结果是完全相同的。大凡在月线 MACD 出现死亡交叉后即卖出的投资者,就能躲过熊市中最惨烈的下跌,并可赢得日后东山再起梅开二度的机会;而在月线 MACD 出现死亡交叉后仍不敢面对现实,持股不卖的投资者,就会被后来熊市中最惨烈的下跌所掩埋,最后很多人就此失去了在股市中生存的机会,被市场淘汰出局。

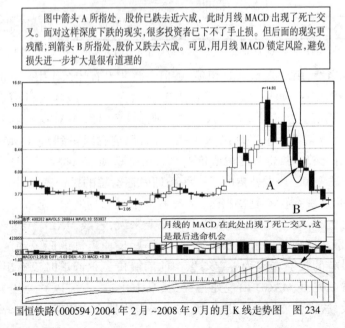

图中箭头 A 所指处,股价已跌去近六成,此时月线 MACD 出现了死亡交叉。面对这样深度下跌的现实,很多投资者已下不了手止损。但后面的现实更残酷,到箭头 B 所指处,股价又跌去六成。可见,用月线 MACD 锁定风险,避免损失进一步扩大是很有道理的

月线的 MACD 在此处出现了死亡交叉,这是最后逃命机会

国恒铁路(000594)2004 年 2 月 ~2008 年 9 月的月 K 线走势图　图 234

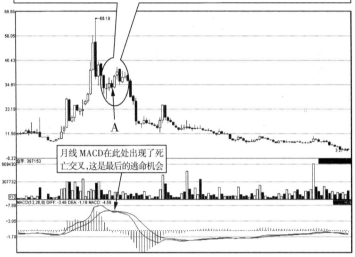

该股从最高处跌下来,跌到月线 MACD 出现死亡交叉的地方(见图中箭头 A 所指处),股价已被腰斩。这时要不要止损出局呢?懂得月线 MACD 是锁定风险最后一把安全锁的投资者,忍痛割肉出局了。尽管当时把股票抛出后股价并没有马上下跌,但这一刀割下去是值得的,因为后来股价又跌去九成

月线 MACD在此处出现了死亡交叉,这是最后的逃命机会

四川长虹(600839)1994 年 12 月~2005 年 3 月的月 K 线走势图   图 235

讲到这里,我把高手所说的"用 MACD 研判顶部,逃顶看周线,锁定风险看月线,为券商打工看日线"的经验介绍完了。接下来我就运用 MACD 识顶、逃顶的问题再总结几点,以方便大家日后操作。不过,这些意见尚不成熟,说错了请大家指正。

第一,MACD 在识顶、逃顶中的重要作用不可忽视,为了更好地运用 MACD 这个分析工具,我在此建议投资者对 MACD 这个指标的特征、技术意义,应该有个比较深刻的认识和了解。如果现在对此还不了解的投资者,不妨再去看看《股市操练大全》第二册第四章中有关 MACD 知识的介绍。

第二,MACD 有日线 MACD、周线 MACD、月线 MACD 等。高手认为日线 MACD 在识顶、逃顶中作用不大,只能为券商打工。这个观点遭到了一些人的反对。有一位投资者来信说,在中户室与他一起炒股

的一位朋友,用日线 MACD 识顶、逃顶就取得了很好的成绩,这应该作如何解释呢?

对这个问题我是这样认识的。高手所说的用日线 MACD 逃顶,最终结果是为券商打工,是针对大多数人、大多数情况说的。因为大多数人在使用日线 MACD 识顶、逃顶时,看到出现死亡交叉、顶背离后就会作出卖出的决定(注:他们在操作时不会去考虑哪些死亡交叉、顶背离是不应该卖出的,哪些是应该卖出的),而在一轮上涨行情中,日线 MACD 出现死亡交叉的次数往往很多,投资者如果按其提示的信号不断卖出,尔后等股价上来了,有了买进信号再买进,这样买进卖出就十分频繁。其最终结果是,不管当事人主观上是如何想的,客观上除了因交易频繁,让券商赚取大量手续费(包括国家规定的印花税)外,自己是赚不到什么钱的。这是一个基本事实,是无可争议的。

当然,我们也必须承认另外一种事实,股市中确实有少数投资者在使用日线 MACD 上得心应手,取得了很好的成绩。或许上面提到的一位中户室的朋友就是这样的人。但是要使用好日线 MACD,顺利逃顶,这是一件相当难的事。因为在一轮上涨行情中,日线 MACD 会出现很多次死亡交叉。面对如此多的死亡交叉,投资者一定要分清楚,在什么情况下出现的日线 MACD 死亡交叉,是被主力(庄家)用作洗盘的,我们可以不理睬它,继续持股待涨;在什么情况下出现的日线 MACD 死亡交叉,是被主力(庄家)用作出货的,我们必须理睬它,要及时作出反应,把股票全线抛空。通常,投资者只有把这个工作做好了,利用日线 MACD 逃顶才能取得理想的效果。

另外,日线 MACD 走势与股价走势经常会出现顶背离现象,但是顶背离产生的原因是各不相同的。有时这个顶背离,是由于主力(庄家)震荡洗盘形成的,有时那个顶背离,是因为主力(庄家)震荡出货形成的。通常,震荡洗盘的行为多半发生在股价低位区,少数发生在股价中位区,而震荡出货的行为基本上发生在股价高位区。投资者如果能准确判断出股价是处在低位区还是高位区,那么,日线 MACD 与股价出现顶背离,到底属于什么性质就不会看走眼了。该持股时就持股,该卖出时就卖出,也就不会发生在股价处于低位区时,见到日线MACD与股价出现顶背离,就将其卖出的错误(见本题实例三、实例四);在股价处于高位区时[注],见到日线MACD与股价出现顶背离,就会选择主动卖出(见图236),从而在股价见顶时能做到全胜退出。

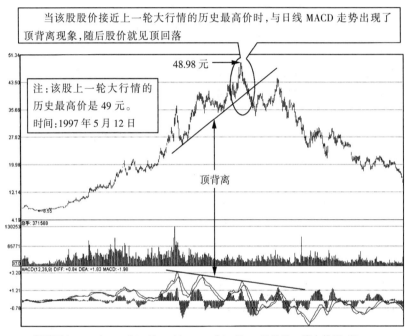

当该股股价接近上一轮大行情的历史最高价时,与日线MACD走势出现了顶背离现象,随后股价就见顶回落

48.98元 ←

注:该股上一轮大行情的历史最高价是49元。
时间:1997年5月12日

顶背离

深发展(000001)2006年6月27日~2008年9月16日的日K线走势图 图236

可见,投资者要想利用日线MACD来识顶、逃顶,避免出现为券商打工的窘境。其必要条件是:①有丰富的实战经验;②能正确地判断出日线MACD死亡交叉的性质和股价处于高位区还是低位区。当这两个条件都具备了,用日线MACD识顶、逃顶就不会为券商打工了。对此,每个投资者都可以自我掂量一下,自己是否已经具备了这

【注】 什么是股价的高位区,关于该概念的解释,详见本书第505页。

两个条件。如果掂量下来自己尚不具备这样两个必要条件,那么还是应该相信高手所说的"用 MACD 识顶、逃顶,为券商打工看日线"是对的。这样就可以约束自己的盲动行为,减少投资失误。

第三,在运用 MACD 识顶、逃顶时,高手最看重的是周线。通常,在单边上涨行情中,途中股价无论怎么震荡,只要主力不是在真的出货,周线 MACD 就基本上会一直保持着平稳上升的态势,而等到主力出货时,周线 MACD 才会形成死亡交叉。由于周线 MACD 有这样的特点,所以普通投资者用周线 MACD 进行识顶、逃顶就有了可能,因为该信号简单明确,操作又很方便,只要大家按照高手介绍的方法去做,几乎人人都可以做到,而误判的情况要比日线 MACD 少得多。

当然,使用周线 MACD 也存在一定的缺点。比如,其死亡交叉的信号往往要比股价实际见顶的时间滞后。如果投资者纯粹按照周线 MACD 死亡交叉的信号出逃,此时,行情可能早已见顶回落,或许股价已经跌掉了许多。还有在股市上涨过程中,当行情出现幅度较大的阶段性调整时,周线 MACD 也会出现死亡交叉的信号。此时,投资者如按照周线 MACD 死亡交叉提示的信号操作,虽然可选择暂时退出,但不要以为整个上升行情已经结束了,否则就会发生判断上的错误。因为股价经过一段时间调整后仍会重拾升势。可见,周线 MACD 也存在着明显的缺点。遗憾的是,这些缺点靠其本身是没有办法克服的。要想克服由周线 MACD 的缺点带来的负面影响,只能另外找其他办法进行弥补。

第四,高手说用月线 MACD 可以锁定投资风险,这个观点我认为非常重要,这一定要引起大家高度重视。在股市中,也有人把月线 MACD 出现死亡交叉前与出现死亡交叉后,当作熊市上半场与熊市下半场来看待,以此提醒投资者,防范投资风险。其实,这两种说法意思是一样的。说得通俗点,在月线 MACD 出现死亡交叉前,指数(股价)已经见顶走熊了,而且熊市已经经历了一段时期,指数(股价)出现了大幅下跌,投资者损失非常大。只不过到了月线 MACD 出现死亡交叉后,情况变得更为严峻了。面对这样的严峻形势,投资者必须作出抉择。在这关键时刻,投资者一般会出现两种态度:第一种是积极态度:坚决止损离场,保住最后一点实力。这个态度无疑是正确的。为何这样说呢?因为投资者必须这样考虑:前面我已经遭受了很大的损失,但在月线 MACD 出现死亡交叉,通向地狱之门打开后,我不能犹豫了,再犹豫就会把仅留的一点老本全部赔光。现在自己只有痛下决心,清仓出局,才能避免走进地狱,遭受灭顶之灾。第二种是消极态度,掩耳盗铃,或者用死猪不怕开水烫的态度来麻醉自己,死捂着股票不放,结果股价会越跌越惨,损失越来越大。当股价跌得惨不忍睹,以至无法收拾的时候,这些投资者才会感到后悔,但到了这个时候,后悔已经晚了,因为一切都已成定局。

有鉴于此,投资者必须充分认识这样一个道理:即无论大盘或个股,月线 MACD 出现死亡交叉,说明情况已经遭透了,接下来情况会变得越来越遭。面对这样糟糕的局面,投资者只有采取快刀斩乱麻的办法,一逃了之。有人担心这样卖出,会不会卖到地板价上。说绝对没有,谁也不能保证。但根据以往的资料统计,在月线 MACD 出现死亡交叉后马上卖出,割肉割到地板价上的概率是非常小的,相反,百分之八十至九十的可能是,指数(股价)仍有一个很大的下跌空间,最起码也要跌掉 30% 以上。如果指数再跌掉 30%,那么,个股还会再跌掉一半,甚至一半以上。这种情况,在历届熊市中都发生过。如果真的出现这样的情况,那么对前期在股价(指数)见顶回落,没有及时出逃,损失已经过半的投资者来说,是无法承受的。此事就相当于在第一次大地震中,某人的一条腿被压断了,后来余震来了,因为他还是没有及时出逃,最后余震把他的另一条腿也压断了。

有人以为,我这样说是耸人听闻,是夸大事实,故意在吓唬大家。这里我可以负责任地告诉大家,尽管情况十分糟糕,但事实就是如此。因此,作为一个成熟的投资者,在遭受前面第一次没有逃顶的失败后,决不可以在月线 MACD 出现死亡交叉时无动于衷,再遭受第二次失败。投资者一定要敢于正视由月线 MACD 出现死亡交叉后所带来的严重负面影响,要努力设法防止这种事情的发生,不要让风险再继续扩散开去。

为了让大家对月线 MACD 出现死亡交叉后所形成的巨大杀伤

力,有一个更清晰、更深入的了解,我们特地设计了两张表(见表7、表8)。让大家看看沪深股市成立以来,每次月线MACD出现死亡交叉后的表现。

上证指数在月线MACD出现死亡交叉后的表现一览表

次序排列	时间	收盘指数	本轮调整到达的最低指数	月线MACD出现死亡交叉之后的跌幅
第一次月线MACD出现死亡交叉	1997年12月	1194.10	1043.02	12.65%
第二次月线MACD出现死亡交叉	2001年7月	1920.32	998.23	48.02%
第三次月线MACD出现死亡交叉	2008年3月	3472.71	1664.93(截至2008年12月)	52.06%
说明:为何上证指数直到1997年12月月线MACD才第一次出现死亡交叉呢?这是因为MACD的常用参数为12、26、9,时间不到,月线MACD死亡交叉的现象就不会出现。所以,用月线MACD死亡交叉来辨识顶部的方法,只适宜时间运行较长的股市或个股,对时间运行较短的股市或个股,如新股或次新股则不适用。				

表7

深证成指在月线MACD出现死亡交叉后的表现一览表

次序排列	时间	收盘指数	本轮调整到达的最低指数	月线MACD出现死亡交叉之后的跌幅
第一次月线MACD出现死亡交叉	1997年11月	4286.49	2521.08	41.19%
第二次月线MACD出现死亡交叉	2001年2月	4453.14	2590.53	41.83%
第三次月线MACD出现死亡交叉	2008年4月	13504.89	5577.23(截至2008年12月)	58.70%
说明:为何深证成指直到1997年11月月线MACD才第一次出现死亡交叉呢?这是因为MACD的常用参数为12、26、9,时间不到,月线MACD死亡交叉的现象就不会出现。所以,用月线MACD死亡交叉来辨识顶部的方法,只适宜时间运行较长的股市或个股,对时间运行较短的股市或个股,如新股或次新股则不适用。				

表8

有人问:月线MACD出现死亡交叉在成熟市场是否也是这样的结果呢?据我们了解在成熟市场,月线MACD出现死亡交叉也是一个很严重的问题(当然严重的程度可能没有沪深股市那样厉害),投资者也必须予以高度重视。下面我们请大家看一张香港恒生指数月K线走势图。从图 237 中大家会清楚地看到,每次月线 MACD 出现死亡交叉后,都会促使股指继续下行,下跌空间还不小。可见,无论是新兴市场还是成熟市场,只要是月线 MACD 出现死亡交叉,就意味着熊市下半场的序幕被拉开,新一轮跌势开始了。在这个问题上,新兴市场与成熟市场是没有什么区别的。

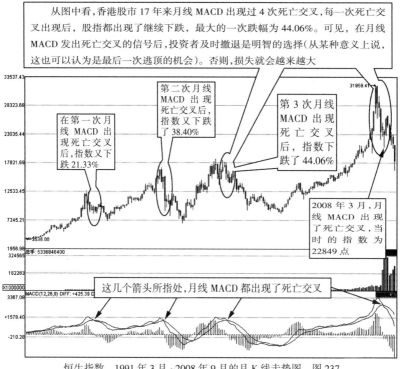

从图中看,香港股市 17 年来月线 MACD 出现过 4 次死亡交叉,每一次死亡交叉出现后,股指都出现了继续下跌,最大的一次跌幅为 44.06%。可见,在月线 MACD 发出死亡交叉的信号后,投资者及时撤退是明智的选择(从某种意义上说,这也可以认为是最后一次逃顶的机会)。否则,损失就会越来越大

第二次月线 MACD 出现死亡交叉后,指数又下跌了 38.40%

在第一次月线 MACD 出现死亡交叉后,指数又下跌 21.33%

第 3 次月线 MACD 出现死亡交叉后,指数下跌了 44.06%

2008 年 3 月,月线 MACD 出现了死亡交叉,当时的指数为 22849 点

这几个箭头所指处,月线 MACD 都出现了死亡交叉

恒生指数 1991 年 3 月~2008 年 9 月的月 K 线走势图 图 237

第五,高手关于用 MACD 识顶、逃顶的经验,不仅对手中持有股票的投资者具有重要的指导意义,对手中没有股票的投资者来说,同样也有十分重要的警示作用。因为股票跌下来,跌深了会激起这些投资者逢低吸纳、抄底的欲望。但事实证明,在熊市中逢低吸纳、抄底,多数是错误的。当然,出现这种错误的原因有很多,但其中一个重要

原因,就是这些投资者在逢低吸纳、抄底时,忘了看(或者是根本不了解)周线 MACD、月线 MACD 的运行状况。

在具体运用 MACD 时,高手说:"逃顶看周线,锁定风险看月线。"这不仅是对持股的投资者说的,也是对持币的投资者讲的。投资者千万要记住,一轮大的上涨行情结束时, 如果周线 MACD 出现死亡交叉,则往往表示跌势才刚刚开始;如果月线 MACD 出现死亡交叉,则表明行情进入熊市下半场,虽然股价已跌到半山腰,但是后面还有很大的一段下跌路程要走。可见,在这个当口去逢低吸纳、抄底,风险是很大的。尽管有人眼明手快,抓住了一些短线机会。但大多数人逢低吸纳、抄底后却没有这样的幸运,结局都很不好,有的输得非常惨。

第六,辩证法告诉我们:任何真理都是相对的而不是绝对的。用辩证法这一观点来认识高手用 MACD 识顶、逃顶的经验,我们就会发现高手所言"逃顶看周线,锁定风险看月线,为券商打工看日线"的经验对识别大的顶部(即大盘指数、个股股价大幅上涨后形成的顶部)非常有效,而对识别小的顶部(如牛市中阶段性顶部、熊市反弹中形成的顶部、震荡盘整行情中形成的顶部)效果就比较差。

根据有关资料统计,对小顶(即短线顶部)的识别,日线 MACD 的作用要强于周线 MACD、月线 MACD。所以,投资者日后操作时,应学会针对不同的顶部,采取不同的对策,不能把两者混淆起来,否则很容易造成不必要的投资失误(编者按:本题主要向大家介绍逃大顶的经验与技巧,因为能否逃好大顶对投资者利益影响最大。至于逃其他的顶,这儿就不展开了。本书其他地方有这方面的内容介绍,读者可留意)。

总之,投资者一定要清醒地认识到,股市中的识顶、逃顶是一个系统工程,指望用一种方法、一种经验就能把股市中所有的顶都逃掉,这是不可能的。历史已经证明,今后也必将证明,大凡在股市中成功逃顶的投资者,都会采用"兵来将挡,水来土掩"的策略,并能根据行情的性质与形势的变化,有针对性地选择一些识顶、逃顶的武器,实现胜利大逃亡,从而获得远远超过一般人的辉煌战绩。而那些一成不变,只知道用一种经验、一种方法去识顶、逃顶的人,永远不可能取得如此佳绩。

第六章　盘口出逃技巧特别训练小结

金老师说:盘口识顶、逃顶技巧的课程结束前夕,有一位同学一连问了我几个问题,这些技巧准确率有多高,是否会出现误判? 如果出现误判,其表现和原因是什么? 误判误卖后,有什么办法可以进行弥补,具体应该怎么操作?

说实话,我很喜欢这位同学的提问,有如此多的疑问,说明他动了很多脑筋。我认为做事情就应该这样,只有把一件事情的来龙去脉、前因后果、利弊得失都弄清楚了,这桩事情才能做好。我们学习运用盘口技巧进行识顶、逃顶,也必须这样做。我很重视这位同学的提问,向他详细地谈了自己的观点和看法,解开了他心中的疙瘩。

请问:你知道金老师是如何解答这位同学心中疑问的吗?

因为我在别处也倾听金老师讲过类似的话题,所以我了解金老师是如何回答这位同学提问的。

首先,金老师认为,这些盘口识顶、逃顶的技巧都是来自实战,运用得好准确率一般很高。据了解,无论是大盘或个股,只要是大的头部,运用这些技巧基本上都能逃掉。当然,误判的情况也是有的,但总体而言,真正出现误判不足两成。误判主要表现在以下两个方面:①把主力(庄家)的震仓洗盘误认为是见顶回落,从而被主力(庄家)洗盘出局,发生中途踏空的现象;②把多头市场中阶段性见顶误认为中长期顶部,卖出股票后没能及时低位回补,以致错失了后面的上涨行情。

有人问：什么样的盘口技巧最容易出现误判呢？金老师告诉我们，误判主要发生在K线上。用K线识顶、逃顶的技巧，它既有优点，也有缺点。其优点是：只要看准了，就可以在高位卖出一个好价钱；其缺点是：它比起用均线、技术图形识顶、逃顶所出现的错误，次数要多。

金老师说：如果客观地对本书介绍的盘口识顶、逃顶的技巧进行评价的话[注]，我们可以得出这样的结论：如果就灵敏度而言，K线反应最灵敏，其次是均线，最后是技术图形。灵敏度越高，逃顶时卖出的价格就越高。但是，事物总有两面性，灵敏度越高，差错率也就越大。如果就准确率而言，正好反过来，技术图形准确率最高，其次是均线，最后是K线。

有人问：用技术图形识顶、逃顶准确率高，它主要表现在什么地方？既然用技术图形研判顶部准确率高，那就干脆看技术图形就行了，何必还要看K线、均线呢？

关于这个问题，金老师告诉我们，用技术图形识顶、逃顶准确率高是有原因的。这主要是时间因素在起作用。一般来说，在走势图上构成一个大的技术图形需要很长的时间。比如，我们看到一些个股在高位构筑一个大的头肩顶、多重顶、扩散三角形等，少则要几个月时间，多则要一二年时间。时间越长，积聚的做空能量就越大。一旦大的技术图形向下破位，股价往往会形成迅速向下滑落的态势，短期内股价很难止跌。所以，我们看到头肩顶、多重顶、扩散三角形等技术图形出现向下破位的现象，此时马上卖出，把握非常大，准确率可以达到90%以上。

但是，大家同时应该看到，用技术图形识顶、逃顶的缺点也是显而易见的，如果等到它破位时卖出，股价已经跌去了很多，此时卖出的价格往往是比较低的。说得难听一点的话，技术图形向下破位时再出逃，只不过是给后知后觉者留了一次逃命机会而已，因为先知先觉者，以及实战经验丰富的投资者早在股价见顶的高位就出逃了。如果我把话

【注】 这里主要是指K线、均线、技术图形这些关键的识顶、逃顶技巧，其他方面的识顶、逃顶技巧均不在这个评价范围之内。

说得尖刻一些,此时后知后觉者为了保命也只好硬着头皮卖出了。假如此时再不醒悟,仍然是捂股不抛,股价就会跌得很惨。这样一路深套下去,那就真正变成一个不知不觉者了[注]。可见,有时看到技术图形向下破位时再卖出,仅是最后一次逃命机会而已,但它绝对不是一个最好的卖出时机。

说到这里大家应该明白了,用 K 线识顶、逃顶的优缺点,与用技术图形识顶、逃顶的优缺点,正好倒了过来,前者的优点就是后者的缺点,而前者的缺点就是后者的优点。总而言之,股市中没有一个十全十美的办法。有利必有弊,要两全其美是很难的。

但话要说回来,虽然股市中没有两全其美之事,不过作为一个聪明的投资者在运用盘口技巧识顶、逃顶时,就必须想办法将其中的负面因素降到最低限度,而要把它里面的有利因素尽量发挥出来,以此来兴利除弊,达到一个相对比较好的效果。为了实现这个目的,接下来我们就要分析形成这些弊端的原因是什么,有什么办法可以消除这些弊端。

客观地说,用 K 线识顶、逃顶比用均线、技术图形识顶、逃顶的准确率要低一些,但准确率大致也可以达到 7 成左右。据分析,运用 K 线识顶、逃顶出现误判,主要有以下 3 个原因:

①当 K 线见顶信号出现时,当事人在没有对该 K 线见顶信号进行验证的情况下,就匆忙地将股票卖出,从而出现了错卖的情况。

②当 K 线见顶信号出现时,当事人虽然对该 K 线见顶信号的有效性进行了验证,但忽视均线系统仍处于多头排列之中,或者是忘了关键的均线(比如 60 日均线)仍在支撑股价一路上行,结果卖出后出现了踏空的现象。

③因为当事人对主力(庄家)操作意图缺乏深入了解,在操作上中了他们设置的空头陷阱的圈套。通常,在一轮上升行情中,主力(庄

【注】 做股票有 3 种人,先知先觉者,后知后觉者,不知不觉者。先知先觉者仅为少数,后知后觉者略微多一些,绝大多数人为不知不觉者。所以,股市里多数人是输钱的,原因就在这里。

家)在低位建仓后,将经过震仓洗盘——拉升——再震仓洗盘——再拉升这几个阶段,直到股价运行至高位,主力(庄家)才会将手里的筹码向外大量派发。因此,从严格意义上说,只有到股价进入高位区域后,此时出现的 K 线见顶信号,才有可能是真正的见顶信号,其余上升途中出现的 K 线见顶信号,都有可能被主力(庄家)用作震仓洗盘的手段。如果当事人不了解主力(庄家)的操作意图,就很容易上他们的当,从而会被主力(庄家)利用假的 K 线见顶信号洗盘出局。

原因找到后,我们就可以寻求解决的对策了。这些办法是:

(1)如果误判是由第一种原因导致的,解决的对策是:投资者只要记住一个原则就行了,在上升途中见到 K 线见顶信号[注],不要匆忙作出见顶的结论,应该等这个 K 线见顶信号被后面的 K 线走势验证后再出逃,这样就可避免很多错误。为了说明这个问题,下面请大家看一个实例。

实例一:包钢股份(600010)。从图 238 中看,该股在上涨途中拉出了一根倒 T 字线(见图 238 中箭头 A 所指处),而且当日换手

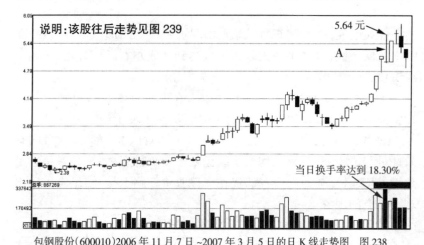

包钢股份(600010)2006 年 11 月 7 日~2007 年 3 月 5 日的日 K 线走势图　图 238

【注】　这是对持股者说的。但对持币者来说则不一样,即使看好该股,当时也不宜买进,最起码要看到以后股价(指收盘价)能超过表示见顶信号 K 线的当日最高价(比如,图 238 中就要看到超过倒 T 字线的最高价 5.64 元),且保持 3 天以上的时间,才可以考虑买进。总之,无论是持股者还是持币者,当时最好的投资策略就是观望,待方向明确后再择机而动。

率达到了 18.30%。从技术上说,"倒 T 字线 + 大成交量",出现这样的情况短期见顶的可能性很大。但奇怪的是,以后几天的 K 线走势始终在这根倒 T 字线的上影线处徘徊,股价(指收盘价)并没有走到这根倒 T 字线收盘价的下方,这说明这根倒 T 字线的见顶信号并没有被后面的 K 线走势所验证。在这种情况下,投资者就要想到另外一个问题,主力是否会借倒 T 字线进行洗盘,如果是这样,现在卖出就会中了主力设置的空头陷阱的圈套。因此,明智的做法仍然应该持股观望一段时期再说[注]。假如后面的股价重心不断向下,那当然应该及时卖出;假如后面股价在不断向上,那就应该紧紧捂住手中的筹码,持股待涨,直到后面真正的见顶信号出现时再卖出(见图 239)。

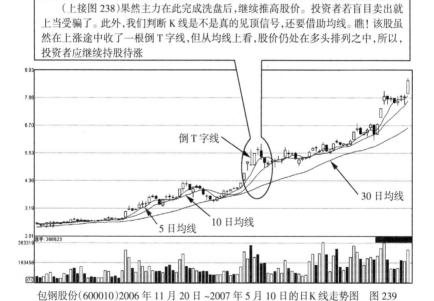

(上接图 238)果然主力在此完成洗盘后,继续推高股价。投资者若盲目卖出就上当受骗了。此外,我们判断 K 线是不是真的见顶信号,还要借助均线。瞧! 该股虽然在上涨途中收了一根倒 T 字线,但从均线上看,股价仍处在多头排列之中,所以,投资者应继续持股待涨

倒 T 字线

30 日均线

5 日均线

10 日均线

包钢股份(600010)2006 年 11 月 20 日~2007 年 5 月 10 日的日 K 线走势图 图 239

【注】 请读者注意:这里不包括熊市中出现的弱势反弹上涨行情。在熊市弱势反弹中,投资者见到 K 线见顶信号应马上出逃,不必等到 K 线见顶信号被验证后再出逃,因为熊市中反弹行情一般都很弱(除非是大级别的反弹行情,比如 B 浪反弹),往往涨个 20%~30%,行情就结束了。所以,做熊市反弹,一看苗头不对就要迅速出逃。如果此时一定要等到 K 线的见顶信号被完全验证后再出逃,极有可能会丧失最佳的出逃时机,说不定会再次被深套。

（2）如果误判是由第二种原因造成的，解决的对策是：投资者可依照均线规则进行操作，即只要均线多头排列的格局不变，或者是关键的均线未被击穿，就不要轻易地认为股价见顶了，而要想到主力（庄家）是在利用K线见顶信号进行震仓洗盘。此时，投资者仍应持股待涨，而不应该盲目地把股票卖掉。

下面我们来看一个实例。

实例二：日照港（600017）。这是2006年10月上市的一个次新股，上市后股价一路震荡上行。从图240中看，该股震荡上行初期主力就进行了2次较大力度的洗盘，而洗盘的主要手段就是制造K线见顶的假象（见图240中画圈处与箭头A所指处）。投资者如果光看K线信号进行操作，就会以为股价真的见顶了，从而上当受骗被主力洗盘出局，但是，如果投资者操作时再看一看均线，就会发现均线系统的多头排列仍旧存在，此时心里就有数了，这是主力在洗盘，不用紧张。可见，用均线识顶、逃顶就能有效地弥补用K线识顶、逃顶所出现的误判。

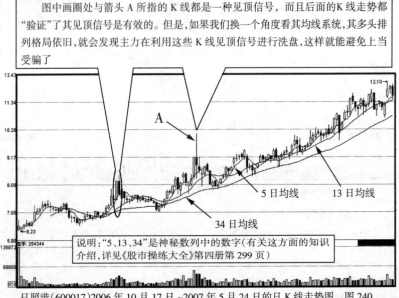

图中画圈处与箭头A所指的K线都是一种见顶信号，而且后面的K线走势都"验证"其见顶信号是有效的。但是，如果我们换一个角度看其均线系统，其多头排列格局依旧，就会发现主力在利用这些K线见顶信号进行洗盘，这样就能避免上当受骗了

A

5日均线

13日均线

34日均线

说明："5、13、34"是神秘数列中的数字（有关这方面的知识介绍，详见《股市操练大全》第四册第299页）

日照港（600017）2006年10月17日~2007年5月24日的日K线走势图　图240

（3）如果误判是由第三种原因引起的。解决的对策是：投资者一定要加强对主力（庄家）操作意图的研究，了解在什么情况下股价进入高位区，主力要出货了。关于这个问题，本书在中篇"主力（庄家）出货手法大揭秘"，以及附录"震荡出货与震荡洗盘的区别与应对策略"中将进行详细介绍，这里就不展开了。

其实，误判不光发生在用日K线识顶中，用日均线、日线MACD识顶也会出现误判，只不过是误判的程度两者有所不同罢了（编者按：因本书篇幅有限，用日均线、日线MACD识顶出现误判的原因与表现就不介绍了，但其基本情况与日K线误判的原因与表现差不多）。实战经验告诉我们，如果把日K线换成周K线、月K线，日均线换成周均线、月均线，日线MACD换成周线MACD、月线MACD，其出错的概率就会大大降低。比如，K线中的塔形顶，尽管在日K线见顶信号中，准确率是比较高的，但据统计资料分析，它也有出错的时候。不过，如果塔形顶出现在月K线走势图中，那误判率就几乎可忽略不计，投资者见到此信号卖出把握非常大（关于这方面的案例，可参见本书第68页图59）。又如，日线MACD出现死亡交叉，提示股价有可能见顶了，但这个信号有时也会失真，让投资者造成误判。不过，如果我们把MACD放在月线图上进行考量，情况就不同了。据了解，月线MACD出现死亡交叉，提示股价见顶，出错的情况就非常少见。

有鉴于此，为了避免在识顶时发生错误的判断，我们在运用盘口技巧研判顶部时，一定要坚持两个原则：一是综合运用的原则。即研判行情时，最好能将K线、均线、MACD、成交量等综合起来使用，由此得出来的结论，误判的情况就会大大减少。二是以大管小的原则。所谓以大管小，就是用月线来管好周线、日线，用周线来管好日线。比如，当月线上出现见顶信号，那么，即使周线、日线上未见见顶信号，此时也要提高警惕，先逢高卖出，离场观望。如此，就可避免许多不必要的差错。

不过，话要说回来，股市是一个高风险的市场，股市里的情况变化无常，尽管我们在识顶、逃顶中采取了一些措施，以此来避免有可能出现的误判错误。但是，不管我们采取什么措施，错误只能减少，而不可能就此绝迹。我们应该明白一个道理，自己是普通投资者，是一个平凡的人。只要是人就一定会犯错误。在股市里，只有"脱胎换骨"变成"股神"，才不会犯错误，才能够做到百战百胜。但令人遗憾的是，世界上至今还没有出现过一个料事如神、百战百胜的股神，就连世界第一投资高手巴菲特都犯过不少错误，更何况是操作水平远不如他的其他人呢？可见，无论是谁，做股票一定会犯错误，这是没有疑问的。但是，我们要搞清楚的是，即使有些投资者在识顶、逃顶中犯了错误，也并不是不可救药了，亡羊补牢这个工作还是能做的，这样就可以挽回很多损失。那么，如果要亡羊补牢，我们又应该怎么补救呢？

金老师说，我在前面说过，投资者在识顶、逃顶中所犯的错误，主要表现在把股票卖掉后，出现不跌反涨的情况。面对这样的情况，下一步操作就很关键。现在，我根据一些高手的操盘经验和自己的观察，在这里提出一些操作建议，供大家参考。

第一，投资者把股票卖出后，发现股票不跌反涨，此时，如果怕踏空想重新买进，一定要等到前面 K 线见顶信号的最高点被确认有效攻克后，方可再次买进。

为了说明这个问题，我请大家看两个实例。

实例三：上海机场（600009）。图 241 是上海机场 1998 年 12 月 10 日~1999 年 6 月 22 日的日 K 线走势图。该股在短期内快速大涨后，拉出一根螺旋桨 K 线（见图 241 中箭头 A 所指处）。我们知道螺旋桨 K 线是一个见顶信号。随后，该股股价连续 3 日都收在螺旋桨 K 线下影线的下方处，而且股价的跌幅已超过 3%。从技术上来说，这根螺旋桨 K 线的见顶信号被有效确认了。按照 K 线操作规则，投资者在图 241 中箭头 B 所指处应该将该股卖出。但不料卖出后，股价又涨上去了，直至图中最后收出一根带上下影线的小阳线时，收盘价已站在前面这根螺旋桨 K 线最高价的上方。有人觉得前面出现的螺旋桨 K 线见顶信号是一根骗线，主力把筹码骗到手后急不可耐地要向上发动攻击了。从图 241 中看，螺旋桨 K 线中最高价已被攻克，此时应该马上追进去才是，否则就真的要踏空了。

这个看法对不对呢？我认为大家先不要下结论，而要仔细地分析

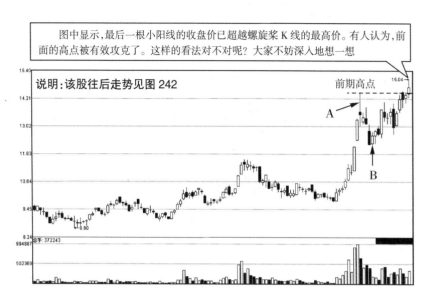

图中显示,最后一根小阳线的收盘价已超越螺旋桨 K 线的最高价。有人认为,前面的高点被有效攻克了。这样的看法对不对呢? 大家不妨深入地想一想

说明:该股往后走势见图 242

前期高点

上海机场(600009)1998 年 12 月 10 日~1999 年 6 月 22 日的日 K 线走势图　图 241

与研究,才能找到一个准确的答案。首先,我们必须承认前面的卖出有失误之处,最起码是卖早了,因为卖出后股价又涨上去了,这是事实。但是否完全卖错了呢?其实,光看图 241 中的走势,还不能马上下这个结论,一定要看到后面的走势才能作出正确的判断。至于有人看到图 241 中的走势后就认为,现在已经"攻克"了前面螺旋桨 K 线的最高价,要马上跟进,这样的结论更有待商榷。因为现在的股价也仅仅是第一天站在螺旋桨 K 线最高价的上方,而且成交量并没有明显放大,且收的又是一根带上下影线的小阳线。显然,仅凭这些是无法得出多方已经有效攻克了前面的高点这个结论的。

按照《股市操练大全》一贯强调的买进要谨慎的原则,即使有人看好该股的后市,那么,至少也要等上几天,看其股价能不能连续 3 天有效地站在螺旋桨 K 线最高价的上方。站稳了,且股价离开螺旋桨 K 线最高价已有 3%以上的升幅,此时方可认为股价有效攻克了前面的高点。只有出现了这种情况,才可考虑重新买进。否则,就应该继续冷静观望,切不可轻举妄动。如果因为冲动而盲目买进,说不定就会

269

落入主力设置的多头陷阱之中(见图242)。

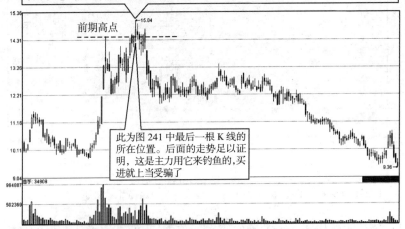

(上接图241)从该股走势中我们可以获得一条重要的经验:如果一看到股价冲破前一高点就马上跟进,很容易陷入主力设置的多头陷阱之中。投资者一定要记住,卖出后再重新买进,一定要等后面的股价有效地攻克前面高点后才可以试着买进,切不要想当然地盲目操作

前期高点

此为图241中最后一根K线的所在位置。后面的走势足以证明,这是主力用它来钓鱼的,买进就上当受骗了

上海机场(600009)1999年3月30日~2000年1月14日的日K线走势图　图242

实例四:中国石化(600028)。这是该股某阶段的日K线走势图(见图243)。从图中看,该股的走势与图241中的个股当时的走势有相类似的地方,图中箭头A所指处也是一根螺旋桨K线,自它出现后股价就出现了短期回调,从而"验证"了这根螺旋桨K线的见顶信号是"有效的"。根据K线操作规则,投资者应该在图243中箭头B所指处将股票卖掉;即使按照均线操作规则,图243中箭头C所指处,也应该将股票卖掉了,因为此处已有效地跌穿了30日均线。但后面的走势大家看到了,卖出后不久股价就涨上去了。

不过,这个上涨到底是真的还是假的,会不会像本题图242中的个股那样,是主力故意设置的一个多头陷阱呢?这一切在当时是找不到答案的。我们只能根据当时的盘面走势,仔细观察后才能作出定论。比如,投资者可以发现,该股涨上去之后,在图243中箭头D、箭头E所指处,曾经出现2次冲过螺旋桨K线最高价的现象。箭头 D 所指处为第一次冲过,但仅是略微冲过而已,没有多大的参考价值,我们先不去说它。箭头 E 所指处是第二次冲破螺旋桨 K 线的最高价,拉出一根较大阳线(见图 243 中箭头 E 所指处)。当我们看到这根阳线时要不要马上跟进呢?暂时不要忙着跟进(注:如果你是激进型投资者,此时可以用少量资金试探性地跟进),应继续冷静观察。稳健型投资者的操作原则是:只有等到股价在这根螺旋桨 K 线最高点所处的水平线(即图243 中的一根较长虚线)上真正站稳时,才可以考虑重新买进。

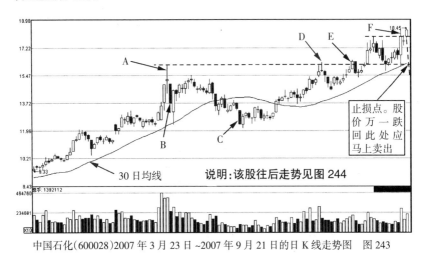

中国石化(600028)2007 年 3 月 23 日~2007 年 9 月 21 日的日 K 线走势图　图 243

现在我们回过头来看图 243。大家可以发现,该股第二次站上这根水平线后出现一次回抽,且这次回抽,验证了向上突破螺旋桨最高点是有效的。接着,股价再重新发力向上,拉出一根中大阳线(见图 243 中箭头 F 所指处),同时成交量呈明显放大的迹象,这两天又拉出两根小阳线,冲过了前面一个高点(见图 243 中一根较短的虚线)。至此,我们就可以作出判断:该股前面拉出的螺旋桨 K 线与击破 30 日均线,都是吓唬人的,是主力在制造一种见顶假象,以此来震仓洗盘。待主力洗盘目的达到后,股价就开始重新发力上攻。而到图243 中最后一根 K 线出现时,形势已经明朗了,新的一波上升行情已呼之欲出。投资者见到这样的图形走势就可以放心地重新买进了（当然，买进时要设好止损点，止损点可设在一根较长的虚线下方，即股价万一重新跌回到螺旋桨 K 线最高点的下方，应马上无条件卖出）。如果投资者按照"前面 K 线见顶信号的最高点被确认有效攻克后，方可再次买进"的原则进行操作，胜算还是比较大的（见图 244）。

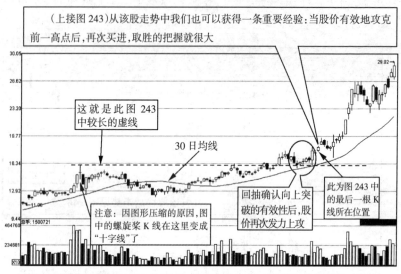

中国石化(600028)2007 年 4 月 27 日~2007 年 11 月 2 日的日 K 线走势图　图 244

　　第二，投资者把股票卖出后，发现股票不跌反涨。此时，还可选用"目标转移法"进行投资。那么，什么是目标转移法呢？它的意思是，当你把手中的股票卖出后，任务就完成了。该股今后的涨跌都与你没有关系了，你也不用再去关照它。如果今后要投资就选择新的目标、新的品种进行投资，业内人士将这种投资方法称为目标转移法。有人问，如何用目标转移法进行投资呢？这里作一个简单的比方吧。比如，大势向好时，可选择安全边际更高的品种进行投资；大势不好时，就将现金留着，等大势走稳后再选择价廉物美的品种进行投资。

　　第三，投资者把股票卖出后，发现股票不跌反涨。此时，可学习巴菲特的办法,把利润锁定,将这笔资金留在以后作战略投资时使用。有人问:我怎么知道巴菲特是如何操作的呢?请别急,我这里举一个实例,让大家看看巴菲特是怎么做的。

2007年秋,巴菲特把手中的中石油H股(注:这是指在香港上市的中石油股票,股票代码为HK0857)全部卖掉。但是,在巴菲特把它卖掉后,该股仍然一路高歌猛进,其见顶时最高价竟然比巴菲特卖出的价格高出了一半。巴菲特闻知,并没有因为自己"过早"地卖出中石油H股,表示过什么大的遗憾。在巴菲特看来,当初他决定把中石油H股全部卖掉,是因为该股的股价已被高估,而且他本人在低位买进这只股票,到抛出时股价已经涨了八九倍,获利已相当丰厚,自己已经相当满意了,所以就在该股涨到十二三元时,他采取了越涨越抛的策略[注]。至于该股在他卖出后继续上涨,巴菲特认为这是市场投机炒作所为,既然是投机,股价涨过头了迟早要跌下来,日后该股一定会走价值回归之路的。巴菲特在卖出中石油H股后,把赚到的几十亿美元一直锁定着,没有马上用于投资,而是将它留在最需要的时候再使用。事实证明,巴菲特这个投资策略是完全正确的。一年后,不仅中石油H股的股价跌到巴菲特卖出价格的一半之下(注:2008年10月,中石油H股最低跌到4.02港元),而且全世界的股市都出现了狂跌。而当股市狂跌,许多股票跌得惨不忍睹,跌出投资价值,别人深套动弹不得,手里已无钱补仓时,巴菲特又跟以往熊市里一样,在市场最恐惧的时候,他却在大量地购进一些价值被严重低估的股票作长期投资。

巴菲特这一招是很灵验的,几十年来屡试不爽,值得我们好好学习。因此,当你在一个股票上赚了钱,尤其是赚了大钱后,千万不要因为"卖早"了而感到后悔。大家一定要记住:一旦把股票卖出后就不要

【注】 据了解,2003年4月,巴菲特重仓买入中石油H股,买入均价在1.5港元左右。2007年7月12日,他开始分批减持中石油H股,截至2007年10月16日全部清仓(巧合的是,这一天上证指数创下了2006年这轮牛市的最高点——6124点,随后上海股市就由牛转熊)。巴菲特卖出中石油H股的均价在14港元左右。

去管它了,股价再涨已与你没有什么关系。当务之急,是要把卖出股票后获得的利润锁定,并暂时不要动用这笔资金,就像巴菲特一样,把它留到最需要的时候再拿出来使用,这样一来,你就把钱用在刀刃上了,日后获胜的概率自然大大增加。

有人将这种资金称为"战略性储备资金",不到关键时候是不能动用它的。那么,何谓关键时候?按照巴菲特的观点,要在熊市最黑暗的时候才能动用这笔资金。根据沪深股市的特点,动用这笔资金需要满足以下几个条件:①大盘的平均市盈率、市净率都接近或创了历史新低。②技术上极端超卖,成交屡创地量。成交量呈极端萎缩态势,大盘的日成交量与牛市最高的日成交量相比,已萎缩到 1/8~1/10,甚至1/10 以下。③新基金已发不出。④股市中至少有 1/3 股票的价格已经接近,或低于上一轮熊市末期的最低股价。⑤股票市场上 95%以上股票都跌得惨不忍睹,股价从高处跌下来,跌幅达百分之七八十的股票比比皆是。⑥股票市场上"三破"现象(股价跌破发行价、增发价、净资产价格)越来越严重。⑦前期抄底资金屡炒屡套,现在已无人再敢谈抄底了;市场舆论一致看空,人人谈股色变。当以上这些条件出现时(当然,这些条件不可能同时出现,但投资者必须注意,出现的条件应越多越好),战略性储备资金就可以开始陆续动用了。此时,有这笔资金的投资者就可以像巴菲特那样,选择一些质地优良、超跌严重的股票进行投资。此外,买的时候一定要讲究策略,逢低吸纳,分批买进,以便有效地降低买进的风险。

虽然沪深股市历史很短,但 10 多年来已经出现过 4 次大的牛熊转换,每一轮牛市、熊市的经验都告诉我们,投资者在牛市中逢高卖出股票后,只要将卖出股票所获得的利润锁定,并作为战略性储备资金沉底,等到了熊市末期再拿出来使用,在别人不敢买,也没钱再来抄底的情况下,选择质地优良、价值被严重低估的股票逢低吸纳,分批买进,然后就耐心地持股等待。以此方式操作,日后必定是一个大赢家。

又及：本书初稿完成后，在向读者征求意见时，有很多读者反映，《股市操练大全》第六册（即实战指导之一），在书的正文后面曾经选登了一位读者的来信，对信中提出的问题，他们深有同感，希望我们能解答一下。

现在我们回顾一下，这位读者在信中提出这样一个问题：上证指数在 2007 年 3 月 28 日拉出了一根吊颈线，3 月 29 日又拉出了一根射击之星，头部特征非常明显［见图 245 中画圈处，本图原载于《股市操练大全》第六册（实战指导之一）第 462 页］，为什么当时他根据 K线所发出的见顶信号，将股票卖出后大盘继续往上运行呢？

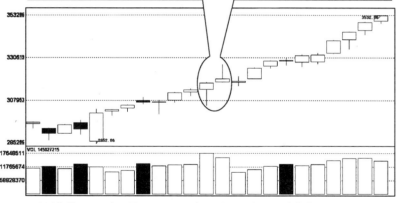

从图中可以明显地看出，当盘中出现吊颈线、射击之星（见图中画圈处）时，后面的 K 线是往上走的，并没有对这个"见顶信号"进行有效验证。所以我们可以判断，这是主力用它来吓唬大家的一种洗筹手段，股指并没有真正见顶，仍将维持着原来的升势。此时的操作策略，应该继续持股待涨

上证指数　2007 年 3 月 13 日~2007 年 4 月 12 日的日 K 线走势图　图 245

其实，这位读者在操作中出现的错误，就是本题前面提到的第一种原因造成的误判，即当事人在没有对 K 线见顶信号的有效性进行验证的情况下，就匆忙地将股票卖出，从而出现了卖错的情况。至于解决的方法本书也介绍了。现在就这个问题，我们再重述一遍，投资者如果碰到这样的图形应该如何操作。大家在操作时要记住一个原

则:仔细观察,对 K 线见顶信号的真伪作出正确鉴别后再行动。比如,从图 245 中可以看出,虽然画圈处的 K 线,一个是吊颈线,一个是射击之星,在上升途中出现都可以视为见顶信号,但这个见顶信号能不能成立,要靠后面的 K 线来验证。投资者从图中可以清楚地看到,画圈处之后的 K 线是往上走的,这说明后面的 K 线并没有验证画圈处的 K 线为见顶信号,这不过是市场主力用一个假的"吊颈线"、"射击之星"来吓唬大家,骗大家的筹码。显然,这是主力利用它在洗盘,这样所谓的见顶信号也就不能成立了。在这种情况下,画圈处这两根 K 线,我们就只能把它们看作是上升途中的一种普通 K 线,是一种用于洗筹的换档信号,而不是什么用于表示见顶的"吊颈线"、"射击之星"了。所以,任何 K 线不能光看它的形状像什么,而要看它的实质内容究竟是什么。如果形状像见顶信号,但经过后面的 K 线验证下来被否定了,那么,你就不能把它当成见顶信号,而只能把它看成是一个中继形态(即换档信号)[注];反之,经过后面的 K 线验证下来被肯定了,你就要把它当成见顶信号来处理。这是我们研判和运用 K 线的一个基本原则,大家千万不要忘记。

【注】 所谓中继形态(换档信号),意思是市场主力通过这样的换档,既洗去了盘中的一批浮筹,夯实了股价,又抬高了投资者的持股成本,使上升趋势能得以继续。

中篇 战役篇

主力(庄家)出货手法大揭秘

主讲人:赵老师

导　语

兵书云:"知己知彼,百战不殆。"股市如战场,在这个战场上,我们想生存、发展下去,要赢得胜利,就一定要了解自己的"敌人"在想什么,干什么,这样打仗才能有的放矢。

那么,普通投资者的"敌人"是谁呢? 就是市场上的主力、庄家(编者按:其实主力、庄家基本上是一个意思,只不过叫法不同而已)。大家必须明白,我们的"敌人"是十分强大、凶悍的。他们掌握了资金、信息、人才的优势,在市场上能掀起大浪,呼风唤雨。更使人感到害怕的是,他们是熟读兵书的老手,知道如何用兵不厌诈的手段来忽悠广大中小散户,制造一个又一个多头陷阱或空头陷阱来坑害这些善良的普通投资者。正是由于这样的原因,我们认为,尽管大家前面已经探讨了许多识顶、逃顶的技巧,但这还不够,现在必须再加上一课——要深入了解我们的主要对手,即市场主力会在什么情况下,运用什么手段来兑现他们的获利筹码。普通投资者只有把这个问题弄清楚了,识顶、逃顶中的许多疑难问题和一些使投资者举棋不定、难以抉择的事情,才会有一个明确的答案。这样逃顶的成功率就能得到很大幅度的提高。

第七章　主力(庄家)诱多出货手法的解密与应对策略

　　赵老师说："主力要在高位派发获利筹码,就要制造做多的热烈气氛,引诱他人,特别是中小散户在高位抢筹接盘。否则,主力把获利筹码派发给谁,又如何在高位实现胜利大逃亡呢?可见,主力一直把中小散户当作蚕食的对象。从这个意义上来说,主力就是我们普通投资者的"敌人"。

　　现在我向大家提一个问题:主力最常用的出逃方式是什么?该方式有何特点?面对主力这种出货方式,普通投资者应该怎样来积极应对?

　　中国古代有三十六计,其中有一计称之为"欲擒故纵"。其意是讲:敌我双方相斗,一方为了捉住另一方,故意先放开对方,施以一些小的"恩惠",使其放松戒备,然后乘其不备,一下子把对方制服。在股市中,主力为了在高位顺利地将获利筹码派发,也经常会使用欲擒故纵之计,而"拉大阳线诱多出货法"就是主力出逃时最常用的一个阴招。

　　该出货方法的特征是:①在大阳线出现前,股价处于相对平稳的上升途中;②突然在某一日或几日出现了低开高走,并封至涨停的大阳线(少数情况下,也有可能大阳线未封至涨停,但涨幅一般都超过了8%;或者是当日出现了跳空高开封至涨停的阳线,但其阳线的实体相对较短。如果盘中出现这两种情形,可视为大阳线的变化形态);③大阳线后股价出现了冲高回落,或者形成了短时间横盘走势;④在大阳线出现当日及随后的一段时间里,成交量开始明显放大;⑤大阳线后股价重心出现下移的迹象。

如果发现走势图上出现上述特征的图形,就可以基本上确定为主力在利用拉大阳线进行诱多出货了。一旦主力完成了筹码派发的任务后,行情就会开始回落,甚至急转直下。据调查,"拉大阳线诱多出货法"是主力使用频率最高的一种出货方式。投资者对此一定要高度警惕。

有人问:主力使用"拉大阳线诱多出货法"的效果如何?根据有关资料统计,主力使用这一招成功概率很高,被它忽悠的投资者不计其数,尤其是中小散户更容易上当受骗。正因为这一计谋屡试不爽,所以10多年来,各路主力对其都情有独钟,不断用它来进行"胜利大逃亡"。

根据我们长期观察,主力在使用"拉大阳线诱多出货法"时,往往会出现以下几种情形。

一、频繁地使用。"拉大阳线诱多出货法"几乎成了一些主力出货的主要手段。

实例一:狮头股份(600539)。图246中出现了明显的3个大的头部,但每一次头部都是在拉出涨停或接近涨停的大阳线后形成的。显然,该股主力已把"拉大阳线诱多出货法",作为其高位派发筹码的杀手锏。另外,我们从图中还可以发现,该股每次拉出大阳线的当日以及之后几天,成交量都出现了急剧放大。这充分说明主力利用大阳线为掩护,在大量卖出,其出逃的痕迹是十分明显的。

实例二:国电南瑞(600406)。该股主力也是频繁地利用拉大阳线进行诱多出货的。图247中显示,几个重要头部都是在拉出涨停收盘或接近涨停收盘的大阳线后出现的。使人奇怪的是,主力使用这一方法出货竟连连得手。这种现象不断出现,说明很多人对主力"拉大阳线诱多出货法"还不甚了解,这才使主力的阴谋不断得逞。

二、间断集中使用。主力以此来极力烘托做多气氛,便于有充分的时间来派发高位筹码。

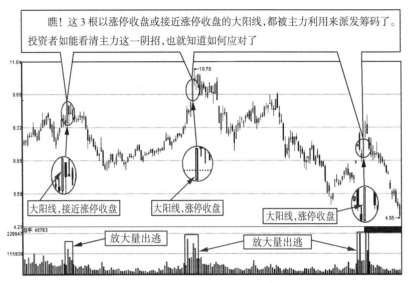

瞧！这 3 根以涨停收盘或接近涨停收盘的大阳线,都被主力利用来派发筹码了。投资者如能看清主力这一阴招,也就知道如何应对了

大阳线,接近涨停收盘

大阳线,涨停收盘

大阳线,涨停收盘

放大量出逃

放大量出逃

狮子股份(600539)2007 年 8 月 20 日~2008 年 6 月 17 日的日 K 线走势图　图 246

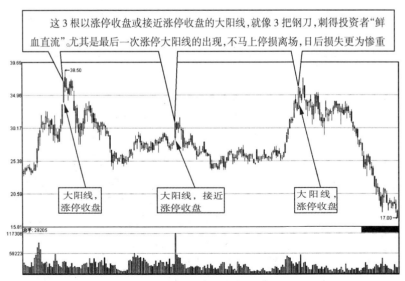

这 3 根以涨停收盘或接近涨停收盘的大阳线,就像 3 把钢刀,刺得投资者"鲜血直流"。尤其是最后一次涨停大阳线的出现,不马上停损离场,日后损失更为惨重

大阳线,涨停收盘

大阳线,接近涨停收盘

大阳线,涨停收盘

国电南瑞(600406)2007 年 4 月 4 日~2008 年 4 月 18 日的日 K 线走势图　图 247

实例三:动力源(600405)。图 248 中的个股主力在高位出货时,拉了几根大阳线,其中两根大阳线以涨停价报收(但这几根大阳线不是连在一起的,当中有间隔,所以将它称之为"间断集中使用")。该股主力先是拉一根大阳线(见图 248 中箭头 A 所指处),将市场对该股做多的热情煽动起来,然后就在大阳线上方进行高位整理,在整理期间悄悄地派发了许多筹码。正当这个整理结束,股价要下沉时,主力又接连拉了两根大阳线, 这样就将市场对该股做多的热情再一次煽动了起来。但出乎广大投资者意料的是,盘中紧接着又出现了一根放量大阴线和一根下跌的小十字线 (注: 放量大阴线的换手率达到 19.20%,下跌的小十字线的换手率达到 11.08%),这一下子就将主力"拉大阳线诱多出货法"的意图暴露无遗。当时能看懂主力这一操作意图的投资者因及时止损离场,从而避开了该股的大跌。但是,当时很多没有看懂主力操作意图的投资者不知道发生了什么事情,继续留在里面看多、做多,结果吃了大亏,输得很惨。

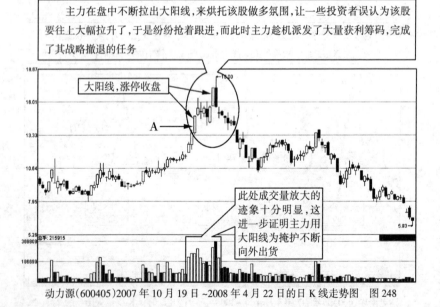

动力源(600405)2007 年 10 月 19 日~2008 年 4 月 22 日的日 K 线走势图 图 248

实例四:上电股份(600627)。图249中显示,该股前一段时期出现了连续无量涨停,主力获利非常丰厚。主力为了最大限度地将这些获利丰厚的筹码悉数抛售,先是用横盘,然后拉大阳线进行诱多,最后做头时又拉了一根涨停大阳线,形成往上突破的假象。主力采用了"间断集中使用"拉大阳线诱多出货法,为高位出逃预留了充分的时间。主力这一招果然厉害,待他们在高位将获利筹码大量派发后,该股就一蹶不振,最后只能逐波向下回落,跌幅甚深。

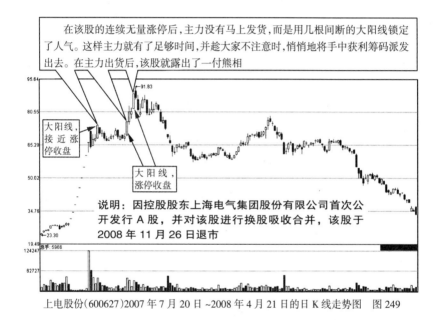

在该股的连续无量涨停后,主力没有马上发货,而是用几根间断的大阳线锁定了人气。这样主力就有了足够时间,并趁大家不注意时,悄悄地将手中获利筹码派发出去。在主力出货后,该股就露出了一付熊相

大阳线,接近涨停收盘

大阳线,涨停收盘

说明:因控股股东上海电气集团股份有限公司首次公开发行A股,并对该股进行换股吸收合并,该股于2008年11月26日退市

上电股份(600627)2007年7月20日~2008年4月21日的日K线走势图　图249

三、连续集中使用。主力将拉大阳线诱多的氛围推高到极至,以便高位派发筹码更加顺利。

实例五:永生数据(600613)。这是当年一个典型的小盘题材股。2001年主力借朦胧题材将其炒高。图250中显示,主力为了能在高位顺利地派发手中的获利筹码,采用了连续拉出涨停大阳线来对市场诱多,趁投资者对其追捧的机会向外大量发货,短短几天就完成了出货任务。此后,股价就像断线的风筝一路下滑。

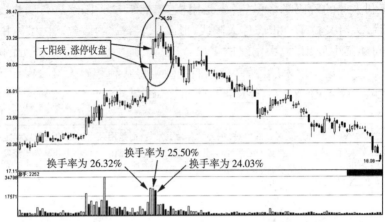

図中画圈处,连续出现两根涨停大阳线,而且冲高时每天换手率都在 20%以上,这为主力出逃提供了极佳机会。在主力出逃后,该股就成了一个大熊股

大阳线,涨停收盘

换手率为 26.32%　　换手率为 25.50%　　换手率为 24.03%

永生数据(600613)2001 年 3 月 13 日~2001 年 10 月 11 日的日 K 线走势图　图 250

实例六:交运股份(600676)。图 251 中显示,该股主力十分凶悍,为了能在高位将获利筹码悉数派发,他们先是在盘中连拉了 4 个涨

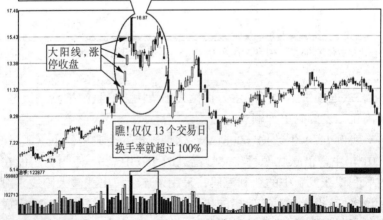

瞧!用连续 4 个涨停板将人气推高到极致,主力在诱多目的达到后就大量发货。连续涨停后的第 1 根大阳线就放出了巨量,随后的 12 个交易日都在高位盘旋,但换手率已超过了 100%,这说明主力已在高位成功出逃

大阳线,涨停收盘

瞧!仅仅 13 个交易日换手率就超过 100%

交运股份(600676)2007 年 2 月 12 日~2007 年 10 月 25 日的日 K 线走势图　图 251

停板(其中3根K线为大阳线,最后一根K线为小阳线),营造了一个强烈的做多氛围,接着就在众人看好该股之际,不断地把手中获利筹码向外派发。等主力胜利大逃亡后,该股就出现了一波快速跳水走势。此后,该股虽有反弹,但已元气大伤,只能不断向下寻底。

有人认为,只有题材类股票炒高后,因主力担心题材并无实质性内容,在高位缺少跟风盘,所以才会出现主力利用拉大阳线诱多出货法来蒙骗不明真相的投资者,以便达到他们高位顺利出货的目的。诚然,一些缺乏实质性内容的题材股在炒高后,主力会频繁或集中地使用拉大阳线诱多出货法实施胜利大逃亡,我们前面已经举了很多这样的例子。但这并不是说,价值型的股票或市场热点类的股票炒高后,主力就不会使用拉大阳线诱多出货法来实现胜利大逃亡。在现实中,几乎所有类型的股票,炒高后或者是主力赢利的目标达到后,主力都会利用拉大阳线诱多出货法进行主动出货。投资者认识这一点很重要,否则,当价值型股票或者市场热点类的股票,在高位出现大阳线,就会被误认为市场主力要向上做多了,从而作出错误地看多、做多的决策,这样就会给自己的投资带来很大的损失。为了使大家对这个问题有一个正确的认识和理解,下面我们不妨来看两个实例:

实例七:中金黄金(600489)。该股曾被市场公认为价值型股票。一些机构炒作它时,也口口声声地说看中了它的投资价值。但即便如此,在市场对其价值高估后,仍旧逃不脱向价值回归之路。这一点炒作该股的主力是心知肚明的。因此,当其攀上百元高位后,主力就开始准备出逃了。为了能卖出一个好价钱,该股主力也玩弄起"拉大阳诱多出货法"的手段。第一波和第二波冲高时都连拉了两根涨停收盘的大阳线,以此烘托做多气氛,便于他们在高位顺利发货。从图252中的走势看,主力在高位出货的目的基本上达到了,而吃苦头的是被市场主力用拉大阳线诱骗进去的投资者。

实例八:川投能源(600674)。该股是2007年10月大盘见顶后的一个热门股,因市场对其新能源开发前景有良好预期,故而一直受到大家关注。在大盘走弱时,它一度走出与大盘相反的走势,曾被人称之为熊市中的牛股。但就是这个熊市中的牛股,在图253中,每次头

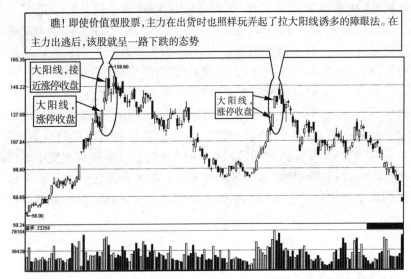

瞧！即使价值型股票，主力在出货时也照样玩弄起了拉大阳线诱多的障眼法。在主力出逃后，该股就呈一路下跌的态势

大阳线，接近涨停收盘

大阳线，涨停收盘

大阳线涨停收盘

中金黄金(600489)2007年7月20日~2008年4月2日的日K线走势图　图252

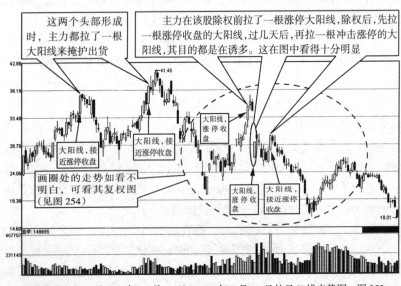

这两个头部形成时，主力都拉了一根大阳线来掩护出货

主力在该股除权前拉了一根涨停大阳线，除权后，先拉一根涨停收盘的大阳线，过几天后，再拉一根冲击涨停的大阳线，其目的都是在诱多。这在图中看得十分明显

大阳线，接近涨停收盘

大阳线，接近涨停收盘

大阳线，涨停收盘

画圈处的走势如看不明白，可看其复权图（见图254）

大阳线，涨停收盘

大阳线，接近涨停收盘

川投能源(600674)2007年11月30日~2008年8月11日的日K线走势图　图253

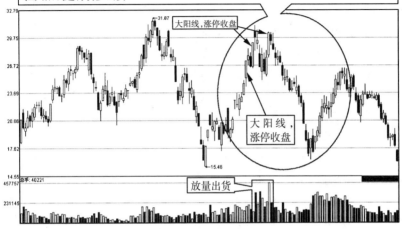

本图为图253的前复权图。图中画圈处的走势即为图253中画圈处的走势。不过这里作了复权处理。从本图中可以清楚地看出,在该股除权前后,主力确实是在利用拉大阳线进行诱多出货

大阳线,涨停收盘

大阳线,涨停收盘

放量出货

川投能源(600674)2007年11月30日~2008年8月11日的日K线前复权图　图254

部形成股价掉头向下前,都拉出了涨幅超过8%的大阳线,其诱多气氛是十分明显的。这说明主力操作市场热门股,在高位派发筹码时,同样会以"拉大阳线诱多出货法"来实现他们大逃亡的目的。

最后,我们向投资者提出一些操作建议:

第一、投资者必须充分地认识到,"拉大阳线诱多出货法"是主力最主要的出货手段之一。因此,大家在日后识顶、逃顶时,一定要看清主力"拉大阳线诱多出货法"的阴谋,一旦发现主力在使用这一计谋出逃,就要赶紧顺势做空,不给主力抬轿子,这样才能保住胜利果实,避免高位吃套。

第二,投资者还必须清醒地看到,"拉大阳线诱多出货法"有很大的欺骗性。因此,大家若要防范这方面的风险,避免陷入主力的圈套,就一定要找到一些有效的应对办法。其对策是:

①要将主力"拉大阳线诱多出货法"的常见图形熟记于心中,这样一旦日后见到类似的图形,就能马上引起警觉,不致于高位深度吃套后才想到主力利用拉大阳线掩护出货把自己骗了进去。

②要严格按照大阳线买卖规则进行操作。比如,大阳线的开盘价是不能被击穿的[注]。一旦日后股价破了大阳线的开盘价,就必须在第一时间止损出局。我们这里要特别强调第一时间出逃的重要性,因为从心理学这个角度来说,人的侥幸心理会在第一时间过后,给自己一个不抛的理由,于是很多人在没有及时离场后,就再也下不了手了,到头来会越套越深。这个问题希望引起大家高度重视。

③对盘中出现的一些重要现象要密切注意。比如,突然拉出大阳线,大家就要注意它当天的成交量,以及第二天与以后几天的成交量,如果成交量出现暴增,这就不是一个好现象,要当心主力在拉高出货。又如,股价大涨后拉出大阳线,随之股价出现了横盘,横盘时交易十分"活跃",成交量相对较大,特别是横盘时间超过了一周,此时就要当心主力在暗中出货了。

④要仔细观察盘面变化,从中寻找到主力出货的规律。有一句名言,"细节决定成败"。在股市中,投资者若注意盘面细节的变化,就能发现许多被主力隐藏在背后的秘密。这里举一个例子。如有的主力在操盘时有个习惯,他们只要第一次用这个方法取得成功,第二次、第三次仍然会故技重演。所以,投资者只要熟悉这些主力的操作习惯,就可以在他们故技重演时,马上出手,这样操作的主动权就可以掌握在自己的手里。比如,我们前面提到的狮头股份(见图246)、川投能源(见图253)这两个股票,每当有一段涨幅后,盘中突然出现大阳线,就表明主力开始出货了。可见,假如你能对主力这个操作习惯有所了解,什么时候该卖出心中也就完全有数了。

【注】 关于为什么大阳线的开盘价不能被击穿,《股市操练大全》第六册第3页～第10页有详细介绍,读者可自行参阅。

赵老师说:"兵不厌诈",主力是深谙其中之道的。我们在前面说了主力在出逃时,常常会以大阳线为掩护向外发货,除此之外,主力还会运用一种比大阳线更具有诱惑性的 K 线,请君入瓮,来达到他们胜利大逃亡的目的。

请问:你知道这是一种什么出货方式吗?这种出货方式有什么特点?投资者见此应该如何操作?

这种出货方式称之为"拉涨停一字线诱多出货法"。其特点是:①作为掩护主力出货的涨停一字线,经常会在一轮上升行情的最后阶段,或反弹的尾端部分出现。②它时常以一根、两根,甚至连拉数根的涨停一字线的形式,形成一种咄咄逼人的气势,向投资者发出强烈的诱多信号。③涨停一字线之后会出现两种走势:一种走势是股价高开低走,马上就见顶回落了;另一种走势是股价还会往上冲一阵子,但上涨幅度不会很高,时间也不会很长,随后股价就掉头向下。虽然这两种走势形式不一,但它们有一个共同特点,即涨停一字线之后,都会出现一个大换手的成交量。主力就是通过这样的大换手,派发掉了他们手中的很多筹码。④在这之后,股价就会呈现重心不断下移的趋势。

下面我们就来分析一些实例。先看在一轮上涨行情的最后阶段,主力是如何利用涨停一字线掩护出货的。

实例一:力诺太阳(600885)。从图 255 中看,该股摸顶时连拉了 3 根涨停一字线,当时几乎都是无量涨停,但紧接着一根 K 线,换手率就达到了 32.89%。显然,主力在这里连拉几根涨停一字线都是一种诱多行为,其目的是为了吸引投资者在高位追涨,好让他们顺利地发货。

实例二:春晖股份(000976)。图 256 中显示,该股在冲顶阶段,以连拉涨停一字线的方式,往上节节攀升。该股冲顶后,虽然很快回落,但股价长时期围绕这几根涨停一字线作上下波动(见图 256 中画圈处)。很显然,主力连拉涨停一字线的目的,就是为了抬高股价,吊起市场人气,使股价能长时期围绕一字线作上下波动,以便他们出货时把股价卖得高一点,这对主力来说是一件很合算的买卖。所以,投资者在分析主力连拉涨停一字线的目的时,要将他们整个操盘意图联系起来进行思考,这样问题就能看得更清楚了。

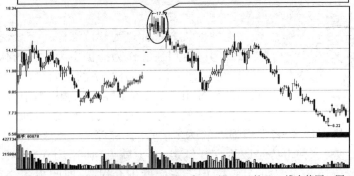

瞧!这儿画圈处有8根K线,这8根K线并排着,构成了该股这轮大行情的顶部区域。其中累积换手率竟达到了141.23%。显然,如此大的换手率非常有利于主力在高位将大量筹码派发出去,而这一切都是因为连拉涨停一字线,吊高了市场人气,吸引了大量跟风盘才得以实现的

力诺太阳(600885)2007年9月6日~2008年10月10日的日K线走势图　图255

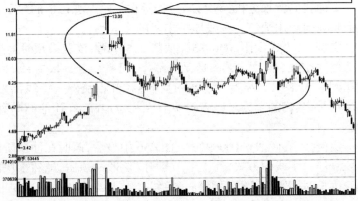

该股质地很差,如果不是连拉涨停一字线,就带不起市场人气,也很难使股价维持在这样高的位置上进行盘整。这样,主力的货自然就卖不出好价钱。可见,主力绝对是一个精明的商人,投资者千万不要小瞧他们

春晖股份(000976)2007年2月15日~2008年4月2日的日K线走势图　图256

实例三:深深宝 A(000019)。这是一个以连拉涨停一字线进行诱多出货的典型案例。从图 257 中可以清楚地看出,该股在拉出大阳线(见图 257 中箭头 A 所指处)后,一口气拉了 8 个涨停板(7 根为一字线,最后一根为 T 字线),这样就把主力的出货与赢利的空间彻底打开了。主力这一招是很厉害的。如果不是连拉涨停一字线,而是在大阳线附近出货,即使出货十分顺利,卖出的价格顶多也只有 11 元左右。而经过连拉 8 个涨停板,股价从 11.77 元涨至 25.49 元,一下子爆涨 116.57%(编者按:而且这样的暴涨是无量空涨,主力几乎没有付出过拉抬成本)。这样一来,即使主力卖出股票的平均价格按涨幅的一半计算也要高于 18 元〔注:计算方法如下:11.77 元 +(25.49 元 −11.77 元)÷2=18.63 元〕。所以,主力只要连拉涨停一字线获得成功,今后一段时期,无论他们以什么价格甩卖都可以大赚特赚。看得懂这个图形的投资者,因为知道这是一个非常凶险的图形,早已止损离场。但是,看不懂这个图形而贸然闯进去的投资者,都会被主力无情的抛盘打得晕头转向。经验告诉我们:像这种走势图形,投资者对它

该股连续无量空涨,为主力提供了极大的出货与赢利的空间。瞧! 主力在此大量放空,一下子就赚了一大笔。随后,该股进入长期盘跌状态。在这盘跌中,主力高抛低吸,不断地把剩余筹码卖给一些短线客和不知内情的投资者,从而实现他们胜利大逃亡的目的

深深宝 A(000019)2007 年 3 月 12 日~2008 年 6 月 19 日的日 K 线走势图 图 257

长期看空、做空是最明智的选择,因为这样的股票,在很长一段时期内除了盘跌、急跌,几乎看不到什么希望。

接下来,我们再分析在反弹行情中,主力是如何利用涨停一字线掩护出货的。

实例四:岳阳纸业(600963)。该股反弹时,仅拉了一根涨停一字线(见图258中箭头A所指处)。但第二天就变了脸,股价跳空高开收出一根阴线,成交量急剧放大,呈暴增之势。这说明主力利用一字线为掩护,在第二天就把跟风进来的接盘都锁在高位。这种图形在反弹中我们经常会见到,这是一种很典型的借助一字线拉高出货的案例。投资者对这种图形的特征应该铭记在心,以后碰到这种图形心中就有数了,知道该怎么操作了。此时,手中有筹码的赶快把它抛掉,否则反弹结束,新一轮跌势又开始了,损失就会更大。

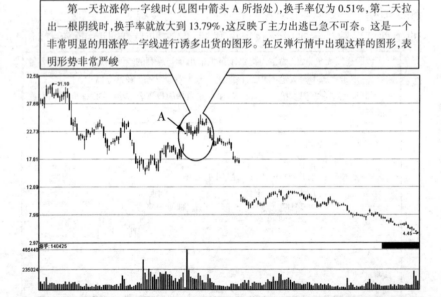

第一天拉涨停一字线时(见图中箭头A所指处),换手率仅为0.51%,第二天拉出一根阴线时,换手率就放大到13.79%,这反映了主力出逃已急不可奈。这是一个非常明显的用涨停一字线进行诱多出货的图形。在反弹行情中出现这样的图形,表明形势非常严峻

岳阳纸业(600963)2007年12月27日~2008年11月3日的日K线走势图 图258

实例五:国祥股份(600340):从图259中看,该股的一字线与随后的大阴线构成了杀伤力很强的顶部穿头破脚的K线组合。这种K

线组合,无论出现在什么场合对多方都是一个巨大的威胁,更何况它是出现在弱势反弹中,后市形势就更不妙了。果然,该股随即就出现急速下跌,仅仅11个交易日,股价又跌掉40.51%。

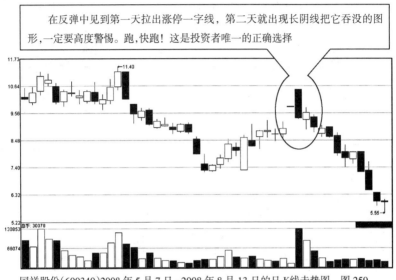

在反弹中见到第一天拉出涨停一字线,第二天就出现长阴线把它吞没的图形,一定要高度警惕。跑,快跑! 这是投资者唯一的正确选择

国祥股份(600340)2008年5月7日~2008年8月13日的日K线走势图　图259

　　实例六:重庆钢铁(601005)。从图260中可以看出,该股在下跌反弹中表现不佳,主力并没有因为反弹行情出现而获得过较好的出货机会,于是主力改变了策略。2008年5月14日,主力借市场对该股的利好传闻发动突然袭击,将该股拉出一根涨停一字线。这根涨停一字线直至收盘都未被打开过,这表明主力这一步棋走成功了[注]。市场人气也因此被调动了起来,随后跟风盘就不请自来。第二天,主力又趁大家看好该股之机拉出一根涨停T字线。连续两天的涨停把市

　　【注】　一个股票拉涨停一字线能不能获得成功,从盘面上来看,必须是全日自始自终被封在涨停板上,未曾打开过。但要出现这样的结果,光靠主力的资金实力是不行的,更重要的是该股要有利好题材,哪怕是被市场认可的朦胧题材也行,只有这样,主动性卖盘才会越来越少,否则就会抛盘汹涌,人为地封涨停是封不住的。

场人气激活了。此时,主力就让该股在一字线上方作横向整理,在这横向整理过程中出现了大量换手的情况。因为这个大量换手是在市场人气十分亢奋时出现的,所以,它为主力提供了一个难得的出逃机会。主力不失时机地趁机派发了手中的大量筹码。当主力出货的目的达到后,他们再利用手中的剩余筹码往下砸盘,使股价形成了快速下跌的走势。

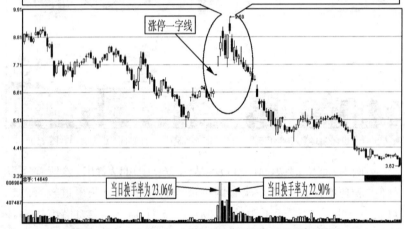

瞧!在画圈处下方的成交量一栏里,没有拉涨停一字线时,成交量很小,说明无人愿意接盘。在涨停一字线拉成功后,市场人气马上就被吊了起来,成交量急剧放大。这时主力则趁机派发了手中的大量筹码。对主力的这种出货手法,投资者应牢记在心,提高警惕,这样就不会上当受骗了

涨停一字线

当日换手率为23.06%　　当日换手率为22.90%

重庆钢铁(601005)2008年1月3日~2008年9月8日的日K线走势图　图260

经过上面几个实例的介绍,想必大家对什么是"拉涨停一字线出货法"已有所认识。下课后,有一位同学对赵老师说:"太可怕了,我原以为拉涨停一字线后行情可以看好,虽然感到后面的行情不会一下子好起来,可能还有反复,但绝对没有想到,拉涨停一字线后就是一个大陷阱,一旦掉进去,就会输得很惨。"这位同学能有这样的感悟,非常好,说明他的警惕性已得到提高。

是的,我们的对手——主力,既凶狠又十分狡猾,他们若要出货,就会想出很阴毒的招数来坑害中小投资者。对此我们一定要有一个

清醒的认识。或许,从市场交易规则来说,主力这样做是合理合法的,别人也没有什么理由可以指责他们。因为他们进股市也是为利而来,他们若想生存下去就要有利润可赚,而这样的利润一般只能通过高位出货获得,但要想在高位把货发出去就必须有人愿意来接盘,而要让人愿意在高位接盘,就只能使用诈术把他们骗进来。可见,说到底主力使用骗术是其本性使然,你要指望他们发善心是不可能的。而我们普通投资者能做到的就是提高警惕,不要让自己给主力骗了。

现在,为了帮助大家进一步提高对这方面图形的识别能力,我们特地绘制了一张"拉涨停一字线诱多出货法'脸谱'图"(见表9),让

拉涨停一字线诱多出货法"脸谱"图

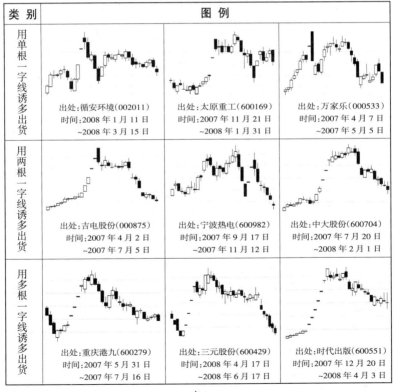

类 别	图 例		
用单根一字线诱多出货	出处:循安环境(002011) 时间:2008年1月11日 ~2008年3月15日	出处:太原重工(600169) 时间:2007年11月21日 ~2008年1月31日	出处:万家乐(000533) 时间:2007年4月7日 ~2007年5月5日
用两根一字线诱多出货	出处:吉电股份(000875) 时间:2007年4月2日 ~2007年7月5日	出处:宁波热电(600982) 时间:2007年9月17日 ~2007年11月12日	出处:中大股份(600704) 时间:2007年7月20日 ~2008年2月1日
用多根一字线诱多出货	出处:重庆港九(600279) 时间:2007年5月31日 ~2007年7月16日	出处:三元股份(600429) 时间:2008年4月17日 ~2008年6月17日	出处:时代出版(600551) 时间:2007年12月20日 ~2008年4月3日

表9

大家辨识，或许这样的图形看多、记熟了，以后再碰到类似的情况就不容易上当受骗了。

有人问：知道主力在用拉涨停一字线出货法派发筹码，那么该怎么操作呢？这很简单，如果你手里有这个股票的，在拉涨停时可持股不动，等主力不拉涨停了马上就抛出；如果你手里没有这个股票的，无论它怎么拉涨停都不要去追，冷眼旁观就是了。投资者只要坚持上述操作原则，就能在与主力斗智斗勇中取得胜利。

又及：本书初稿完成后，在向大家征求意见时，有人对"拉涨停一字线诱多出货法"表示了一些疑义，并提出若干问题，希望我们进行解答。比如，涨停一字线究竟是一个看多、做多的信号，还是一个看空、做空的信号？研究"涨停一字线诱多出货法"真的有那么重要吗？如果涨停一字线既可以作为看多、做多的信号，又可以作为看空、做空的信号，那么这两者应该如何来区分呢？

首先，我们对读者提出的宝贵意见表示十分感谢！我们认为，这些问题提得很好，也非常重要。它对开拓投资思路，提高实际操作水平很有帮助。其次，我们对读者提出的一些问题，进行了认真研究，现解答如下：

第一，从理论上说，涨停一字线应该是一个强烈的做多信号。在正常情况下，出现涨停一字线，后市理应看好，这和大阳线的道理是一样的。但在股市中，任何做多信号或做空信号都会被主力反向利用，这在技术上称之为骗线。拉涨停一字线诱多就是一种骗线。在碰到骗线时，如果我们仍然把它当成正常的信号看待，就会上当受骗。所以，问题的关键不在于涨停一字线的本身含义如何，而在于它的出现，是否会被主力反向利用，把它作为一个诱饵，来诱骗投资者钻进他们精心设计的圈套中。一旦发现这种情况，我们就必须提高警惕，看清他们的阴谋，否则，就会成为主力逃亡的牺牲品。

第二，人们常说"股市如战场"。既然炒股如同打仗，你要想战胜对方,就一定要与对方斗智斗勇。而普通投资者的对手就是主力。众所周知,主力赢利是建立在普通投资者输钱的基础上的,没有普通投资者的输钱就没有主力的赢利。主力若要赢利,想在高位将筹码抛出去,就一定要有人在高位肯接盘。正因为如此,主力在高位实现胜利大逃亡时,就一定会绞尽脑汁想出各种阴谋诡计,让大家上当受骗,这样他们才能在高位将筹码顺利派发出去。涨停一字线诱多出货法,就是主力诱骗普通投资者的一个重要方法。所以,我们才感到研究"涨停一字线诱多出货法"非常重要。投资者只有深入研究它,找出其中的规律,这样才能识破主力的阴谋,避免自己上当受骗。

第三,我们在警惕主力利用涨停一字线出货的同时,也要看到在正常情况下,涨停一字线的出现是一种强烈的做多信号,如果排除了它不是骗线,那就应该积极看多、做多,该跟进的时候就应该马上跟进(比如,我们可以选择最早封涨停、涨停板全天都没有打开过的股票跟进)。

第四,涨停一字线究竟是一个正常信号还是骗线,没有人会预先告诉你,这就需要我们针对盘面情况进行深入分析,分析得越深入、越仔细,对问题就会看得越清楚。分析时,我们可以提出下列一些问题来问自己:

①看涨停一字线是出现在低位区还是出现在高位区[注]。如果它出现在低位区,一般不会被主力利用来发货,因为此时主力的主要任务是要把股价做上去,那么,在这种情况下,涨停一字线作为正常信号出现的可能性就很大;如果它出现在高位区,常会被主力利用来发货,因为此时主力的主要任务就是尽快把账面上的利润兑现,那么,在这种情况下,涨停一字线作为骗线掩护主力出货的可能性就很大。

②看涨停一字线是出现在上升趋势中还是下降趋势中。如果它出现在上升趋势中的低位区、中位区,那么,作为正常信号的可能性就很大;如果它出现在下降趋势中,那么,作为骗线的可能就很大。另

【注】 关于什么是股价高位区,什么是股价低位区。详见本书附录二。

外在下降趋势中,即使股价到了低位区,此时出现涨停一字线也以骗线居多。因为在大盘、个股形成下降趋势后,股价跌到了相对的低位(注:不是绝对的低位,在它下面还有一个较大的下跌空间),在一般情况下,主力首先想到的就是如何利用反弹将剩余筹码抛掉,而不会去考虑将股价做上去。所以,反弹中出现涨停一字线,十有八九是在诱多。对此,投资者一定要提高警惕。

③看涨停一字线出现时盘面变化与之后的走势表现如何。一般来说,如果这个涨停一字线是骗线,那么后面几个交易日,换手率就特别高,如果这个涨停一字线是正常的看多、做多的信号,那么,后面几个交易日,换手率就不会出现奇高的现象(编者按:一般来说,即使是正常信号,在涨停一字线被打开后,换手率也是很高的,但奇高现象不会出现。何谓奇高,如本题实例一,即图255中的个股,在涨停一字线被打开后的8个交易日内换手率达到141.23%,这就是一种奇高现象)。另外,作为正常信号,涨停一字线之后股价重心是向上走的,而作为骗线,涨停一字线之后股价重心是向下走的。值得一提的是,作为正常信号,涨停一字线之后,股价会出现回探,但回探的幅度不深。一般回探触及到最上面的第二根涨停一字线附近往往就会止跌。但是作为骗线,出现涨停一字线之后,股价向下回探时,回探幅度一般都很深,回探时会出现将前面许多涨停一字线都吞吃掉的现象。总之,投资者在分析、判断涨停一字线的性质时,将换手率、回探幅度、股价重心这几个因素结合起来考虑,一般还是能够区分出它是属于正常信号还是骗线的。

第五,出现涨停一字线,尤其是出现连续地拉涨停的情况,要对涨停一字线的性质,也即对主力操作意图作出正确的判断,除了观察个股的盘面走势之外,还应该结合大盘走势、股价之间的比价效应一起分析,以此来提高判断的正确性。比如,在大盘走势强劲,而个股尚处在上升初期或上升中期的情况下,此时主力拉涨停一字线,其目的多数是要往上做的;反之,则诱多出货的可能性居多。又如,同类股票的股价相差过于悬殊,处于较低股价的个股出现连拉涨停一字线,往往是因为比价效应使然。此时,投资者若把它看成是主力用连拉涨停一字线掩护出货,就会做出错误的判断。如表 10 中图例⑤介绍的海通证券,当初海通证券通过该股借壳上市,消息传出,该股一连拉出13 根涨停一字线。此时,主力考虑的并不是利用涨停一字线掩护出货,而是考虑如何将股价迅速做上去,其根本原因是它与当时同类型证券股票的股价相比,属于绝对的超低状态,即使连拉了这么多涨停板,该股当时的股价仍然要比与之质地相同的证券类股票的股价相差一大截。试想,在这种情况下,主力怎么可能通过连拉涨停一字线来掩护出货呢?答案自然是否定的。

讲到这里,如果还有人对涨停一字线之后股价重心是向上还是向下,以及涨停一字线是出现在上升趋势中还是下降趋势中等问题,仍旧不太清楚的话,那么,最后我们只能再找一些图例向大家进行解释了。

现在我们先通过一些图例,看如何来区分涨停一字线之后,股价重心是向上还是向下的问题。重心向下的图例,前面我们已作了详细交代(实际上,以涨停一字线进行诱多出货的图例都是重心向

出现涨停一字线后股价重心向上的图例一览表

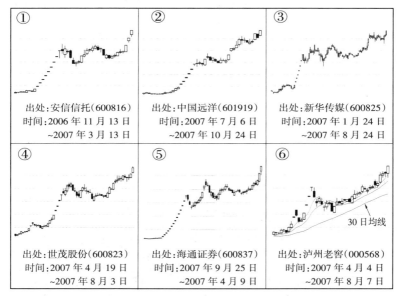

表 10

下的），这里就不再举例了，现在要向大家介绍的是涨停一字线之后股价重心向上的图例，看看它们的实际走势究竟是什么样子的（见表10）。

通过观察上面几幅拉涨停一字线后股价重心向上的图例，大家有一个什么感觉呢？首先大家会感觉到，涨停一字线打开后，股价都会出现小幅调整，但总的回调幅度不大，时间不长，随后股价就往上攀升了；其次，即使个别回调幅度深的，如"表10中图例⑥"将涨停一字线几乎全部吞吃掉，但从均线系统看，股价仍处在多头排列之中，主力进行洗盘的痕迹十分明显（见图261）。所以，我们在分析主力拉涨停一字线的意图时，将盘面上各种信号，如回调幅度的深浅，换手率的高低、均线排列等因素结合起来进行综合考虑，基本上就能对涨停一字线的性质作出一个正确的判断。

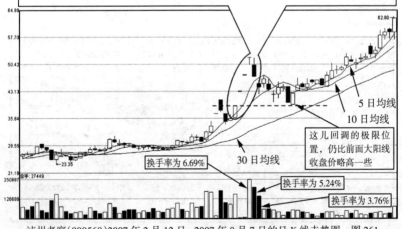

该股在画圈处接连拉出4根以涨停收盘的K线，其中2根K线为涨停一字线。从表面上看，该股回调时将2根涨停一字线都吞吃了，架势很像拉涨停一字线诱多出货的样子，但仔细分析盘面就会发现：①回调时并没有出现换手率奇高的现象；②回调下限处仍在第一根收于涨停的大阳线上方；③均线并没有形成空头排列，而是处在多头排列之中。显然种种迹象表明，这不像主力在用拉涨停一字线诱多出货，而很可能是上升途中的又一次洗盘。令人感到欣喜的是，这个判断最终被其往后走势所验证

泸州老窖(000568)2007年2月12日~2007年8月7日的日K线走势图　图261

接下来,我们再通过一些图例,看看如何根据股价运行趋势来判断涨停一字线的性质。这里我们以海星科技(600185)为例(见图262)。该股前期曾拉出2根涨停一字线,随后股价继续往上攀升,这说明这两根涨停一字线是一种看多、做多的信号,但该股在后期也出现过连拉3根涨停一字线的现象,随后股价就掉头向下,快速滑落,这说明这几根涨停一字线是一种看空、做空的信号,是主力在诱多出货。

　　那么,怎么看出前面的几根涨停一字线是看多、做多的信号,后面几根涨停一字线是看空、做空的信号呢?关键就看其是处在上升趋势中还是处在下降趋势中。判断趋势的最佳方法是看均线如何排列的。我们来看图263,这里我们已为该股加上10日、30日、60日3条均线。这几条均线一加上去,大家就可以清楚地看出,前面的2根涨停一字线,处在均线多头排列之中,后面的3根涨停一字线,却处在均线空头排列之中。股价处在均线多头排列之中,上涨的概率要远大于下跌的概率,而股价处在均线空头排列之中,下跌的概率要远大于上涨的概率。所以,就该股而言,我们看到它前面2根涨停一字线出

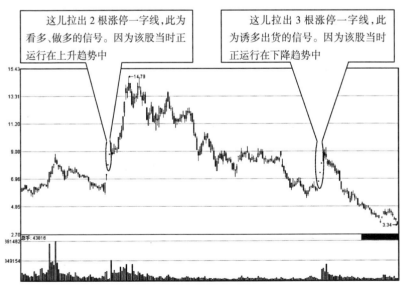

海星科技(600185)2007年8月2日~2008年10月10日的日K线走势图　图262

现,可积极跟进做多,而看到它后面 3 根涨停一字线出现,就不能看多、做多,而应该积极做空,及时把股票卖掉。

加上 10 日、30 日、60 日 3 条均线,该股运行趋势就看得很清楚了。前面的 2 根涨停一字线处在均线多头排列之中,是一种上升趋势,后市看涨;后面的 3 根涨停一字线处在均线空头排列之中,是一种下降趋势,后市看跌。趋势看懂了,一字线之后该怎么操作也就完全清楚了

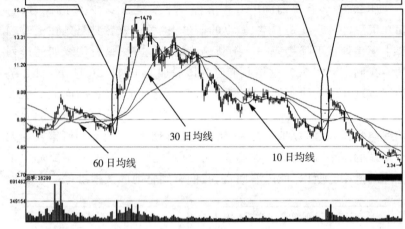

海星科技(600185)2007 年 8 月 2 日~2008 年 10 月 10 日的日 K 线走势图　图 263

赵老师说：我们在前面与大家讨论了主力常用的两种典型的诱多出货方式。下面我们再与大家一起分析另一种典型的诱多出货方式，这个诱多出货方式是从技术图形上引伸出来的。

请问：你知道主力使用的是一种什么诱多出货方式吗？投资者遇到它应该如何操作？

主力使用的这种诱多方式，在学名上称之为"创新高诱多出货法"。该出货方法的表现形式是：主力以创新高为锈饵，在走势图形上营造出一种创新高往上突破的假象，以此来引诱广大投资者跟风追涨，而他们就趁大家看好之际，在高位不断地将筹码派发出去。一旦主力完成了筹码派发任务，股价很快就会回落，并形成一个长期下跌的趋势。很显然，创新高诱多出货法的最大特点是：股价创新高之时，就是主力大量出逃，股价见顶之时。

创新高诱多出货法，从创新高的形式上可分为：尖顶形、山字形、斜坡形、蛇形、门字形等 5 个基本类型。

下面我们就这 5 个类型，分别向大家作一番介绍：

一、尖顶形。这类股票创新高的走势如一个小的尖顶（见图264）。这个尖顶由几根阴阳相间的 K 线构成，但换手率非常高。其实，从严格意义上说，在这之前主力已经派发了许多筹码，只不过是当股价到了前期高点关口时，主力趁市场很多人对创新高的期盼，顺势将股价拉高，再一次将手中的大量筹码倒给了跟风者。值得投资者警惕的是，在主力完成了创新高诱多出货后，这样的股票就基本上失去了继续向上的动力，此后，只能越走越弱。

实例一：海南海药（000566）。该股创新高时仅拉了 4 根 K 线，3阳夹一阴，构成了一个尖顶（见图 265 画圈处）。这 4 根 K 线换手率分别为 21.28%、15.71%、10.78%、7.92%，总计换手率达到了 55.69%。显然,这个换手率是比较高的,主力从中派发了大量获利筹码。果然在这之后,该股就呈现了一路下跌的走势。

尖顶形创新高诱多出货法示意图

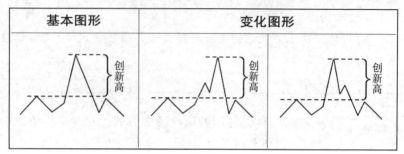

图 264

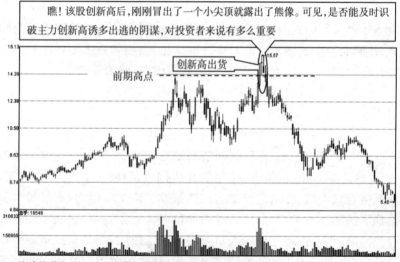

海南海药(000566)2007 年 10 月 29 日~2008 年 8 月 26 日的日 K 线走势图　图 265

实例二:龙净环保(600388)。图 266 中显示,该股冲破前期高点,在创新高时形成了一个小的尖顶。虽然只有几根 K 线,但换手率创了近期之最。该股主力利用创新高诱多出逃的痕迹十分明显。

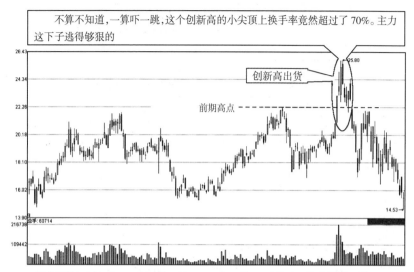

不算不知道,一算吓一跳,这个创新高的小尖顶上换手率竟然超过了70%。主力这下子逃得够狠的

创新高出货

前期高点

龙净环保(600388)2007年7月2日~2008年4月22日的日K线走势图　图266

二、山字形:从股价冲破前期高点,再到股价跌破前期高点,整个图形像一个小的山峰,故称之为山字形(见图267)。山字形也是主力创新高诱多出货的一种主要形式。

山字形创新高诱多出货法示意图

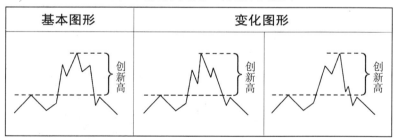

基本图形	变化图形	

图267

实例三:东睦股份(600114)。从图268中看,该股创新高时,出现了一个小山峰。这个小山峰由13根K线搭建而成。K线数量并不是很多,但这中间的换手率超过了120%。很显然,这是主力借创新高之名,行出逃之实。

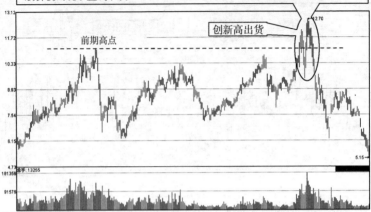

在这个小山峰上，主力以创新高为诱饵，不断地忽悠广大投资者。当不知底细的投资者跟进来的时候，主力就将筹码拼命地抛给他们。等主力逃走后，股价就出现了直线下跌

创新高出货

前期高点

东睦股份(600114)2007年1月30日~2008年6月20日的日K线走势图　图268

实例四：长安B(200625)。从图269中可以看出，该股创新高时形成了一个小山顶。这个小山顶堆积了很多成交量，说明主力在此派发了大量筹码。此后，该股就逐渐向下，一年后股价跌去八成，致使追高买进的投资者遭受了重大损失。

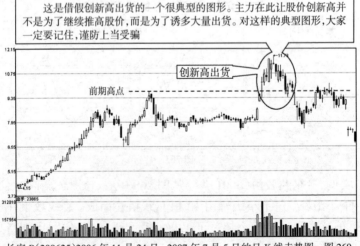

这是借假创新高出货的一个很典型的图形。主力在此让股价创新高并不是为了继续推高股价，而是为了诱多大量出货。对这样的典型图形，大家一定要记住，谨防上当受骗

创新高出货

前期高点

长安B(200625)2006年11月24日~2007年7月5日的日K线走势图　图269

三、**斜坡形**。斜坡形图案分为前高后低斜坡形与前低后高斜坡形两种类型(见图 270)。通常创新高后出现斜坡形图案时,斜坡的坡度越长,说明主力出货越多,往后走势对多方就越不利。

斜坡型创新高诱多出货法示意图

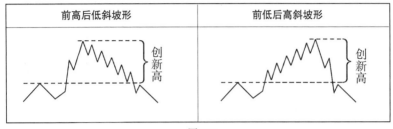

图 270

实例五:美尔雅(600107)。图 271 中显示,该股创新高部位,形成了一个前高后低的斜坡形图案。该股主力操盘是很有心计的,他们就是利用创新高做足了文章,反复拉锯,将手中的筹码"稳稳当当"地派发给了跟风者,实现了他们高位出逃的目的。

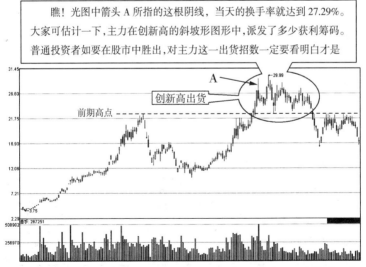

瞧!光图中箭头 A 所指的这根阴线,当天的换手率就达到 27.29%。大家可估计一下,主力在创新高的斜坡形图形中,派发了多少获利筹码。普通投资者如要在股市中胜出,对主力这一出货招数一定要看明白才是

美尔雅(600107)2006 年 12 月 1 日 ~2007 年 11 月 28 日的日 K 线走势图   图 271

实例六：广东鸿图（002101）。该股创新高时出现了一个前低后高的斜坡形图案（见图272）。其走势表明，该股主力推动股价创新高是个假象，等其出货的目的达到后，股价就出现了狂跌。仅3个月时间，股价就从30.87元跌至12.60元，跌幅高达59.18%。

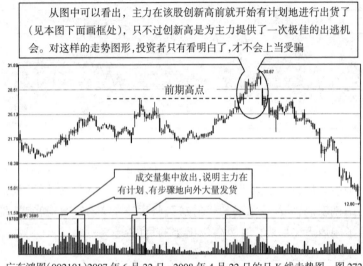

从图中可以看出，主力在该股创新高前就开始有计划地进行出货了（见本图下面画框处），只不过创新高是为主力提供了一次极佳的出逃机会。对这样的走势图形，投资者只有看明白了，才不会上当受骗

前期高点

成交量集中放出，说明主力在有计划、有步骤地向外大量发货

广东鸿图（002101）2007年6月22日~2008年4月22日的日K线走势图　图272

四、蛇形（又称S形）。股价在冲击前期高点时，形成一种类似S形状的走势（见图273），看上去就像蛇在游动，故称之为"蛇形"。蛇形也是主力创新高诱多出货法中的一种重要形式，投资者应该对其加以重点关注。

蛇形创新高诱多出货法示意图

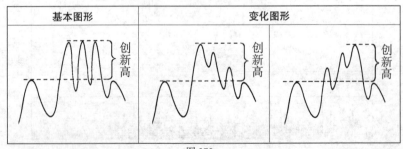

图273

实例七：浙江广厦（600052）。该股创新高时形成了一个蛇形图案（见图274）。从图中看，虽然该股创新高时并没有大成交量放出，但是，如果将这一阶段成交量合计起来，总量并不小。主力就是在股价创新高的上下波动中，趁机向外派发了大量筹码。

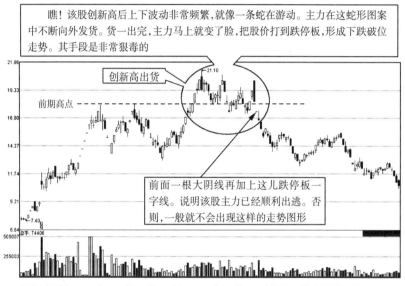

瞧！该股创新高后上下波动非常频繁，就像一条蛇在游动。主力在这蛇形图案中不断向外发货。货一出完，主力马上就变了脸，把股价打到跌停板，形成下跌破位走势。其手段是非常狠毒的

创新高出货

前期高点

前面一根大阴线再加上这儿跌停板一字线。说明该股主力已经顺利出逃。否则，一般就不会出现这样的走势图形

浙江广厦（600052）2007年2月12日~2008年2月26日的日K线走势图　图274

实例八：国投中鲁（600962）。图275中显示，该股冲高时，围绕前面高点作上下波动，这也可以看作是一个蛇形图案。主力利用这个蛇形图案引诱跟风者，不断向外发货。等主力把货发完了，跌势也就开始了。

五、门字形。股价创新高时构成了一个类似门字形状的图案（见图276）。门字形的图案，一般有如下特征：左边的门柱由大阳线或中阳线构成，给人一种蒸蒸日上，热气沸腾的感觉，右边的门柱则由大阴线，或中阴线构成，给外界一种咄咄逼人，寒气透骨的感觉。虽然，在主力的创新高诱多出货法中，门字形的图案出现的比例并不高，但一旦出现，向下的杀伤力往往是很厉害的。对此投资者必须保持高度警惕。

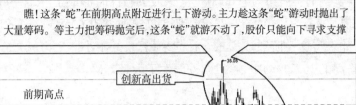

瞧!这条"蛇"在前期高点附近进行上下游动。主力趁这条"蛇"游动时抛出了大量筹码。等主力把筹码抛完后,这条"蛇"就游不动了,股价只能向下寻求支撑

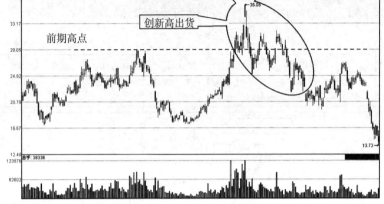

国投中鲁(600962)2007年6月8日~2008年6月20日的日K线走势图 图275

门字形创新高诱多出货法示意图

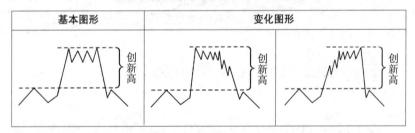

图276

实例九:景谷林业(600265)。图277中显示的是一幅"门字形"创新高出逃走势图。该股在创新高后构成了一个门字形图案,随后股价走势就开始逆转,致使一见股价创新高就买进的投资者后悔不已。

实例十:粤水电(002060)。从图278中看,创新高部位的图案与正规的门字形图案有点差异,右下方好像缺了点什么,但懂行的人知道这是门字形图案的一种变化形式。右边门柱下方留了一个缺口,在技术上称之为"向下突破缺口",这对多方来说又多了一种威胁。此后,该股走弱也就在意料之中了。

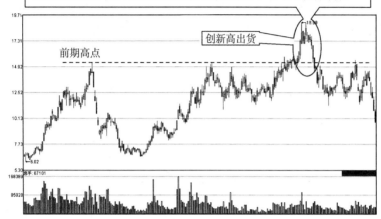

图中画圈处的门字形图案,就像套在中小散户头上的一个魔咒。主力从这道门里逃走了,而不知情的普通投资者却被这道门"卡"住了,套在高位

创新高出货

前期高点

景谷林业(600265)2007 年 3 月 13 日~2008 年 4 月 2 日的日 K 线走势图   图 277

在这个门字形图案中堆积了很高的成交量,换手率达到了 46.57%。主力就是从这个门里溜之大吉的。我们中小散户可要睁大眼睛看清楚啊! 这样才不会上当受骗

创新高出货

缺口

前期高点

粤水电(002060)2007 年 3 月 14 日~2008 年 4 月 2 日的日 K 线走势图   图 278

有人提出，你们上面讲的创新高，都成了主力诱多出货的一种手段。但是，在技术上有一个观点：股价创新高，意味着市场的上升空间已被打开，这样后市就可以看好。很显然，这个观点与"创新高诱多出货法"的观点是对立的。这应该作如何解释呢？人们不禁要问：创新高到底是一件好事还是一件坏事呢？在什么情况下，创新高可以看成是一个看多、做多的信号？在什么情况下，创新高只能看成是一个看空、做空的信号？这两者之间应该如何区别？

　　关于这个问题，确实需要作一些解释。否则，人们的思想就会被搞糊涂，这对操作将带来许多负面影响。

　　我们认为，创新高只是股市中常见的一种现象。至于它是好还是不好？是标志着新的上升空间被打开，成为一个看多、做多的信号呢，还是意味着行情结束，成为一个看空、做空的信号呢？这不在于创新高这个现象的本身，而在于利用这个现象的主力究竟想用它来干什么？如果主力想用创新高来凝聚市场人气，推高股价，那么这个创新高对多方来说就是一件好事，可以视作一个积极看多、做多的信号；反之，如果主力想用创新高来诱多，骗投资者高位接盘，他们好顺利出货，那么这个创新高对多方来说就是一件坏事，可以视为一个积极看空、做空的信号。

　　现在大家要弄清楚的是，当大盘或个股创新高时，在什么情况下，主力是用它来凝聚人气、推高股价的；在什么情况下，主力是用它来诱多，忽悠大家进行出货的，这两者之间究竟应该怎么来区别呢？

　　经过研究，我们觉得有以下几种办法，可以鉴别出个股创新高是主力在进货，即往上做，还是主力在出货，即往下做的区别：

　　①看大盘趋势。当大盘趋势向上走时，个股创新高则为主力进货居多，这个创新高一般可看作是真的；反之，当大盘趋势向下走时，个股创新高则为主力出货居多，这个创新高一般就只能看成是假的。

　　②看个股运行的趋势。个股运行趋势是处在空头氛围中还是处在多头氛围中，是鉴别创新高真假的一个重要标志。如一个股票创新高是真的，就有一个必要条件，即这个股票一定要运行在多头氛围中。何谓多头氛围呢？就是看其5月、10月、20月均线有无形成多头

排列。如月均线形成多头排列,则说明个股正处在多头氛围中;如月均线没有形成多头排列,则说明个股仍处在空头氛围中。

一般来说,当个股形成上升趋势,进入多头氛围时,创新高则往往意味着新的上升空间已被打开,股价进一步向上的可能性较大。但是大家要注意的是,个股在下降趋势的反弹中也会创出新高。因为反弹的力度较大时,5日、10日、30日均线会形成多头排列。不过,日均线的多头排列,只能说明短期趋势向好,并不代表中长期趋势一定向好。只要月均线还是处在空头排列状态,个股在反弹中创出新高就存在很多疑问,主力常常会利用个股反弹中创出新高的机会,进行诱多出货。

③从股价的涨幅、换手率,以及创新高后的盘整时间进行综合分析考虑,往往也能对创新高的性质作出一个正确评判。比如,一般来说,股价形成上升趋势,在涨幅不大的情况下,创新高可能是真的;反之,股价已有了很大涨幅,特别是股价进入了高位区后(编者按:何谓股价的高位区,详见本书第505页),创新高可能是假的,有可能是主力在出货。又如,创新高时换手率奇高,则要警惕主力借创新高在出货。再如,创新高后,股价常常会出现一段时间盘整。如果创新高是真的,是为了推高股价,盘整时间就不会太长;反之,如果创新高是假的,是为了出货,那么这个盘整时间就相对比较长。

④看股价创新高后,股价重心是向上还是向下。这也可以说是判断创新高属于什么性质的一个最重要参考指标。如果股价创新高后不久,又跌回原来高点之下,那么这个创新高基本上是假的,极有可能是主力借创新高之名在进行出货,这样的创新高,只能看成是一个看空、做空的信号;反之,如果创新高后,股价继续往上攀升,或者创新高后,股价暂时出现调整,但回调的低点仍在上一高点之上,且股价经过反抽后,继续往上攀升的,那么这个创新高基本上是真的,可以看成是一个看多、做多的信号。

赵老师说：选股要首选股本有持续扩张能力，且业绩能保持同步增长的股票(编者按：关于选股训练的问题，放在以后再讨论，这里仅把它作为一个说话的引子)，这样投资者就能在其不断除权、填权的过程中，获得超额收益，进而在股市中把自己做强、做大。比如，数年前，你投资苏宁电器、贵州茅台、盐湖钾肥等股票，只要长期持有，至今已获得了数十倍的投资回报[注]。正因为如此，很多投资者对一些上市公司发布送股、转增股预案的股票特别看好。不过遗憾的是，根据历史数据统计，沪深股市10多年来，很多人投资这类股票，结果却很不理想，这些投资者不但没有获得所谓的超额投资收益，反而陷入了主力精心设计的陷阱中，最后投资普遍都遭到了很大的损失。

请问：你知道这是为什么吗？主力究竟用了何种手段让这些投资者落入他们圈套的？对付主力这一阴招，你有什么良策？

如果一个股票每10股送10股后，过一段时期能填满权(注：指股价又回升至除权登记日的收盘价)，这等于股价翻了一番，此事确实很诱人。不过话说回来，在历年沪深股市中出现大面积送股的股票不少，但真正送完股后能填满权的个股却很少。投资者投资这类股票，如不熟悉主力从中玩弄的花招，幻想着股价除权后填满权的情况发生，其投资风险是很大的。

那么，风险究竟在哪里呢？风险主要表现在主力经常会采用"除权诱多出货法"的手段(比如，在盘中制造快速填权、部分填权的假象)，将看好送股的投资者一网打尽，让他们深套其中。

【注】 本书不是在推荐什么股票，因为任何股票都会随着市场变化而变化，过去很牛的股票，如果一直能与时俱进，就能继续牛下去；如果跟不上时代步伐或被市场过度炒作，它也会由牛转熊。因此，投资者选股时一定要根据当时的情况，有的放矢地选择，这样才能减少投资失误。

据了解，除权诱多出货法也是目前主力使用频率最高的主要出货手段之一。

该出货方法的特点是：①主力会利用市场对其送股的利好预期推高股价，有时会把股价推高到令人吃惊的地步；②在送股除权实施前，股价若出现明显的高涨，成交量激增，说明主力有可能趁市场抢权之际，向外大量派发筹码；③利用除权后某一时段，趁市场对填满权的期盼，向外大量派发筹码。此时，成交量呈明显的放大迹象。

很显然，当主力采用除权诱多出货法获得成功后，股价必然会出现向下回落的态势，而且这一回落在短时期内不会结束，下跌空间也常常超出大家的想像。

在了解除权诱多出货法是怎么回事后，接下来我们分析主力用它来出逃时，具体有哪几种表现形式。

①股价除权后，主力主要通过单日大量换手进行出货

实例一：广东明珠（600382）。图279中显示，该股主力出货的地方非常明显，比如图中的成交量柱状线特别长，一眼就能看出这里出现了大量换手，而这大量换手的地方就是主力集中发货之处。

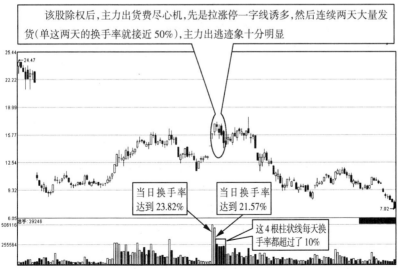

广东明珠（600382）2007年10月9日~2008年6月17日的日K线走势图　图279

②股价除权后,主力主要通过间断式单日大换手进行出货

实例二:羚锐股份(600285)。从图 280 中可以清楚地看出,在其成交量柱状线上,有 3 根特别长的柱状线,每根柱状线都表示当日换手率超过 14%。在 3 根长柱状线间断出现后,股价重心就开始向下移动,这说明主力已把筹码大量派发,行情走弱势在必然。

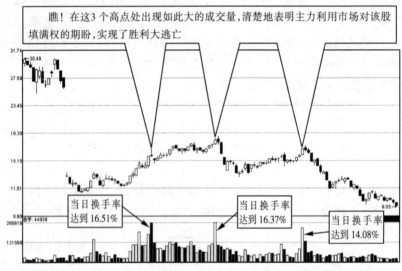

羚锐股份(600285)2007 年 10 月 17 日~2008 年 4 月 18 日的日 K 线走势图　图 280

实例三:鼎立股份(600614)。在图 281 中,该股主力用间断式单日大量换手进行出货的手法表现得十分明显。图中箭头 A 所指处,单日换手率达到了 16.09%;箭头 B 所指处,单日换手率达到了 10.86%;箭头 C 所指处,单日换手率达到了 14.29%;箭头 D 所指处,单日换手率达到了 17.03%。当主力用此方法实现了其除权出货的目的后,该股就此一蹶不振。

③股价除权后,主力主要通过挖坑方式进行出货

实例四:宝光股份(600379)。看了图 282 后,我们发现该股主力为了出货精心挖了两个坑,坑的两边高点处是他们集中发货的地方。在其目的达到后,该股只能往下回落了。

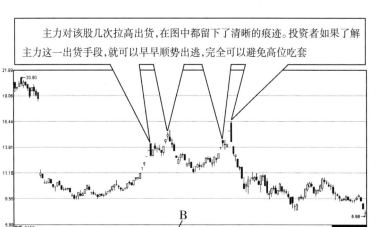

主力对该股几次拉高出货,在图中都留了清晰的痕迹。投资者如果了解主力这一出货手段,就可以早早顺势出逃,完全可以避免高位吃套

鼎立股份(600614)2007年9月25日~2008年6月11日的日K线走势图　图281

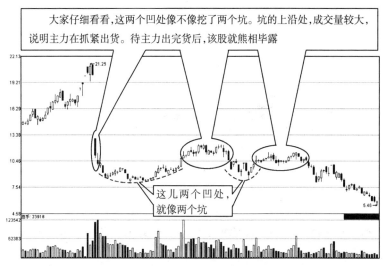

大家仔细看看,这两个凹处像不像挖了两个坑。坑的上沿处,成交量较大,说明主力在抓紧出货。待主力出完货后,该股就熊相毕露

这儿两个凹处,
就像两个坑

宝光股份(600379)2007年8月20日~2008年4月22日的日K线走势图　图282

有人问:主力如何想到要挖抗出货呢?通常有两个原因致使主力会有如此举动。一是市场较弱,缺乏追涨的投资热情;二是除权前已充分抢权,无潜力可挖。

实例五:天房发展(600322)。该股除权后挖了两个坑,给人一种筑圆底的错觉(见图283)。但以后的事实表明,这是主力精心设计的骗局。有人问:挖坑出货,主力有利可图吗?这是善良的投资者善良的想法。大家只要看看该股除权前出现的巨大涨幅,就能知道主力在除权后挖坑出逃,早已赚得钵满盆满。

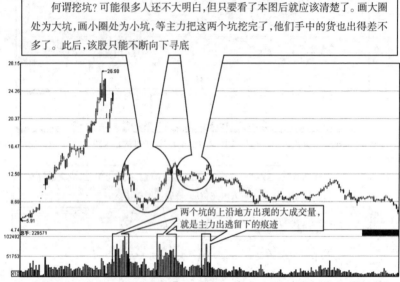

何谓挖坑?可能很多人还不大明白,但只要看了本图后就应该清楚了。画大圈处为大坑,画小圈处为小坑,等主力把这两个坑挖完了,他们手中的货也出得差不多了。此后,该股只能不断向下寻底

两个坑的上沿地方出现的大成交量,就是主力出逃留下的痕迹

天房发展(600322)2007年2月12日~2008年3月18日的日K线走势图　图283

④股价除权后,主力利用拉高进行集中出货

实例六:华仪电器(600290)。该股在每10股转增4股除权后,先是下探,然后被市场拉高,给人一种马上要填满权的错觉(见图284)。但就在离填满权还差一步之时,主力开始集中出货了。等主力将筹码大量派发后,股价就出现了明显的回落。

实例七:方正科技(600601)。图285中显示,在该股除权后,主力分两次将筹码进行了集中派发。此后,该股股价就下了一个大台阶。

⑤股票除权前,主力制造抢权假象;股票除权后,主力又以大量抛售方式出货

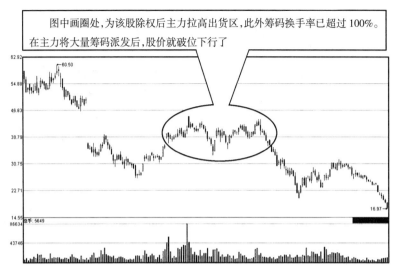

图中画圈处,为该股除权后主力拉高出货区,此外筹码换手率已超过100%。在主力将大量筹码派发后,股价就破位下行了

华仪电器(600290)2007年8月10日~2008年6月17日的日K线走势图　图284

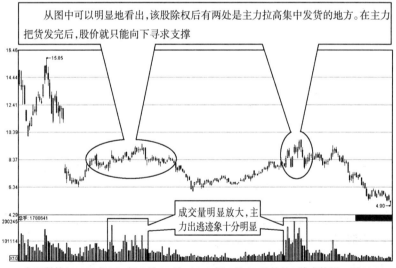

从图中可以明显地看出,该股除权后有两处是主力拉高集中发货的地方。在主力把货发完后,股价就只能向下寻求支撑

成交量明显放大,主力出逃迹象十分明显

方正科技(600601)2007年5月29日~2008年4月22日的日K线走势图　图285

实例八:深振业 A(000006)。图 286 中显示,2007 年 10 月 8 日,该股摸高 39 元后见顶回落。但主力苦于大势不佳,一直出货不畅,这从低迷的成交量中可以得到佐证。后来,在 2008 年 4 月 29 日,该股 10 送 10 进行了除权。就在该股除权前几日,主力抓准时机,发动了一轮抢权行情,成交量开始明显放大,股价得以迅速飙升。该股除权后,成交量更是放出了近期天量。在弱市中,主力利用除权,解决了以前想出货但始终难以出货的困境。可以说,是该股送股除权帮了主力的大忙,倒霉的是不知其中奥秘而盲目进行跟风的投资者。

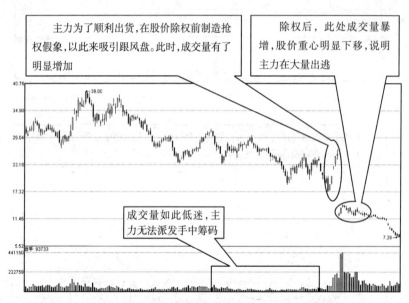

主力为了顺利出货,在股价除权前制造抢权假象,以此来吸引跟风盘。此时,成交量有了明显增加

除权后,此处成交量暴增,股价重心明显下移,说明主力在大量出逃

成交量如此低迷,主力无法派发手中筹码

深振业 A(000006)2007 年 8 月 16 日~2008 年 6 月 19 日的日 K 线走势图　图 286

主力在使用除权出货法时,除了上面一些经常使用的手段外,对一些个股还可能采用第一次除权不出货,第二次除权再大量出货的方式。投资者切不可被第一次除权后能填满权的现象麻痹了,从而放松警惕,以致在第二次除权后没有等到填满权却被深套的现象发生。

这里我们向大家解析一个典型的例子:万通地产(600246)。该股在 2007 年 2 月 13 日推出了每 10 股转增 10 股派 1 元的分配预案,

2007 年 3 月 6 日该方案获股东大会通过,2007 年 3 月 15 日为其股权登记日。从送股方案通过到股权登记实施,仅为几个交易日的时间,但主力一下子将该股拉了 4 根涨停收盘或接近涨停收盘的大阳线,涨幅达到了 51.27%。在 2007 年 3 月 16 日该股除权后,主力并没有撤退,反而进行了加仓。这是为什么呢?答案不久就揭晓了,该股半年后又推出了每 10 股转增 5 股的方案。原来主力实施的是第一次除权不出货,以填满权来吸引跟风盘,到第二次除权时再出货,将跟风盘一网打尽的超级大阴谋。事实完全验证了这个判断。2007 年 10 月 23 日,该股除权后,经过横盘震荡 40 多个交易日,突然放量拉升,此时,主力趁机派发大量筹码,逃之夭夭。

据统计,从其放量拉升这一天算起,到收盘价跌至起动点之下的那天,即 2008 年 3 月 5 日为止(见图 287),在这 40 多个交易日里,筹码换手率已超过了 100%,主力从中派发了大量筹码,获利十分丰厚。主力心中有一本账,第一次除权不出货,第二次除权再出货,比第一次除权就出货要合算得多。这是什么道理呢? 这里我们可以算一笔

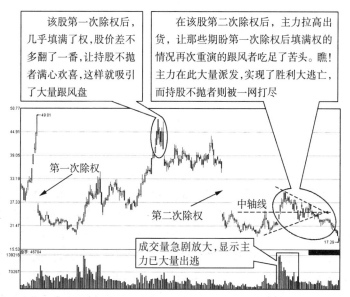

万通电产(600246)2007 年 2 月 16 日~2008 年 3 月 13 日的日 K 线走势图　图 287

账，主力在该股第二次除权出货的均价估计在 25 元左右（编者按：此均价是按照收敛三角形的中轴线进行核定的，见图中收敛三角形中间的虚线），这是一个很了不得的价格，因为它是经过每 10 股转增 10 股，再每 10 股转增 5 股后的股价，如果复权，真正的股价就是 75 元。试想，如果第一次除权时，主力马上出货，那么其收益肯定要大打折扣。

有人问：该股在第一次送股后，半年后不再送股，那主力制定这样的出货计划不是落空了吗？这个用不着大家担心，因为主力炒作这个股票，事先已对上市公司进行了充分的"调查研究"（编者按：有的上市公司还会主动与其配合，将他们要在某时段送股的信息，事先会透露给主力），在摸清底牌后才会这样做的。

其实，主力不仅摸清了上市公司的底牌，他们对普通投资者的心理也进行了充分摸底，只有这样，才会制定出这样一个周密的第二次除权后再出货的计划。比如，主力在该股第一次除权前几日，演绎了连续拉升的逼空行情，这逼空行情之所以能获得成功，因为当时股市正处于大牛市背景中，市场对每 10 股转增 10 股派 1 元的股票都有一种期盼。主力正是摸透了市场大众的心理才这样操作的。此举可谓一举两得。

一是这样做除权后就直接垫高了该股除权后的价格，当日除权的股价为 24.46 元，它与该股一个月前的股价差不多，这就给市场发出了一个虚假的信号，目前该股股价并不贵，但实际上该股复权后的股价已翻了一番。主力这样做的目的很清楚，是为了在日后对该股拉升时能吸引跟风盘（编者按：主力拉升任何一只股票都需要跟风盘，否则缺少跟风盘，主力就变成自拉自唱了。一旦主力陷入自拉自唱的状况，对其来说是非常危险的，主力要想把筹码派发出去就会无人问津。关于这个问题，《股市操练大全》第三册中有详细交代，这里就不展开了）。

二是为其在第二次除权后大量出货放了一颗烟幕弹，因为它给投资者造成一种错觉，以为在第二次除权后也会出现类似于第一次除权后填满权的行情。如此一来，主力派发出来的筹码就会有人去承接,他们出逃的目的才能实现[注]。

还有一种情况正好相反,在第一次除权后主力已把筹码大量派发,在该股第二次除权时,原来的主力已出逃,以致出现除权前股价波澜不兴,除权后股价出现快速下跌的现象发生。投资者对这种缺乏主力参与的除权行情更加要格外小心,因为此类股票,连跟着主力拉高出货一起向外出逃的机会都没有,一旦陷进去,就会苦不堪言。

这里请大家看一个实例:美的电器(000527)。该股在一年不到的时间里进行过两次大规模送股除权,第一次送股除权在2007年6月8日,第二次送股除权在2008年5月8日。该股在第一次送股除权后迎来了一波上涨行情,但在第二次送股除权后,股价就出现了连续暴跌(见图288)。其原因虽然与它在第一次送股除权时处在大牛市环境中,在第二次送股除权时已处在大熊市环境中有很大关系。但最主要的原因是,在该股第一次送股除权后,主力通过拉高股价已派发了大量获利筹码,而在第二次送股除权时,大主力早已逃之夭夭,而留在里面的是一些实力有限的中小机构和个人投资者,他们根本无力掀起一波填权行情,因此只能眼睁睁地看着该股除权后一路下跌。

有人问:上面讲了这么多主力使用"除权诱多出货法"的手段,那么,我们碰到这种情况,具体应该怎样操作呢?这里给大家提几条建议:

①首先投资者要明白,在股市中能够"送股-除权-填权-再送股-再填权",股本由小变大,业绩能保持同步增长的大牛股是非常少的(编者按:关于选择此类股票的必要条件与特别训练,将在以后展开,这里就不说了),而大多数个股送股除权后短期前景可期,但长期前景多为不妙。这里面原因很多,但主力利用除权诱多出货法,将

【注】 主力是否成功出逃,不能光看换手率(因为换手率高,其中也不排除有一部分换手率是出自主力对敲形成的,这样主力筹码仍未顺利地派发出去),还要看筹码是否从集中走向明显的分散。只有筹码出现大量分散状况,股价重心呈明显的下挫,才能真正说明主力已把筹码顺利派发了。我们查阅该股股东户数,发现在该股第二次除权,高位出现大量换手后,股东户数一下子增加了42.67%(截至2008年3月31日),此时股价重心也出现了明显的下挫。这说明主力已把筹码成功地派发给了广大中小散户。

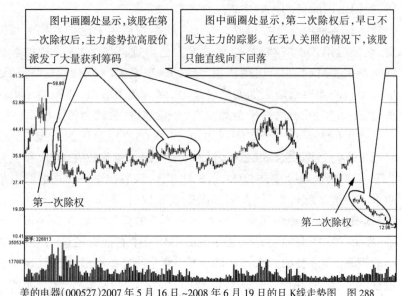

图中画圈处显示，该股在第一次除权后，主力趁势拉高股价派发了大量获利筹码

图中画圈处显示，第二次除权后，早已不见大主力的踪影。在无人关照的情况下，该股只能直线向下回落

第一次除权

第二次除权

美的电器(000527)2007年5月16日~2008年6月19日的日K线走势图　图288

筹码大量派发是其中最为重要的一个原因。

②对除权类个股，投资者理性的操作思路是：既然只有少数个股送股后能够填满权，并再创新高，而大多数个股送股后是贴权的，股价走势会创新低，那么，在投资此类股票时头脑里就不能老是想着它除权后可以填权，而应该想到如何把防范主力利用除权诱多出货的风险放在首位。

③对除权类股票的投资，一般只能是短期的，而不能是长期的。即使表面上业绩非常优秀，送股很慷慨的个股，也不要轻易地决定对它长线持有。因为一个股票是否值得长线持有，不能光看它现在业绩如何，送股除权后能否填权，归根结底要看它的成长性和发展前景如何。因此，凡是对上市公司的基本面缺乏深入了解的个股，原则上只能进行短期投资，而不能盲目地长线持有。

比如，驰宏锌锗(600497)曾因为业绩异常优秀，受到了市场高度关注。2006年每股收益为3.12元，而且其收益均为主营收益，这就非常了不得。当时，该股业绩在沪深股市中排名第一，其股价也因此节节攀高,最高攀升到 154 元。随后该股进行了两次大规模送股除权,很多人都认为该股除权后可以填权,值得长线持有,但结果是在其两次送股除权后长线持有者都输得惨不忍睹,股价出现了暴跌(见图289)。为什么该股跌得如此惨呢? 原因是该股属于周期性行业,业绩高速增长不能持续。一旦行业前景出现拐点,其命运也就岌岌可危了。所以,投资者在没有深入了解上市公司基本面之前,对任何除权股票都要保持一份警惕,操作上只能短期持有,而不能长期捂着,谨防主力高位出货殃及自己。

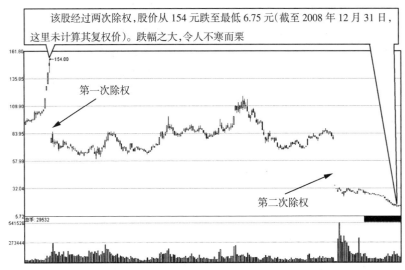

驰宏锌锗(600497)2007 年 3 月 19 日~2008 年 6 月 24 日的日 K 线走势图   图 289

我们认为,对除权类股票短期操作策略是:打得赢就打,打不赢就走;选好买点,择机建仓,除权后一旦发现主力在大量派发筹码就要及时出逃。一般来说,这类股票的短期买点可从以下两个方面进行选择:A.送股方案公布后,股价尚未启动或者刚刚启动,此时可考虑逢低吸纳。B.除权后股价一路下跌,如果发现主力没有进行大规模派发(这可以从成交量中看出),可在有止跌迹象时分批买进。

④对除权前出现明显抢权,成交量暴增的股票,要警惕主力已从

中出逃。此类股票的除权行情应不参与为妙,否则很容易吃套。

⑤对主力在除权后经常采用的单日大量换手出货、挖坑出货、拉高集中出货等手段要有一个清晰、完整的了解,这样当主力故技重演时,就能主动地进行积极应对。

⑥对过去已出现过填满权的股票,在其第二次除权后也不能掉以轻信,要提防主力有更大阴谋在里面。比如,前面提到的万通地产(见图287)就很能说明问题。

⑦除权后,发现主力已把筹码大量派发,对这类股票就不能再有什么幻想,应及时止损出局为宜。比如,前面提到的美的电器就是其中的一个典型(见图288)。

⑧对股谚"牛市除权,犹如火上浇油;熊市除权,犹如雪上加霜",要正确地理解。诚然,个股走势与大盘走势密切相关。牛市中市场人气高涨,股票供不应求,这样就推动了股价不断往上攀升。如果在这个时候,某公司公布高比例送、配、转增股方案,那么其股票就很容易受到投资者追棒。其原因是:在强势市场股票供不应求时,含权高的股票除权后股价会一下子大幅度降下来,这样就会吸引很多人去购买。再则主力、庄家也乐于从中借题发挥,制造出一波填权行情。反之,熊市中市场人气低迷,买股票输多赢少,股票不再是香饽饽,变成了烫山芋。因此,从投资者心理上来说,弱市本来对股票就有一种排斥感,一旦股票除权下来,人们首先考虑的不是股价低了可以买进,而是想到盘子又扩大了,这时就会引来大量抛盘。如此一来,在熊市中含权股除权后就很容易形成贴权走势。

有鉴于此,所以在大势向好时,投资者就应该多从成长性好的含权的股票里寻找投资机会,尤其是那些除权后落差将会特别大的股票应作为重点选择对象。在大势向坏时,越是送、配和转增股比例高的股票就越是不能碰,一旦被它粘住就很难脱身。

但是,投资者要注意的是,对"牛市除权,犹如火上浇油;熊市除权,犹如雪上加霜"这条股谚的认识也不能走极端。比如,"牛市除权,犹如火上浇油",只是说牛市中送股除权后往往有一段上升行情可以期待,但它并没有告诉你对牛市中除权股票要长线持有。这个道理很简单,主力获利丰厚后是要出货的,主力逃走了,股价岂有不跌之理。所以,即使是牛市,发现股票除权后,出现了主力拉高出货、集中派发的迹象,也应该及时斩仓出局。否则,套你就没有商量。又如,对"熊市除权,犹如雪上加霜"也要辩证地看待,不是说进入熊市,除权股的行情就一律不能参与,因为熊市中也有反弹机会出现,熊市中也会出现局部热点。所以,弱市里如果出现一轮中级反弹行情,一些市场热门股除权时,同样会演绎一波可观的升势。投资者若能把握好这个短线操作机会,有时也能获得很好的投资回报。

赵老师说:刚才我们已对主力使用的"除权诱多出货法"进行了充分讨论,除此之外,与除权诱多出货法相对应的一种方法,也应该值得我们高度重视。

请问:你知道这是主力玩弄的一种什么出货方式吗?它有什么特征?投资者遇到它有何应对良策?

该出货方法被称之为"抢权诱多出货法"。抢权诱多出货法的特征是:①在送股利好消息公布时,市场处于强势中或局部回暖中;②市场对即将实施送股的个股前景有一定的期盼,特别是其题材能得到市场响应的个股,更容易激发投资大众对它的追捧;③在送股利好消息公布之前的一段时间内,股价走势相对平稳,没有出现暴涨的现象;④控盘主力善于借市场人气造势;⑤在送股利好消息即将公布或公布后〔注〕,一直到该股正式送股除权前,短期内股价形成大涨走势,涨幅一般都超过50%以上,有的甚至接近或超过100%;⑥成交量呈明显放大态势;⑦除权后股价呈现一路向下的走势。

抢权诱多出货法与除权诱多出货法最大的区别是:除权诱多出货法是指主力大量出货主要发生在股价除权之后;抢权诱多出货法是指主力的出逃主要发生在股价尚未除权的前夕。换一句话说,所谓抢权诱多出货法,意思是指主力在除权前趁股价拉高,众人看好其后市跟风追涨之际,已将筹码大量派发了出去,剩下的少量筹码在除权后再把它派发出去的一种操盘行为。

抢权诱多出货法一般可分为强势市场抢权诱多出货法与弱势市

【注】 如送股的利好消息在正式公布前就被提前泄露了,这样就有可能被人利用进行提前炒作。这在过去是很常见的一种现象,但现在随着管理层监管力度加大,这种利用内幕消息获利的现象有所减弱,但目前还不可能从根本上进行杜绝。

场抢权诱多出货法两种类型。

一、强势市场抢权诱多出货法。其主要表现是：在市场处于强势，人气旺盛时，上市公司送股预案公布后，市场会把它当成一个重大利好进行追捧，主力就会趁势将股价推高，有时会把股价推高到令人吃惊的地步。当一些人看到股价大涨了纷纷追进去的时候，主力就毫不客气地把筹码在高位交给了这些跟风追涨的投资者，实现其"胜利大逃亡"的目的（见图 290）

在强势市场中主力推行抢权诱多出货法示意图

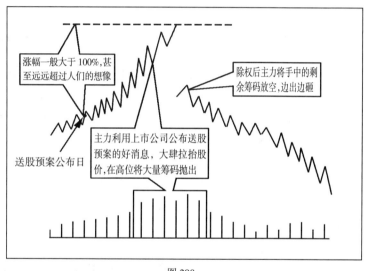

涨幅一般大于100%，甚至远远超过人们的想像

除权后主力将手中的剩余筹码放空，边出边砸

送股预案公布日

主力利用上市公司公布送股预案的好消息，大肆拉抬股价，在高位将大量筹码抛出

图 290

实例一：芜湖港（600575）。该股在 2007 年 2 月 8 日公布了 10 股转增 5 股的预案，从其预案公布之日起一直到 2007 年 6 月 22 日该方案正式实施，其间经历了 4 个多月。在这一个阶段，整个股市正处于牛市强势氛围中，股价从 7 元多一直涨到 26 元多，一下子涨了200%多。正当很多投资者期望该股除权后能给他们带来好运时，主力将大量筹码派发给了他们。由于该股在除权前已经过充分抢权，所以该股除权后就形成了一路下跌的走势（见图 291）。

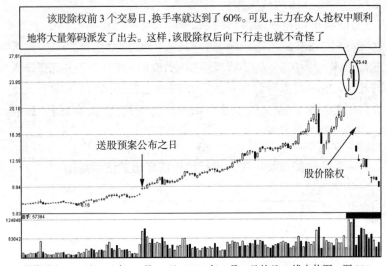

该股除权前3个交易日,换手率就达到了60%。可见,主力在众人抢权中顺利地将大量筹码派发了出去。这样,该股除权后向下行走也就不奇怪了

送股预案公布之日

股价除权

芜湖港(600575)2006年11月28日~2007年7月5日的日K线走势图　图291

实例二:大唐发电(601991)。该股在2007年4月2日公布了10转增10的预案,至2007年7月30日正式除权之前,股价涨了2倍多,其间筹码经历了充分换手。在股价不断上涨和跌宕起伏中,主力将筹码派发出去是很容易的。图292中的走势显示,在主力大量出逃后,该股除权后就一直跌跌不休。所以,投资者对送股预案公布后大涨的股票要高度警惕,要提防主力早已从中溜之大吉。

二、弱势市场抢权诱多出货法。其主要表现是:在市场进入弱势后,主力是很难出货的。但当上市公司送股消息公布前后,市场也正巧处于局部回暖之中时,主力会充分利用市场的一些投机心理,将股价推高,制造抢权的假象,以此来吸引跟风盘,主力则可趁机将筹码派发出去。在股价除权后,主力再将剩余筹码抛出去。除权后,由于主力已经出逃,股价处于无人关照状况,再加上盘中一些期盼填权的投资者,见势不妙,也开始翻空,这样就很容易形成多杀多,一路下跌的走势(见图293)。

实例三:达安基因(002030)。从图294中可以清楚地看出,截至该股抢权行情发生前,前期股价一直处于无量下跌的状态。很显然,

经验告诉我们:对除权前已出现过大涨的股票,即被充分抢过权的股票要少碰为妙。即使在大牛市中,这些被充分抢权的股票除权后照样会贴权,照样会一路下跌。投资者一定要引以为鉴,避免上当受骗

大唐发电(601991)2007年2月8日~2007年10月22日的日K线走势图　图292

在弱势市场中主力推行抢权诱多出货法示意图

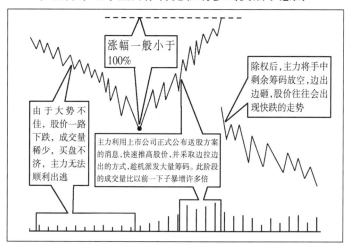

图293

331

这么小的成交量主力是无法出逃的。主力为了能顺利出逃，于2008年4月23日（见图294中箭头A所指处）发动了一轮抢权行情。而这一天也正是大盘出现反弹的日子。主力趁大盘短暂回暖之际，加上该股2007年年报中已经公布了送股的预案，现在正是该方案即将实现之时，于是把股价连连推高，短期内形成了暴涨走势。事情也非常"凑巧"，在主力把股价一路拉高的时候，2008年5月8日，该股正式公布了送股的方案（见图294中箭头B所指处），并规定了实施日期。就在该股公布送股方案到除权前的4个交易日里，换手率达到了48.56%，无疑，如此高的换手率（注：前面一路下跌时，每日平均换手率只为1%左右），为主力大规模派发筹码提供了一个天赐良机。除权后，该股换手率仍然居高不下，但股价出现了急速下跌的走势，这说明主力在继续抛售手中的剩余筹码，边放空边往下砸，把那些在前面参与抢权，然后等着该股除权后能填权的投资者一网打尽。

实例四：皖维高新（600063）。图295中显示，主力在该股前期见顶时出了一部分货。但因市道不好，接盘不济，手中还有大量获利筹

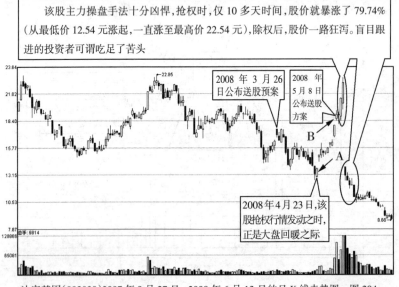

达安基因(002030)2007年9月27日~2008年6月13日的日K线走势图　图294

码无法兑现。后来,从2008年4月下旬开始,主力在该股送股方案实施前发动了一轮抢权行情。在吸引到许多跟风盘的同时,主力趁机边拉边向外派发筹码,致使成交量出现了激增。这样的状况维持了10多个交易日,最终主力成功地将手中的获利筹码交到了跟风者手里。这些跟风抢权的投资者,原以为该股除权后会有一波填权行情出现,但事后发现该股除权后一路往下寻底,丝毫无填权的迹象出现。最后这些投资者有的认赔出局了,有的还深套在里面。

从该股走势可以看出,图中画圈处出现了明显的抢权现象,成交量一下子暴增,这极有可能是主力在利用抢权为诱饵进行出货。看懂此图的人知道,该股除权后只能形成贴权走势。那些盲目参与抢权的投资者都要为自己的盲动付出代价

股价除权

皖维高新(600063)2007年8月9日~2008年8月18日的日K线走势图　图295

上面我们向大家介绍了什么是主力的"抢权诱多出货法"。那么,普通投资者面对这样的情况应该如何操作呢?办法很简单,在除权前,主力推高股价时可以捂股,但必须在正式除权的前夕将手中的股票全部卖出。一般来说,越具有抢权出货特征的股票,越接近除权的日子,股价就涨得越凶,这几乎成了一个规律性的现象。投资者可根据这一"规律",在除权前的一二天,甚至在除权的当天把股票卖出,此时卖出往往可以卖到一个好价钱。不过要提醒大家的是,也不是所有的抢权股票都是这样的,有时会出现这样的现象:股价临近除权,

反而出现了下跌。其原因是主力在大家抢权过程中已提前把筹码放空（注：可密切注视当时成交量的变化，成交量剧增说明主力在大量出逃），所以才会出现这种现象。因此，投资者若要把握好抢权行情中的卖出时机，就应该冷静地分析盘面走势，该提前卖出就提前卖出，不要等到除权前的最后几天再卖出。另外，大家必须注意的是：一旦发现主力正在运用"抢权出货法"进行出逃，那么自己就不能等到除权后再出逃。操作时要制订一个原则：不管除权前夕股价是涨还是跌，在正式除权前的几天，哪怕是最后一天的最后几分钟都要争取把股票全部卖出。这要作为一个铁的纪律坚决执行。如此一来，主力再狡诈，再怎么使用"抢权诱多出货法"，在除权前抢权，除权后落井下石，这一切都与自己无关了，因为我已胜利出逃了。

细心的投资者还可以发现，主力在强势市场中运用抢权出货法与在弱势市场中运用抢权出货法，选择的时机是不一样的。强势市场抢权，启动的时间往往就是上市公司送股预案公布之时，或者就在这一段时间附近，从上市公司公布送股预案到除权的正式实施，时间可长达几个月，在这期间，股价涨得很高，这给主力抢权出货留下了很大的操作空间。主力为何在上市公司送股预案公布时就启动抢权行情呢？因为市场正处于强势，人气旺盛，一旦有送股预期的股票启动，跟风的人就会越来越多，所以，主力在较早时间就可以导演出一幕精彩的抢权出货行情。但在弱势市场中情况就不同了。上市公司送股预案公布后并不能引起市场注意，有时股价还会出现下跌。因此，主力选择抢权出货行情的启动时间就会选择在送股方案正式公布的前后几天里，其启动时间往往很突然，一旦启动主力就会将股价快速推高，速战速决。而且主力选择这一启动时间，一定有相应的市场环境相配合。比如，大盘出现了反弹（如本题介绍的实例三达安基因这个股票，就是在2008年4月23日，大盘出现反弹时启动抢权出货行情的），市场形成了局部热点，等等。否则，在弱势中没有相应的市场环境相配合，主力想玩抢权出货行情也是玩不起来的。

那么，了解上面这些细节对我们操作有何启示呢？

启示一：当市场处于强势时，投资者参与抢权行情风险较小，赢利机会较大,可积极跟进(编者按:投资者只要注意在除权前退出,一般就不会有什么大的风险);而当市场处于弱势时,投资者参与抢权行情,风险大,赢利机会也相对较小。因此,跟进时要小心为是,其原因是,整个抢权行情往往在一二周内就会结束,如果反应不是很快,在抢权行情启动之初就加入,那么拖到后面再加入就会面临很大的风险。

启示二:参与强势市场的抢权行情,时间的选择有其确定性,投资者一般只要选择在上市公司送股预案公布时加入,往往就会有利可图。而参与弱势市场的抢权行情,时间的选择有很大的不确定性,加入早了或加入晚了都存在着很大风险。比如在弱势市场,上市公司公布送股预案,此时提早加入风险是很大的,不涨反跌的情况比比皆是。又如,在弱势市场,主力好不容易寻找到了一个反弹契机,发动抢权行情,其首要任务当然是利用大盘暂时回暖之际,抓紧时间尽快地将手中大量筹码派发出去。因此,他们一般都会采用速战速决的策略,抢权行情往往很快就会结束。因此,等一些投资者自以为看明白了再追高加入买进时,很可能就是接最后一棒了。有鉴于此,我们建议投资者,可积极参与强势市场的抢权行情。但是,对于弱势市场的抢权行情,如果投资者没有绝对把握,或者感到自己对市场变化反应较慢,就应该尽量少参与或不参与,以免遭受不必要的投资损失(编者按:从操作层面上说,参与弱势抢权行情,如果在抢权行情启动的第一时间没有赶上,一般就不要参与了)。

赵老师说：我这里先给大家讲一个小故事。某人外出旅游时，到了一个陌生地方，看到有人拿了一面旗子在向他招手，此时他被对方的热情、友好所感动。但当他走到这个人面前时，此人突然变了脸，把他的包抢了，随后就溜之大吉。所以，我几次出国旅游，导游都反复叮嘱，到了一个陌生地方，对不认识的人热情、友好，要保持一份警惕以免上当受骗。现在我把这件事与股市联系了起来，总感到主力有一种出货方式与此很相似，上当受骗的人不在少数。

请问：你知道这是一种什么出货方式吗？它的表现形式如何？遇到主力用此方法出货，我们应该如何去积极应对它？

解答

这种出货方式被称为"拉大旗诱多出货法"。它与中国的一句俗话"拉大旗作虎皮"有异曲同工之妙。

"人之初，性本善"。以人的本性而言，绝大多数人看到有人拿着旗子招手，总会往好的方面去想，认为这是一种友善的表示。然而，一些卑劣的小人就是利用人们这样一个普遍心理，干着一些偷鸡摸狗的勾当。这在股市中也是如此。主力（庄家）在出货时也会扮演卑劣小人的角色，在股价上涨时拉出一面旗子，引诱一些人来跟风。由于这些跟风的投资者对这种图形缺乏识别能力与警惕性，因此很容易上当受骗。开始这些投资者会以为这是一种上升形态，现在正好趁股市小幅回调的机会逢低买进，但这一买就中了主力（庄家）的圈套，等他们以后明白过来，往往已被套在高位。所以这种拉旗子出货的方法欺骗性非常强，故而我们将它定名为"拉大旗诱多出货法"。此处强调诱多，目的就是要大家保持一份警惕性，不要让自己被主力骗了。

那么，拉大旗诱多出货法是一种什么样的图形呢？我们先来看一张示意图（见图296）。其特点是：左边股价基本上以一种垂直形态往上飚升,形状就类似一根旗杆,右边的股价沿着旗杆斜着向下滑落,看上去就像一面随风飘扬的旗子。大盘、个股在上涨或反弹途中,尤其是股价在高位运行时,出现这样的图形,与此同时,成交量出现了明显的放大,十有八九是主力在大量出货了。此时,投资者应该"三十六计,走为上计",赶快止损出局。否则,越拖后面的局势往往会越遭糕。

拉大旗诱多出货法示意图

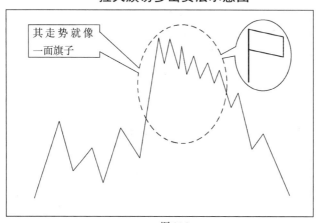

图296

　下面我们来看两个实例。

　实例一:大唐发电(601991)。从图297中可以看出,该股在连续下跌后,突然出现一波反弹,连拉几根大阳线,竖起了一根旗杆,然后股价沿着这根"旗杆"向下滑落,形成了一个旗面。这是一个典型的诱多出货图形。看懂这个图形的投资者,只要及时止损就能规避风险。然而那些因为看不懂这个图形而继续留在里面的投资者, 很快就尝到了越套越深的苦果。

　实例二:华北制药(600812)。从图298中看,该股拉出一面旗子后,股价并没有马上下跌,反而出现了小幅上涨,但随后不久,股价很快就出现了快速下跌的走势。可见,在主力实施了拉大旗诱多出货法后,即使股价没有马上跌下来,但之后也好景不长,股价重回跌势几乎是不可避免的。

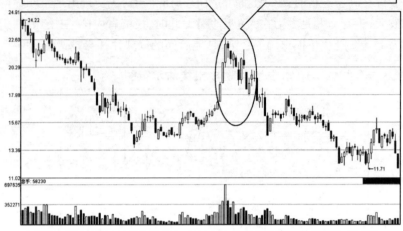

主力利用"拉大旗诱多出货法"派发了大量筹码。等主力将筹码派发完后，该股就出现了新一轮的盘跌走势

大唐发电(601991)2007 年 9 月 5 日~2008 年 4 月 18 日的日 K 线走势图　图 297

瞧！图中画圈处的图形犹如一面旗子。主力正是利用它来进行诱多的，当投资者纷纷跟进时，主力就开始向外大量发货了。有鉴于此，往后大家做股票时，对这种图形的走势可要特别当心啊

华北制药(600812)2007 年 12 月 21 日~2008 年 8 月 26 日的日 K 线走势图　图 298

从实战经验来看，要躲过主力拉大旗诱多出货对自己带来的伤害，最为关键的是，当这个图形出现时，当事人一定要能够识别它，不能识别就一切无从谈起。但是，在股市中这样的"旗子"形状各异，这就给大家及时识别它带来一定的困难。为此，我们特地制作了一张"拉大旗诱多出货法'脸谱'图"，将图中各种"脸谱"，即各种"旗子"形状向大家作了展示。我们制作此图的目的就是要让大家对这些图形留有深刻的印象，今后碰到类似的图形就知道主力（庄家）要捣鬼了。常言道：见多识广。我们相信，投资者对这样的图形见多了，识别能力自然会提高。我们真心希望，这张"脸谱"图能为你提高图形识别能力带来帮助。这里还有一点需要向大家说明的是，这些脸谱，都是从实际走势图形上剪辑下来的，没有作过任何修改，其真实性是不容怀疑的。

拉大旗诱多出货法"脸谱"图

（1）

出处：新华制药（000756）
时间：2008 年 5 月 12 日
　~2008 年 5 月 22 日

（2）

出处：白猫股份（600633）
时间：2008 年 4 月 11 日
　~2008 年 5 月 22 日

（3）

出处：香港飞机工程（HK0044）
时间：2007 年 11 月 28 日
　~2007 年 12 月 12 日

（4）
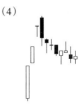
出处：长春一东（600148）
时间：2007 年 5 月 31 日
　~2007 年 9 月 10 日

（5）

出处：升华拜克（600226）
时间：2008 年 2 月 29 日
　~2008 年 3 月 14 日

（6）
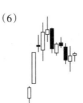
出处：东方金钰（600086）
时间：2007 年 12 月 28 日
　~2008 年 1 月 15 日

（7）
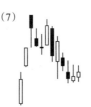
出处：鲁抗医药（600789）
时间：2008 年 5 月 12 日
　~2008 年 5 月 28 日

（8）

出处：南风化工（000737）
时间：2008 年 7 月 18 日
　~2008 年 8 月 4 日

(9)

出处：北方股份（600262）
时间：2004 年 9 月 14 日
~2004 年 10 月 8 日

(10)

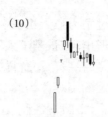

出处：上柴股份（600841）
时间：2007 年 8 月 8 日
~2008 年 1 月 17 日

(11)

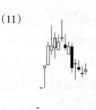

出处：丹东科技（600844）
时间：2008 年 5 月 6 日
~2008 年 5 月 26 日

(12)

出处：辰州矿业（002155）
时间：2007 年 9 月 11 日
~2007 年 9 月 27 日

(13)

出处：中航精机（002013）
时间：2008 年 5 月 5 日
~2008 年 5 月 22 日

(14)

出处：北方股份（600262）
时间：2007 年 9 月 12 日
~2007 年 10 月 9 日

(15)

出处：华海药业（600521）
时间：2007 年 12 月 26 日
~2008 年 1 月 21 日

(16)

出处：金丰投资（600606）
时间：2007 年 9 月 13 日
~2007 年 10 月 11 日

(17)

出处：中国铝业（601600）
时间：2007 年 8 月 21 日
~2007 年 9 月 12 日

(18)

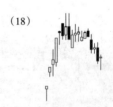

出处：宝石 A（000413）
时间：2008 年 4 月 23 日
~2008 年 5 月 21 日

(19)

出处：世荣兆业（002016）
时间：2007 年 12 月 20 日
~2008 年 1 月 18 日

(20)

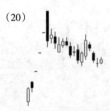

出处：宁波富达（600724）
时间：2008 年 3 月 20 日
~2008 年 5 月 28 日

说明：

①这些"脸谱"基本上反映了拉大旗诱多出货法的图形变化。因而有一定的参考价值。

②本图对"脸谱"的出处,时间都作了标明,如要了解其详细的走势,可从日 K 线走势图中查阅。

③在股价大幅上涨后,或在反弹中出现上述图形,应警惕主力在诱多出货。

④当这些图形出现时,成交量也随之急剧放大,就更能证明是主力在出货。

⑤看到这些图形,投资者应及时止损离场,主动规避风险。

第八章　主力(庄家)震荡出货手法的解密与应对策略

赵老师说：主力进行的是大兵团作战，由于吃进的筹码很多，要想出货也不是一件容易的事。据知情人透露，主力对一些市场前景不明的上市公司，在股价达到一定价位时，经常会使用一些类似洗盘的方式进行出货。

请问：你知道主力使用的是什么出货方式吗？该出货方式有何特点，具体有哪些表现形式？投资者操作时要注意哪些问题？

主力使用的这种出货方式称之为"宽幅震荡出货法"。说起它，会使人很自然地想到，股评人士进行股评时也经常会冒出"主力在震荡出货"这样的话。不过，股评家说的震荡出货和我们今天讨论的宽幅震荡出货法并不是一回事。因为前者只是对盘中的一些现象进行随意性的描述，并无什么特定内容，而后者研究的是主力出货方式中的一个主要招数，这个招数有它的特定内容、基本特征。投资者可以从中找到一些规律性现象，为日后的投资赢得一些胜机。

下面我先向大家介绍一下"宽幅震荡出货法"的一些基本特征：①在股价有了一段很大涨幅，也即在主升浪完成后或者基本完成后发生；②一旦主力开始震荡出货，股价多半会逐波回落，低点不断下移；③股价不会一次跌到位，每当跌幅过大时就会有一波反弹出现，然后再宽幅震荡;④经过几次宽幅震荡,股价很可能再回到上一轮起始点,甚至会出现跌过头的现象;⑤从第一次宽幅震荡出货到股价最终价值回归,时间一般在半年之上;⑥每次宽幅震荡幅度在25%~50%之间;⑦几乎每次宽幅震荡都有一个冲高放量再回落的现象发生。

宽幅震荡出货法可分为:高点下移震荡出货法、高点上移震荡出货法、高位震荡出货法、中位震荡出货法和不规则震荡出货法这5种类型(见图299)。

宽幅震荡出货法示意图

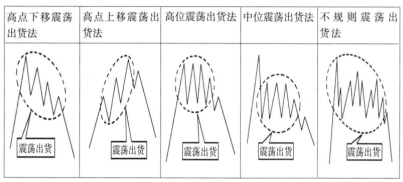

高点下移震荡出货法	高点上移震荡出货法	高位震荡出货法	中位震荡出货法	不规则震荡出货法

图299

一、高点下移震荡出货法。其主要特点是:每一次震荡之后出现的高点都比前一个高点低。这是主力最常用的一种震荡出货方式。这种出货方式在图形上显示的就是逐浪下跌形式,因为逐浪下跌出货相对比较容易。

实例一:兰花科创(600123)。该股可谓是一个高点下移震荡出货法的典型。图300中显示,主力每将该股拉到一个高点就开始大量抛售。几个高点,一个比一个低,主力出货的痕迹清晰可见。看懂主力继续这一出货方法的投资者早就逃掉了,而看不懂主力这一出货阴谋,对该股继续看多、做多的投资者,则会越套越深。

案例二:万科A(000002)。这是沪深股市中,曾被一些权威人士认为最具投资价值的一个股票。但即便是这样的股票,主力出货也是有规律可循的。从图 301 中可以清楚地看出，主力几乎是以标准的"高点下移震荡出货法"的方式出货的。

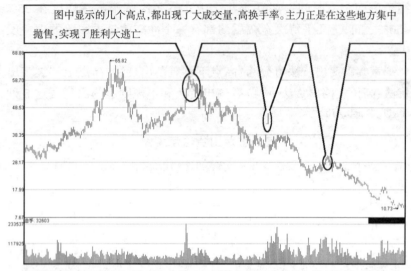

图中显示的几个高点，都出现了大成交量，高换手率。主力正是在这些地方集中抛售，实现了胜利大逃亡

兰花科创(600123)2007 年 6 月 12 日~2008 年 10 月 27 日的日 K 线走势图　图 300

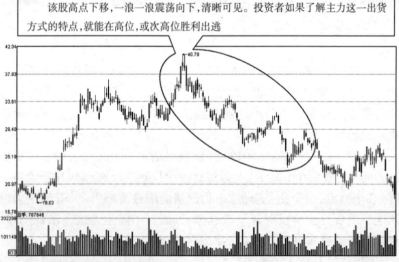

该股高点下移，一浪一浪震荡向下，清晰可见。投资者如果了解主力这一出货方式的特点，就能在高位，或次高位胜利出逃

万科 A(000002)2007 年 6 月 18 日~2008 年 4 月 21 日的日 K线走势图　图 301

二、高点上移震荡出货法。其主要特点是:每一次震荡之后出现的高点都比前一个高点高。在股市处于强势,人气旺盛之际,主力最喜欢使用这种出货方式,因为这种出货方法欺骗性最大,场外跟风盘最积极。

实例三、海信电器(600060)。这是一个很标准的"高点上移震荡出货法"的典型。图302中共有4个明显的高点,一个高点比一个高点高。在该股达到第四个高点后,走势就出现了逆转。考虑到该股2006年6月已经过除权,主力用高点上移的方法震荡出货,其获利是相当丰厚的。

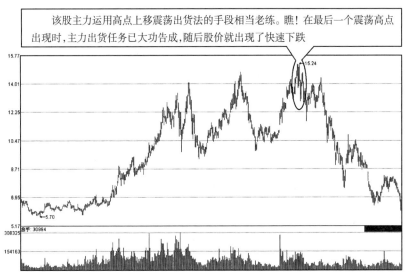

该股主力运用高点上移震荡出货法的手段相当老练。瞧!在最后一个震荡高点出现时,主力出货任务已大功告成,随后股价就出现了快速下跌

海信电器(600060)2006年7月18日~2008年8月11日的日K线走势图　图302

实例四:汕电力A(000534)。该股高点上移震荡出货的态势十分明显,不过图中有一个高点是下移的(见图303中箭头A所指处),但它只是局部出现的一个形态,并不影响总体格局,这也可以说是高点上移震荡出货法的一种变化形式。其实,在股市中变化图形是很常见的一种图形。投资者对此要有一个充分认识。

三、中位震荡出货法。如果把一轮股价的涨幅分为上、中、下三段,主力主要在中间段利用上下震荡的机会进行出货,这就是中位震

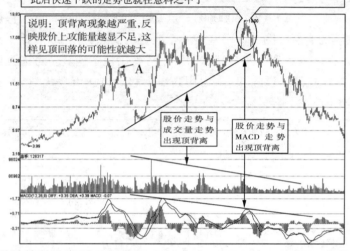

该股主力出货手法十分凶悍,从图中看,主力趁股价上下震荡的机会,边拉高边派发,越是前面筹码派发越多,而在股价攀上最高峰时,主力已无心恋战,成交量明显缩减,这说明主力基本上已经出逃,此后快速下跌的走势也就在意料之中了

说明:顶背离现象越严重,反映股价上攻能量越显不足,这样见顶回落的可能性就越大

A

股价走势与成交量走势出现顶背离

股价走势与MACD走势出现顶背离

汕电力 A(000534)2006 年 12 月 22 日~2008 年 6 月 17 日的日 K 线走势图　图 303

荡出货法。主力使用中位震荡出货,主要是因为考虑到因某种因素,致使该股高位卖出接盘不济,而相对来说,中间段位置比较容易吸引跟风盘,所以就采用了这种出货方式。

实例五:金鹰股份(600232)。该股主力利用股价回落到中位区域,进行上下震荡出货的意图十分明显(见图 304)。如以时间计算,主力在这个区域震荡出货大约用了 9 个月时间。可见,主力出货是很"用心",也是很有耐心的。投资者对此一定要引起高度警惕。

实例六:林海股份(600099)。从图 305 中看,该股自 2007 年 5 月 30 日出现一轮暴跌后,股价就再也没有出现过向上攀升的举动。主力把股价限定在整轮涨幅的中位区域进行上下波动,是为了方便其更好地出货。虽然图中几个高点的水平位置并不一致,但相差不多,整体还是在一个箱子里进行上下震荡。等主力在这个区域把筹码基本抛完后,股价就下了一个台阶。

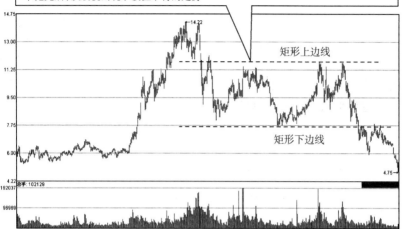

主力就是在这个箱形中(见图中的上、下虚线)进行高抛低吸的,等他们把筹码基本抛完后,该股就出现了破位下行的走势

矩形上边线

矩形下边线

金鹰股份(600232)2006 年 6 月 2 日 ~2008 年 6 月 19 日的日 K 线走势图 图 304

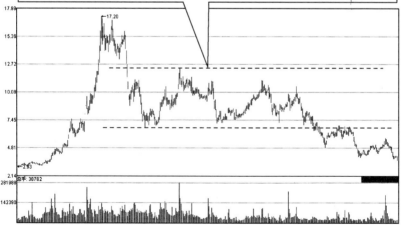

投资者只要对"中位震荡出货法"的特点有深入了解,就一定知道这样箱形震荡的结果,最后股价十有八九是往下突破的,从而可以及早作出抛股离场的决定。可见,能从走势图中察觉主力的真实动机,对投资者来说有多么重要

林海股份(600099)2006 年 11 月 24 日 ~2008 年 8 月 18 日的日 K 线走势图 图 305

四、高位震荡出货法。当股价涨幅达到主力认定的目标位后,主力就会开始出货。据了解,主力如感到其操作的股票,在高位能吸引住跟风盘,就会尽量采用高位震荡出货的方式,因为这样出货相对获利较多。

实例七:凌钢股份(600231)。从图 306 中可以清楚地看出,主力在高位利用股价上下震荡的机会在不断地出货。图中显示,股价每一次拉高, 成交量都出现了明显的放大 (见图 306 中下面的 3 个小圆圈),这说明主力在这些地方抛售得非常厉害。等主力把筹码抛完了,股价也就形成了快速下跌的走势,同时成交量出现明显的萎缩。

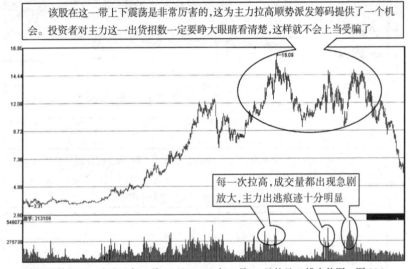

凌钢股份(600231)2006 年 5 月 16 日~2008 年 8 月 18 日的日 K 线走势图　图 306

实例八:维科精华(600152)。该股高位震荡出货的走势同样十分明显。虽然图中有 3 个高点位置较低 (见图 307 中箭头 A、B、C 所指处),但大家只能把它看作是一个局部的现象,因为总体上还是保持着一个高位震荡出货的格局(注:这是高位震荡出货法的一种变化图形)。

五、不规则震荡出货法。其主要特点是:主力忽而以高位震荡方式出货,忽而以中位震荡方式出货,忽而以高点上移方式出货,忽而以低点下移方式出货。其震荡出货方式飘忽不停,无一定的规则可寻。这是普通投资者最难把握的一种主力震荡出货方法。

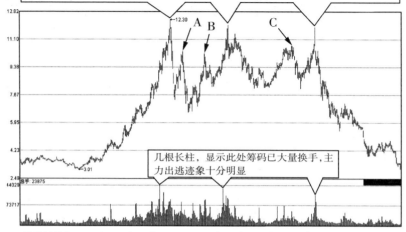

瞧!这几个高点的水平位置差不多,股价每涨到这个地方就见顶回落了,这几乎成了一个规律性现象。高点位置基本相同,是高位震荡出货的一个明显特征。投资者要充分注意,逢"高点"必须卖出,如此才能避免落入主力的圈套

A B C

几根长柱,显示此处筹码已大量换手,主力出逃迹象十分明显

维科精华(600152)2006年7月28日~2008年8月18日的日K线走势图　图307

实例九:九龙电力(600292)。图308中显示,该股主力出货手法诡异,先是在高位制造了两次暴涨暴跌的走势。正当投资者惊魂未定时,该股又进行了2个多月的横向拉锯。此后,在横向拉锯向下破位后,正当人们以为其股价就此一路下行时,它却峰回路转出现了小幅攀升的走势,然后又经过了2个多月的箱形整理,最终才选择向下突破。

实例十:浙江震元(000705):从图309中看,该股走势有点怪异,先是震荡向下,忽而又是连续震荡向上,眼看其要创新高时,忽而又震荡向下。当人们怀疑其后面的震荡向下是虚幌一枪时,这次它却是玩真的了,股价连创新低。该股主力正是运用不规则震荡方式进行出货的。

主力利用宽幅震荡方式进行出货的几种手法,我都向大家介绍了,下面我再来谈谈,当主力用宽幅震荡出货法出逃时,我们应该如何应对,操作时要注意哪些问题:

第一,识别主力宽幅震荡出货法并不难,关键是当事人在什么时间段已经看透了主力这一出货的阴谋,这将直接影响投资者的收益

显然,主力利用不规则震荡的方式出货,使人有一点摸不着头脑。但是,如果我们换一种眼光去注视主力出货的举动,就可以发现,该股台阶式下跌的态势还是十分明显的。投资者了解这一点后,就会知道该如何操作了

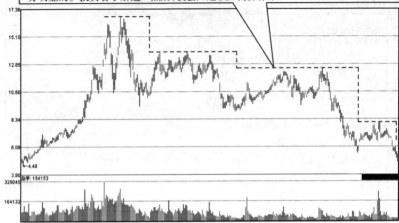

九龙电力(600292)2007 年 1 月 25 日~2008 年 6 月 17 日的日 K 线走势图　图 308

虽然主力利用不规则震荡方式出货,会给投资者造成很多错觉,辨不清方向。但投资者只要为其走势加上一根年线,对主力的意图就能看清楚了。投资者可以这样操作:股价如在年线上方运行就可以看多,进行高抛低吸(即股价远离年线就卖出,等股价跌到年线附近,且受到年线支持时再买进)。但务必牢记,一旦股价跌破年线,就一定要马上止损离场

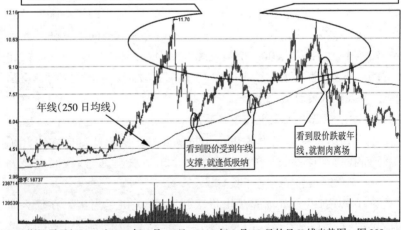

浙江震元(000705)2006 年 7 月 17 日~2008 年 8 月 18 日的日 K 线走势图　图 309

与成败。最理想的是,当事人在主力推出"宽幅震荡出货法"的初期就能认清它的真面目,这样就能在高位及时将股票卖出,从而可以获得较好的投资回报。有人把投资者对主力这一出货方法的反应分为4种类型:即敏感型、基本敏感型、不敏感型、完全不敏感型。这是很有道理的。

所谓敏感型,是指主力一开始推出这种出货方法,在走势图上初现其震荡痕迹时,当事人就能及时识破它;所谓基本敏感型,是指主力推出这一出货方法已有一段时间,当事人才从走势图上看清主力的操作意图;所谓不敏感型,是指主力实施这一出货方法已有很长一段时间,股价已出现了很大幅度的下跌,当事人才如梦初醒,刚从走势图上看清主力震荡出货的意图;所谓完全不敏感型,是指主力在实施这一出货方法后已经将筹码派发完毕,股价早已跌得面目全非,当事人仍然麻木不仁,不知道眼前发生的一切究竟是怎么一回事。事实证明,敏感型者损失最小,因为他们卖出股票的时间与主力出货的时间几乎同步;基本敏感型者虽然有了一些损失,但在认识到主力震荡出货阴谋后及时止损离场,先前的胜利成果大部分还是保住了;不敏感型者损失很大,但只要清醒后马上斩仓出局,总体亏损还在可以接受的范围之内;完全不敏感型者损失最为惨重,一路套到底,亏损可想而知。

当然,能成为敏感型者,是我们应该追求的第一目标,即使达不到第一目标,最起码也要当个基本敏感型者。唯有如此,我们才能在股市中获得长期生存与发展的机会。那么,如何才能成为敏感型者呢?这就要求当事人一定要深入了解主力这一出货方法的特征,以及各种图形走势。看多了,研究深了,自然会看出许多门道。试想,如果当事人连这一点都做不到,还能成为敏感型的投资人吗?

第二,一旦看清主力震荡出货的意图,就要对这个股票长线看空、做空。这时不管你手里拿的是何种类型的股票,哪怕拿的是有长期投资价值的股票,你也必须把股票卖出,应以暂时先退出为宜。大家心里一定要明白,一旦主力将震荡出货法付诸行动,股价总的方向就会不断向下。

因此,投资者总体上必须坚持一个原则,对主力已经开始实施震荡出货的股票必须长线看空、做空。但是,话要说回来,长线看空,做空,并不是说该股短线就没有机会了。因为主力玩弄的是震荡出货的把戏,股价上下波动幅度会很大,这样就存在许多短线机会。故而,从严格意义上说,当事人如果能把握好操作节奏,也可以在主力实施震荡出货的过程中,进行高抛低吸,以此赚取一定的短线差价。那么,如何进行高抛低吸呢?投资者可在股价回落到一个低点,短期均线调头向上时(编者按:短期均线参数可设为 3 日,或 5 日、10 日等,因为各个股票情况不一样,主力操作习惯不一样,当事人必须试后才能确定究竟是哪一种短期均线最为合适),及时买进,看见短期均线掉头向下时,及时卖出。致于什么时候卖出,还有一个方法可供大家参考,即股价上涨到某一高位开始放量了,尤其是拉大阳线,或涨停一字线后放量,说明主力在利用拉大阳线或涨停一字线掩护出货(编者按:关于主力如何利用大阳线、涨停一字线诱多的,请参见前面的大阳线诱多出货法、涨停一字线诱多出货法),此时,投资者就应该马上卖出。

不过,投资者采用这一操作策略时要注意以下 3 点:①既然对主力震荡出货的股票已经长线看空,那么为了安全起见,只能用少量资金参与,跟着主力上下震荡进行高抛低吸。②主力在进行震荡出货时,上下震荡次数是有一定的限度的。也就是说,主力一旦出货完华,这个上下震荡就不会再出现,从此股价就可能呈现一路阴跌,或者跳水的走势。此时,投资者再想高抛低吸风险就非常大。所以,投资者跟着主力上下震荡进行高抛低吸,一定要密切注意主力的出货情况(编者按:可看盘中是否出现特别高的换手率,以及几次上下震荡的累计换手情况)。当你估摸着主力已将大量筹码派发完毕时,你就不能再与主力玩猫捉老鼠的游戏了,此时应赶快出逃为宜。③短线做得不顺利,就要懂得放弃。在长线看空的前提下,跟着主力上下震荡进行高抛低吸。说起来容易,但真正操作起来的确是有一定难度的。有鉴于此,我们建议:如果当事人因缺乏实战经验与这方面的短线技巧,试了几次效果不佳时,就要选择主动放弃。因为在这种情况下,一旦陷进去就很难自拔,弄不好就会造成很大亏损,这样就得不偿失了。

第三,在观察、分析主力以宽幅震荡出货时,要注意有些个股走势与大盘走势存在着背离现象。比如,大盘仍处在牛市氛围中,但有的个股上涨行情已提前结束,步入了熊途,对于这样的个股,投资者就不能因为大势还好着呢,就用牛眼去看它。正确的做法是:此时,当务之急是要从其走势中仔细辨别一下,主力是否在进行战略性撤退,如果辨别下来发现主力确实是在震荡出货了,那就必须按照应对主力震荡出货的办法去处理,该做空时应及时做空,该止损离场时就止损离场。这方面的例子前面已向大家作了介绍。比如,金鹰股份(该案例见本书第 346 页,实例五;走势图见本书第 347 页,图 304)。该股在 2007 年 5 月 30 日后主力就开始进行大规模撤退了,而此时整个大盘仍处在牛市的上升途中,市场做多氛围仍然十分浓烈。此后几个月,虽然大盘指数又往上涨了近 2000 点,但该股股价却一直被压在一个"箱子"里进行上下波动。等主力利用宽幅震荡把筹码抛得差不多后,该股就出现了破位下行的走势。

第四,投资者对主力震荡出货的各种形式要有深入了解(比如,什么是高点下移震荡出货法?什么是高点上移震荡出货法?它们之间有何区别,等等),这样才能有的放矢地去积极应对。至于主力用什么形式的震荡方法进行出货,一是从走势图中可以进行仔细辨认;二是通过了解主力以前的操作习惯,往往也可以看出主力的操作意图。大家一定要记住:在主力使用不同的震荡出货法出货时,投资者只有找到与之相适应的对策,才能取得好的效果。一旦弄错了、弄反了,就会给投资带来很多损失。

赵老师说:无论你是什么样类型的投资者,当你遇到主力快速出货、快速出逃时,一定要及时反应过来,并立马斩仓出局,只有这样,才能避免投资出现重大损失。不过主力是很狡诈的,很不容易对付。在主力用以出逃的武器库中有一种快速出货的方式最具有迷惑性。主力使用这一出货方式,往往会在几天之内,并在大家毫无防备的情况下将筹码大量派发,从而实现他们胜利大逃亡的美梦。据知情人透露,主力采用这一招,既凶狠又非常阴毒。通常,对主力这一招数不太熟悉和了解的人,很容易上当受骗。

请问:主力使用的是一种什么样的怪招,竟能在几天之内并在大家没有察觉的情况下就可逃之夭夭?该怪招有何特点?如果日后碰到主力使用这个怪招,投资者应该采取什么对策?

主力使用的怪招称之为"急涨急跌出货法"。该出货方法的特征是:①多数出现在下跌趋势中,少数出现在上涨趋势或除权之后。②因各种原因(如主力的资金链出了问题,或是主力预见上市公司前景不佳,或是主力担心大势走弱出货更加困难等),致使主力急于在短期内将筹码兑现。③图形上出现短期急涨、急跌的走势;大阳线、大阴线特别多;成交放出近期天量;单日换手率之高,令人吃惊。④急涨的幅度一般不超过30%。⑤急涨到急跌,时间很短,一个轮回短的只有几天时间,长的也不过两三周时间。⑥急跌之后股价走势就一蹶不振,越走越低(见图310)。

在了解该出货方式的特征后,大家就不难明白为何主力能在众目睽睽之下逃之夭夭。说穿了就是因为这个方法有很大的欺骗性,以致很多人上当受骗后,都不知道在什么时候、什么地方被骗了。比如,主力利用一般投资者看到股票"价升量增"就会追涨的心理,一开始就形成咄咄逼人的气势,以"拉大阳线 + 大成交量"的方式来推高股

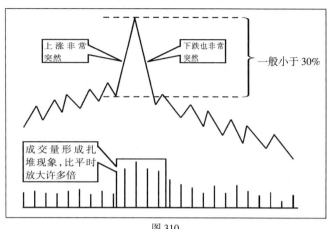

急涨急跌出货法示意图

上涨非常突然

下跌也非常突然

一般小于30%

成交量形成扎堆现象,比平时放大许多倍

图 310

价,而且盘中涨势非常凌厉,这样就会吸引很多跟风盘进来抢着做多,此时主力则会顺势将大量筹码派发出去。在连续逼空后,当买盘蜂涌而入时,主力就掉头杀一个回马枪,将手中的货不断向外抛出。由于主力抛货太多,致使股价出现急速下跌,此时,很多人还以为这是主力在洗盘,等他们感到不对劲的时候,股价早已跌去了一大截。就是到了这个时候,一些人对主力还抱着幻想,认为这是主力在故意打压,最终还是要把股价做上去的,因此,他们仍在持股观望,等待奇迹发生。普通投资者的这种心理都被主力摸透了,所以主力在施行"急涨急跌出货法"时,其阴谋很容易得逞。

据了解,正因为"急涨急跌出货法"能蒙骗住很多人,一些主力机构对此出货方法乐此不疲,而倒霉的自然就是被主力这一出货方式蒙住了眼睛,陷入圈套而不能自拔的那些投资者。

有人问:"急涨急跌出货法"有哪几种类型呢?这正是我们现在要向大家介绍的。"急涨急跌出货法"的类型,主要是根据时间长短进行区分的(因为其他的特征彼此都差不多),具体可分为:

一、超短期型。时间很短,从急涨到急跌,再回到急涨的起始点,通常不超过一周。

实例一:四维控股(600145)。该股走势本来很平稳,2008 年 1 月 22 日突然拉出一根涨停收盘的大阳线(见图 311 中箭头 A 所指处),换手率达到了 36.54%;第二天盘中又出现了一根低开高走的大阳线,换手率为 31.61%;第三天冲高回落,走势图上出现了一根螺旋桨 K 线,换手率为 19.01%;第四天拉出了一根跌停板的大阴线,第五天股价已跌回第一天急涨时的起步价,盘中出现的是一根长十字线,第四、第五两天的换手率为 21.27%。至此,该股经过急涨急跌已进行了一次轮回,短短 5 个交易日,换手率已超过 100%。显然,主力已成功地将大部分获利筹码派发出去了。

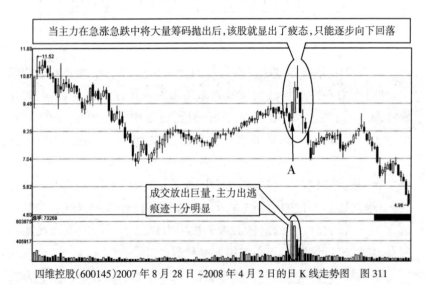

四维控股(600145)2007 年 8 月 28 日~2008 年 4 月 2 日的日 K 线走势图　图 311

实例二:鲁泰 A(000726)。该股除权后,主力一直在寻找机会出逃,或许是主力感到大盘快要见顶,应该加快步伐出货,于是在 2007 年 9 月 7 日,突然拉出了一根涨停收盘的大阳线(见图 312 中箭头 A 所指处),紧接着第二天又拉出了一根以涨停收盘的大阳线,这两天的换手率就比往日放大了数倍。随后第 3 天出现了一根接近跌停收盘的大阴线,第 4 天收了一根螺旋桨 K 线,其下阴线已接近第 1 天大阳线的开盘价。主力仅用 4 天时间,就完成了一次急涨急跌的轮回,换手率达到了 55.18%,把手中想要抛出的筹码大部分都抛了。至此,主力通过急涨急跌出货法,已基本实现了他们胜利大逃亡的目的。

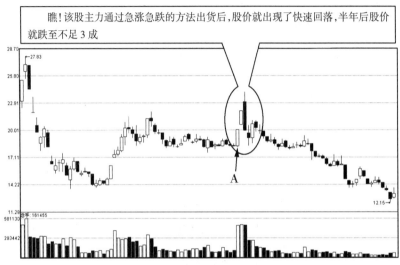

瞧!该股主力通过急涨急跌的方法出货后,股价就出现了快速回落,半年后股价就跌至不足 3 成

鲁泰 A(000726)2007 年 6 月 19 日~2007 年 11 月 13 日的日 K 线走势图　图 312

二、短期型。时间稍长一些,从急涨到急跌,再回到急涨的起始点,通常在 1 至 2 周内。

实例二:数源科技(000909)。该股主力苦于前期大势不佳,一直出货不畅。2008 年 3 月初在市场对其利好传闻的期盼下,主力发动了一波向上拉升的行情。2008 年 3 月 19 日,盘中突然拉出了一根以涨停收盘的大阳线(见图 313 中箭头 A 所指处),第二天又拉出了一根涨幅超过 8% 的大阳线,第三天形成一个冲高回落的走势。至此,这轮急涨走势只维持 3 天就告结束,随后就出现一轮明显的快速下跌的走势。根据盘中数据统计,从主力拉大阳线启动这轮急涨急跌的出逃行情开始,直到股价再回到急涨时大阳线的开盘价为止,一共经过 7 个交易日,换手率接近 100%。如此高的换手率为主力大量出逃提供了一个极佳机会。

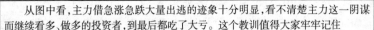

从图中看,主力借急涨急跌大量出逃的迹象十分明显,看不清楚主力这一阴谋而继续看多、做多的投资者,到最后都吃了大亏。这个教训值得大家牢牢记住

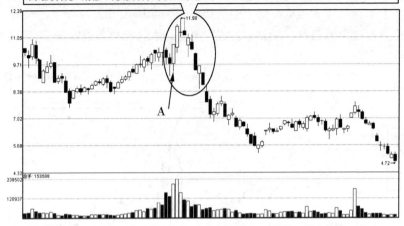

数源科技(000909)2007年1月16日~2008年6月17日的日K线走势图　图313

实例四:东湖高新(600133)。该股主力导演的急涨急跌行情让人印象特别深刻。虽然,当时该股从急涨到急跌,一个轮回也只有7个交易日时间,但盘中出现的巨大换手率,让经验老到的股民都感到吃惊。2008年1月22日,盘中拉出急涨行情的第一根大阳线(见图314中箭头A所指处),当天换手率就达到了44.09%,第二天、第三天的换手率分别达到了42.04%、30.27%。也就是说,仅仅3个交易日,该股流通盘的所有筹码都被轮换了一次。当然,盘中出现如此高的换手率,不可能完全是外面的承接盘,其中有一部分是主力"对敲"[注]所为。但无论如何,由于T+1交易制度的限制(编者按:当前沪深股市交易规则规定,投资者买卖股票时,当天买进只能隔天卖出,这种交易制度称为"T+1"),主力的对敲盘是有限的,而大部分还是外面进来的跟风盘。跟风盘越多,主力出货就越容易。从图314中可以观察到,经过这一轮急涨急跌行情后,该股又出现了一波反弹行情,但成

【注】　所谓对敲(又称为"对倒"),是指主力玩弄左手卖出,右手买进,把自己的筹码卖给自己,制造虚假的成交量,以此来吸引外面跟风盘的一种手段。

交量并没有随之出现明显放大。这说明该股大主力已成功出逃,剩下的只是一些散兵游勇在里面折腾。没有大资金参与,这样的折腾是维持不了多久的,果然该股后来出现了连续下跌。

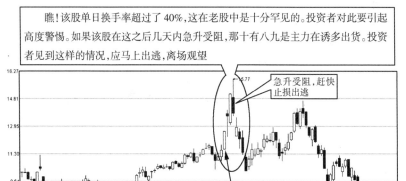

瞧!该股单日换手率超过了40%,这在老股中是十分罕见的。投资者对此要引起高度警惕。如果该股在这之后几天内急升受阻,那十有八九是主力在诱多出货。投资者见到这样的情况,应马上出逃,离场观望

急升受阻,赶快
止损出逃

A

惊人的换手率。当日
换手率达到44.09%

东湖高新(600133)2007年10月16日~2008年4月18日的日K线走势图　图314

三、中短期型。时间相对较长,从急涨到急跌,再回到急涨的起始点,通常在2至3周内。

实例五:天宸股份(600620)。从图315中画圈处可以看出,该股在这个地方出现了一轮明显的急涨急跌的出货行情。在这短短的12个交易日的急涨急跌的起伏中,筹码换手率已超过100%。这种图形的走势,充分显示主力已从中大规模地出逃。

实例六:东方锆业(002167)。该股主力也是通过急涨急跌出货法实施大逃亡的。从图316中看,急涨走势虽有波折,但总的上升轨迹清晰可见;急跌走势就更加明显了,标准的下降通道,早就把前面的急涨成果全部抹去。主力就是采用这种翻手为云,覆手为雨的办法,来制造市场做多气氛,吸引跟风盘,然后再将跟进来的人一网打尽,他们正好趁机溜之大吉。

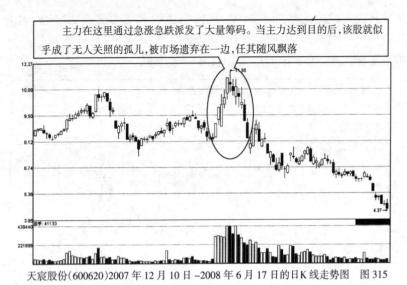

主力在这里通过急涨急跌派发了大量筹码。当主力达到目的后,该股就似乎成了无人关照的孤儿,被市场遗弃在一边,任其随风飘落

天宸股份(600620)2007年12月10日~2008年6月17日的日K线走势图 图315

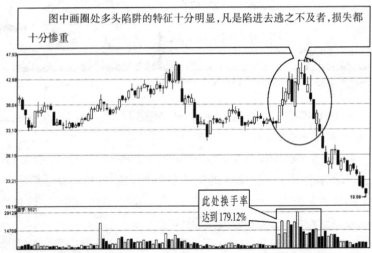

图中画圈处多头陷阱的特征十分明显,凡是陷进去逃之不及者,损失都十分惨重

此处换手率达到179.12%

东方锆业(002167)2007年11月7日~2008年4月22日的日K线走势图 图316

　　说到这里,我们不妨对"急涨急跌出货法"作一个总结,并向投资者提一些操作建议。

　　第一,"急涨急跌出货法"是主力想急于大规摸抛售筹码的一种重要手段,该出货方法有以下几个显著特点:①整个时间周期很短,短的仅几天,长的也不过10几天就完成了一个涨跌轮换;②发生时很突然,往往在毫无征兆的情况下,出现平地拔起,或者是高空坠落的现象;③换手率奇高;④急涨急跌一个轮换之后,股价就会连创新低。

第二,"急涨急跌出货法"有很大的诱惑力和杀伤力,投资者对它要保持高度警惕,不要轻易陷进去,一旦陷进去就会很麻烦。

第三,急涨急跌的基本轮廓形成后,投资者不能再对该股寄于任何幻想,应立即止损出局。否则,就会越套越深,损失会越来越大。

第四,判断"急涨急跌出货法"的难点在急涨初期,如何认定急涨时拉大阳线、放大量是主力在出货而不是新行情的启动信号呢?这个区分很重要。因为在新行情启动时也会出现急涨的现象,拉大阳线、放大量就是其中最常见的一种形式。这里给大家说一些区分的方法。

(1)依据大势进行区别。一般来说,在弱势市场里出现急涨行情,掩护主力出货的情况居多,这是因为大势不好,主力首先会考虑赶紧出货;反之,在强势市场里出现急涨行情,反映主力想推高股价的意愿居多。这是因为大势向好,主力将股价做上去的积极性较高。

(2)依据股价趋势进行区别。一般来说,急涨行情出现在股价的上涨趋势中,反映了主力积极做多,推高股价的意图,这可以看作是一个向上的信号;反过来急涨行情出现在股价的下跌趋势中,反映了主力主动做空,急于出货的意图,这自然应该看作是一个向下的信号。

(3)依据换手率的高低进行区别。如果主力发动急涨行情,目的是为了聚集做多力量,推高股价,那么,一般换手率不会出现奇高现象,不大可能在几天之内就将流通筹码轮换一遍。虽然,新行情突然启动,股价上攻时需要有大成交量与之相配合。但是,这个做多能量的释放是适度有节的,它不能太大,太大将不利于股价上行。因此,新行情突然启动时,成交量放大必须控制在一定范围内。只有这样,才能保证日后股价上涨可以不断地得到做多力量的支持。但如果主力发动急涨行情,目的是为了掩护出货,那情况就完全不一样了。成交量越大,换手率越高,越有利于主力从中混水摸鱼,多出一些货。试想，主力出货还会顾及成交量释放要适度有节吗？这肯定是不可能的。所以，急涨时出现成交放出巨量、换手率特别高的现象，就要高度警惕，小心主力借机出货了。

（4）依据急涨之后回调幅度进行区别。如果主力以急涨为锈饵进行出货，那么急涨转为急跌之后，一定会击破急涨的起始点。换一句话说，随后的急跌走势，一定会将前面急涨所出现的上涨部分全部吞吃，而且股价重心很快就出现下移，甚至会形成暴跌走势；反之，如果主力以急涨来聚集做多力量，将股价推高，那么急涨之后即使出现深幅回调，这个回调的最低点，也一定会高于急涨的起始点，而且不久后股价重心就会开始上移，决不会出现股价重心不断下沉的现象。

有人提出，你们讲了这么多的区分方法，能不能找一个实例解剖一下，这样大家就记得住了。这个建议很好，下面我们就来解剖一个案例。

典型案例：鲁泰A（000726）。这是深市中的一个股票。图317是该股2006年10月26日~2007年11月12日的日K线走势图。在这张走势图中，我们可以看出，主力在这两年里总共发起了4次短期急涨行情（见图317中箭头A、B、C、D所指的画圈处），其中，3次出现在图左边，1次出现在图右边。图右边的一次短期急涨后马上出现急跌的走势（注：因本图是个压缩图，急涨的大阳线与急跌的大阴线都贴在一起，看不清楚。但这张图我们前面已经交代了，大家可参见本书第357页，图312）。

这张图向我们提供了哪些值得留意的信息呢？

①从图317中看，这4次急涨行情是出现在不同的时间段里，根据图中提供的时间计算，前3次急涨行情，是在大势向好的背景下出现的，这样主力往上做的意愿要多一些。最后一次急涨行情，是在大势走弱的背景下出现的，这样主力往下做的意愿要强烈一些。

②从图317中看，前3次急涨行情都是在该股趋势向上的情况下发生。在趋势向上时出现急涨，一般可以推断主力在发力做多，后市可以看好，而最后一次急涨是在该股趋势向下的情况下发生的。在趋势向下时出现急涨，一般可以推断为主力在借机出货，后市就不能看好了。

要了解主力发动急涨行情的意图是什么,不妨把日K线走势图放长一点。瞧!在这张图中,左边出现的3次急涨行情是在上升趋势中出现的,因此可以看好,而右边出现的一次急涨行情是在下跌趋势中出现的,自然就不宜看好了

这儿显示的是除权前抢权,除权后贴权的走势。关于主力如何运用除权出货,请见本书训练题36

鲁泰 A(000726)2006 年 10 月 26 日~2007 年 11 月 12 日的日 K 线走势图　图 317

③从图 317 中看,前 3 次急涨时,下面交成量一栏里,柱状线并不是很长,而最后一次急涨时柱状线很长。柱状线代表成交量、换手率,柱状线越长,说明成交量越大、换手率越高。一般来说,主力决心将股价往上做的时候,有相对较高的成交量、换手率就可以了,而特别大的成交量、奇高的换手率只能说明主力已经缺乏做多的意愿,相反是在趁机向外大量发货。

④判断主力发动急升行情的目的是什么,关键是要看在这之后,股价重心是在上移还是在下移。我们从图 317 中看到,前 3 次急涨后,股价重心是逐渐往上的,而最后一次急涨后,股价重心是逐渐向下移动的。

⑤从图中 317 中看,前 3 次急涨行情,除第一次急涨(见图 317 中箭头 A 所指的画圈处)后股价出现小幅回调外,其他 2 次急涨之后,股价稍经盘整后继续向上攀升。但最后一次急涨行情出现后很快就来了一个急跌,而且将急涨时的涨幅全部吞吃

掉了〔注〕。主力急于出货的意图已暴露无遗。

　　通过上面这个实例的解析,我们可以得出这样一个结论:投资者只要仔细分析,对个股中突然出现的急涨行情,其性质究竟是属于新行情的启动信号,还是主力出货信号,一般是能够区分清楚的。在对这两种不同的急涨行情作出正确区分后, 投资者就应该采取不同的对策。比如,图 317 中的前 3 次急涨行情可以看好,可持股待涨,最后一次急涨行情就不能看好,可趁主力出货之机赶快抛股离场。尤其是当急涨之后的急跌,已经把急涨的起始点(注:起始点就是急涨时拉出第一根大阳线的开盘价的地方)打穿时, 就应该无条件地立即离场。在这个问题上,投资者一定要立场坚定,不能有丝毫含糊。

　　【注】　新行情启动,急涨后也会出现回调,但一般回调幅度都不深,约回调至其升幅的1/3~1/2 处,就会止跌回升,深幅回调的情况很少见到。因此,当急涨后回调幅度超过升幅的1/2 时就应该当心主力借急涨拉高出货了。如果我们把话说得再绝一些,新行情启动急涨后出现的回调,是不可能将急涨时的涨幅全部吞吃掉的。所以,当这种情况发生时,投资者就不应该再抱有什么幻想了,此时,赶快逃命要紧。

赵老师说:上一道题我与大家一起讨论了主力的急涨急跌出货法。今天我要向大家介绍的这种出货方式与急涨急跌出货法有相类似的地方,但是,它比急涨急跌出货法波动幅度更大、时间更长,欺骗性与诱惑性也更大。

请问:你知道这是一种什么出货方式吗?它有何特点?如果遇到主力使用这种方式出货,我们究竟应该如何去积极应对呢?

这种出货方式称之为"暴涨暴跌出货法"。我们前面分析了急涨急跌出货法中的急涨,涨幅一般不会超过30%,而暴涨暴跌出货法中的暴涨,涨幅一般都在50%以上,至少也要在30%以上。其暴涨幅度大,暴跌幅度可能更大。一般它震荡的幅度,要比急涨急跌震荡的幅度要大得多,时间上也要比后者长很多。

在主力所有的出货手段中,暴涨暴跌是一种最具威慑力的手段。所以,很多主力在出货时都喜欢用这种方式出货,以此来实现他们大逃亡的目的。该出货方法的特点是:①股价在正常运行时,受利好题材或朦胧利好题材的刺激,突然出现连续暴涨。②暴涨形成的逼空走势,会对市场产生很大的诱惑力。一些短线客见此图形纷纷追涨跟进,而容易激动的普通投资者也会以为有什么特别大的利好题材,追涨跟进。③当大家纷纷跟进时,该股走势突然来个180度大转弯,股价一下子又形成了暴跌走势,致使很多人反应不过来,纷纷被套在高位。④更令人可怕的是,暴跌时股价飞流直下,这会让陷进去的投资者输得惨不忍睹。

有鉴于此,我们在研究主力大逃亡时,对主力这种出货方式要加以重点研究,并采取相应的对策,来规避由此带来的巨大风险。下面我们先来分析暴涨暴跌出货法的形式。

暴涨暴跌出货法,按形式可分为:加速赶顶型、中途派发型、末端出货型这3种形式。

一、加速赶顶型。其主要表现形式是:股价先是平稳地往上攀升,突然有一天上涨速度开始加速,短期内形成暴涨暴跌走势。这在技术上是一种加速赶顶走势,故称之为加速赶顶型(见图318)。加速赶顶的暴涨暴跌走势形成后,股价不一定马上就走熊了,可能还会经过多次反复震荡,最终才会跌进深渊。但它有一个特征是非常明显的,加速赶顶暴涨暴跌走势出现后,说明主力就此拉开了出货的序幕,之后该股走熊就成了定局。

加速赶顶型暴涨暴跌出货法示意图

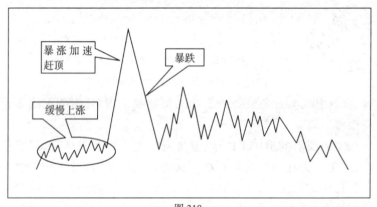

图318

实例一:西宁特钢(600117)。图319中显示,该股在前一段时间上涨势头一直很稳健,但到了要冲击顶部时,形成一种暴涨走势,紧接着出现暴跌,股价又被打回到暴涨的起始点附近。自从这个加速赶顶的暴涨暴跌走势出现后,该股再也没有机会创新高,此后的走势就是不断震荡回落,股价越走越低。

实例二:岳阳纸业(600963)。图320中显示,该股加速赶顶时出现了咄咄逼人的气势,连拉涨停,暴涨之后的暴跌走势却要相对平缓得多,但总的来说,它还是一种过山车式的走势。该股走势图形,与图319中的走势图形有两点重要区别:首先,它加速赶顶式的暴涨暴跌走势,不仅是拉开了主力出货的序幕,而且主力手里很多筹码都是在这中间派发的,也就是说,这里已成为主力出货的一个主要区域。其次,它暴涨冲高的点位,高高在上,就像一个凸起的山峰十分显眼。这也和图 319 中的走势有明显的不同。当然,这种图形在股市中并不多见,但是它一旦出现,对投资者诱惑力、杀伤力都很大。对此,投资者必须高度警惕。

西宁特钢(600117)2007 年 7 月 24 日~2008 年 8 月 11 日的日 K 线走势图　图 319

岳阳纸业(600963)2007 年 1 月 11 日~2008 年 3 月 18 日的日 K 线走势图　图 320

二、中途派发型：它的主要表现形式是：主力在整个出货过程中，使用一次或数次暴涨暴跌的方式派发手中的筹码（见图321）。一般来说，一旦盘中出现暴涨暴跌，就可以判断上升行情已经结束，接下来的行情，就是主力如何继续出货，以及出到什么时候结束的问题。所以，投资者对中途出现过暴涨暴跌的股票就不要再多留恋了，早一天与它"拜拜"，省得将来被它一起拖下水。

中途派发型暴涨暴跌出货法示意图

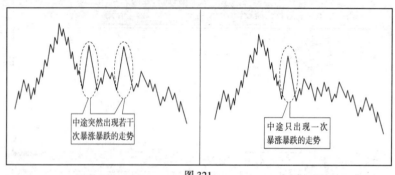

图321

实例三：西南合成（000788）。从图322中可以看出，该股主力在震荡出货过程中，曾经数次利用暴涨暴跌的形式向外发货。可以说，暴涨暴跌成了主力震荡出货的一个主要手段。

实例四：欣网视讯（600403）。该股主力的操作手法与前面介绍的主力操作手法不同，在整个震荡出货过程中，暴涨暴跌出货方法只使用了一次（见图323中画圈处）。但使用一次与使用几次的性质是一样的，只不过在程度上有所不同而已。大凡盘中出现暴涨暴跌，就其性质基本上都可以认定为主力在出货。

三、末端出货型：它主要表现形式是：主力把手中的筹码基本派发完后，就会将手中剩余的筹码以暴涨暴跌的形式甩卖给投资者，或者也可能是因为主力前面出货不畅，在寻找到某种契机之后，以暴涨暴跌的方式来派发手中的大量筹码。一旦主力出逃的目的实现，股价很快就会破位下行（见图324）。

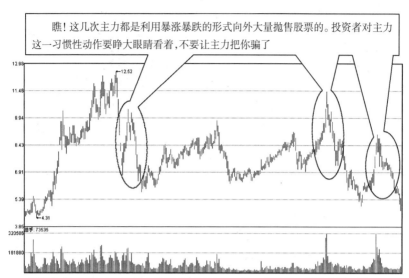

瞧！这几次主力都是利用暴涨暴跌的形式向外大量抛售股票的。投资者对主力这一习惯性动作要睁大眼睛看着，不要让主力把你骗了

西南合成(000788)2007年1月17日~2008年6月19日的日K线走势图　图322

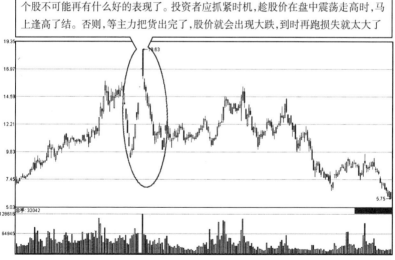

有经验的投资者知道，只要盘中出现暴涨暴跌，说明主力出货已铁了心，这样的个股不可能再有什么好的表现了。投资者应抓紧时机，趁股价在盘中震荡走高时，马上逢高了结。否则，等主力把货出完了，股价就会出现大跌，到时再跑损失就太大了

欣网视讯(600403)2007年2月2日~2008年6月19日的日K线走势图　图323

末端出货型暴涨暴跌出货法示意图

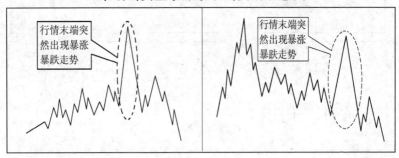

图 324

实例五:许继电器(000400)。从图 325 中可以看出,该股主力在股价运行到最后阶段,突然掀起了一轮暴涨行情,但是很快这个暴涨行情就转化为暴跌行情,而且下行时轻易地就将前面的低点打穿,形成了快速下跌的走势。主力正是用这种暴涨暴跌的手段,结束了他们整个筹码的派发"工作"。可见,发生在行情末端的暴涨暴跌,对看多、做多的投资者来说,杀伤力是十分厉害的。

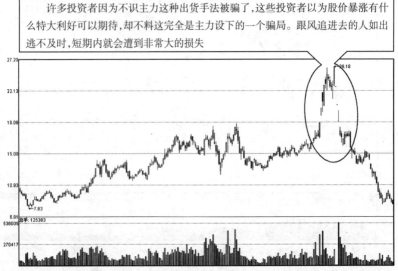

许继电器(000400)2006 年 11 月 6 日~2008 年 7 月 1 日的日 K 线走势图　图 325

实例六:重庆路桥(600106)。图 326 中显示,该股主力在最后阶段运用暴涨暴跌的出货手段,才使他们实现了大逃亡的美梦。该股主力是很有心计的。前期股价连续下跌,成交量非常稀少,使他们无法把手中的大量筹码派发出去。而此时该股正好有一个利好传闻被市场认可。于是,他们借利好传闻大做文章,并对该股突然发动了一波反弹行情,并采取一开盘就封涨停的办法,形成一种逼空走势,从而引发了市场热烈追捧。此后,盘中连拉大阳线,更刺激了短线客的追高意愿,致使一些有这个股票的投资者也不想抛了,而没有这个股票的投资者则纷纷抢着买进。这样主力正好从中混水摸鱼,趁机派发了大量筹码。从而造成了该股在暴涨之中换手率奇高的现象。出乎人们意料的是,等到大家纷纷抢进之时,主力却反手做空,边打边撤(在下跌过程中,偶尔拉出一些带有上下影线的小阳线,制造一种暴涨之后回调结束,继续要上攻的假象),进一步引诱场外不明真相的投资者前来接盘。

巨量换手证明,该股主力精心策划的这个出货阴谋最后获得了

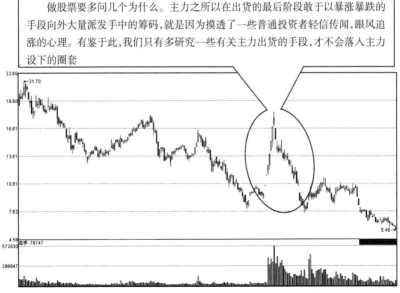

做股票要多问几个为什么。主力之所以在出货的最后阶段敢于以暴涨暴跌的手段向外大量派发手中的筹码,就是因为摸透了一些普通投资者轻信传闻,跟风追涨的心理。有鉴于此,我们只有多研究一些有关主力出货的手段,才不会落入主力设下的圈套

重庆路桥(600106)2007 年 8 月 30 日~2008 年 9 月 17 日的日 K 线走势图　图 326

成功。突然起来的暴涨暴跌的走势为主力出逃提供了一个非常好的机会，而受害的一方就是看不清主力这个阴谋，因盲目相信利好传闻而跟进来的投资者。

上面我们介绍了暴涨暴跌出货法的几种形式，以及与之相关的一些典型案例。下面我们就这个问题作一个归纳总结，并提出一些具体的操作建议，供大家参考。

第一，暴涨暴跌出货法是急涨急跌出货法的延伸，它们在性质上是相同的。但是前者的震荡幅度大于后者，时间也要比后者长。正是有了这两个特点，所以暴涨暴跌出货法比急涨急跌出货法更具有欺骗性与诱惑性。

第二，在股价出现大幅上涨后，或股价从高点回落，形成一个震荡区域后，主力才会使用暴涨暴跌出货法的手段进行出货。所以，分析主力是不是在利用暴涨暴跌进行出货，应结合股价运行的具体位置一起研究，这样才会得出一个正确的结论。

第三，暴涨暴跌出货法有几种不同类型，普通投资者对它们采用的策略大致是相同的。只要我们把加速赶顶型暴涨暴跌出货法弄明白，找到相应对策，其他两种类型的暴涨暴跌出货法就有办法对付了。具体应对策略如下：

比如，股价平稳上涨时，突然出现一段暴涨暴跌的走势。投资者就应该马上意识到，这样的暴涨很可能是在赶顶，随后出现的暴跌，则是见顶之后一轮大的跌势的开始。盘中若出现这样的走势，就意味着该股的上升行情已结束，现在正进入它的价值回归之中。换一句话说，出现这样走势的个股，实际上已开始走熊，变成了一个熊股。因此，投资者应该认识到，该股的中长期走势已经变坏。不过，短线可能还有一些机会。为什么说它短线还有一些机会呢？因为大多数个股出现加速赶顶的暴涨暴跌走势后，股价一般不会马上破位出现大跌，它会渡过一个较长的震荡时期，然后股价才会深幅下挫，向其内在价值靠拢。

面对这样的情况，我们建议投资者可以按下面方式操作：

①当加速赶顶的暴涨走势出现时，稳健型投资者可趁股价冲高

的机会,将筹码抛掉;激进型投资者可在股价冲高时持股不动,等 5 日均线或 10 日均线向下弯头时,再将筹码放空。

②当暴涨后出现暴跌走势时,投资者应该中长线看淡该股的后市,中长线筹码要尽快寻找机会出局。

③寻找短线机会应量力而行,你有这个能力就参与,没有这个能力就不要参与。一般来说,如果一个股票出现加速赶顶的暴涨暴跌走势,那么,随之往往就会形成一个较长时期的震荡走势。在股市里,只要有震荡,就会有短线机会。但这个震荡走势到底能延续多久,一切都要根据主力出货情况而定。一旦主力把货出得差不多了,就无心拉抬该股。这样,震荡行情就会很快结束。再说,主力还会用剩余筹码往下砸盘,如此一来,股价出现深幅下挫的现象就不可避免。反之,如果主力的货没有出完,他们就不会让该股破位下行。因为主力知道,只有让股价维持在一定范围内上下波动,才有利于他们更好地把筹码抛出去。所以,这个时候震荡行情还会延续一段时期。但主力的货究竟出得怎么样?主力是不会向外泄露的。投资者若要摸清主力心中的这个秘密,就只能靠各人自己去分析了。比如,看换手率,看各种技术指标的变化,等等。这里就涉及到许多短线操作技巧。有鉴于此,我们认为,对市场不敏感,缺乏短线操作技巧的人就要知难而退,而对市场敏感度较高,同时又具有一定短线操作功底的人,可在控制好风险的前提下去参与这样的震荡行情(编者按:所谓控制好风险主要是指操作前要先设好止损位,不宜重仓,有盈利要及时兑现,股价破位时要及时出局等)。

对于上面的操作建议,有的人听到后可能感到还不大明白。为此,我们特地画了一张“加速赶顶型暴涨暴跌出货法三阶段应对策略示意图”,或许大家仔细看了之后,对如何来分析主力操作意图,遇到暴涨暴跌如何来积极应对,心里就有谱了(见图 327)。

加速赶顶型暴涨暴跌出货法三阶段应对策略示意图

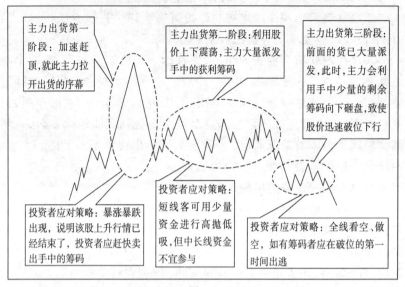

主力出货第一阶段：加速赶顶,就此主力拉开出货的序幕

主力出货第二阶段:利用股价上下震荡,主力大量派发手中的获利筹码

主力出货第三阶段：前面的货已大量派发,此时,主力会利用手中少量的剩余筹码向下砸盘,致使股价迅速破位下行

投资者应对策略：暴涨暴跌出现,说明该股上升行情已经结束了,投资者应赶快卖出手中的筹码

投资者应对策略：短线客可用少量资金进行高抛低吸,但中长线资金不宜参与

投资者应对策略：全线看空、做空,如有筹码者应在破位的第一时间出逃

图 327

赵老师说:做生意有一个窍门,叫做"头戴三尺帽,不怕砍一刀"。这是什么意思呢?就是说商家在做生意时,把明明只值10元的东西,标价成100元出售。这样顾客无论怎么与商家讨价还价,哪怕是顾客砍价砍到三折、二折,商家也会赚得钵满盆满。现在这种做生意的方法,已被主力活学活用到股市里了,并由此形成了一种主要出货手段。

请问:你知道这是一种什么出货方式吗?其特点是什么?投资者见到它应采取什么对策?

这种出货方式称之为"疯涨慢跌出货法"。其特征是:①股价疯涨得到了朦胧利好消息的支持。②该股题材符合市场的胃口,成为了当时市场的热点。③控盘主力善于造势,极力渲染利好题材的正相关效应,以此来吸引市场的眼球,引起大家对该股高度关注。④在疯涨前,主力已吸足筹码,并完成震仓洗盘的任务。此时,主力重点考虑的是,如何将股价推高,并尽快拉高到他们预定的目标位。⑤疯张出现时,股价会连续上涨,形成一种逼空的走势。⑥疯涨会将股价推高到一般人难以想象的价位。其涨幅至少在100%以上,甚至百分之几百。⑦疯涨的时间很短,长的2个月左右,短的则在10天左右。⑧疯涨结束后就进入到主力大规模派发的阶段。这个派发过程很长,短的几个月,长的有几年。⑨由于疯涨,致使主力在推高股价时省去了震仓、拉升、护盘等费用,持股成本会大大降低,这样,主力在股价涨幅达到他们的预期目标位后,出货就非常坚决。⑩疯涨之后股价会形成长期盘跌的走势。

疯涨慢跌出货法,从形式上可分为普通型、强势型、极端型这三种类型。

一、极端型。所谓极端型,主要是指其疯涨时,主力往往采取一种极端的推高方式,或是连拉阳线,形成一种逼空走势,或是连续无量涨停,不给场外丝毫的买进机会。当然,醉翁之意不在酒,主力用如此极端方式推高股价,目的是让股价涨到一个高位后,便于他们向外发货。因此,极端型疯涨后,股价将形成一个长期盘跌的走势。

实例一:哈飞股份(600038)。图 328 中显示,该股从 15.86 元涨起,仅 10 个交易日,股价就涨到了 34.02 元,涨幅高达 114.50%。该股股价在飚升过程中,除了最后一根见顶回落的 K 线是阴线外,其余途中的 9 根 K 线都是阳线。可见,主力推高股价的动作是十分疯狂的。疯涨之后就是盘跌,这样可以便于主力向外大量发货,"疯涨 + 慢跌出货"这个走势特征在该股身上表现得十分明显。

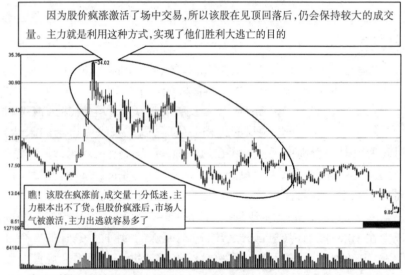

因为股价疯涨激活了场中交易,所以该股在见顶回落后,仍会保持较大的成交量。主力就是利用这种方式,实现了他们胜利大逃亡的目的

瞧!该股在疯涨前,成交量十分低迷,主力根本出不了货。但股价疯涨后,市场人气被激活,主力出逃就容易多了

哈飞股份(600038)2007 年 10 月 9 日~2008 年 9 月 1 日的日 K 线走势图　图 328

实例二:ST 长运(600369)。这是"疯涨慢跌出货法"中的一个最极端案例,从图 329 中看,该股从 2006 年 11 月 21 日的 2.36 元涨起,随后就形成了无量连续空涨走势,一直涨到 2008 年 1 月 28 日(期间因资产重组而停牌),摸高 21.86 元才见顶回落。见顶当天换手率就达到了 17.68%,此后股价就形成了慢跌走势,但成交十分活跃。在下跌途中每次成交量放出,主力都在主动减仓。这种极端的先疯涨后慢跌的走势,为主力提供了极佳的出逃机会。

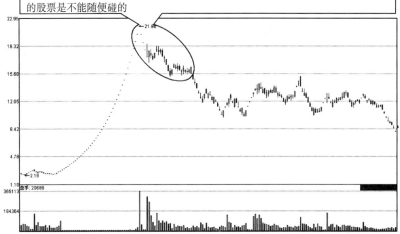

该股无量空涨,而且是连续的疯狂拉升。这是主力借利好题材炮制的一个极端的疯涨例子。如此涨法,主力几乎不花费什么成本,也不用洗盘就一口气将股价拉升了800%多,此时主力抛出筹码,其获利之丰厚,连"大小非"都自叹不如。可见,这样的股票是不能随便碰的

ST长运(600369)2006年10月26日~2008年8月19日的日K线走势图　图329

二、强势型。所谓强势型,主要是指其疯涨的程度稍逊色于极端型。比如,在股价一路往上攀升过程中,阳线之间常会夹着一些阴线,主力有时会有意往下打压一下,清理一下浮筹,或者中间盘整几天,歇一口气再连续往上攻击。至于疯涨后,见顶下跌的情况与前面说的基本相似,都是盘跌走势,没有什么大的差异。

实例三:上海梅林(600073)。1999年岁末,该股出现了一波疯狂的拉升行情,仅24个交易日,股价就涨了300%。但该股在2000年2月17日摸高33.26元后,很快就见顶回落,从此跌跌不休(见图330)。这一跌就整整跌了5年多,2005年12月15日,该股最低跌至5.21元。

实例四:绿景地产(000502)。该股在1个月之内股价涨了200%多,其疯涨程度令人吃惊,但在股价摸高22.63元后,股价就一蹶不振,不断向下寻底。盘中虽出现了数次反弹,但每次反弹都因主力大量出逃而遭到夭折(见图331中的成交量变化)。

该股在短时期疯狂上涨后,就进入了长期盘跌状态。这是疯涨慢跌出货法的一个典型。类似这样走势的个股,在沪深股市中并不鲜见。因此,投资者应小心为妙

上海梅林(600073)1999 年 10 月 27 日~2001 年 10 月 13 日的日 K 线走势图　图 330

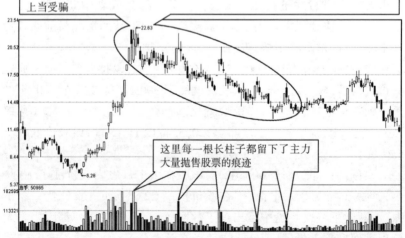

先将股价疯狂拉高,然后以慢跌方式出货,这是主力惯用的手法。要知道,主力在股价盘跌中,几乎任何一处大量抛售都能赚到丰厚利润,这也是主力为何钟情于疯涨慢跌出货法的一个重要原因。投资者对此一定要胸中有数。这样才不会上当受骗

这里每一根长柱子都留下了主力大量抛售股票的痕迹

绿景地产(000502)2007 年 5 月 30 日~2008 年 2 月 1 日的日 K 线走势图　图 331

三、普通型。这是相对前面的极端型、强势型说的。其疯涨之后的盘跌走势与它们没有什么两样,区别主要在疯涨部分。普通型疯涨与极端型、强势型的疯涨相比较要温和得多。主力在推高股价过程中,会出现一些震荡洗盘的动作,走势相对来说不是那样咄咄逼人。

实例五:中国远洋(601919)。图 332 中显示,该股从 2007 年 7 月 5 日的 16.40 元涨起至 2007 年 10 月 25 日窜高至 68.40 元见顶。短短 3 个多月时间该股就涨了 300%,这是一个名副其实的疯涨。当然,这个疯涨并不是一气呵成的,中间曾出现了一段时间的盘整。该股疯涨后就呈现了缓慢下跌的走势。10 个月后,股价已跌到该股疯涨启动价格之下。

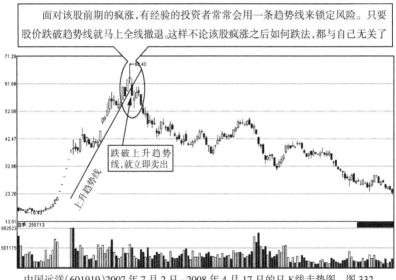

面对该股前期的疯涨,有经验的投资者常常会用一条趋势线来锁定风险。只要股价跌破趋势线就马上全线撤退。这样不论该股疯涨之后如何跌法,都与自己无关了

跌破上升趋势线,就立即卖出

上升趋势线

中国远洋(601919)2007 年 7 月 2 日~2008 年 4 月 17 日的日 K 线走势图　图 332

实例六:神火股份(000933)。从图 333 中看,该股疯涨是从突破横盘后的一个高点开始的(见图 333 中箭头 A 所指处),当时股价为 16 元左右,之后该股就不断往上攀升。虽然途中出现了一些小震荡,但并不改变其一路上行的趋势。这轮升势一直涨到 71.58 元才告终结。仅仅半年时间,股价就上涨了 3 倍多,这也可以说是一种疯涨吧!该股在疯涨之后,因主力大量出逃,形成了逐波回落的慢跌走势。

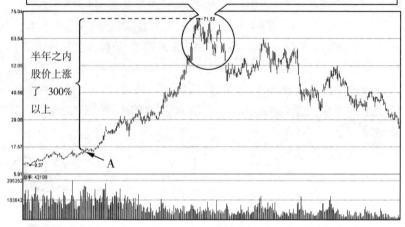

该股曾被一些人认为是蓝筹股的一个代表,业绩优秀,成长性好。但即便如此,疯涨之后仍然逃脱不了长期下跌的命运。所以,不管什么股票,一旦出现疯涨,后市就岌岌可危了

半年之内股价上涨了300%以上

神火股份(000933)2006年11月30日~2008年8月28日的日K线走势图　图333

我在上面向大家介绍了"疯涨慢跌出货法"几种不同的类型与一些典型案例。接下来,我再向大家谈一些对疯涨股票的认识,以及主力采用疯涨慢跌出货法抛售时,普通投资者可采取的应对之策:

第一,投资者一定要认识到,无论以什么名义出现疯涨的股票,在疯涨结束之后,都有一个价值回归过程,从哪里涨上去又跌回到哪里是常有的事。因此,针对疯涨的股票,只有在它疯涨时可以持有它,疯涨一停止,就应该马上离它而去,千万不可长期持有它。

第二,投资者还必须明白,对疯涨过的股票来说,主力持股成本是很低的,尤其是这种疯涨是以极端型、强势型的面目出现,主力持股成本犹如大小非的持股成本,低得惊人。试想,一个无量空涨的股票,主力不需要花费什么拉抬成本,股价就一下子涨了几倍,你说主力获利空间有多大。正因为疯涨过的股票,主力持股成本很低,获利空间巨大,所以主力出逃欲望特别强烈,这就像"大小非"在获得解禁后,股价若在高位,持有者要急于兑现的道理是一样的。而且因为这些股票的股价已被人为地疯狂炒高,就是股价跌去一半,甚至三分之

二,主力只要将这些股票顺利派发出去,都有丰厚的利润可图。正因为如此,所以主力出货时特别坚决、非常凶狠。投资者对此一定要有充分的认识。

第三,疯涨慢跌的股票,其走势有它自身的规律,这个规律不会以大盘形势向好而改变。我们知道,大盘形势向好时,大多数股票都会出现上涨的机会,但对疯涨过的股票就没有这样的机会,它至多只是在股市形势好的时候出现一些反弹,延缓其下跌的速度,但总的趋势还是会跌跌不休。换一句话说,一个股票只要进入疯涨状态,疯涨之后必然是大跌,它向价值回归之路是无法阻档的。大势好的时候,它可能跌得少一点,大势不好的时候,它可能跌得多一点,区别仅此而已。

第四,对疯涨过的股票要长期看空、做空。一般来说,疯涨过的股票,其回落的幅度是相当大的,从终点回到起点的情况,可谓屡见不鲜。所以,这类股票下跌后,即使股价跌掉过半你都不能看好它,因为主力仍会把获利筹码不断往外抛售。这里要提醒投资者一句,对疯涨后出现下跌的股票,一般是不能进行低位补仓的(编者按:当然,疯涨的股票进入下跌趋势后, 有时会因为它比其他股票跌得深, 形成了"超跌"状态。这样在大盘回暖之时,可能会形成一波短线强有力的反弹走势。这为一些熟悉短线技巧的投资者提供了较好的短线机会。不过,这样的短线机会,一般的投资者很难把握。所以,我们原则上对疯涨过后转为下跌的股票,在其下跌趋势仍延续的情况下,是不主张低位补仓的),低位补仓将会犯下重大错误。屡补屡套,越套越深,这就是对这类股票进行低位补仓的严重后果。

第五,疯涨过的股票走向价值回归之路的时间有多长,事先是无法计算的,常用的预测方法在它身上都会失效。比如,本题中介绍的实例三:上海梅林(600073)。它价值回归之路就走了5年。其实,在股市中疯涨之后价值回归时间比它更长的股票还有很多。所以,不能因为某一股票下跌时间长,就认为它的下跌周期结束了。此外,它的回调幅度到底有多少深,事先也难以确定,一切都需要看主力手中的获利筹码派发的情况而定,只要老主力还在向外出逃,新的增量资金一般就不会加入,股票的跌势也就无法止住。

当然,我们这样讲,也不是说疯涨后出现下跌的股票就没有机会了。机会还是有的,小的机会我们不去说它,跌深了自然会有局部的反弹行情出现,这里主要说的是大的机会。那么,疯涨之后出现下跌的股票,大的机会表现在哪里呢?它主要表现在其长期下跌后,老主力的前期获利筹码已基本抛尽,新的增量资金开始加入之时。从走势图上看,股价已从长期下跌趋势中走出,新的上升趋势开始形成,成交量也随之同步放大。只有到这个时候,投资者才能看好它,可以试着对它看多、做多(编者按:投资者一定要记住,疯涨后转入下跌的股票,在其下跌势仍旧延续时是不能对它看多、做多的,一定要等其跌透了,新的上升趋势形成时,比如,5月、10月、20月均线出现了多头排列。此时,投资者才可以对它看多、做多。这一条原则要作为铁的纪律来执行)。

第六,主力使用疯涨慢跌出货法的手段,识别它并不困难,只要多看看这方面的一些案例,你心里就能明白大致是这么回事了。但是,看懂了不等于就能操作得好。若要操作得好,还要讲究一些技巧。这里说几条意见,供大家参考:

①股票进入疯涨阶段,要坚决把股票捂住,此时你不要去想它市盈率是多少、估值是不是高了,这样涨法是不是太离谱了,等等。因为股票进入疯涨阶段都会涨过头,只要上涨趋势不变,就可持股待涨。

②疯涨过程中,如出现上涨速率明显减慢,或成交量突然放大等现象,稳健型投资者可减仓退出,激进型投资者仍可持股观望。

③疯涨之后股价出现明显的向下拐点,应力争在第一时间马上抛出。

④辨别疯涨之后是否出现向下拐点,主要看均线、趋势线。如该股处于极端型的疯涨状态,就看10日均线,甚至5日、3日均线,只要10日均线,或5日、3日均线被击穿,就应该马上做空,止损离场;如该股属于一般性的疯涨状态,就看20日均线或30日均线,只要20日均线或30日均线一跌破,就全部抛出,离场观望。

⑤抛出股票后,就要远离该股,且在很长时间内把它忘掉,不要

再去碰该股。

　　⑥当疯涨的股票开始见顶回落,走向价值回归时,无论因何种原因没有将股票及时卖出的投资者就不能再拖了,而要争取时间,尽早抛空出局。否则,越拖损失就越大。

赵老师说:生活给我们很多启示和联想,我们从伐木工人那里想到了主力的一种出货方式。

请问:你知道这是什么出货方式吗?它有何特点? 投资者应该怎样来对付它?

这是一种"反复拉锯出货法"。它的特点是:①与宽幅震荡出货法相比,上下波动的幅度要小得多,整个波动整理的时间一般也要比后者短许多;②反复拉锯大多数是在高位出现的,同时成交量很少;③反复拉锯的过程即为主力高位集中抛售筹码的过程,等主力派发了大量筹码后,反复拉锯不再延续,股价就会下一个台阶整理, 或者就直接大幅走低, 向下寻求支撑(见图334)。

反复拉锯出货法示意图

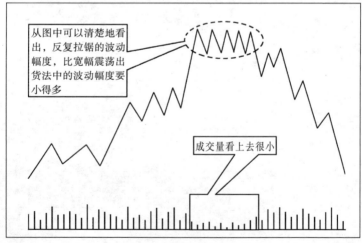

图334

下面我们来看两个实例。

实例一：广济药业（000952）。该股在高位出现一段反复拉锯的行情（见图 335 中画圈处），并在反复拉锯结束后选择向下突破。显然，主力将这个反复拉锯作为他们高位派发筹码的一个平台，等主力把筹码派发得差不多后，这个平台也就不需要了。难怪股价最终会选择向下破位。

有的人看到这儿成交量不大，以为主力是在震仓洗盘，但别忘了，该股是从 2 元多涨上来的，仅 2 年时间，就涨到 50 多元，绝对涨幅已高达 39 倍（包括送股）[注]。或许涨幅太大，跟风的人少了，但只要有人肯接盘，主力在这儿发货，即使出货量很小，也是绝对有很大赚头的

广济药业（000952）2007 年 5 月 28 日~2008 年 2 月 1 日的日 K 线走势图　图 335

实例二：香江控股（600162）。该股在高位出现一个波动次数较多的走势（见图 336 中画大圈处）。从技术上来说，这是一个头肩顶。但从主力出货手法上分析，主力是用反复拉锯的手法进行出货的。如果投资者了解主力的这个出货手法，在该股头肩顶尚未形成前，就可

【注】　该股于 2005 年 7 月 12 日从最低价 2.64 元涨起，至 2007 年 8 月 31 日最高涨到 51.58 元，再加上该股于 2006 年 7 月 24 日实施 10 送 10.56 股的股改方案，这样经复权计算，26 个月累计最大涨幅已高达 39 倍。

以对其行情的性质作出正确的判断。比如,从该股反复拉锯中就可以发现主力已开始出逃,从而能提前一步采取行动,主动规避掉投资风险。

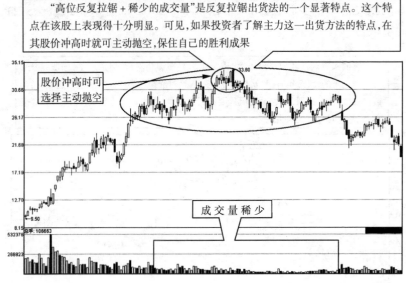

"高位反复拉锯＋稀少的成交量"是反复拉锯出货法的一个显著特点。这个特点在该股上表现得十分明显。可见,如果投资者了解主力这一出货方法的特点,在其股价冲高时就可主动抛空,保住自己的胜利成果

股价冲高时可选择主动抛空

成交量稀少

香江控股(600162)2007年4月27日~2008年1月22日的日K线走势图　图336

经过上面分析,想必大家对什么是反复拉锯出货法应该有所了解了。下面我就这个问题,谈一些体会与操作建议,供大家实战时参考。

第一,反复拉锯出货法多数被运用于股价高位区,少数被运用于股价中低位区。那么,什么是股价的高位区、中低位区呢?所谓高位区有3方面意思:①指股价绝对涨幅已经非常高,比如一轮行情下来,已经涨了七八倍,甚至十几倍、几十倍;②指绝对股价已经很高,比如股价已涨到了四五十元、五六十元,甚至一百多元;③指绝对估值已经很高,比如,市盈率已大大高于同行业水平。这"三高"中的任何"一高"出现都可称之为股价进入了高位区。如果"三高"并存,那更是高位中的高位了。所谓股价的中低位区,则是相对于股价的高位区来说

的。比如，由牛市转为熊市后，某一股票从高峰一路跌下来，在某一处出现反弹，然后股价反弹到某一个高点出现反复拉锯，这个区域就称之为股价的中低位区。说白了，一轮行情的最高峰处就是股价的高位区，见顶回落后出现反弹，反弹的最高峰处就是股价的中低位区。

第二，当主力在股价处于高位区利用反复拉锯进行出货时，成交量往往都很小。正因为成交量很小，所以很多人都没有把反复拉锯当成一回事，错误地认为主力出货就一定表现为高换手率、大成交量，换手率低、成交量少就出不了货。其实，这些投资者想法太天真了，他们对主力操盘缺乏深入了解。主力是很狡诈的，他们既能在高换手率、大成交量中出货，也能在低换手率、小成交量中出货，关键是要看卖出后能否获利。如果在低换手率，小成交量中出货也能获利，主力就会选择这种出货手法。比如，当股价上涨了很多倍，股价涨到了五六十元，甚至一百多元时，主力会感到采用反复拉锯的方式出货是最合算的，他们就会选择这种方式出货。但是，在股价处于高位区，选择"反复拉锯方式出货"，不大可能有高换手率、大成交量的情况出现。其原因很简单，股价的绝对价位高了，跟风的人少了，主力即使想把货大量派发出去，也不可能有很多人来接盘，所以只能是发掉一点算一点。这样就造成了反复拉锯时成交量很小，换手率也很低的现象。

有人想，主力在高位用反复拉锯方法出货，成交量很小是出不了多少货的，主力选用这种出货方式是不是太愚蠢了？请大家想一想，主力会这样干吗？其实，这些人看问题只看到一个方面，并没有看到另一个方面，所以才会得出这个错误的结论。如果他们能仔细算笔账，答案就清楚了。这样他们就会知道，主力采用这种出货方式绝对是聪明之举。因为主力进货成本是很低的，每卖出一笔就有数倍，甚至十几倍的利润可赚，即使成交量少一些，绝对的利润并没有减少，甚至还有所增加。试想，有如此大的赢利，主力何乐而不为呢？此事就像一些高档商店卖奢侈品，有些奢侈品的价格贵得惊人，整天店里没有几个顾客光临，能来店里询价的都是一些出手大方的阔太太、阔小姐、阔少爷。店家只要能说服他们，哪怕一天只做上几笔生意，也绝对是大赚特赚了。所以，做奢侈品生意，顾客虽少，但只要有人肯买，做成几笔，那也要比做普通生意顾客多时赚头大得多。这就能解释为何股价进入高位区，主力乐意采用"反复拉锯出货法"的一个重要原因。

第三，反复拉锯出货法中每日成交量虽然不大，换手率很小，但如果我们把反复拉锯中累积的成交量、换手率加起来，就可以发现总量还是很可观的。在股价进入高位区后，主力正是以一种不显山露水，悄无声息的方式进行反复拉锯出货，把他们手里的"奢侈品"（即高价筹码）卖给了一些前来"询价"的投资者，从而为其整个出货赢利打下了一个坚实的基础。

第四，俗话说："魔高一尺，道高一丈。"主力的反复拉锯出货法，这一招虽然阴险、狠毒，但世上总有对付它的办法。这个办法就是，当走势图上反复拉锯出货的特征出现时，投资者就应该马上把股票卖出。那么，在 K 线走势图上反复拉锯出货有什么明显的特征呢？其特征是：①股价在高位出现了横盘走势，但盘整时间已有数周，甚至更长时间；②每天成交量不大，换手率也不高。所以，投资者一旦看到这两个明显的特征就应该提醒自己，这是大地震前的预兆，再不跑可能就来不及了。投资者如果有了这样的思想准备，相信一定会正确处理好自己手中的股票的，该怎么操作也用不着我们多说了。

为了让大家对主力在高位利用反复拉锯进行出货的个股有一个更形象、更深刻的认识，我们特地制作了一幅"反复拉锯出货法'脸谱'图"（见下页）。大家可以仔细瞧瞧，这对大家日后操作或许会带来很大帮助。

第五，主力采用反复拉锯的方法进行出货，只是其整个出货行动中的一个部分，以后还会采用其他很多方法进行出货。但对主力来说，高位反复拉锯出货是十分重要的，如果在这个阶段出货成功了，那么全年利润，甚至几年利润的目标实现都有了保证，至于后面的货色能卖到多少价钱就卖到多少价钱，这对主力来说已经不是十分重要了。所以，这些被主力抛弃的股票往后大多会跌得很厉害。这就好比商家进了一批时髦商品，先趁一些时尚人士赶时髦之际，抬高价格卖出一部分，把本钱捞回来再说，以后再卖就是净利润了，能卖多少就卖多少。当这些时髦商品落伍，没有多少人要了的时候，商家就会

反复拉锯出货法"脸谱"图
（以下均为日 K 线图）

（1）

此处为反复拉锯出货区。该股从 2006 年 9 月 28 日最低价 58.00 元上涨至 2008 年 1 月 24 日最高价 151.23 元，才见顶回落

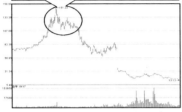

出处：獐子岛（002069）

时间：2007 年 11 月 6 日~2008 年 9 月 9 日

（2）

此处为反复拉锯出货区。该股当时为新上市的股票，摸高 68.50 元后，见顶回落

出处：西部矿业（601168）

时间：2007 年 7 月 12 日~2008 年 7 月 14 日

（3）

此处为反复拉锯出货区。该股从 2004 年 10 月 22 日最低价 4.30 上涨至 2008 年 1 月 16 日的最高价 55.49 元，才见顶回落

出处：洪都航空（600316）

时间：2007 年 6 月 4 日~2008 年 6 月 17 日

（4）

此处为反复拉锯出货区。该股从 2005 年 7 月 12 日最低价 3.72 元上涨至 2008 年 1 月 17 日最高价 52.07 元，才见顶回落

出处：云坛生物（600161）

时间：2007 年 3 月 28 日~2008 年 3 月 27 日

（5）

此处为反复拉锯出货区。该股从 2005 年 7 月 12 日最低价 2.88 元上涨至 2007 年 8 月 6 日最高价 35.20 元才见顶回落

出处：世茂股份（600823）

时间：2007 年 3 月 23 日~2008 年 4 月 3 日

（6）

此处为反复拉锯出货区。该股从 2005 年 4 月 22 日最低价 2.02 元上涨至 2008 年 1 月 3 日最高价 21.18 元，才见顶回落

出处：鄂武商 A（000501）

时间：2007 年 3 月 30 日~2008 年 4 月 3 日

说明：

①反复拉据出货法"脸谱"图中，选择了 4 个老股、1 个新股、1 个次新股。其共同点是：当股价涨至高位时，主力手里的筹码获利十分丰厚(其中，老股都有 10 倍以上的涨幅；新股、次新股上市后高开高走，涨幅惊人)，急于兑现出逃的愿望十分强烈。

②这 6 幅图基本上都是压缩图(具体的 K 线已分辨不出)。但从整个图面上可以清楚地看出，主力在高位反复拉锯出货，总的时间不长，成交量也不大。待主力在高位反复拉锯出货的目的达到后，股价就开始破位下行。这可以说是反复拉锯出货法的最主要特征。

把价格放低进行大甩卖。这两者的道理是一样的。可见，这些在高位被主力利用反复拉锯进行出货的股票，最后股价跌得很惨，其根本原因就是因为主力对这些股票，到后来不断地进行大甩卖，把价格压得很低所引起的。

第六，主力能在"三高"股票上采用反复拉锯方式进行出货，与当时的环境、市场对该股的追捧有着密不可分的关系。比如，反复拉锯出货法"脸谱"图中列举的獐子岛(002069)这个股票，当股价窜至 150 元高位时，什么"海洋第一股"、"海上最耀眼的明珠"等桂冠都接踵而来，再加上当时该股的技术走势还处在上升形态中，反复拉锯时成交量又很小，这样就很容易迷惑一些人。一些涉世不深的投资者，尤其是刚入市的新股民，因为看了报上的一些华而不实的宣传，听了一些股评家对该股的吹捧，盲目追了进去，结果被套在悬崖上，如不及时止损，此后的损失实在是太大了(该股不到 8 个月，股价就跌去了九成)。有鉴于此，投资者若今后碰到"三高"股票，看到其在高位反复拉锯时，无论媒体上怎样宣传、股评家怎么吹捧，都要保持高度警惕，千万不要被吸引过去。手里有此股票的投资者要及时地把它抛出，不要等到主力反复拉锯结束之后再卖出，这样就可以保住胜利成果，规避掉往后的大跌风险。

下篇 战略篇

股市高手识顶逃顶经验荟萃

主讲人:陶老师

导 语

上证指数于 2007 年 10 月 16 日创出 6124.04 点高点后,随之全面溃退(截至 2008 年 10 月 28 日最低跌至 1664.93 点)。仅一年时间,上海股市最大跌幅竟高达 72.81%,这是沪深股市以前从来没有发生过的现象,其惨烈程度可想而知。回顾沪深股市此轮罕见的大暴跌,有很多问题值得人们深思。如果我们把这些问题真正搞清楚了,一定会对日后准确分析、研判大势有很大的帮助。本篇将从一个新的视角,介绍一些股市高手是如何运用他们各自的独门秘诀来成功逃顶的。这些经验是股市中宝贵的精神财富,我们应该予以高度重视。只要我们认真学习、研究高手的操作经验,汲取其中的精华,并能在实践中加以灵活运用,或许有一天自己也能够成为识顶、逃顶的高手。

第九章　股市高手依据基本分析与心理分析成功逃顶经验综述

陶老师说：*每年年初，机构投资者和市场上一些咨询机构、知名人士都要对行情作一些预判，2008 年也不例外。*

*请问：你知道 2008 年新年伊始，他们对*当年沪深股市的趋势是如何判断的，谁作了比较正确的预判，谁又作了完全错误的预判，其中的原因是什么？通过此事我们从中能获得哪些重要的启示？

2008 年新年伊始，被媒体称之为"中国私募教父"的赵丹阳黯然清盘（关于赵丹阳情况的介绍，详见本题附录），给 2008 年的沪深股市抹上了一层灰色。当时上证指数正在 5000 点徘徊。赵丹阳看空市场主要缘于他对中国经济通胀趋势的强烈忧虑。他认为累积了巨大获利盘的沪深股市的市场风险正在加大，市场中已经找不到既符合投资标准又具有足够安全边际的股票（编者按：现在的事实证明，赵丹阳当时看空市场的观点是正确的，但可惜在 2008 年年初，赵丹阳看淡市场的观点并没有引起大家的重视）。

相对于赵丹阳的悲观，招商证券却大胆地做出了对上证指数高看 10000 点的预期。他们认为,虽然上证指数高估值表明泡沫已出现,但盈利超预期增长仍将延续,在诸多因素推动之下,上市公司 2008 年之后业绩释放才将达到顶峰,沪深股市市场尚处于理性泡沫之中。

在当时出炉的 25 家机构 2008 年投资策略报告中,大部分机构对上证指数 2008 年走势既表示了隐忧更表示了乐观,机构普遍认可上证指数将在 4500 点 –7000 点的区间运行。

外资投行德意志银行报告指出,上证指数 2008 年内的高点可能在 5000 点基础上再上涨 40%,报告预计通胀率将有所下降,因此 2008 年的加息压力将会缓解,但人民币升值可能有所加速。

然而,到 2008 年结束,上证指数却收于 1820.81 点,与 2007 年收盘指数 5261.56 点相比,全年跌幅超过 60%。这说明其实际走势与 2008 年年初众多机构的预测完全相反,真可谓相差十万八千里。

在回顾了一些证券机构、外资投行在 2008 年初对沪深股市行情的看法和表现后,我们能从中看出一些什么奥秘来,并能得到一些什么重要启示呢?

第一,它使我们认识到股市无专家,只有输家和赢家之分。事实再一次证明,分析大势、识顶逃顶一定要靠自己独立判断,而不是盲目地听信一些专家权威、股评家的意见。本来很多人认为,中小散户对大势走向的预判都是瞎猜的,不足为信。但专业机构不同,因为专业机构有强大的研究团队,有权威专家把关,对大势的研判,即使不能说是完全正确的,基本上也不会差到哪里。但事实并非如此,我们看到由众多机构研究团队撰写的 2008 年投资策略报告,对 2008 年大势的分析基本上都错了,而且错误的程度非常大,因为他们把 2008 年初的行情都看反了。更为突出的是,招商证券 2008 年初提出上证指数可以看到 10000 点的结论,现在看来是非常荒唐可笑的。可见,所谓的专家看大势,原来也就如此。这一事实说明什么呢?它告诉我们,分析大势、识顶逃顶都不能迷信专家,迷信专家是要吃大亏的。据我们了解,原来有不少投资者对 2008 年中国内地股市行情持谨慎态度,但是他们在 2008 年初看了一些机构推出的专家研究报告后,改变了自己当初谨慎的想法,开始积极看多、做多,结果输得很惨。

　　第二,股市中有一个非常奇怪的现象,这个现象值得我们认真的研究与深思。这个奇怪的现象是什么呢? 即每年年初机构、专家对大势的预测,尤其是对指数点位的预侧基本上都是错的。比如,2006年年初,一些知名机构纷纷发表专家研究报告,其中绝大多数专家都看到1600点,结果实际走势与他们开了一个玩笑,2006年沪深股市走的是一波反转的大牛市行情, 上证指数年终收盘的指数比年初专家的预见足足高了1000多点。又如,2008年年初机构对上证指数走势有乐观的期待,但结果都看走了眼。据有关资料证实,2008年年初,在媒体上公开表示沪深股市已经见顶, 对其后市看坏的专家权威与股评家中,仅有赵丹阳等极少数知名人士。

　　有人问:了解这个现象对研判大势与识顶、逃顶有何帮助呢? 我们认为帮助很大。帮助之一,它使我们认识到在研判大势时,对多数人认同的观点要保持警惕,即使对专家一致认同的观点也是如此。因为以往的事实证明,越是多数人认同的观点,日后出现错误的概率越是大。帮助之二,它使我们再一次感受到"真理往往掌握在少数人手中"。比如,2008年初赵丹阳黯然清盘,看空当时市场时,很多人对他的观点都不屑一顾,有人还讽刺他到了牛市不会做股票了,但过后再看,赵丹阳2008年初看空沪深股市的观点是完全正确的。所以,今后我们在研判大势时,对少数的另类观点,即使这种观点与当时市场气氛格格不入,也不能漠视它,而要认真地加以深入研究,看看是否真有道理。因为历史已经反复证明,即使是专家、权威能看对大势的也仅为少数,或许当时不合时宜的另类观点就是这少数中的一个。

　　据我们了解,2008年初赵丹阳清盘的消息公布于众后, 引起了一些投资者警觉,并帮助他们成功逃顶,从而避开了一轮罕见的历史大暴跌。比如,2008年4月12日《新闻晨报》,以《褚美芬:在5000点上成功逃顶》为题, 用整版篇幅报道了一位中年女大户是如何在5000多点成功逃顶,锁定大牛市硕果的。该文介绍她说:"2007年的大牛市中,她选择了超级大牛股万科,并一直捂着万科享受到牛市全过程。她的成熟还表现在她的理性上。即使是大牛市,市场处于乐观氛围中，她仍然保持着高度的警觉，当她从媒体报道中看到最牛私募基金经理赵丹阳清盘的消息时，敏锐地感到，机构已经提前行动，市场风险即将释放，于是就果断地将股票全部抛空。结果，她成功地逃顶，守卫了赢利的果实。"

第三，通过这件事，使我们认识到分析大势与识顶、逃顶一定要学会抓主要矛盾。唯有如此，才能看清大势。说一句老实话，2008年年初，很多机构发表的2008年中国内地股市形势的研究报告，也从基本面上作了许多分析，比如，人民币升值、两税合并增厚上市公司的利润、上市公司盈利超预期增长仍将延续等等。不过，这些研究报告在对当时股市基本面分析时，没有抓住最要害的东西——通涨、货币紧缩对股市的影响，从而犯下了一个方向性错误。事后，有一家证券研究机构反思到，之所以大家对2008年一季度行情作出如此大的错误预判，就是因为没有抓住当时的主要矛盾——通涨时货币紧缩对股市的巨大压力。他们在总结中说到："通涨对股市的负面影响是很大的，还有我们低估了信贷数量代管制的负面冲击。忽视了严格数量控制的灾难性后果：不仅使资本流入的增量资金没有办法有效运转，更为严重的是使资本供给在边际风险溢价上趋于无限大。尽管看到贷款加权利率的上升程度与2006年底基本相当，但实际风险溢价的上升程度远高于市场利率所反映的情况，因为大量无法获得所需资金的机构将不得不选择民间拆借等其他渠道，融资成本成倍增加。"

那么，为什么当时赵丹阳能够看对2008年的行情，从而避开了一场股市大暴跌呢？其主要原因是，赵丹阳在研判大势时，抓住了当时通涨这一主要矛盾进行深入分析，才得出看空市场的结论。

俗话说："牵牛要牵牛鼻子。"我们在分析、解决问题时，要看到事物的矛盾有主要矛盾与次要矛盾之分，如果撇开主要矛盾，只分析次要矛盾就越分析越糊涂；反之，抓住主要矛盾进行深入分析，一切矛盾就可迎刃而解。这个哲学观点，在平时的学习、生活、工作中都能派上大用场，现在我们用它来分析股市形势与识顶、逃顶，同样可以发挥出重要的作用，关于这一点投资者千万不能忘记。

附录:关于赵丹阳情况的介绍

一、"中国私募教父"头衔的由来

2002年,赵丹阳在香港和国泰君安香港公司合作成立"赤子之心中国成长基金",业绩表现突出,而后5年累计增幅高达541%。随后他开始中国内地的私募基金之旅,2004年与深国投合作发行内地首只信托私募产品,被大家认为是阳光私募基金的鼻祖。由于他在2005年6月前这轮大熊市中成绩斐然,因此有人将他称为"中国私募教父"。

二、颇受争议的人物

2005年初,上证指数在1300点徘徊时,赵丹阳在公开场合发表观点,认为上证指数将在两三年上升至5000点;而在机构普遍认为进入牛市下半场的2008年,他却在2008年初就全线清仓离场,转而第一个在媒体上公开提出上证指数这轮调整要跌至2000点。赵丹阳的这些不合时宜的独断独行,使他成为股市中一个颇受争议的人物。

三、追随巴菲特,坚持价值投资

赵丹阳最崇拜的人物是巴菲特。赵丹阳一直以巴菲特为榜样,坚持价值投资。据国外媒体报道,巴菲特2008年的慈善午餐拍卖,由赵丹阳以211万美元投得,成交价创历史最高。

据资料记载,近年来,赵丹阳的价值投资有两处是可圈可点的。

第一,2005年初,沪深股市连连下挫,恐慌情绪四处弥漫。2000年5月,股权分置改革试点出台,市场更将其看成是上市公司股价重估的诱发因素。基金不断地抛出股票,秉持长线投资的保险资金也采取波段操作,不愿战略性建仓,市场很快由2005年初的1266.50点,最低调整至998.22点。

但赵丹阳却与众不同,他唱多的声音此时尤显突兀。赵丹阳认为,沪深股市将有一轮大牛市,上证指数有望升至3000~5000点。他还认为,从长期来看,中国经济强劲增长,沪深股市的合理估值是30

倍市盈率。这一年,赵丹阳在上证指数下跌 8.33% 的情况下,获得 23.13% 的投资收益。

第二,2008 年 1 月 2 日,赵丹阳成了国内第一位主动清盘的私募基金经理。在当天发布的清盘公告中,赵丹阳说,沪深股市中已找不到有安全边际的可投资标的。但他的同行们并不认同这个判断。"2008 年上半年仍值得投资。"尚雅投资总经理石波说。那时,上证指数虽然已经从最高点 6124 点回落到 5200 点附近,但看多、做多仍是市场主流。

2008 年 3 月下旬,上证指数回落至 3600 点左右,机构纷纷表态"2007 年'5·30'暴跌的低点——3400 点将是这轮行情调整的铁底"。但赵丹阳依然认为上证指数会回到 2000 点左右水平。2008 年 9 月 16 日,上证指数跌破 2000 点,赵丹阳一语成谶。

四、赵丹阳一度成为市场的嘲笑对象

赵丹阳并不是一位在股市中无往不胜的股神。在 2007 年大牛市里,他操作并不成功,深国投赤子之心中国成长基金收益率只有 48%,另 4 只基金收益率为 20% 至 40%,而这一年上证指数上涨 96.66%,赵丹阳的业绩远远落后大盘。

于是,有人嘲笑赵丹阳只会在熊市中做股票,不会在牛市中做股票。他在"牛市"中清盘离场,更被视为股市"笑话",他曾一度被业内同行认为是一个失败者。

据了解,赵丹阳之所以在 2007 年大牛中成绩不佳,原因在于他在上证指数到达 3500 点后就开始逐步退出市场。他认为,当时上证指数的合理估值在 3000 点至 4000 点水平。熟识赵的圈内朋友告诉记者,赵丹阳当时判断市场整体估值过高,最大的困惑是很难找到便宜的标的,"像当年 20 元买茅台、10 元买张裕、10 元买深赤湾,然后翻一倍的机会很难找到了。"

2008 年结束时,面对不到 2000 点的指数和满地腰折又腰折的股票,很多当初否定赵丹阳的人回过头来评价赵丹阳,他们对年初赵丹阳的勇气表示钦佩。这些人自嘲:"我们在牛市中确实赚了很多,但现在已把牛市中很容易赚的钱还给了市场,而赵丹阳则保住了果实。事实证明,他是一个胜利者,我们是一个失败者。"

正如巴菲特所说:"只有退潮的时候,才知道谁在裸泳。"记者曾在 2005 年底采访过赵丹阳,当时就觉得他是中国内地股市中少有的一位价值投资的坚定执行者,他言行一致,当股票价格超出其合理的内在价值时,就卖出股票,就像 2007 年巴菲特卖出中国石油 H 股一样。赵丹阳的经验说明,在狂热市场中保持一份清醒是必须的,这也是 2008 年留给我们的一个深刻教训。

陶老师说:我们知道股市中是没有神仙的。所以,现在市场上一些标榜股神的人都是在自欺欺人。但是我们也应该承认,股市中确实有高手存在。而高手看大势、识顶逃顶的经验是一笔宝贵的精神财富。如何将这笔精神财富发扬光大,这就需要我们做有心人把它挖掘出来,并认真地加以研究、总结。谁在这方面下的功夫深,日后做股票规避风险的能力就越强,赚钱的机会也就越多。

下面我想问大家一个问题,2007年上证指数在6124点见顶,随后出现了一轮大的跌势,在这之前有哪些高手对此作过正确的预判(请注意:上一道题目提到的赵丹阳除外),其理由是什么? 我们能从中学到一些什么? 并能得到哪些有益的启示?

我这里了解到两位高手,他们都是在2007年10月沪深股市见顶之前,就预见到了中国内地股市要出现一次大的调整。第一位是深圳一家私募基金经理程先生,他有着十余年证券从业的经历,程先生基本上一直从事投资策略研究,无论是对宏观经济还是市场策略均有着深厚的研究积累,也形成了自己特有的职业敏感。2007年当市场在6000点高位运行时,他为此忧心忡忡,在向投资者进行路演时,他明确提出六条风险,希望投资者把这六条风险想清楚:一是估值很贵,从理论上讲几乎找不到合适的股票进行投资,纯粹是资金推动;二是管理层大会小会都在提示风险,这是值得关注的信号;三是国际经济形势应该保持谨慎,次贷危机影响到底有多大还需要时间来观察;四是市场气氛非常贪婪,而一旦恐惧起来,那也是非常可怕的;五是大小非的压力很大;还有一点就是市场内在的运行规律,当上证指数攀升到6000点时,股市上行的压力很重,进行技术调整的要求非常大。

另一位看对2008年大势的是深圳一家私募基金的执行董事刘

先生,他有着16年美国华尔街投资管理工作的经验。记者采访他时,他说:"我们早在2007年四季报中就明确提出,2008年上市公司盈利增长将会放缓,蓝筹股跌落不可避免。一般来说,投资机会无外乎两类:一是寻找未来的'巨人',二是当金子以沙子的价格出售时。有很多人并没有认识到'大象'虽然也能跳舞,但如果以每盎司黄金的价格出售,对投资而言也就失去了吸引力。由于缺乏持续的资金支持,我认为2008年大盘蓝筹股的下跌只是时间问题(编者按:当时刘先生说话时,沪深股市大盘蓝筹股的走势还非常坚挺)。"

记者问他:"在你看来,当初不看好后市的原因有哪些?"他回答说:"就我个人而言,当时我听到的一些所谓悲观的理由,其实还是低估了市场的风险。比如,2007年10月份就听到'大小非'、美国次贷、货币紧缩、年底的通货膨胀,说来说去还是这些基本的观念。我认为比较深层的观点,主要的还不是这四个原因。从我们的系统上看到,上市公司盈利能力的下降,这才是股市走弱的真正原因。为什么这样讲呢?因为2007年前三季沪深300的盈利增长67%,营业额提高27%,基本上处于一种正常的成长状态。但是大家可能没有特别观察到,上市公司盈利真正的驱动能力,净资产回报率从2007年开始已经下降。这才是我最担心的,也是我认为当时股市要进行深幅调整的最主要的理由(编者按:刘先生在2008年年初就看到沪深股市中上市公司盈利总体上呈下降趋势,因此他不看好其后市。这点是很了不起的,当初能有此眼光的人实在是寥若晨星)。"

上面我们介绍了两位股市高手看大势的经验。他们正是从这些经验中看到了2007年四季度中国内地股市进入高风险区域,得出了当时沪深股市已经见顶,要进行深幅调整的结论,并及时采取看空、做空的决策,规避了往后大盘暴跌带来的巨大风险。那么,我们从这两位股市高手的看盘与识顶、逃顶的经验中可以学到一些什么东西,并能得到哪些有益的启示呢?

第一、研判大势与识顶、逃顶,要有国际化的视野。这两位股市高手都有长期证券从业的经验,善于从全球资本市场视角、国际经济环境变化中来考察我们中国内地股市,这样分析研判大势,识顶、逃顶就不会出现以偏概全的误判了。比如，程先生预见上证指数在6000点高位运行时有六条风险，其中揭示的第3条风险就明确提出："对国际经济形势应该保持谨慎，次贷危机影响到底有多大还需要时间来观察。"

第二、研判大势与识顶、逃顶，始终要贯彻以价值为先的原则。2007年沪深股市存在的问题，以及2008年沪深股市可能出现的危机，两位高手早在2007年第四季度就看出来了。比如，程先生认为，2007年10月份上证指数达到6000点后，整个股市估值很贵，从理论上讲几乎找不到合适的股票进行投资，纯粹是资金推动。说白了，程先生认为当时中国内地股市已没有什么投资价值了，所以见顶回落是必然的了。又如，刘先生认为，2007年10月后沪深股市出现了大跌，其真正的原因是上市公司的盈利能力出现了下降。换言之，到了这个时候，上市公司的投资价值已不如以前了。炒股票是炒预期，既然上市公司投资价值比不上从前，那么，股市的下跌也在意料之中了。

可见，两位高手都是紧紧围绕着价值，以价值第一原则来评判整个股市大势的。高手的观点非常明确，当中国内地股市的投资价值出现下降时，大势就自然不妙了，此时投资者应该赶快离场为宜。

第三、研判大势与识顶、逃顶，要密切注意整个市场的人气状况。股市见顶有一个重要的特征，这就是整个股市的气氛已到了白热化程度，市场出现了疯狂地追涨。换一句话说，当投资大众的贪欲不断被激发出来时，就是股市见顶之时。我们可以回顾一下2007年大牛市后期的市场情景：2007年10月上证指数冲上了6000点，但这个6000点还没有站稳，很多人，包括一些很知名的股评家已经在看7000点、8000点了。正因为这两位高手见到当时沪深股市"整个市场气氛非常贪婪"，所以才看淡后市，认为股市见顶的特征非常明显，于是做出了看空、做空的决策。可见，我们在研判大势与识顶、逃顶时，永远不要忘记股市中的一句名言："行情在欢乐中结束。"沪深股市的历史也充分证明了这一点。10多年来沪深股市已出现过几轮大牛市，但每一次都是在市场人气极度沸腾时画上句号的。

2008 年冬，陶老师应邀到一家股市沙龙讲课。陶老师看到沙龙里坐着很多年轻人，他说：这次股市大跌给大家造成了很大的伤害，很多人对高位没有及时出逃非常后悔，心情十分沮丧。不过，我要告诉大家，像这样的大跌我们过去都经历过，以前我同大家现在的心情一样，对自己在大顶迹象出来之后还坚持看多、做多的鲁莽行为悔恨不已，有着一种强烈的自责心理。但是股市是不同情眼泪的，也没有什么后悔药可以吃。关键是要痛定思痛，找到问题的症结所在。老实说，这样的事情以后还会经常发生。有人估计过，假设你现在 30 岁，做股票做到 60 岁，那么类似这样的暴跌在 30 年中少则要碰到四五次，多则要碰到七八次，甚至更多。所以，大家要有一个平和的心态，权当这次高位没有出逃是付了一次昂贵的学费，以后能吸取教训也就值得了。

现在言归正传，我提一个问题请大家思考一下：是什么样的根本原因，致使 2007 年 10 月中国内地股市在 6124 点见顶的呢？有人认为，这是当时中国平安大规模融资所致，也有人认为这是大小非解禁冲击所致。据了解，虽然这些利空因素都是当时中国内地股市在 6124 点见顶的一个重要原因，但还不是造成这轮牛市见顶的根本原因。

请问：造成中国内地股市在 6124 点见顶的根本原因是什么？ 了解此事对我们日后做股票有何警示作用？

我先来解释一下，为什么说，致使 2007 年 10 月中旬中国内地股市在 6124 点见顶的根本原因，既不是中国平安的大规模融资，也不是大小非的解禁呢？因为在 2007 年中国平安推出大规模增发股票之前，当年中信证券、万科也曾经实施过高价增发，但当时它们却受到市场追捧，股价出现大涨。这至少说明再融资并不是促使股市暴跌的根本原因。再说，即使中国平安再融资是个原因，那影响也应该局限于这只股票，其他股票跟着大跌理由不充

分。而大非、小非减持的时间表早就排定了，2008年一季度是解禁高峰早有预料，这也并非是突如其来的利空。

那么，究竟是什么样的深层次原因造成了这轮牛市在6124点见顶的呢？

根据我们的研究，这次股市大跌的深层次原因，就是当时整个股市的估值被大大高估了，这好比原本只值5元钱的东西硬要卖到10元钱、20元钱，那肯定是不能长久的。巴菲特曾经说过：很遗憾，股票价格不会超过其价值。平心静气地看，2007年股市高峰的时候，整个股市的价格的确是远远超过了其内在价值，最典型地反映在市盈率[注1]上。我们以上海证券交易所发布的信息为准，2007年10月上证指数在顶峰6000点左右时，上海股市月末平均市盈率为69.64倍，达到历史最高水平。了解股市历史知识的人知道，上海股市在1993年的1558点见顶、1997年的1510点见顶，以及2001年的2245点见顶，每次股市见顶走熊，根本原因都是因为大盘平均市盈率超越了60倍的警戒线[注2]，从而引发了股市的暴跌。其实，不仅中国内地股市，一些新兴股市泡沫破裂时的市盈率基本上也都是这个水平。无论是海外股市还是上海股市的历史经验都证明了一个基本事实：股市整体市盈率超过60倍是个危险的信号，属于高风险区域，下跌只是个时间问题，这一次依然没有例外。

了解这个规律后，我们就知道了一轮大牛市，最有可能见顶之处在什么地方。投资者一定要记住，只要自己仍旧在股市里，今后还会碰到这样的情况。因此，了解这个规律是非常重要的。我们相信，今后股市还会有走牛的时候，但当大盘平均市盈率接近高风险区的时候，投资者就要开始警惕，逢高卖出，及时止盈或止损离场，这是唯一的正确选择。试想，当你远离大盘平均市盈率的高风险区之后，你还会在高位被套住吗？答案应该是否定的。

【注1】 关于什么是市盈率，什么是大盘平均市盈率，以及市盈率的计算公式，详见《股市操练大全》第三册第60页~第63页，第四册第230页~第232页，第六册第302页、303页

【注2】 1993年，上海股市在1558点见顶时，大盘平均市盈为70倍；2001年，上海股市在2245点见顶时，大盘平均市盈率为66倍。

股市实战
训练题
47

陶老师是一个有丰富实战经验的老师，他对大势研判有其独到之处。中石油A股上市前夕，他向大家推荐一篇文章——《中石油上市前的断想》（原文见本题附录）。他认为，这篇文章与众不同，当时舆论对中石油A股上市一片看好，而唯独这篇文章用另类观点给市场浇了一盆冷水，这是非常值得赞赏的。中石油A股上市后的第二天，他又语出惊人，向大家郑重宣布，由于中石油上市开出天价，它将给中国内地股市带来一场灾难性的影响。因此他建议：所有持有沪深股市的投资者都应该及早出局。当时，听陶老师讲课的人中，有的次日就将股票全部卖掉了，从而逃脱了股市后面的一轮大暴跌。

请问：当时，陶老师凭什么认为中石油A股上市后开出高价，会给中国内地股市带来一场灾难性的影响呢？从这件事中，我们能得到哪些经验教训？

为什么陶老师认为中石油上市开出高价会给中国内地股市带来一场灾难呢？我们不妨循着陶老师的思路，作一些深入分析。2007年11月5日，中国石油A股上市了。它当日的开盘价为48.60元，市盈率为64倍。尽管当时其流通的中国石油A股只有30亿股，但是，由于其总股本有1800多亿股，因此，48.60元的开盘价一下子就使它的总市值窜到了全球第一的位置。但是这种虚胖，并不代表中国石油A股值那么多钱。因为放眼全球可以发现，与它同类型的公司，在国际成熟股市中的市盈率一般只有十几倍。从沪深股市的历史看，大盘股的合理市盈率一般也只有20倍至30倍。中国石油A股当时的市盈率偏高，这就是机构很少介入该股的一个原因。据了解，巴菲特是在2007年中国石油A股上市之前卖出中国石油H股的，平均价格在14港元左右，当时该股的市盈率大约是十六、七倍。

中国石油 A 股上市后市盈率高企，从 48 元一路下跌到其发行价附近，才寻找到一个阶段性低点（注：该股在此价位稍有反弹后继续下跌），并让出了全球最大市值上市公司的"宝座"，重新让位于"埃克森美孚"。后者 2007 年的净利润是中国石油的一倍。由于中国石油 A 股在上证指数中的权重极大，它出现连续大跌，不仅让股民损失惨重，也给上证指数带来重创。该股在 2008 年末被媒体评为"2008 年最让人伤心的股票"[注]，它的下跌直接为上证指数"贡献"了几百点跌幅。

中国石油 A 股是占据上证指数市值最大的一只股票，它上市后连续走低，也带动了它的一些同盟兄弟一同大跌。有人计算过，2008年一季度，上证指数从 5261.56 点跌至 3472.71 点，一共跌了 1788.85点，跌幅为 34%。但在中国石油 A 股大跌的带动下，中国石化、中国平安、中国人寿、宝钢股份、招商银行、中国银行、工商银行、交通银行、中国神华等上海股市中市值排名前 10 名的股票，2008 年第一季度的平均跌幅已接近 40%，其跌幅已超过大盘。这样势必会拖累上证指数，促使大盘一路走低。

我们了解上面的事实，就能理解在中国石油 A 股上市后，陶老师为什么说它会给中国内地股市带来灾难性的影响了。当然，2008 年中国内地股市的大跌是由很多因素造成的。但不可否认的是，当时中国石油 A 股走势对中国内地股市大跌产生了推波助澜的重要作用。

那么，这件事能给我们提供什么样的经验教训呢？

第一，做股票永远不要忘记估值第一。作为价值型投资者一定要认识到，再好的股票一旦其价值被高估了，就应该对它看空、做空，而

【注】　虽然 2008 年股市走熊，大多数股票都跌得很惨。但是，因为中国石油 A 股在 2007年上市前曾令广大股民寄予厚望，因此失望也就更大。另外，就其股价大幅下跌受到伤害的人数来说，该股可排在其他各股之首。故而该股被媒体评定为 2008 年最让人伤心的股票。

中国石油 A 股 2008 年的跌幅为 67.15%，该股从 2007 年开盘价 48.60 元一直跌至 2008年收盘 10.17 元，股价"腰折"又"腰折"，连原始股的投资者也被深度套牢。而且，散户买了很多这只号称亚洲最会赚钱的上市公司的股票，因此损失惨重，这也就有了"问君能有几多愁，恰似满仓中石油"的调侃。

不应该对它看多、做多。比方，尽管当时中国石油是亚州最赚线的公司，但它的上市价格被市场大大高估，那就不应该看好它。

第二，看大势要看权重股表现，看权重股又要看第一权重股的表现。作为第一权重股，它持续上涨或持续下跌都会给大盘指数带来很大影响。比如，中国石油 A 股是沪市第一权重股，它上市以来的几个月一直在向下滑落，这样客观上对大盘的重心起到一个向下牵引的作用。所以，第一权重股表现非常差的时候，大盘弱势特征就十分明显。

中国石油只是 2008 年大盘蓝筹股暴跌的一个缩影。中国远洋、中国铝业、中国神华、中国石化、中国人寿、中国太保等等曾经倍受青睐的"中"字头大盘蓝筹股，在 2008 年也都出现在跌幅最大的股票队伍中。

附录：中石油上市前的断想
作者：王利敏

中石油 A 股将在下周登陆沪市。此时此刻，如果我们能平心静气地跳出该股上市后是涨还是跌的简单化思维，或许对目前的股市和近期的投资思路更有参考意义。

第一，作为亚洲最赚钱的公司，中石油海归虽然是件好事，但它在 A 股市场以 16.70 元的高价发行是否有点让人遗憾。中石油 H 股在香港的发行价仅仅为 1 元多港元，巴菲特大赚特赚后抛空时的价格也不过只有十四、五港元。也就是说，经过港股投资者大吃大嚼后由于"出口转内销"，超高价变成了"地板价"。

第二，中石油海归后，该股市值将成为全球第一，超过美国的埃克森美孚。同为石油公司，埃克森美孚目前二级市场的市盈率为 13 倍，全球第二大的英国石油市盈率约 12 倍，而中石油 A 股尚未上市，市盈率就已经 20 倍多，上市后股价如果翻倍，市盈率将达到 40 多倍。这么高的市盈率到底会降低还是抬高 A 股的总体市盈率？

第三，据了解，众多中国神华上市首日没敢买的投资者都想在中石油 A 股上市首日介入，认为首日介入必定赚大钱。历史会重演吗？我们不妨看看中国神华上市首日的情况，当天面对开盘价 68 元的高价，一般投资者都不敢介入，结果被部分逆向思维的机构扫盘统吃。

次日"龙虎榜"显示筹码均被机构扫清后,机构的轧空和炒新族的追涨导致了连续三个涨停。当市场纷纷看好该股将直奔100元时,机构又迅速将筹码扔给了追涨的各支"涨停板敢死队"。该股本周五的收盘价已从最高价94.88元跌至77.08元。

第四,平心而论,近期"中"字头的股票受到市场的热捧,尤其是大盘新股几乎成为屡炒不败的"聚宝盆"。我们是否由此可以得出中石油会继续出现首日买进、一路狂飙的盛况?答案应该是不确定的。同样的"中"字头的中国银行,以3.99元高开后,连续下跌至3.22元才止跌企稳;工商银行今年1月大受市场追捧后,回调时间长达7个多月,套牢者直到今年8月才解放。

第五,近来国际原油价格暴涨,国内成品油价格也大幅上调,这进一步强化了对行将上市的中石油的预期,近日中石化连连走高已说明这一点。从供求关系看,中签者胃口已吊高,炒新族激情正在燃烧,市场普遍将中石油首日开盘价看高到40元以上,当上一次没有首日介入中国神华成为一些投资者最大的憾事时,市场的轮回规律会不会重新显现:首日冲进中石油者全线被套,当日最高价成为短期天价?

但愿笔者的想法只是杞人忧天而已。

(本文原载于2007年11月4日《上海证券报·证券大智慧》)

【记实小絮】有一次,王利敏受某报邀请到江苏盐城市讲课,大厅里坐满了人。当听众得知主讲人是《中石油上市前的断想》的作者时,下面响起了热烈的掌声。此时,一位听众突然站起来,当众拜谢王先生的"救命之恩",全场为之震惊。他说,原来他打算在中石油上市时,倾其所有购买该股。但他在看了《中石油上市前的断想》后,改变了想法,而这一改变,使他逃过了一场灭顶之灾。他告诉大家,中石油上市前,舆论一片看好,很多人都在做发财梦,自己也是其中一位。但王先生能审时度势,及时发表《中石油上市前的断想》提醒大家,这确实是为投资大众做了一件大好事。如果没有该文的提醒,自己肯定在中石油上市首日全仓买进,那可就惨了。所以,他认为是这篇文章救了他。他相信,这篇文章也救了当时许多与他想法相同的投资者。因此,他要特别感谢这位从没谋过面的恩人。

研判股市大势必然要分析基本面,尤其是在识顶、逃顶时更要注意对基本面的研究。那么如何看基本面呢?有人认为,股市是经济的晴雨表,一个国家经济形势向好了股市必定向好,一个国家经济形势变坏了股市必定走坏。因此,只要了解国家经济形势如何,也就知道股市大势何去何从了。但是,也有人认为,目前中国内地股市还不算是实体经济的晴雨表,只能看作是一个政策市,研究政策比研究国家经济形势要管用得多。

请问:你同意谁的观点?搞清它们谁是谁非对正确地把握股市大势有何帮助?另外,假设你赞同后面一种观点,那么,请你谈谈在分析、研判大势与识顶、逃顶时,如何才能捕捉到准确的政策信号呢?

股市是经济的晴雨表,这个观点对成熟股市来说是完全正确的。比如,日本经济从上世纪九十年代初进入恶化后,10几年来经济形势一直没有什么好的表现,股市也因此走熊了10几年。但是"股市是经济的晴雨表"这句话,对我们国家股市来说,现在还不能完全适用。大家知道,近20多年来,中国经济一直处于高速发展状态,但沪深股市已经出现过几轮大熊市。经济向好,为什么股市走熊?这显然是不能用"股市是经济的晴雨表"的观点进行解释的。我们发现,每次股市走熊市,都会有一些经济学家、股评人士用中国经济是好的为理由,鼓励大家看多、做多,坚守股市,有的还苦口婆心地劝慰大家不要丧失信心,进行"非理性杀跌"等等(编者按:很多投资者就是在这些"好话"的"安慰"下,舍不得割肉止损,结果随着股市连续下跌,越套越深)。其实,这是一种很不负责的说法,是对投资者的一个误导。为什么这样说呢?因为至今人民币不能自由兑换,相比之下,在沪深股市里,仍然以国内资金为主,这样势必A股的平均股价就会比成熟市场要高一些。此外,至今为止,A股还是股权分置的,满打满算,最多只有1/3股票出来了,还有2/3未流通。在

人民币不能自由兑换、股权分置改革尚未完全完成前,中国内地股市还不能充分反映实体经济,其涨跌的一个重要原因就是由筹码与资金之间的供求关系造成的。当筹码供过于求时,股市就会出现下跌;当筹码供少于求时,股市就会出现上涨。

比如,2007年10月,沪深股市历时两年的大牛市画上了句号。其见顶回落的一个重要原因就是当时股市的供求关系发生了巨大的变化,筹码供应远远大于资金供应,股市被迫通过下跌来消化大量的筹码,以重新达到整体的供求平衡。据了解,当时引发市场下跌的不仅有股改流出的"大小非"解禁筹码,还有首发机构配售、战略投资者配售、定向增发和股权激励等股份,这些新增流通股份全部相加,市场筹码供给增长的幅度已达到了历史最高值,这就是导致市场下跌的一个主要原因。我们现在就以2008年3月为例,该月共增加的筹码为132亿股,增加的流通市值为3802亿元。其中中国平安(601318)新股发行时的限售股解禁为31亿股,以每股53元的价格统计,就需要1643亿元资金来承接。可见,新增筹码已变成了确定性的特大利空,这就是当时股市走弱的重要原因。在这种情况下,场外资金根本不可能入市,而场内资金又在不断向外抽离,这样,股市出现连续下跌也就不可避免了。

那么,如何来改变筹码与资金之间的供求失衡呢?这就要看管理层当时推出什么样的政策了。说白了,调控股市供求关系的钥匙就掌握在管理层手中。根据历史经验,沪深股市几次大牛市见顶,都是因为管理层看到了股市的平均市盈率进入高风险区后,为抑止市场的过度投机,采取了一些列从严的政策,减少资金供给,加大筹码供给,致使股市见顶回落的。因此,从这个意义上说,中国内地股市目前仍然是一个政策市,尚不能完全看成是经济的晴雨表(编者按:随着股市全流通时代来临,股市与经济的关系越来越密切,总有一天股市会变成经济的晴雨表。但即便如此,将来股市走好后再次形成大顶,一定与股市供求关系变化密不可分。因此,未来的中国内地股市,投资者在识大顶、逃大顶时,仍然要把对政策因素的思考放在首位)。

我们说中国内地股市是个政策市,还有一个重要原因,因为沪深股市从来都不是完全市场化的股票市场,行政管制、政策调控的身影从来没有在市场中淡出。从新股发行、再融资等的行政审核,到基金发行规模与仓位的行政"窗口指导",再到印花税等税收制度演变为调控工具,行政调控力量时时刻刻都在显示着它的存在。

正因为如此,所以投资者在研判沪深股市大势与识顶、逃顶时,首先要认真研究管理层的股市政策。比如,在股市上涨时,如发现股市政策收紧,说明大盘快要见顶了。此时,投资者应赶紧出逃。有人问:如何才能准确地捕捉政策信号呢?下面我向大家介绍一些比较实用的方法。

一、捕捉政策信号的基本渠道是公开媒体报道。首先,投资者要高度关注证监会负责人的亮相讲话,多琢磨他们的话里所藏着的意思。比如,在 2007 年 10 月中旬,三家证券专业报纸在头版发表痛斥"蓝筹泡沫"及泡沫制造者——公募基金的评论员文章,过后不久大盘就见顶回落,至 2007 年 11 月底首次跌破 5000 点。2007 年 12 月 2 日,第六届国际基金论坛在深圳召开,监管部门负责人和各基金公司老总聚在一起。关于这类时间和场合,监管部门负责人的态度就值得重视。有人从报纸上看到:证监会主要负责人没有出席这次活动,提供的书面发言有如下内容:要在发展壮大机构投资者整体规模的同时进一步调整和优化机构投资者的结构,改变证券投资基金发展较快,企业年金、社保基金等机构发展相对滞后的局面……推动完善机构投资者激励约束机制,切实改变机构投资者投资行为短期化和同质化的取向。大家要特别注意"短期化"、"同质化"这几个字。这种提法的出现,反映了管理层当时对前期基金集体狂炒大盘蓝筹股的过度投机行为的不满,而且这是在基金业聚会场合讲这些话,问题的性质就不一样了。可见,虽然当时大盘从 6124 点下跌超过 1000 点,但高层对基金业的负面看法未改变。后来基金果然借反弹进一步减仓。此后,另一个通过公开媒体报道获得政策信号的例子是 2008 年 1 月中旬,当大盘反弹到 5500 点时,证监会主要负责人称将加大市场流通股供应。随即又有中国平安天量再融资董事会公告出台。这些都属于导致市场变盘的清晰信号。这些信号都是公开的,关键就看当事人对政策信号是否敏感,敏感者就能逃过后面的暴跌。

二、捕捉政策信号在媒体选择上是有讲究的。获得政策信号的主渠道是《中国证券报》、《上海证券报》、《证券时报》这三家证券专业报纸。特别是在股市涨过头,管理层要出手调控时,投资者想获得这方面的政策信号,就应该从这三家证券专业报纸上去寻找,其信息的准确率是非常高的。这是为什么呢?因为这三家证券专业报纸说到底是靠市场吃饭的,它们本能地属于多头,如果在头版上发空头文章,一般是奉命而为。这里有一条经验可供大家参考:假如它们中有两家以上,在头版同时发表内容相同的看空市场的文章,这多半是传达了管理层希望抑制股市过度投机的政策意图。这时投资者就要当心了,该卖出就应及时卖出。否则,就会在高位吃套。但是,投资者要注意,获得准确的政策信号需要排除杂音(包括来自背景深厚的媒体杂音)。比如,2007 年 10 月上证指数在 6124 点见顶回落后,央行机关报《金融时报》曾发文称,"不存在 6000 点是政策顶一说。"这就是听不得的杂音,这种杂音代表的是一些个人意见,不作为凭。还有网站上的一些新闻标题大家也不要盲目轻信。网络编辑为抢眼球,经常会用一些比较夸张的语言,比如,"人民日报怎么说"、"新华社怎么说",但是点击进去一看却并非如此,都是一些代表多方或空方个人观点的文章,根本不是管理层的意思。这样的信息也需要排除。

三、俗话说:"下跌容易上涨难。"政策对股市助跌与助涨的作用是不一样的。利空政策一来,三大证券报刊登政策上的利空消息,股市很快就会响应,随即股市就会出现大幅下跌。但是从三家专业报纸上获得利好的政策信号就没有获得降温的政策信号那么准确了。因为一旦股市下跌趋势形成后,在盘中的做空能量没有完全释放之前,即使利好政策出台,也只能延缓大盘下跌的速度。比如,可出现一些阶段性反弹,但反弹后仍会继续下跌。因此,熊市中一般性的利好政策是不可能改变大盘下跌趋势的,投资者对此一定要有清醒的认识(编者按:关于这个问题,我们放在以后进行识底、抄底讨论时再来解析,这里就不展开了)。

股市实战训练题 49

据了解，2007 年 8、9 月份，沪深股市一片莺歌燕舞。但是，一些嗅觉敏感的投资者依据"鞋童定律"嗅到了当时股市的危机。于是，他们在股市见顶之前就陆续撤离了股市，实现了胜利大逃亡。

请问：什么是鞋童定律？当时这些投资者如何依据鞋童定律嗅出股市危机的呢？

解答

什么是鞋童定律呢？这里有一个故事：美国总统肯尼迪的父亲 Joseph·Kennedy 是华尔街的一位投资大师，在 1929 年华尔街股市大崩盘前，有一天，他请一位鞋童帮他擦鞋。这位鞋童一边擦鞋，一边对股票侃侃而谈。老肯尼迪发现连鞋童都对股市这么热衷了，这正是市场过热的信号。于是他回家后的第一件事就是卖出手中的全部股票，从而躲过了那场世纪股灾[注]。此后，"鞋童定律"在股市中就被奉为经典，意思是当人人都高谈阔论买股票之时，正是卖出股票离场之日。

回顾沪深股市历史可以发现，每次大盘见顶都是人气鼎沸时，只不过 2007 年 8、9 月份，沪深股市人气之旺更是以往股市不能与之相比的。其中最突出的表现在以下 3 个方面：

第一、"大象"（指大盘股）群体起舞。 2007 年第三季度，沪深股市出现了大盘股集体发力上涨，并连涨几个月的现象。这种情况在沪深股市中第一次出现。虽然，以前沪深股市中也出现过大象起舞的现象，但它持续时间较短，往往涨一阵子就要歇歇脚；另外，以前大象起

【注】 1929 年，美国股市在一片兴旺的情况下，突然有一天出现大跌，随后美国股市连连下挫，最后绝大部分股票都跌成了一个零头，可谓哀鸿遍野、血流成河，其惨跌程度创造了上世纪美国股市跌幅之最（美国股市 1929 年的大跌，列全球百年股市跌幅第三名），所以有人称它为"世纪股灾"。

舞时,有的大象在起舞,有的还在睡觉,大象同时起舞的现象极为罕见。当时从表面上看,沪深股市出现大象群体起舞现象甚为壮观,大象起舞的力度之大,时间之长创造了沪深股市历史之最,但敏感的人已经察觉出市场过热了,于是悄悄地离开了这是非之地。

第二、超级大盘股挤上全球市值最大的上市公司前 10 名的宝座。据了解,2007 年三四季度,全球市值最大的前 10 名上市公司中,有近一半的位置被中国内地股市的超级大盘股占据了。稍有经济常识的人知道,这是一种不正常的现象。因为,虽然中国经济发展很快,但从全球视角看,美国、日本是世界第一、第二经济强国。整体上,以中国目前的经济实力还不能与它们相比。既然一国股市是一国经济的晴雨表,那么,全球市值最大的前 10 名上市公司,理应是美国、日本的上市公司占多数, 怎么可能是中国内地股市的上市公司占多数呢? 而在 2007 年第四季度,沪深股市中的一些超级大盘股,如中国石油、工商银行等纷纷挤进了全球市值最大的上市公司前 10 名,这说明当时市场的投机气氛已到了相当严重的地步。一些老资格的投资者心里明白:超级大盘股的泡沫越吹越大, 这个泡沫破裂是迟早的事。现在不走,更待何时。

第三、市场上出现了前所未有的抢购基金的热潮。2007 年,沪深股市的一个亮点就是 "逢基必抢"(即看到新基金发行就排队抢购)。为什么会出现"逢基必抢"的现象呢? 因为市场已达成"买基必赢"的共识。按理说,基金与股票一样,都存在着机会与风险两个方面,任何投资产品都不可能包赚不赔的。但是,由于当时舆论的片面宣传,给人们造成一个印象,基金是专家理财,买基金必然赚大钱。于是乎,只要是基金发行,也不管什么基金,以往的业绩、操作水平如何,大家都争先恐后地抢着购买。当时,很多购买者连最起码的,在投资时间一声自己究竟买的是什么投资产品的风险意识都没有,几十亿、几百亿基金发行, 当日即销售一空的现象比比皆是。由于购买的人实在太多, 最后市场上竟出现了类似新股发行时用抽签配号的方式来销售基金。这样的事情,在世界上其他国家基金发行中还从来没有发生过,即使在中国内地基金发行历史上也是开天辟地头一次,真可谓是基金发行史上的一个"创举"。

综上所述，我们可以看出，当时沪深股市之热，已超出了过去股市在人气兴旺之时，市场上仅限于像鞋童定律故事里所说的那样，到处都在议论股票，连街上擦鞋的都对股票侃侃而谈的范围，而表现出人气已达到了一种极端的白热化程度。很多有实战经验的老股民正是从当时人气极度沸腾状态中，意识到当时沪深股市已进入了高风险阶段，因而开始看淡股市，抛出股票离开了这个人气鼎沸的市场。但是当时市场上大量缺乏实践经验的投资者，尤其是新入市的股民完全看不到这一点，体会不到"人气鼎沸之时，就是股市见顶之时"这个规律，而继续盲目乐观，看多、做多，从而陷入了巨大的风险漩涡之中。

股市实战训练题 **50**

2007年秋，沪深股市出现了一长串百元以上的高价股，最风光时这样的股票竟有20多只。一位高手看了看这些百元股的走势，说出了让大家十分吃惊的判断：沪深股市将有一场大灾难，2005年998点上来的这轮牛市很可能就会葬送在这些百元以上的高价股上。当时，中国内地股市形势还很好，很多人对这位高手的判断感到莫名其妙。有些人听到后一笑了之，以为是高手的一时口误，并没有把它当一回事。但时间仅过了半年，高手的预判就被验证了。原先的20多只百元高价股，目前仅有少数几只仍在百元以上作苦苦支撑（编者按：截至2008年10月17日，这20多只百元股已全部跌到百元之下。此后，到2008年年末，仅有贵州茅台一只股票重返百元之上），而且随着百元以上高价股集体坠落，沪深股市也出现了一轮历史上罕见的大暴跌。

请问：当时百元高价股在沪深股市济济一堂时，高手凭什么判断这些百元以上高价股将会给沪深股市带来一场大灾难呢？从这件事中我们能得到一些什么重要启示？

解答

据统计，2007年深沪两市，股价曾达到或超过100元的股票共有23只。中国船舶、山东黄金和贵州茅台还占据过200元以上的高位。2007年10月11日，中国船舶更是一枝独秀，创出300元天价，让高价股俱乐部中的其他成员望尘莫及。

毋庸置疑，百元股军团曾是2005年998点上来的这一轮大牛市的亮点。20多个百元高价股济济一堂，场面极为壮观。说实话，当时大家对这些百元股交口称赞都来不及，又有谁会像这位高手一样对它们大加鞭挞呢？

我们在想，高手对这些百元股有如此大的异议，总有他的道理。那么，这究竟是什么道理呢？是这些百元股的质地差、成长性欠佳吗？不是，因为这些百元股都是沪深股市中的精品，每个百元股背后都有一个精彩的故事;是游资、庄家用资金把这些股票的股价拉到百元之上,搭建了一个空中楼阁吗？也不是,因为重仓拥有这些百元股的都是市场中"崇尚价值投资"的证券投资基金、保险资金。据一些证券咨询机构研究,这些股票能攀上百元宝座,个个都是物有所值。但是,为什么当时高手出言不逊,竟然说这些百元股会给沪深股市带来一场大灾难呢？据了解,高手唯一判断的依据就是这些百元股未经百元整数关的反复考验,其上涨基础不扎实。

高手说,在海外股市中凡是有名的百元股票,都是在百元整数关上经过反复摔打,最后才百炼成钢,站稳百元之上的。这好比一个优秀运动员,只有在国内外重大比赛场上经过反复磨炼,将来才能在世界重大比赛时站稳脚跟,做出出色成绩来。高手向我们介绍,沪深股市以前也出现过百元股,但好景不长,冲上了百元之后很快就跌下来了(见图337、图338、图339)。其中一个重要原因,就是它们没有经过百元整数关的反复盘整。正因为如此,《股市操练大全》第四册以特别提醒的方式告诉投资者:"**股市上的整数关,一定要经过多次反复冲击后才能通过。因此,投资者在头两次冲击整数关时,原则上应采取抛空策略。**"[注1]投资者懂得了这个道理,在看见一个股票第一次、第二次冲击百元整数关时,逢高卖出,其胜率是相当高的,因为这些刚冲上百元股价的股票,在一般情况下,很快就会跌回百元之内。

高手还告诉大家一条经验,冲上百元的股票,即使在技术上属于有效突破,甚至股价已远离百元之上,但是,该股如果在百元整数关上没有经过反复拉锯、震荡,此后仍有很大可能会回落到百元以下。关于这一点,《股市操练大全》也特别提醒过投资者:"**另外,还要注意,股市上的重大整数关,未经长时间考验,不要轻言它已被攻克。**"[注2]高手为了说明自己的这个观点,特地拿了香港股市中汇丰控股的走势图给我们看。高手分析说,汇丰控股几次冲击百元,有时

【注1】 这段话的内容,详见《股市操练大全》第四册第320页。

【注2】 这段话的内容,详见《股市操练大全》第四册第320页。

看上去好像是有效突破了,应该站稳了,但不久又跌到了百元以下。汇丰控股是香港股市中有名的绩优股,但就是这样的绩优股在冲击百元整数关时,同样逃脱不了一个规律:必须反复接受百元整数关的考验。据了解,2008年秋,该股又跌回100元以下。可见,一个股票要站稳100元整数大关是一件多么不容易的事(见图340)。

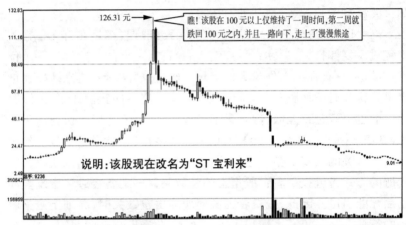

瞧!该股在100元以上仅维持了一周时间,第二周就跌回100元之内,并且一路向下,走上了漫漫熊途

126.31元

说明:该股现在改名为"ST宝利来"

亿安科技(000008)1999年2月9日~2002年1月18日的周K线走势图 图337

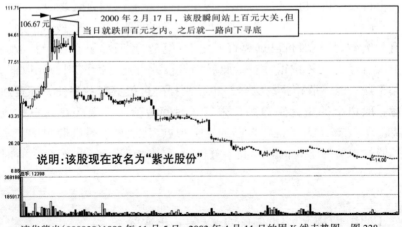

2000年2月17日,该股瞬间站上百元大关,但当日就跌回百元之内。之后就一路向下寻底

106.67元

说明:该股现在改名为"紫光股份"

清华紫光(000938)1999年11月5日~2003年4月11日的周K线走势图 图338

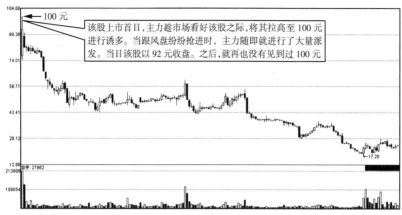

用友软件(600588)2001 年 5 月 18 日~2004 年 11 月 19 日的周 K 线走势图　图 339

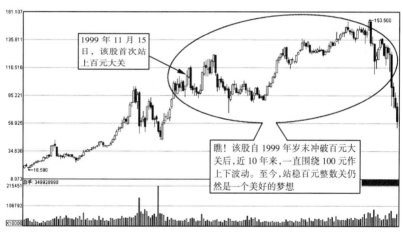

汇丰控股(HK0005)1992 年 10 月~2009 年 1 月的月 K 线走势图　图 340

　　高手的侃侃而谈,让大家忘了他好像不是在谈炒股技巧,而是在运兵布阵,指挥打仗。虽然很多人听了很感兴趣,但心中的疑虑还没有完全消除,于是有人追问高手,百元股在整数关未经扎实盘整上去了也要下来,这个道理大家明白了。但你为什么说,这些百元股将来会给整个股市带来一场大灾难呢?这样讲法是不是有点危言耸听?高手笑笑答道,我这样说并没有夸大其辞,事实就是如此。

他继续说,百元股的回落对大势影响主要表现在以下两个方面:第一,会产生极大的负面心理影响,百元股坠落将直接摧垮投资者的牛市信心。百元股成群地出现,是这轮牛市最亮丽的风景线。如果将来这道风景线一下子消失了,投资者心里会怎么想呢?敏感的投资者肯定会认为这轮牛市结束了,这样就会选择主动撤退。即使一些不太敏感的投资者,虽然不会马上出逃,但对牛市能否继续下去也会产生很大怀疑。第二,百元股大量坠落,将导致股市中整个股价体系出现一次大调整。高手说,这个问题我一讲大家就会明白的。百元股整体向下调整,那么低于百元的一大批七八十元、五六十元、三四十元的中高价股上涨空间就没有了,这样自然会跟着一起向下调整。中高价股是牛市中一个庞大的群体,对指数影响非常大。百元股纷纷坠落,将引起它们整体向下滑落,指数必然出现深幅调整,这样牛市很可能就因此被拖垮了。从这个意义上说,我认为现在未经整数关反复考验而贸然窜上百元之上的超高价股,将来一定会给沪深股市带来一场大灾难。

虽然当时高手这样讲,听起来很有道理,但事实情况是否如高手所言,大家心里仍然没有底。高手的结论只能用时间来检验其是否正确。在高手讲话半年之后,这个结论就出来了。

沪深股市从2008年开春以来,仅仅过去了三个月,不但200元以上的个股一个不存,"百元俱乐部"也不断损兵折将,截至2008年4月6日,只剩下4个股票暂时停留在百元以上。

2008年4月1日,山东黄金、中金黄金、天马股份、吉恩镍业和獐子岛等,这些曾经风光一时百元以上的超高价股带头跌停,带动了当日沪深股市600多只股票跌停。

在20多只曾上百元的高价股中,中国平安无疑是最受关注的一只。股票从149.28元,跌到48.30元。在这段时间内,中国平安最大跌幅为67.64%。根据有关资料透露,2007年,机构最高时持有中国平安股票约5.6亿股,但到了2008年2月26日,已降至不到3.3亿股。显然,在这期间机构对中国平安这个股票进行大量抛售,这才造成了该股的大跌。同样是金融股,中信证券与中国平安可谓惺惺相惜,从最高价 117.89 元跌至 2008 年 4 月 2 日的最低价 48.67 元,中信证券的这轮跌幅达到了 58.72%。2008 年 1 月 15 日,中信证券以 98.35 元开盘,到 2008 年 1 月 28 日,即跌至 68.42 元,其后一直阴跌不止。几个月时间,券商与基金对该股的持股比例,已从 38.43% 降至 16.54%。2008 年 1 月 22 日和 2008 年 3 月 17 日,是中信证券 2008 年第一季度成交量最大的两天,列卖出排行榜前 5 位的基金席位,就分别净卖出 10.2 亿元和 7.6 亿元。

可见,百元股群体坠落,是由机构带头出货所致。百元部落的大沦陷,不仅为沪深股市 998 点上来的这轮大牛市画上了句号,而且还引发了大盘的连续暴跌。事实证明,高手的判断是完全正确的。当时一些听了高手的意见而及时出逃者,避开了沪深股市一轮罕见的大暴跌,他们从心底里感谢高手的指引。

中国有一句俗话:"亡羊补牢,为时不晚。"因为人在股市中,股票还得继续做下去,今后这样的情况还会碰到。因此,通过此事能总结出一些经验教训是非常重要的。这些经验是:

①判断大势不仅要看股市基本面、技术面,而且要重点关注一些特殊的个股板块。比如,判断 2005 年 998 点上来的这轮大牛市最终走向,就要密切注意当时高价股的群体走向,尤其是百元股的整体表现。

②百元股能否长久地站稳百元之上,将直接关系到牛市能否延续。如果绝大多数百元股能站稳百元之上,并有很好的表现,那么牛市就能够继续下去,反之,牛市就岌岌可危了。

③大牛市来临,一些质地很好,业绩优良的股票会受到市场追捧,届时,它们当中不少佼佼者自然会登上百元宝座。但是,登上百元宝座之后能否站稳,不仅要看个股业绩、成长性,更重要的还要看它们是否经受过百元整数关的反复考验。因此,投资者在操作时一定要注意,对未经百元整数关反复考验的个股,无论其基本面多么好,原则上不能将其作为中长线品种进行投资,最多只能对它们进行短线做多,一旦发现它们破位下行,就应该立即止损离场。

股市实战
训练题
51

陶老师说，题目做多了，大家累了。现在我出一道趣味题让大家轻松一下。有人说，如果让你回到 2007 年秋天，你只要懂得"整数效应"[注]的道理，并坚定地相信它，你就能对当时的沪深股市、香港股市，乃至美国股市的未来走势做到"未卜先知"。

请问：如何利用整数效应，对当时这些股市的走势作"未卜先知"的预见呢(编者按：本书出这道题，纯粹是为了开拓读者的思路而设计的，因为世界上不存在什么"未卜先知"的"股神")?

现在我们不妨一起回到 2007 年秋天，以整数效应的理论，对当时的沪深股市、香港股市、美国股市作一次"未卜先知"的预见吧。

[**历史情景回放**]　　时间：2007 年秋

看着上海股市从 998 点上来，一路过关斩将，2000 点、3000 点、4000 点、5000 点、6000 点都被一举攻克，多方的气势十分强盛。有人为此欢欣鼓舞，上看 7000 点、8000 点，更高的已经看到 10000 点，但作为一个相信"整数效应"的我来说，却为此忧心忡忡。因为上海股市冲过的这些整数关，都没有经过反复震荡，是一口气冲上来的，这就为日后的大暴跌埋下了隐患。其实，类似现在上海股市的走势，在七八年前也发生过，当时美国的纳斯达克指数的涨势也非常汹涌，一路过关斩将，很快就把 1000 点、2000 点、3000 点、4000 点踩在脚下，直冲到 5000 点重大整数关前才止步，然后就引发了一轮罕见的大暴跌。我相信，上海股市直冲 6000 点决不是件好事，为其欢欣鼓舞，积极看多、做多的投资者日后将要为此付出惨重的代价。

【注】　关于什么是"整数效应"，其作用如何？详见《股市操练大全》第四册第 320 页～第 322 页。

深圳股市是上海股市的小弟弟,中国股市主战场在上海 A 股。上海股市未来的走势一定会影响到深圳股市。现在看着深证成指快要接近 20000 点了。我内心又开始恐惧起来，要知道,20000 点是一个重大整数关。不管深圳股市日后是冲上 20000 点, 还是在 20000 点前止步,受 20000 点整数效应的影响,市场做多的热情会逐渐淡去,日后震荡向下势在难免。

虽然,在 2007 年秋天的时候,有一些投资者不看好当时沪深股市的后市,认为沪深股市过度投机,泡沫严重,但是非常看好香港股市的后市。这是为什么呢?因为他们认为:①香港股市是成熟股市,监管很严,不像沪深股市存在过度投机的现象;②香港股市平均市盈率要大大低于沪深股市平均市盈率; ③香港股市有投资价值的股票比沪深股市要多得多;④香港股市是一个全流通市场,没有什么"大小非解禁"的问题[注]。也正因为如此,所以当时成立的 QDII 基金要投资香港股市,受到了内地投资者的热烈追捧。

但我心里明白:此时是绝对不能看好香港股市的。因为香港股市于 2003 年 4 月在 8331 点见底后,就由熊转牛,一路上涨,其中只是在冲破 10000 点时经过了几个月的震荡整理,尔后在冲击 15000 点、20000 点、25000 点、30000 整数关时都是一口气涨上来的（见图341）。这不由得使我想起了当年日本股市一口气冲上 20000 点、30000 点时的情景,尽管当年的日本股市涨势十分汹猛,在快要越过40000 点时才戛然止步(1989 年 12 月 19 日, 日本股市在 38916 点见

【注】 中国内地股市与海外成熟股市不同,股票分为流通股与非流通两个部分。非流通股由国家股和法人股组成。在 2005 年实施股改后,因为非流通股股东向流通股股东支付了"对价"(即由非流通股股东向流通股股东按一定比例送股),从而获得了对非流通股的流通权。但非流通股要按约约规定的时间进行流通,如二年或三年后,才可以上市流通。通常,到时能上市流通的非流通股的数量超过总股本的 5%,就称之为"大非",如小于总股本的 5%,则称之为"小非"。非流通股上市流通统称为"大小非解禁"。因为大小非持股成本很低,只有流通股持股成本的几分之一,甚至十几分之一。所以,大小非限售解禁,上市流通,很多人都把它当作重大利空来看待。

顶)但见顶之后的一路狂泻,让人胆颤心惊。我这里有一份读者寄来的材料:《上世纪九十年代的日本股灾见闻》(该文见本题附录)。每当我读之,就吓出一身冷汗,使我夜不能眠。所以,尽管当时有千条理由、万条理由可以看好香港股市,但是从整数效应的理论来看,香港股市在经过 20000 点、30000 点这些重大整数关时,未经反复震荡整理就是一个最大的利空。它像一颗定时炸弹随时可能爆炸,一旦爆炸,后果将不堪设想。

从图中看,港股自第一次冲上 10000 点后(见图中箭头 A 所指处),不久就跌回 10000 点之内,以后的 10 年基本上就是围绕 10000 点在进行上下震荡。这充分说明像 10000 点这样的大整数关,不经过长期考验,是很难站稳的

瞧! 2003 年 4 月港股在 8300 多点见底后(见图中箭头 B 所指处),就出现了一轮罕见的飚升行情,它除了在冲过 10000 点后进行了一些回调整理, 在冲上 15000 点、20000 点、25000 点、30000 点等这些重要整数关时, 都没有出现过像样的回调整理。这就为日后的暴跌埋下了隐患

30000 点
20000 点
A
B

香港恒生指数 1989 年 3 月 ~2008 年 12 月的月 K 线走势图　图 341

至于美国股市,根据整数效应的理论,几年前就有人认为它至少应该有一次大级别的向下调整行情发生,目标位在 10000 点之下。因为美国股市已走过 200 多年, 之前每经过一个重大整数关都要经过反复震荡,而现在冲上 10000 点似乎大轻松了,让它重新回到 10000 点之下,这也许是一种规律的使然。尽管那时我们还不知道美国后来

发生的次贷危机、金融危机，但是退一步说，即使没有这些危机出现，美国股市重新回到万点之下进行震荡整理的概率也是很大的。

现在，历史已经走到了 2009 年，我以整数效应的理论，对沪深股市、香港股市、美国股市"未卜先知"的预见都一一验证了。当然，这里的"我"，并不是现实中的我，现实中的我没有这么大的本事。文中的我纯粹是一个虚拟人物。但从虚拟中的"我"作出正确预见来看，投资者在炒股时，除了要运用基本分析、技术分析来研判大势与识顶逃顶外，还必须考虑整数效应对股市的影响。这个影响是巨大的，是不以人的意志为转移的。忘记了或不重视整数效应对股市走势的影响，将来就要犯大错误，给投资造成重大损失。

附录：上世纪九十年代的日本股灾见闻

1990 年，我到日本公差，顺便去日本最大的证券公司——野村证券参观。由于当时日本股市和楼市如日中天，股市比 2007 年中国内地股市还要热气沸腾，市盈率炒到了 100 倍。一些日本和世界的经济学家纷纷发表评论，认为传统的经济理论对日本已经不适用，日本正在创造新的经济规律。当时的日本房地产市场更是不可一世，一个东京市的地价就可以买一个半美国。日本商人在那个时候可牛了，到哪儿都像阔佬逛精品市场，想买什么就买什么。于是，日本人买了美国金融帝国的象征——洛克菲勒大厦，买了美国电影的象征——哥伦比亚电影公司，买了加拿大的森林，买了澳洲铁矿，买了香港半山上最贵的房子，日本女人买了 70%法国生产的 LV 手袋，日本男人成群结队飞去泰国打高尔夫……

可是不知怎么回事，后来，日本股市从 38000 多点见顶后，一路狂泻，仅两三年时间就跌到了 11000 点。房地产市场更是一落千丈，1990 年还能买一个半美国的东京，1993 年竟然连一个纽约都买不起了。于是，日本企业纷纷从海外抽钱回国救急，不仅把洛克菲勒大楼打对折重新卖给美国人，还把日本好几个银行和保险公司也以超低价卖给了外国人。

1995 年，日本企业开始裁员，自杀的人很多，特别是证券界。电视台最热门的电视节目是教人们如何省钱。比如,教日本家庭主妇如何用烧饭的余热煮鸡蛋。在那一段时间,香港大街的日本游客少了,到高档餐馆吃饭的日本商人也少了。"经济泡沫"这个词第一次在我脑袋里有了真实的感觉。

（上述这份材料是某一读者寄给我们的,现全文照录,以飨股友。）

股市实战训练题 52

俗话说:"历史有惊人的相似之处。"这在股市中表现得尤为明显。就拿上证指数998点~6124点这段走势来说,在历史上就能找到它的影子。其见顶的情况与原因十分相似。据了解,知道这段历史的投资者,他们在这轮罕见的大暴跌中成了市场中令人美慕的幸运者,这些投资者或是在五六千点高位及时出逃,或是在大盘暴跌之初就停损离场了。

请问:你知道上证指数998点~6124点的走势,与以前哪一种股市走势有相类似之处?通过这件事,我们能得到一些什么重要启示?

据了解,上海股市从998点涨至6124点的走势,与1982年12月~1987年12月的香港恒生指数的走势,以及1996年1月~1998年8月的深证成指的走势十分相似,它们都是在指数涨了5倍的情况下见顶回落的。历史又一次出现了重演。

1986年的香港股市出现了一轮飚升行情,恒生指数从676点起步,一直攀高到3968点,一轮升势才告结束,这一轮涨幅接近5倍。由于当时这轮行情升幅巨大,盘中积累了大量获利盘,再加上当时正巧遇到了美国股市1987年的股灾,随后就引发了一轮股市大暴跌。看到香港股市当时这段走势,再与上海股市"998点~6124点"这段走势相对照,就会发现它们的走势情况基本相同。上海股市从998点起涨,也是涨了5倍才见顶的,见顶之后就出现了一轮大暴跌。其暴跌的原因与当年香港股市大涨再到后来的大跌的原因是一样的——内部因素获利盘太丰厚,外部因素美国经济、美国股市形势恶化的拖累,而且两者暴跌的形式也差不多,都是快速下跌,不给多方有还手的机会。而且投资者受伤害的惨重程度也都是一样的。

另外,上海股市"998点~6124点"这段走势,也几乎是重复了1996年1月~1998年8月深圳股市中的成份指数的走势。当时深证成指是从924点起步,涨至6103点见顶回落,随后就出现了一轮暴跌。

可见,无论什么股市,也无论什么时候,短时期内大盘指数暴涨 5 倍,说明市场的过度投机已到了极限,随后的暴跌就几乎成了定局。这次上海股市从 998 点涨至 6124 点,一下子暴涨 5 倍,其结果重蹈当年香港恒生指数、深证成指暴涨 5 倍之后暴跌的结局(见图 342),也就不觉得奇怪了。

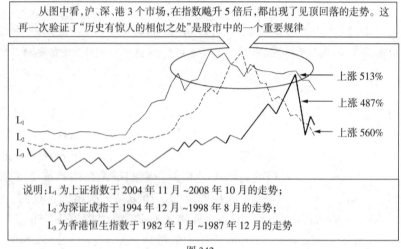

　　从图中看,沪、深、港 3 个市场,在指数飚升 5 倍后,都出现了见顶回落的走势。这再一次验证了"历史有惊人的相似之处"是股市中的一个重要规律

上涨 513%
上涨 487%
上涨 560%

说明:L₁ 为上证指数于 2004 年 11 月 ~2008 年 10 月的走势;
　　　L₂ 为深证成指于 1994 年 12 月 ~1998 年 8 月的走势;
　　　L₃ 为香港恒生指数于 1982 年 1 月 ~1987 年 12 月的走势

图 342

　　以史为鉴,知道这段历史的投资者心里明白,上海股市从 998 点上来的这轮大牛市,涨到五六千点,已呈强弩之末,过度投机已不能再继续下去了。于是,他们选择了撤退。而这一撤退,成全了这些投资者,使这些投资者有幸成为少数能在上证指数攀升至五六千点高位时安全出逃的大赢家。这的确是令人非常羡慕的。

　　了解上面的情况后,我们能从中得到哪些有益的启示呢?

　　第一、大家必须认识到,未来的沪深股市走势会不断重复以前股市中发生过的事情,这并不是一个简单的巧合,它实际是隐藏在人们视线之外,尚未让大家认识的一个股市规律。了解这个规律,对研判大势、识顶逃顶将有很大的帮助。那么,这是一个什么样的规律呢?即当事情发生的环境、条件基本相同时,其结果也基本相同。比如,早期香港股市与 2006 年前的上海股市都曾经被各自的历史大顶长期压着[注]，一旦这个历史大顶被掀翻，一定会爆发出巨大的做多能量，所以，当年香港股市如何涨的，上海股市也极有可能重复这种历史现象。同理，香港股市当年是怎样暴跌的，上海股市也很可能重走这样暴跌的老路，后来的事实完全印证了这个观点。

有鉴于此，我们运用这一规律时，一定要把现在的股市环境、条件，与历史上曾经出现过的与之相似的环境、条件作比较，两者相似程度越高，重复以往走势的可能性就越大。

第二、中国有句古话，叫做厚积薄发。了解股市中"历史有惊人的相似之处"，其前提是，当事人必须"厚积"大量的股市历史知识。如果缺乏这个前提，即使现在股市走势完全重复了以前某一阶段股市走势，你也会茫然无知，这样又如何来运用这一规律做好股票呢？所以，要想在股市中成就大业，就必须加强股市知识的学习，尤其要对国内外主要股市的重大历史事件熟记在心。唯有如此，你才能比别人领先一步，成为股市中的先知先觉者。

第三、不要机械地理解"历史有惊人的相似之处"这一规律。这一规律重点在相似，而不是在完全相同。要知道，世界上还有一个规律，即宇宙中没有百分之百完全相同的人和事。比如，即使是同卵双胞胎，外人看他们一模一样，但他们的亲生母亲一定知道双胞胎之间的区别。如果运用现代科技，所谓一模一样的人和事，在高科技面前马上就会显示出他们之间的差异。现在我们仍然以同卵双胞胎为例来作个说明，比如，用电脑脸谱识别技术，就能马上显示出双胞胎面容的差异，用电脑指纹识别技术，马上就能分辨出双胞胎的指纹是完全不同的。我们举这些例子，目的就是要告诉大家，在运用"历史有惊人的相似之处"这一规律来分析大势与识顶、逃顶时，千万不能钻牛角

【注】 早期的香港股市被 1810 点这个历史大顶压了 20 多年，直到 1986 年末，这个历史大顶才被冲破。上海股市被 2245 点这个历史大顶压了 16 年，直至 2006 年 12 月才被冲破。但此后上证指数在 6124 点见顶回落后，又重新跌回 2245 点下方。截至 2008 年 12 月，上证指数仍在 2245 点下方徘徊。

尖,只要大致相似即可,如刻意追求完全相同,不但用不好这一规律,反而会束缚自己的手脚,在该买的时候不买,该卖的时候不卖,甚至会因为自己的主观武断,导致出现重大的投资失误。

正当大家围绕怎样才能识顶、逃顶这个问题讨论得不亦乐乎时，突然有人提出，"做股票不用识顶、不用逃顶"可不可以？此言一出，全场哗然，反对声音马上出来了，"做股票，不识顶、不逃顶，那不是在高位被套得死死的吗？"很多人异口同声地作出了这样的回答。但是，出乎大家意料的是，陶老师却点点头说，据他了解，有人做股票确实奉行的就是既不用识顶、也不用逃顶的操作策略，而且实践下来效果很不错。巴菲特是如此，沪深股市中一些成绩斐然的高手也是这样操作的。陶老师刚说完，很多人就迫不及待地追问陶老师，这究竟是怎么回事？于是，陶老师把他所了解的情况一五一十地告诉大家，同学们听后眼睛一亮，感触颇深。

请问：你知道陶老师是怎样说的吗？做股票如果奉行不用识顶、不用逃顶的策略，具体应该怎样操作？

陶老师说，他认识一位股市高手做股票很有章法，10多年来，从刚入市的几万元，做到了近千万元，用的就是这种不用识顶、不用逃顶的操作方法。这种方法，用股市的术语来说，就是一种主动止盈[注]的方法。这是比止损更安全的一种操作方法。

股市中有一句名言："股票是条鱼，你最好能吃到当中一段。"为什么呢？因为鱼的中段部位肉比较肥，鱼刺也少，让人放心。一位力挺

【注】　通常，主动止盈有两种形式：一种是短线止盈，另一种是中线止盈。短线止盈只适用于弱势反弹行情。但是大行情来临时，用短线止盈就不合适，因为卖出后很容易踏空。而识顶、逃顶中用的主动止盈法，一般都是中线止盈。所谓中线止盈，是指股价根据其内在价值基本上已涨到位了，再涨就是虚涨了。此时，投资者应该主动将其卖出，获利了结。另外，关于主动止盈，可参见《股市操练大全》第五册第 370 页、371 页中"先期止盈逃顶法"的有关内容。

主动止盈法的高手说,我不太奢望把股票的整个行情"吃"下来。事实上,把所有行情"吃"下来是不可能也是不安全的。我们有可能放弃最后20%的上涨幅度,因为这最后一段是有风险的。而且,我们所作任何决策往往用风险去衡量。把前面的上涨安全地"吃"下来,最后的上涨,不"吃"也罢。高手告诉我们,巴菲特操作中国石油H股也是"吃鱼的中段",把"鱼头"让给别人"吃"了。但当时很多人不理解,有人感叹说,巴菲特在等侯了那么长时间才看到中国石油翻了几倍,如果他在市场多呆上几个月,那他的收获将远远大于他目前的收获。其实,巴菲特操作是很有原则的,他不会受市场情绪的影响,他只赚自己可以把握的钱。高手告诉大家,类似巴菲特这样的世界级投资大师不吃行情最后一段,只是给交易对手一点机会而已。当然给别人一点机会的同时,也把风险让给了别人。

陶老师分析说,事实情况也的确如此,巴菲特卖出中国石油H股的平均股价为14港元左右。在巴菲特卖出后,该股继续上涨了一段时间,一直涨到近20元才见顶回落。巴菲特把中国石油H股这轮涨势中的14元~20元的机会让给了别人,但别人在这个价位买进也承担了很大风险,最后,港股回落,中国石油H股的股价也随之大幅回落(编者按:截止2008年12月31日,中国石油H股的股价最低跌至4.05元)。可见,"吃鱼只吃中间一段"的操作原则是完全符合价值投资理念的。陶老师接着分析说,如果我们做股票也像巴菲特和力挺主动止盈的高手一样只吃鱼的中间段,那就不存在什么识顶、逃顶的问题了。因为在顶还没有到来之前你早就撤退了,后来的顶自然就与你没有什么关系了。

上面我们介绍了巴菲特和中国内地股市一些高手"专吃鱼中段,不用识顶、不用逃顶"的炒股经验,这个经验很宝贵值得大家认真学习。有人问:如果把大师们"专吃鱼中段,不用识顶、不用逃顶"的经验用于大盘,应该怎样操作呢?陶老师认为,可以按照以下三点进行思考。

第一,股市过热时,当偏紧的股市政策推出之初,或媒体上开出现降温舆论,就应该意识到股市风险即将来临,应及时退出为宜。我们知道,沪深股市已经历了几轮牛市与熊市的转换。因此,不管现在股市形势如何疲软,只要股市开着,将来仍然会有大牛市出现,一旦大牛市来临,涨到后期就会形成涨过头的局面,每当股市涨过头时,管理层出于调控的需要,就会推出一些偏紧的股市政策,或发表一些降温的舆论。如果这个情况出现了,投资者就应该马上从股市中退出。

比如,2001年6月上海股市在2245点见顶,回落之后就步入了5年大熊市。其实,早在2001年6月沪深股市见顶之前的几个月,管理层就推出了许多偏紧的股市政策、发表了许多降温的舆论,如果投资者能有这方面的思想准备,完全可以做到在大顶出现之前顺利出逃。又如,2007年10月,上海股市在6124点见顶,细心的投资者一定会发现,当时新的证券基金一直处于停发状态,这一偏紧的股市政策,实际上就是隐喻着管理层认为股市涨过头了,如果投资者在新基金停发时,逢高减仓,就能避开6124点见顶之后的大跌,保住以前的胜利成果。

第二,股市火爆时,当大盘平均市盈率离历史最高值还有20%~30%距离时,就应考虑退出。据统计,10多年来沪深股市大盘平均市盈率最高值一直徘徊在60倍~70倍之间。这种现象表明,无论当时的股市怎么牛,行情如何火爆,只要大盘平均市盈率达到历史最高值,必然会出现高位震荡回落。因此,在牛市行情中,只要大盘平均市盈率超过40倍时就要开始谨慎地看多、做多,并作好随时卖出的准备,一旦大盘平均市盈率接近50倍时,就必须及时退出(请读者注意,这条经验只适用于牛市。如果是熊市中出现的上涨行情,即使反弹的力度较强,但当大盘平均市盈率接近25倍~30倍时,大盘就可能见顶了)。如此操作,一般就能做到在大盘见顶之前安全撤退。

第三,在牛市行情里,一旦发现某些板块出现非理性的狂涨,预示股市即将见顶,此时应择机离场。比如,2001年6月上海股市在2245点见顶之前的几个月出现了许多题材股的狂升猛涨;同样2007年10月上海股市在6124点见顶之前的几个月也出现了许多大盘蓝筹股一路疯狂走高的情况。如果投资者知道了某些板块在股市火爆时出现疯涨状况往往意味着大盘快要见顶的道理，那么此时离场就应该是一个很好的选择。

最后陶老师提醒大家：上面总共讲了 3 点，但投资者不一定要等到这些情况同时出现才作出抉择。否则，就可能贻误战机。在实际操作中，投资者只要发现其中的一种情况，就可考虑适度退出，如发现有二种以上的情况出现，就应该当机立断，马上出局。如此一来，就能将"专吃鱼中段，不用识顶、不用逃顶"的操作手法表现得十分完美，其结果一定是很理想的。

第十章 股市高手依据技术分析成功 逃顶经验综述

2007年结束后，某证券研究所召开了一次股市研讨会，邀请一些知名的专家，基金经理与部分股市高手座谈，当讨论到2008年行情时，绝大多数人对2008年中国内地股市表示了谨慎乐观的态度，唯独有一位股市高手发表了让大家失望的看法。他说，根据他多年对上海股市年K线的研究，2008年很可能是多做多错，少做少错，不做不错的年头。因此，他认为2008年空仓观望，不做股票就是个赢家。此言一出，全场皆惊。

半年之后，沪深股市出现了连续暴跌，投资者损失惨重，此时大家回想起了这位高手的发言，觉得他当时的观点是对的。于是，大家又找到了他，请他谈谈当时他究竟根据什么作出2008年多做多错、少做少错、不做不错的判断。

请问：你知道这位高手是怎么说的吗？这里面有什么经验值得我们学习的？

高手说，他是根据自己对年K线的研究作出这样判断的。他给我们看了一张上海股市的年K线走势图（见图343），并指着这张图说，年K线中间的一根曲线是5年移动平均线。根据他的研究，上证指数的年

K 线一直在围绕 5 年均线进行上下波动，由于 2006 年、2007 年拉出了两根实体很长的年大阳线，2007 年末，5 年均线与上证指数之间的距离非常大，这种现象在过去从来没有出现过。高手告诉我们，5 年均线是市场投资大众 5 年的平均持股成本线。当上证指数上涨远离 5 年均线时，说明盘中这几年里已积累了大量获利盘。这些获利盘在股市形势向好时对股市威胁不大，他们可能在持股待涨，但一旦股市形势变坏了，这些获利盘兑现的欲望就特别强烈，他们要保住账面上的利润，就会大量卖出股票，这些获利盘就成了盘中的主要做空力量。

高手请我们再来看 2007 年的年 K 线走势图。他说，虽然 2007 年年 K 线拉出了一根实体长达 2500 多点的大阳线，但阳线上面留下了一根近千点的上影线，这说明 2007 年已有一部分先知先觉者止盈出局了，同时这根较长的上影线也告诉我们，上影线的区域已成了阻碍

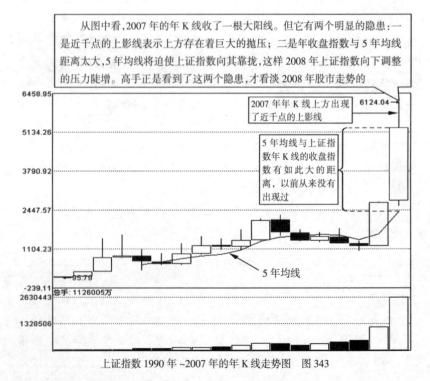

从图中看，2007 年的年 K 线收了一根大阳线。但它有两个明显的隐患：一是近千点的上影线表示上方存在着巨大的抛压；二是年收盘指数与 5 年均线距离太大，5 年均线将迫使上证指数向其靠拢，这样 2008 年上证指数向下调整的压力陡增。高手正是看到了这两个隐患，才看淡 2008 年股市走势的

2007 年年 K 线上方出现了近千点的上影线

5 年均线与上证指数年 K 线的收盘指数有如此大的距离，以前从来没有出现过

5 年均线

上证指数 1990 年~2007 年的年 K 线走势图　图 343

436

上证指数上涨的重要压力区。

　　高手为了向大家说明年 K 线不能远离 5 年均线，无论是向上远离 5 年均线，或向下远离 5 年均线都要被拉回来的道理。他又给我们看了一张香港恒生指数的年 K 线走势图（见图 354）。他指着图说，图344 中箭头 A 和箭头 B 所指处的年 K 线收盘指数，都是由于离开 5 年均线距离远了，来年就被 5 年均线拉了回来，所以，它们在第二年都收出了一根年阴线，以此来缓解年 K 线收盘指数与 5 年均线距离过大的矛盾。在图 344 中箭头 C 所指处，收了一根年阴线，年阴线的收盘指数与它上面的 5 年均线也拉开了较大的距离，因而在第二年就收了一根年阳线，以拉近年 K 线与 5 年均线的距离。高手还说，2007 年香港恒生指数收了一根大阳线，其收盘指数与 5 年均线又有了较大距离，估计 2008 年香港恒生指数会面临较大的调整压力，香港恒生指数只有经过充分调整，才能修正年 K 线远离 5 年均线的矛盾。

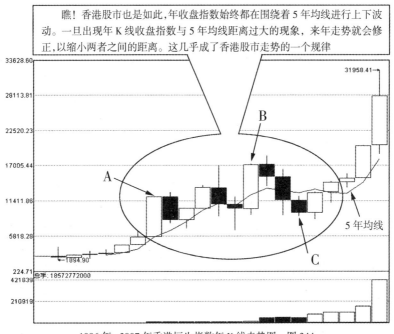

1986 年~2007 年香港恒生指数年 K 线走势图　图 344

经过高手这番论证与解释，大家似乎悟出了一些道理，并对高手的讲话表示了浓厚的兴趣。高手接着说，中国内地股市与香港股市不同，前者是"新兴＋转轨"的市场，后者是成熟市场。"新兴＋转轨"的市场，受政策影响较大，由于不成熟，暴涨暴跌的情况比较突出，政府对市场干预也比较多。当股市涨疯时，政府就会推出一些偏空的政策，给市场浇点冷水；当股市跌过头时，政府就会推出一些偏多的政策，给市场吹一些暖风。也正因为如此，沪深股市连续大涨几年，或连续大跌几年的情况就不大可能发生，这个反映到年K线走势上，就出现了这样一种情况，在形成2根年阴线后，就会拉出1根或2根年阳线，在形成2根年阳线后，就会拉出1根或2根年阴线。沪深股市年K线这种特有的走势，应引起投资者的高度重视。现在，2006年、2007年的年K线都是收阳的，而且收的是2根大阳线。按照沪深股市以往的规律，第3年不大可能再收阳线，年末收阴线，或收十字线的概率极大，出现向下调整势在难免。

高手接着说，如果把上面的因素综合起来，我们就可以得出如下结论：2008年上海股市走势十分严峻，前面有近千点的上影线在压制着大盘的上涨，中间有远离5年平均持股成本线，大量的获利盘在虎视眈眈寻找机会等着出货，后面有出现2根年阳线之后就要拉出1根或2根年阴线的阴影在影响着大家。如此一来，大盘在前、中、后三重因素的夹击下就会不堪重负，这样就极有可能出现震荡向下寻底的走势。当然，这个震荡向下调整的幅度有多深，是一步到位向5年均线靠拢，还是逐步向5年均线靠拢，甚至跌过头，将5年均线击穿，目前还看不出来。但是，根据2007年的年K线走势，2008年大盘向下调整已成定局，这是无法改变的。

高手继续说，根据我多年操盘经验，当大盘趋势明确向下调整时，最佳办法就是解甲归田，卖出股票停止操作。股市向下调整时不操作胜似操作。正因为如此，所以2007年年末，我就提出不能看好2008年的股市，很可能是多做多错、少做少错、不做不错的一个年头。

高手越说越激动，为了证明他这个观点是正确的，并非是无稽之谈,他还特地给我们讲了一个故事。2001年大熊市开始时,当时某证券营业部有3个大户,他们采用了3种不同的操作方法来对付熊市:股市下跌之初,2个人小赔出局,1个人持股不动。在2个小赔出局的人中,一个人卖出股票后就离开了股市,熊市几年中都没有再参与股市操作,另一个人卖出股票后,仍旧留在股市里,不断寻找机会,抄底抢反弹忙得不亦乐乎。到了2005年熊市结束时,这3个人互相作了个比较,成绩最好的是卖出股票后,这几年远离股市的大户,除了当初亏20%止损出局,他后来就没有亏过;第二名是一位一直持股不动的大户,亏了50%;第三名是卖出股票后,仍旧留在股市里不断抄底抢反弹的大户,一共亏了80%。

听了高手这番介绍,很多人眼睛一亮。有人感慨地说,想不到年K线里竟隐藏这么多秘密。高手的经验告诉我们,以后分析大势、识顶逃顶,一定要重视对年K线的研究,研究透了,就能成为一个先知先觉者,这样就可避免高位被套的风险。

《股市操练大全》第五册曾经说过,有时光看日 K 线很难把握大的趋势,因此,统揽全局就必须看月 K 线[注]。

请问:如何依据月 K 线来研判 2005 年~2007 年上海股市的大趋势? 怎样从月 K 线上找到中长期的买点或卖点呢?

要回答这个问题,就先看图 345 这张月 K 线走势图。

从图 345 中看,箭头 A 所指处的月 K 线(时间为 2006 年 4 月),可作为中长线投资者的第一买

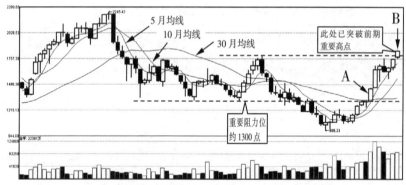

上证指数 1998 年 11 月 ~2006 年 10 月的月 K 线走势图   图 345

点。为什么要把它作为中长线第一买点呢? 其理由是:①前期重要阻力位 1300 点已被突破;②月 K 线已站在 30 月均线之上;③当月月阳线的实体涨幅已超过 10%,成交量出现明显放大。大家需要注意的是,在第一买点出现之前,月均线是空头排列,说明局势被空方所控制,所以对稳健型投资者来说,是不宜轻易看多、做多的。一般来说,

【注】 关于看大势要看月 K 线的理由与方法,详见《股市操练大全》第五册第 2 页 ~ 第 4 页。

只有看到月 K 线中第一买点出现后,才能初步判断多方占了优势,等大盘趋势明确开始向上时,再动手做多,这样才相对比较有把握。

我们接下来再看图 345,图中箭头 B 所指处为第二买点。将其定为第二买点的理由是:①这个地方已突破前期的一个重要高点,创了新高;②此处 5 月均线、10 月均线、30 月均线,已明显地成为多头排列。

均线理论告诉我们,股市上涨有"逐浪上涨形"、"上山爬坡形"、"快速上涨形"等几种形态[注],对不同上涨形态要采取不同的策略。从图 345 中看,当上证指数运行到箭头 B 所指处时,已可以判断出当时上海股市正以上山爬坡形的形式展开升势。既然将其定性为上山爬坡形,那么,操作时就要留意,只要日后上山爬坡形的形态一直保持着,就可以持股待涨,但当上山爬坡形的形态被破坏时,就应该止损出局。具体来说,操作时可以盯着 5 月均线进出,只要月 K 线的收盘指数收在 5 月均线之上就可以放心持股,一旦月 K 线收盘指数收在 5 月均线之下,那就应该及时离场。

根据上面所说的操作原则,投资者在图 345 中箭头 A,或箭头 B 所指处买进股票后,只要 5 月均线不破,就可以一直看多、做多,但当出现图 346 中箭头 A 所指处的情况时,就应该看空、做空了。为什么呢?因为此处的月 K 线收盘指数已收在 5 月均线之下,这里就可以定为第一卖点。投资者可在当月收盘结束前或在下月开盘之初将股票卖出。接下来我们再看图 346 箭头 B 所指处就是第二卖点。把它作为第二卖点的理由是:这个月的月 K 线又收了一根阴线。这说明上个月收的阳线仅是股市见顶,破位下跌之后的一次反抽。现在反抽已经结束,大盘又继续开始下跌。其实,聪明的投资者在上个月大盘出现反抽时就可出局,因为这根阳线的收盘指数仍收在 5 月均线下方,且阳线的实体也很小。这反映出盘中已缺乏做多的能量。大盘将继续往下寻底。所以投资者可趁其反抽时溜之大吉,这样就可避开后面的一

【注】 关于"上山爬坡形"、"逐浪上升形"、"快速上涨形"的特征、技术含义,详见《股市操练大全》第二册第一章第三节。

轮大的跌势。总之,投资者无论在第一卖点还是在第二卖点,将股票卖出后,接下来要做的事就是捂紧口袋,记住现金为王,不要轻易地去抢什么反弹,耐心等待下一次中长线买进机会的来临。

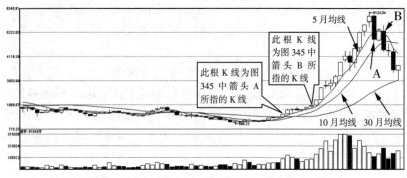

上证指数 2001 年 10 月~2008 年 4 月的月 K 线走势图   图 346

有人问:为什么要耐心等待呢? 难道下面的行情就不能做了吗? 是的。确实不能做了,一旦大盘形成下跌趋势,即使跌深了,抢反弹也很难把握(除非是短线高手),一般人弄不好就会跌跟头。经验告诉我们,大盘形成下跌趋势后,未出逃者要赶快逃出来,而且在逃出来后,其主要任务就是休息,持币观望,耐心等待就是最佳投资策略。作出这样决策的依据是,图 346 中箭头 A 所指的这根大阴线把前面几根阳线都吞吃了,构成了典型的顶部穿头破脚的 K 线组合,这样的 K 线形态对大盘杀伤力是很大的。因此,大盘在经过这样猛烈的一击后,起码要"病"上好一阵子,向下寻底就成了定局。这就是为什么要大家卖出股票后进入休息状态的主要理由。所以,我们在用均线分析大盘走势时,应该结合 K 线一起研判,这样,就能把问题看得更清楚一些。

在一次股市研讨会上，一位高手介绍他研判大势经验时说，他在分析2006年、2007年上证指数走势时，用了两根周均线，效果非常好，他不仅依靠它们走完了2006年~2007年这轮牛市的上升段，这中间几乎没有什么踏空，也及时规避了2007年年末的一轮大跌，可以说基本上做到了完胜。他讲完后，全场报以热烈的掌声。

请问：你知道这位高手在研判2006年、2007年上证指数走势时用了哪两根周均线吗？他具体是怎么操作的？

据了解，这位高手在分析2006年、2007年上证指数走势时，用了5周均线、20周均线这两根周均线。

请看图347这张周K线走势图。从这张图中，我们可以清楚地看到，从2005年年末到2007年10月中旬，上证指数基本上是沿着5周均线在往上运行，图中虽然有5次跌破5周均线（见图347中箭头A、B、C、D、E所指处），但明显地受到20周均线的支撑，其中有2次是下影线触及20

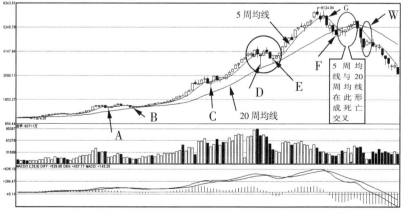

上证指数2005年11月11日~2008年4月18日的周K线走势图　图347

周均线后再返身向上的(见图 347 中箭头 D、E 所指处),直到 2007年 11 月下旬,上证指数跌破 20 周均线(见图 347 中箭头 F 所指处),2006 年以来的这轮升势才告结束。

那么,看了这张图应该怎么操作呢? 很简单,作为短线投资者,在上证指数跌破 5 周均线后可暂时先退出,等上证指数重新回到 5 周均线之上时再买进;作为中长线投资者,只要 20 周均线不跌破就可以一直拿着股票,持股待涨,跌破 20 周均线即马上止损出局。

当然,有经验的投资者还可以这样操作,看 5 周均线、20 周均线的走向,来判断当时大盘下一步的趋势。这里所谓均线的走向,是指这条均线是在平走、向上、向下,还是弯头向上、弯头向下。均线的这5 种走向表示的技术含义是不同的,如果均线是向上走,可看多;均线在向下走,则应看空;均线在平走,持股、持币者都应该保持观望态度;均线弯头向上,说明趋势在转好,应看多;均线弯头向下,说明趋势在转坏,应看空(见图 347)。当你明白这个道理后,我们再回过头来看图 347,操作起来就更有方向了。比如,在图 347 中画大圈处,虽然上证指数跌破 5 周均线,但 5 周均线并没有出现明显向下弯头的迹象,所以投资者还可以持股观望,但是在图 347 中箭头 G 所指处,情况就不同了,这里明显地反映 5 周均线已向下弯头,此时虽然上证指数还没有跌破 20 周均线,但大盘趋势向下已初露端倪,所以投资者可考虑在此处先抛出一部分股票,来规避风险。

均线走向操作示意图

均线平走	均线向上	均线向下	均线弯头向上	均线弯头向下
技术意义:方向不明宜观望	技术意义:趋势向上可看多	技术意义:趋势向下应看空	技术意义:趋势开始向好可看多	技术意义:趋势开始向坏,应看空

图 348

我们继续来看图347,图中画第二个圆圈处,虽然上证指数出现了一波反弹,但5周均线在前面已向下穿过20周均线,形成死亡交叉,此后5周均线始终在20周均线下方运行,这说明大盘原来向上的趋势有可能出现重大改变,随时都可能掉头向下。知道均线这个技术意义的投资者,在这个时候应保持相当谨慎的态度,持股的应考虑逢高出局,持币的应继续持币观望。当均线运行到图347中W所指圆圈处,5周均线、20周均线都弯头向下了,此处的均线已发出了明显的卖出信号,此时尚有股票的投资者就应认清形势,考虑全部抛空出局。

另外,我们运用周均线时,还可以结合周线图中的MACD这一指标,联系起来进行分析。比如,当5周均线向下弯头时,MACD已在高位出现了死亡交叉,发生了卖出信号,这就更加能说明当时大盘的趋势出现了拐点,投资者应考虑赶快逢高了结。

上面我们简单地介绍了高手是如何依据5周均线、20周均线来研判大势,以及具体是怎么操作的。这里需要向大家说明的是,高手在研判2006年、2007年上证指数走势时选用了5周、20周2根均线,如果下次情况变了,也许高手在分析大势时,会选用其他别的什么周均线。总之,投资者在用周均线分析、研判大势时,一切都要根据情况的变化而变化,这样才能取得较好的效果。

某股市高手是个体育迷。他说看田径运动员的长跑比赛,让他悟出了逃顶的奥秘,几次试下来效果非常不错。2007年秋,他又用它进行了一次成功逃顶。

请问:你知道高手是如何成功逃顶的吗? 具体应该怎么操作?

看过长跑比赛的人知道,长跑运动员到最后阶段都会通过发力、加速向终点目标冲刺。这位股市高手是个体育迷,他把长跑比赛中的这一现象与股市见顶时出现的现象联系了起来。经过比较,他发现股市冲顶时,往往也会发生加速赶顶的情况(即大盘在平稳上涨过程中,突然之间出现了加速上涨的现象),这个时候极有可能表明大盘开始筑头了(见图349)。此时,投资者见到这个情况就应该抓紧时间逢高出局。投资者如以此方式操作,成功逃顶的希望就很大。

加速赶顶示意图

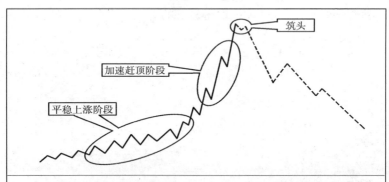

说明:加速赶顶有如下特征:①连续拉出大阳线;②虽没有连续拉出大阳线,但阳线数量明显增加,阳线实体在增大,上涨速率明显加快;③上升的斜率变大(原来以30度、45度的角度往上爬升,此时可能以70度、80度的角度往上急升)

图349

从高手为我们描绘的加速赶顶示意图中可以了解到，加速赶顶有三种情况。对这三种情况，高手以实例为我们——作了讲解。

实例一：连续拉出大阳线的加速赶顶。从图 350 中可以看出，1997年 5 月深证成指在冲击 6103 点这个顶时，最后几个交易日连续拉出了 3 根大阳线，呈现加速赶顶态势，接着就构筑了一个历史大顶。

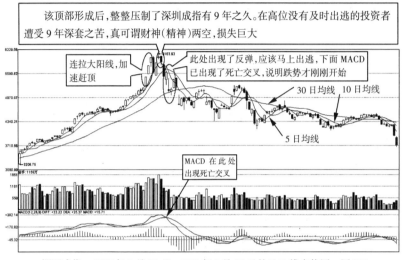

该顶部形成后，整整压制了深圳成指有 9 年之久。在高位没有及时出逃的投资者遭受 9 年深套之苦，真可谓财神(精神)两空，损失巨大

连拉大阳线,加速赶顶

此处出现了反弹，应该马上出逃，下面 MACD 已出现了死亡交叉，说明跌势才刚刚开始

30 日均线　10 日均线

5 日均线

MACD 在此处出现死亡交叉

深证成指　1997 年 2 月 20 日~1997 年 9 月 23 日的日 K 线走势图　图 350

实例二：虽然没有连续拉出大阳线，但阳线数量明显增加，阳线实体在增大，上涨速率明显加快。图 351 是上证指数 1997 年 5 月的见顶图形，图 352 是上证指数 2007 年 10 月的见顶图形。这两个图形有一个共同特征：指数上升快要接近顶部时，上涨速率明显加快，出现了短期急涨状况，但紧接着指数很快见顶，出现了连续大暴跌。

实例三：上升斜率突然变大(原来以 30 度、45 度的角度往上爬升的，此时可能以 70 度、80 度的角度往上急升)。图 353 是上证 B 股2007 年 5 月的见顶走势图。从图中可以看出，上证 B 股指数在 2007年 4 月前是一种慢涨走势，指数基本上是沿着 45 度的角度往上走，但进入 5 月份之后，上涨速度加快、上升斜率突然变大，指数以 70 度的角度往上攀升。短短的 10 几个交易日，上证 B 股指数就急升了76.54%，但好景不长，随即指数就筑头并出现了快速回落。

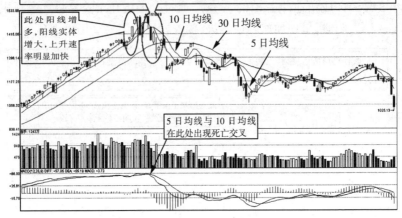

连续两根大阴线,宣告这轮牛市结束。如果结合均线、MACD 分析,就更能看清当时大盘的趋势了。当时 5 日均线与 10 日均线、MACD 都出现了死亡交叉,这说明大盘在此见顶的确定性在增加。投资者见此图形,应赶快出逃,出逃越早,损失越少

此处阳线增多,阳线实体增大,上升速率明显加快

10 日均线   30 日均线   5 日均线

5 日均线与 10 日均线在此处出现死亡交叉

上证指数 1997 年 3 月 4 日~1997 年 9 月 23 日的日 K 线走势图   图 351

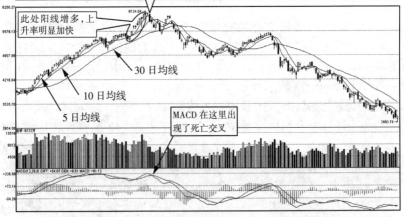

一根大阴线将 5 日均线、10 日均线切断,随后上证指数出现了深幅调整。仅仅一年时间,上证指数最低已跌至 1664 点,最大跌幅达到 72.83%,其情景非常惨烈。如果投资者在高位不能及时出逃,损失将十分惨重

此处阳线增多,上升率明显加快

30 日均线

10 日均线

5 日均线

MACD 在这里出现了死亡交叉

上证指数 2007 年 7 月 10 日~2008 年 4 月 22 日的日 K 线走势图   图 352

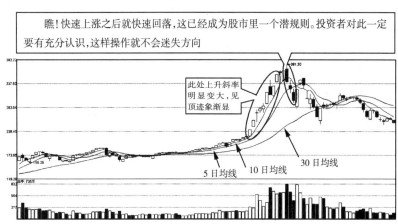

瞧!快速上涨之后就快速回落,这已经成为股市里一个潜规则。投资者对此一定要有充分认识,这样操作就不会迷失方向

此处上升斜率明显变大,见顶迹象渐显

5日均线　10日均线　30日均线

上证 B 股指数　2007 年 1 月 15 日~2007 年 7 月 5 日的日 K 线走势图　图 353

最后,高手告诉我们,在股市形势向好的背景下,当指数涨幅突然加快时,我们首先不要想到去追高,而要想到这是不是在加速赶顶。投资者有了这样的思想准备,操作起来就胸中有数了。高手说,具体可以这样操作:在大盘加速上涨期间暂可持股不动,但当上涨速度减慢时,就应该分批卖出,一旦发现指数重心向下(如盘中放出中阴线或大阴线,或 5 日均线向下弯头),就应该马上全部抛出。

有人问:加速赶顶的情况是否适用于个股? 高手用肯定的语言回答说:同样适用于个股,判别的方法与操作策略,与前面所述相同,这里就不重复讲了。

陶老师说：逃顶的方法我们已经介绍了很多，最后再与大家讨论一种比较实用的逃顶方法，逃顶时只要记住：当出现_____比_____低的现象时，就赶紧出逃，这样至少有 1/3 的大顶能让你逃掉。

现在请你将上面空白处填充后，再举实例说明这是一种什么逃顶方法？具体应该如何操作？

填充：一山比一山低。这种逃顶方法，俗称为"一山比一山低"逃顶法。

为什么当出现"一山比一山低"的现象时，就可以看作大盘已经见顶呢？其道理是：当后面的一个"山顶"比前面的一个"山顶"低时，说明前面的"山顶"已对大盘上涨形成了巨大的压力，在这种压力下，接下来大盘的走势就只能在前面"山顶"的下方处低头，这样就形成了后面的一个"山顶"比前面一个"山顶"低的现象。这个现象表明，后面形成的"山顶"，只不过是大盘见顶之后的一次反抽行情而已，当大盘反抽到前面山顶的下方时就会受阻回落，之后大盘将沿着下行趋势不断向下寻底。

大家只要能看懂这种现象，具体应该怎么操作也就明白了。今后在遇到"一山比一山低"的情况时，首先要想到的就是马上出逃（见图354），出逃越早，损失越少。虽然这样不是逃在最高点上，但至少逃在了一个次高点，或次次高点上。如果出逃顺利，其出逃的点位与最高点相比，有时连 5% 的距离都不到。应该说，有此成绩是相当不错了，即使是高手逃顶也不过如此。所以，大家一定要重视这个逃顶方法。

现在我们就以上海股市为例，看看这样的逃顶方式实际效果如何。上海股市至今已运行了整整 18 年，在这 18 年中出现过几个重大头部，其中 1/3 以上的头部，是以"一山比一山低"的形式出现的，投资者只要按照图354中所说的方法操作，就能在高位顺利出局，打一场漂亮的逃顶战。

"一山比一山低"逃顶法示意图

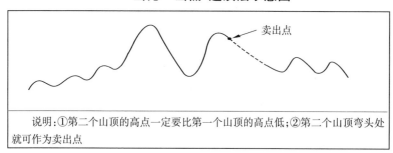

卖出点

说明:①第二个山顶的高点一定要比第一个山顶的高点低;②第二个山顶弯头处就可作为卖出点

图354

下面我们来看几个实例:

实例一:1997 年 9 月 23 日,上海股市在 1025 点见底,随后出现了一轮升势,至 1998 年 6 月 4 日摸高 1422 点见顶,随后仅用两个多月就跌至 1043 点,几乎从终点又跌回到起点(见图 355)。投资者如果按照"一山比一山低"的逃顶法操作,在图 355 中箭头 A 所指处止损出局,即可避开 1998 年 6 月 ~1998 年 8 月的这轮大跌势。

实例二:2001 年 6 月 14 日,上海股市在 2245 点见顶,随后就出现了 5 年大熊市。如果有谁按照"一山比一山低"逃顶方式操作。在图 356 中箭头 A 所指处出逃,就能在高位成功逃顶,随后 5 年的大熊市也可能就影响不到他了。

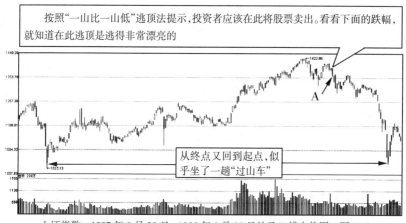

按照"一山比一山低"逃顶法提示,投资者应该在此将股票卖出。看看下面的跌幅,就知道在此逃顶是逃得非常漂亮的

从终点又回到起点,似乎坐了一趟"过山车"

上证指数　1997 年 8 月 28 日 ~1998 年 8 月 28 日的日 K 线走势图　图355

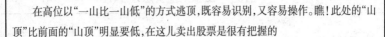

在高位以"一山比一山低"的方式逃顶,既容易识别,又容易操作。瞧!此处的"山顶"比前面的"山顶"明显要低,在这儿卖出股票是很有把握的

上证指数 2001 年 1 月 17 日~2001 年 8 月 8 日的日 K 线走势图　图 356

实例三:2007 年 10 月 16 日,上海股市在 6124 点见顶,至 2008 年末,最低曾跌至 1664 点(2008 年 9 月)(见图 357)。这样短的时间出现如此大的跌幅,实属罕见。但投资者如能按照"一山比一山低"逃顶法操作,在图 357 中箭头 A 所指处就可选择出局,这样就可以逃过股市中的这一轮浩劫。

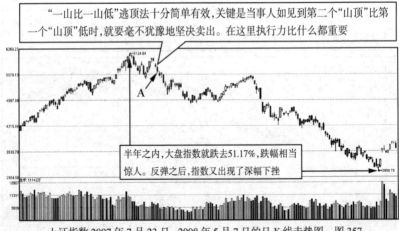

"一山比一山低"逃顶法十分简单有效,关键是当事人如见到第二个"山顶"比第一个"山顶"低时,就要毫不犹豫地坚决卖出。在这里执行力比什么都重要

半年之内,大盘指数就跌去51.17%,跌幅相当惊人。反弹之后,指数又出现了深幅下挫

上证指数 2007 年 7 月 23 日~2008 年 5 月 7 日的日 K 线走势图　图 357

从上面这三个实例中,我们可以看出,利用"一山比一山低"的方法进行逃顶,确实是一个非常简单,又非常实用的一种操作方法。但话又要说回来,这种方法并不是完美无缺的,它还存在着诸多缺陷,其最主要缺陷是无法对行情性质作出有效的鉴别,从而会发生误逃的情况。比如,在股市形成上升趋势后,途中出现"一山比一山低"的现象,这究意是属于牛市上升途中的一次短期回调,还是牛市见顶的一次大级别的回调,甚至它就是牛市终结的一次调整,就很难根据图形作出正确的判断。此时如果用"一山比一山低"的方法逃顶,误逃的现象就不可避免。例如,2005年6月~2007年10月,上海股市从998点一直涨到6124点。在这轮牛市大行情中,"一山比一山低"的现象,一共出现过4次。如果你是一个中长线投资者,前3次按"一山比一山低"的逃顶法操作,你会发现在你抛出股票后,原以为当时的股市已经见顶,今后大盘趋势就向下运行了。但后来的事实恰恰与此相反,指数很快又涨上去了,上升趋势仍在继续。很显然,中长线投资者若以"一山比一山低"的方式卖出是卖错了,如果当时不及时采取一些补救措施,就会与这之后的大牛市行情"拜拜",出现踏空的现象。要知道,在牛市中踏空也是一种风险,其风险是让中长线投资者失去了后面一段大的上涨行情带来的丰厚赢利机会。可见,"一山比一山低"逃顶法,优点不少,缺点也非常明显,这是不可否认的。

对于"一山比一山低"逃顶法的缺点,我们一是要正视它,二是要想办法来克服这种缺点。其方法是:

一、当你按照"一山比一山低"逃顶法卖出股票后,大盘很快又涨上去了,这时候你应该怎么办呢?此时你就应该马上改变思路,在确认大盘形成新的上升趋势的前提下重新买进(见图358),或者可以在大盘创出新高时再跟进(见图359)。这样就能把前面因操作失误而带来的损失降到最低限度。

有人认为,这样操作不是亏了吗?如果真是这样,"一山比一山低"逃顶法的优点又在哪里呢?是的,毋庸置疑,以这样的方式操作卖出买进确实要亏一点,但这是不可避免的,实际上这是小亏,而不是大亏。要知道做股票一点亏不吃是不现实的,不吃小亏,反过来就要

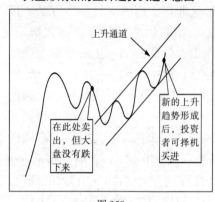

大盘形成新的上升趋势买进示意图

上升通道

在此处卖出，但大盘没有跌下来

新的上升趋势形成后，投资者可择机买进

图 358

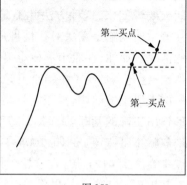

大盘重新创新高买进示意图

第二买点

第一买点

图 359

吃大亏。大家可以想一想，看到"一山比一山低"就出逃，当它做对时（如本题前面举的 3 个实例）不是占了大便宜吗？

　　下面我们仍以上海股市"998 点 ~6124 点"这轮行情为例，看看按照"一山比一山低"逃顶法操作，到底是吃亏的多，还是得便宜的多。据核查，在这轮行情中"一山比一山低"的现象总共出现过 4 次，前 3 次按照这种方法操作，确实是操作错了，但错了之后，马上按照图 358、图 359 中介绍的方法进行补救，仍然可以跑完这轮牛市大行情。当然，前 3 次操作错了是要付出一点代价的，但这个代价很小。经计算，每次操作错了后，能及时采取补救措施重新买进，大约要损失2%~4% 的资金，以满打满算方式进行测算，3 次操作失误带来的损失不超过 15%（编者按：实际上这种所谓的损失，仅是少赚一点而已，投资者的资金并没有发生亏损），但最后一次按"一山比一山低"逃顶法卖出股票，操作是对的。因最后一次操作对了，不仅成功逃脱了一次历史大顶，还可挽回近50%的损失。为什么呢？因为以"一山比一山低"逃顶法出逃的点位在5800 点附近（见图 357 箭头 A 所指处），下面将近有 70%的下跌空间（注：2008 年上证指数最低曾下探到 1664点）。这个账大家一算就会明白的，在 998 点 ~6124 点这轮行情中，按照"一山比一山低"逃顶法操作，前 3 次做错出现了小亏，最后一次做对避免了大亏。总账算下来赢的份额要大大超过亏的份额,如此买卖应该是非常合算的吧。

二、把"一山比一山低"逃顶法与其他方法结合起来,以此提高操作的成功率,这是补救"一山比一山低"逃顶法缺陷的一个有效手段。这里讲的其他方法,主要是指基本面中的估值法与技术分析中的颈线划分法。先说与基本面中的估值法如何结合。比如,在上升趋势中,当我们见到盘中出现"一山比一山低"的现象时,就要想想当时大盘平均市盈率已到了什么程度。如果大盘平均市盈率已经到了历史高位,那就表明大盘有可能是牛市走到头了;反之,如果大盘平均市盈率尚处于历史低位,这说明大盘出现一山比一山低的现象,仅仅是一次短期的技术调整而已。接下来我们再来简单说一下在运用"一山比一山低"逃顶法时,如何与技术分析中颈线划分法相结合的问题。比如,大家先可以在"一山比一山低"的两个"山顶"之下最低点处划一条水平线(通常将它称之为"颈线"或"支撑线")。如果大盘跌破颈线,就可视作牛市见顶,先卖出再说;如果大盘未跌破颈线,就可视作为短期的技术调整,此时中长线资金可先看看再说,不必急忙卖出。

最后,大家需要注意的是,在运用"一山比一山低"逃顶法时,即使我们采取了上面两种补救措施,也不可能完全弥补"一山比一山低"逃顶法的缺陷,失误始终是存在的。但是有一点是肯定的,采取补救措施的结果一定比没有采取补救措施的情况要好得多。

震荡出货与震荡洗盘的鉴别及应对策略

本书初稿完成后,在向外征求意见时,有很多人提出,你们在书上讲了这么多主力震荡出货,那么,这和主力震荡洗盘又有什么区别呢? 他们希望本书能就这个问题作一次深入探讨。

解答: 如何区别震荡出货与震荡洗盘是股市中最难解决的问题之一。这也可以说是股市操作中的一个主要矛盾,如果把这个主要矛盾解决了,其他很多问题就可以迎刃而解了。过去我们也曾努力过,在《股市操练大全》前几册书中议论过两者之间的区别,但从现在的视角看,这个问题谈得还比较浮浅,对投资者实战操作帮助不大。

最近,我们又重点地研究和探讨了震荡出货与震荡洗盘两者之间的区别,现将我们对这个问题研究的结果向广大读者作一个汇报。

我们认为,要真正把震荡出货与震荡洗盘区别开来,必须抓住以下几个环节:

第一,首先投资者应该从摸清主力(庄家)心理的卖出价位来判断震荡行情的性质。这对看清主力(庄家)究竟是用震荡来洗盘还是用震荡来出货有着非常重要的意义。一般来说,如果震荡行情发生在主力(庄家)心理卖出价位的附近,则以震荡出货居多。反之,如果震荡行情发生在远离主力(庄家)心理卖出价位之下的地方,则以震荡洗盘居多。可见,只要知道了主力(庄家)心理的卖出价位,就能判断出这个震荡行情究竟是怎么回事,弄清楚主力(庄家)到底是在洗盘还是在出货了。

那么,什么是主力(庄家)心理卖出价位呢? 有人认为这是一个伪命题,在现实中并不存在。其实,有这样想法的人对股市还缺乏深入了解。要知道,几乎所有的投资者在买进股票的时候,都已经或多或少地考虑过股票涨到什么价位卖出的问题。个人投资者是这样想的，机构投资者也会这样想；炒短线的会这样思考，做长线的也会这样思考。即使像巴菲特这样一位世界上最著名的投资大师也不例外。他在2003年以1元多、2元多的价格买进中石油H股，到了2007年，当中石油的H股涨到12元多时，他就将中石油H股的大部分抛了，涨到14元全抛光了。这12元多的价格就是巴菲特卖出中石油H股的心理价位。因此，说主力（庄家）卖出股票没有一个心理价位，这显然是不符合事实的。

不过，值得注意的是，主力（庄家）卖出股票的心理价位，与普通投资者卖出股票的心理价位有着很大的不同。

其一，普通投资者卖出股票的心理价位会随行情变动而变动，随意性较大，而主力（庄家）卖出股票的心理价位，是早就经过事先"计划"确定的，一般不会随意变动。比如，牛市中某中小散户在10元买进一个股票，他原先打算等股价涨到20元时就把股票卖掉，但是后来该股涨到20元时，他听说该股还有什么利好消息，心理就会发生变化，此时不但不卖了，还会继续加仓。这样原先定下卖出该股的心理价位就会"水涨船高"被提高到一个更高的价位。而作为主力机构就不能这样做，因为他们运作的是大资金，进行的是大兵团作战，在大笔筹码抛出时必须有人来接盘，只有这样才能实现出逃的目的。主力（庄家）出货不像个人投资者抛股票那样简单，只要想卖，几百股、几千股，鼠标一点就可挂单卖出。而主力（庄家）手里的筹码有几百万股、几千万股，甚至更多。如何将大笔筹码顺利卖出，且保证能卖出个好价线，这并不是一件容易的事。所以，主力（庄家）在出货前必须经过周密的策划，寻找一个合适时机，确定一个合适的卖出价位（大致把股票抛售价格确定在XX元－XX元范围之内），采用一个合适的方法，才能将手中的大笔筹码顺利卖出。

有一位资深人士曾经说过："主力（庄家）做股票与中小散户做股票最大的不同之处是：前者做股票都是谋定而动，按计划行事的，而后者做股票则是脚踏西瓜皮，滑到哪里算哪里。"虽然，这话让人听了不太舒服，但事实情况也确实如此。

其二，普通投资者的心理卖出价位是不可捉摸的，而主力机构的心理卖出价位是相对可以捉摸的。这是为什么呢？因为在股市中，个人投资者的情绪化操作行为十分明显。行情好时，就会把股价看得很高，此时的心理卖出价位会像芝麻开花节节攀高。不懂得止盈，在中小散户中是一个十分普遍的现象。因此，若要问一些个人投资者，某一个股票卖出的心理价位到底是多少？只能用"天知道"3个字来形容。然而主力机构将某一个股票卖出的心理价位定在什么位置，就不会随心所欲，它会有一个相对的客观标准。比如，他们会根据该股的市盈率、市净率、净资产收益率及成长性等，定出一个卖出价位；或者会根据该股资产注入、资本并购、借壳上市等题材，定出一个卖出价位；或者会根据市场人气、市场热点、股本大小、持股成本等因素，定出一个卖出价位。如此等等。但是，不管这些事先确定的卖出价位里面有多少合理成份，它们都不是随心所欲的产物，而是经过主力（庄家）周密思考才定下来的。而且，主力（庄家）这个心理卖出价位定下来后，整个操作都会围绕它运转。

所以，可以这样说，任何主力（庄家）做股票在事前都会预先制定好一个周密的操作计划，什么时候开始建仓，什么时候开始洗盘，什么时候开始拉升，什么时候开始出货，都会在计划中将它一一定下来，一般没有充分的理由，已定好的心理卖出价位是不会轻易改变的。当然，主力（庄家）的心理卖出价位属于绝对的商业机密，它不会向外泄露，如果我们要想获悉主力（庄家）的心理卖出价位，只能用一些间接的方法，对某些现象作出综合分析后，才能摸清主力（庄家）的心理卖出价位的底线。这些方法是：

①可以通过对证券咨询机构、股评家的报告或主流评论的研究，来估算出主力（庄家）的心理卖出价位。比如，这些报告、评论经常会谈到某某股票的投资价值，并会给这些股票定出未来一段时间的最高目标价格(越是由权威人士、权威报告定出最高目标价格，就越有参考价值，而一些对市场没有什么影响的咨询机构、股评人士的报告或讲话，参考意义不大)。有了这个最高目标价格，事情就好办了。此时，我们就可以根据市场情况，大致算出主力（庄家）的心理卖出价位

是多少。比如,在特别强的市场里,把它打个九折;在较强的市场里,把它打个八折;在一般性的市场里,把它打个七折。这可能就是主力(庄家)实际想卖出的价位。这里举一个例子。假如,某股票被权威人士定下未来一段时间最高目标价格是 50 元,那么打个八折,这样主力(庄家)心理卖出价位很可能就在 40 元左右。有人问,这种说法有什么根据呢? 根据当然是有的。

因为股市中有太多的事实告诉我们,咨询机构、股评家与主力(庄家)串通一气的情况并不少见。如果情况真的是这样,那么,这个最高目标价格肯定就是由他们做"股托"来忽悠大家的,实际上这个价格是到不了的。他们这样做的目的是为了引诱一些人在高位跟风接盘,好让主力(庄家)顺利出逃。这样,主力(庄家)就会根据市场的情况在最高目标价格上面提前打个八折,最多九折,当市场人气转弱时,打个七折就溜之大吉了。有人说,如果事实不是我们所说的那样,证券咨询机构、股评家对某一股票投资价值的评论,给出的最高目标价位都是独立研究出来的,这个研究结果与主力(庄家)没有任何关系,这又该怎么解释呢? 其实,大家有所不知,即便情况真的如此,主力(庄家)出货时也一定会在这上面打提前量。因为中小散户能看到的信息,主力(庄家)都能看到,当中小散户希望在这个最高目标价位处卖出时,主力(庄家)就必须提前行动,如不提前行动,在股价升到了最高目标价位附近,中小散户都纷纷抢着卖出的时候,主力(庄家)就是想卖也卖不成了。

②可以找一些质地相类似的股票进行比较。从而可以推算出主力(庄家)的心理卖出价位到底是多少。这样做的依据是,股市里始终存在一个比价效应,质地相同的股票,其见顶回落的价格大致类同。比如,A、B 这两个股票属于一个类型,盘子大小、每股收益都差不多,当 A 这个股票在 50 元见顶回落了,那么 B 这个股票,即使主力借题发挥再怎么炒它,其见顶回落的价位比 50 元也不会高出多少,或许 50 元的正负 5%这个范围,就是主力(庄家)的心理卖出价位。

③可以按照技术上一些测算方法,估摸出主力(庄家)的心理卖出价位。比如,在牛市里或在个股处于强势时,可以按照量度测算法,

推测出见顶的位置。何谓量度测算法呢？其意是说，前一个上涨空间与后一个上涨空间，前一个下跌空间与后一个下跌空间都是对等的。因此，只要知道前一个上涨空间是多少，就能推算出下一个上涨空间是多少。这里我们举一个例子，比如，某股票前一波从5元涨到20元，调整之后重新向上，并冲过20元创出新高，那么下一波高点在什么地方呢？根据计算，该股前一个上涨空间为15元，那么下一个上涨空间也可能是15元。这样就可以算出下一个高点是35元（20元+15元=35元）。这个35元，懂技术的人都能算出来。那么，主力（庄家）卖出这个股票的心理价位就一定是35元吗？这倒不一定，但35元这个价格，主力（庄家）在操作时一定会想到，因为主力（庄家）对这个量度测算法太熟悉了。一般来说，如果主力（庄家）认为跟风者以技术派人士居多，那么，他们出货一定会打提前量；如果主力（庄家）认为跟风者大多数是一些不懂技术、没有操作原则的散兵游勇，其出货的价位就可能定在35元附近。至于主力（庄家）如何鉴别出跟风的人中以懂技术的人士居多，还是以不懂技术的散兵游勇居多，主力（庄家）自有他们的办法，这个只要进行几次试盘，在关键的技术位置作些震荡，看看跟风盘中大多数人是如何操作的，主力（庄家）心中就有数了。有鉴于此，我们也可以根据市场情况，大致揣摩出主力（庄家）的心理卖出价位该是多少。

④根据历史经验，来估摸主力（庄家）的心理卖出价位。10多年来，沪深股市几次牛市下来都有这样一个规律，如果把股市里的股票分成三六九几个等级，那么最差的一个等级，股价每每炒到10元左右就见顶了，稍好的股票炒到15元左右见顶，再好的炒到20元左右见顶，再上一个台阶就是30元左右见顶，30元之上就是高价股了。如果没有特殊的题材，股票涨到了30元再往上炒，市场就很难接受了。这个规律在1996年、2001年、2007年的牛市里都经过了反复验证，可谓屡试不爽。大家明白了这个道理，就能大致算出什么样性质的股票，主力（庄家）会在什么价位将它卖出。

现在我们以最差的股票为例，向大家作个说明。何谓最差的股票呢（这里不包括ST类的股票）？从其基本面上来说，业绩很差、公司前景不明，没有什么好的题材，总之，基本面上没有什么亮点；从其市场表现来说,牛市行情初期并无什么大的表现,最多是跟随大盘指数往上涨一点而已,只是到了牛市中后期,其他股票都涨得差不多了,才轮到他们登台表现,但这类股票再怎么疯涨,涨到10元左右往往就停止不前了。因为主力心里明白,这种烂股票再涨上去,就没有人跟风了,硬是往上拉,反而会把自己套住。所以按照牛市以往的规律,牛市中垃圾股的最高卖出价,主力(庄家)都把它定在10元附近。这类股票等牛市结束进入了熊市,特别是到了熊市后期,其股价又会跌回到原来的起步价,甚至更低,纯粹与大家玩了一趟过山车的游戏。

比如,自从2007年10月股市走熊后,到2008年末,股价跌得很惨烈的股票,有相当一部分就是我们俗称的垃圾股[注],这些股票基本上都是在10元左右见顶的(见表11)

⑤从一些特殊数字中,可以发现主力(庄家)的心理卖出价位到底是多少。炒股票犹如做生意,当事人想的都是既能做好股票,又能图个吉利。这个思想在主力(庄家)身上表现得非常突出。因为他们认为自己运作的大资金,做的是大生意,所以对"66"、"88"、"99"等一些数字就非常敏感。比如,"66",对他们来说就是"六六大顺";"88"对他们来说,就是"八八大发";"99",对他们来说就是"久久好运"。正因为他们有了这种想法,所以卖出股票时,往往也会选一个吉利数字。投资者明白了主力(庄家)这一心思,有时凭一个数字就能判断出主力(庄家)心里想的最高价究竟是多少。此话如说得再明白些,当这个数字出现时,也即为股价见顶时,往后主力就不大会再把股价做上去了。因此,投资者看到这个数字就应该想到,主力(庄家)已经开始出逃,即使大盘走势仍旧很好,该股也不行了,等待它的将是一眼望不到头的漫漫熊途。此时投资者应及时出逃为宜,越拖损失就越大。

下面我们来看一组实例(见表12),这些股票见顶的价位最后两

【注】垃圾股,即业绩非常差,公司前景暗淡的股票,ST股票当属此类。但为了说明问题,这里说的垃圾股又将ST股剔除在外。另外,要注意的是垃圾股也并非是永恒不变的。如果公司基本面突然发生变化,比如,出现实质性的重大资产重组,垃圾股也可获得新生,但这已经是另外一个层面的问题了。此处不对这个问题展开讨论。

2007 年 ~2008 年部分垃圾股(不包括 ST 股票)的市场表现一览表

序号	股票名称	见顶价位	见顶时间	最低下跌价位 (截止2008年12月31日)	跌幅
1	华芳股份(600448)	9.49 元	2007 年 5 月 28 日	1.91 元	-79.87%
2	江苏吴中(600200)	9.64 元	2007 年 5 月 28 日	1.76 元	-81.74%
3	华电能源(600726)	9.79 元	2007 年 5 月 29 日	2.04 元	-79.16%
4	飞乐股份(600654)	9.90 元	2007 年 5 月 9 日	2.02 元	-79.60%
5	彩虹股份(600707)	9.95 元	2007 年 5 月 24 日	2.41 元	-75.78%
6	楚天高速(600035)	9.95 元	2007 年 9 月 4 日	3.48 元	-65.03%
7	法尔胜(000890)	9.98 元	2007 年 5 月 28 日	1.98 元	-80.16%
8	祥龙电业(600769)	10.00 元	2007 年 5 月 29 日	1.88 元	-81.20%
9	江淮动力(000816)	10.00 元	2007 年 5 月 28 日	2.02 元	-79.80%
10	广东甘化(000576)	10.07 元	2008 年 3 月 5 日	1.98 元	-80.34%
11	美达股份(000782)	10.09 元	2007 年 5 月 29 日	1.71 元	-83.05%
12	安凯客东(000868)	10.18 元	2007 年 5 月 25 日	2.08 元	-79.57%
13	天方药业(600253)	10.18 元	2007 年 5 月 29 日	2.47 元	-79.74%
14	非厚药业(000153)	10.19 元	2007 年 5 月 29 日	2.52 元	-75.27%
15	四环生物(000518)	10.50 元	2007 年 5 月 29 日	1.70 元	-83.81%
16	物华股份(600247)	10.70 元	2007 年 10 月 10 日	2.10 元	-80.37%
17	七喜控股(002027)	10.98 元	2007 年 5 月 29 日	2.10 元	-80.87%
18	深鸿基(000040)	10.99 元	2007 年 10 月 9 日	2.48 元	-77.43%

表 11

个数字都是"88"。主力把卖出的最高价位定在"88",其意一是想继续通过这个吉利数字诱骗大家在高位接盘;二是想借此慰藉自己,总算大功告成,胜利出逃了。主力(庄家)心里暗暗自喜:"八八大发",我发财发定了。所以,他们出逃时会把股票的见顶价位定格在"88"这个数字上。有鉴于此,我们中小散户,在看到这些吉利数字时千万要保持一份警惕,要趁主力得意忘形的时候赶快止损离场,这样就能保住胜利成果,避免陷入主力的圈套。据了解,一些有经验的投资者就是因为看到了这些所谓的"吉利数字"高高在上(编者按:一般来说,虽然当天最高价的最后两个数字为"88",还不能马上肯定它就是见顶的价位,如果"88"这个数字连续3天以上高挂在上面,那么基本上就可以确定它为见顶价格)及时出逃的,从而避免了之后大跌所带来的投资风险(见图360)。据了解,上海有一位投资者为此编了一句顺口溜:"股价摸高88,弯头即为见顶,主力出逃大发,阿拉溜之小发【注】"。这句顺口溜很形象、生动,也很容易记住。在此,我把它介绍给大家,希望对大家今后操作能有所帮助。

关于如何揣摩主力(庄家)的心里卖出价位的问题,有人提出这样的看法:认为在强势市场中,股票会涨过头,如果主力(庄家)有很强的资金实力,那么他们也可以把股价炒到人们想像不到的价位。若碰到这样的情况,普通的投资者该怎么办呢?

对这个问题我们是这样看的:首先,大家一定要明白,在强势市场中股票会发生涨过头的现象,但这个涨过头并不是只要主力(庄家)的资金实力强就能办到的,它还要有一个必要条件,即该股要有利好题材,且这个利好题材能吸引住投资大众的眼球,成为市场的热点。比如,2005年以来这轮大牛市中,涨得最凶的是有色金属股,出现了涨过头的现象,但这个涨过头是得益于当时国际上有色金属期货价格、现货价格的大涨,如果没有这样的必要条件,沪深股市中的有色金属股就不会涨得如此离谱。同样的道理,沪深股市自从2007

【注】 "阿拉"为上海方言,是咱们的意思;"小发"是指中小散户见到"88"这两个数字高挂时马上出逃,仍有一点小钱可赚。

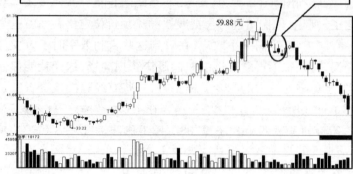

投资者看到 59.88 元这个数字后，发现股价连续 3 天都收在 59.88 元之下，就要怀疑主力在 59.88 元做头了。为安全起见，此时应及时卖出为宜

59.88 元

新华传媒(600825)2007 年 6 月 12 日 ~2007 年 10 月 29 日的日 K 线走势图　图 360

沪深股市中部分个股 2005 年 ~2007 年一轮牛市行情的见顶价位(尾数均为"88")一览表

序号	股票名称	见顶价位	见顶时间	最低下跌价位 (截止2008年12月31日)	跌幅
1	山鹰股分(600567)	9.88 元	2007 年 5 月 29 日	2.30 元	-76.72%
2	中信银行(601998)	12.88 元	2007 年 8 月 28 日	3.70 元	-71.27%
3	南风化工(000737)	13.88 元	2007 年 10 月 25 日	2.98 元	-78.53%
4	浙江东日(600113)	14.88 元	2007 年 7 月 30 日	3.40 元	-77.15%
5	现代制药(600420)	15.88 元	2007 年 1 月 17 日	4.30 元	-72.92%
6	通葡股份(600365)	15.88 元	2007 年 5 月 28 日	3.12 元	-80.35%
7	深天地 A(000023)	15.88 元	2007 年 5 月 30 日	2.91 元	-81.68%
8	中国商科(600730)	16.88 元	2007 年 5 月 25 日	2.56 元	-84.83%
9	华立科技(600097)	17.88 元	2008 年 1 月 4 日	6.36 元	-64.43%
10	宜华地产(000150)	18.88 元	2007 年 11 月 2 日	2.45 元	-85.02%

序号	股票名称	见顶价位	见顶时间	最低下跌价位（截至2008年12月31日）	跌幅
11	申汇医药（000809）	19.88 元	2007 年 9 月 5 日	5.20 元	−73.84%
12	白猫股份（600633）	20.88 元	2007 年 5 月 25 日	4.28 元	−79.50%
13	天津普林（002134）	21.88 元	2007 年 6 月 15 日	3.42 元	−84.37%
14	特力 A（000025）	21.88 元	2007 年 9 月 11 日	2.69 元	−87.71%
15	六国化工（600470）	23.88 元	2008 年 3 月 6 日	4.95 元	−79.27%
16	澳洋顺昌（002245）	24.88 元	2008 年 6 月 5 日	8.90 元	−64.23%
17	彬彬股份（600884）	26.88 元	2007 年 6 月 22 日	3.91 元	−85.45%
18	路翔股份（002192）	30.88 元	2008 年 1 月 25 日	5.97 元	−80.67%
19	长城信息（000748）	31.88 元	2008 年 3 月 6 日	3.20 元	−89.96%
20	海亮股份（002203）	32.88 元	2008 年 1 月 17 日	4.82 元	−85.34%
21	合肥城建（002208）	33.88 元	2008 年 1 月 28 日	4.51 元	−86.69%
22	华联综超（600361）	35.88 元	2008 年 6 月 13 日	4.64 元	−87.07%
23	农产品（000061）	36.88 元	2008 年 1 月 16 日	10.65 元	−71.12%
24	东百集团（600693）	38.88 元	2008 年 1 月 25 日	6.66 元	−82.84%
25	岳阳兴长（000819）	41.88 元	2007 年 8 月 28 日	7.32 元	−82.52%
26	上海能源（600508）	43.88 元	2007 年 9 月 24 日	7.88 元	−82.04%
27	国元证券（000728）	51.88 元	2007 年 10 月 31 日	9.30 元	−82.07%
28	瑞贝卡（600439）	52.88 元	2008 年 1 月 21 日	6.53 元	−87.65%
29	新华传媒（600825）	59.88 元	2007 年 9 月 17 日	9.01 元	−84.95%
30	绿大地（002200）	63.88 元	2008 年 1 月 21 日	23.51 元	−63.20%
31	东北证券（000686）	74.88 元	2007 年 10 月 16 日	10.15 元	−86.44%
32	宏达股份（600331）	83.88 元	2007 年 9 月 24 日	3.81 元	−95.46%
33	中国神华（601088）	94.88 元	2007 年 10 月 15 日	16.08 元	−83.05%
34	小商品城（600415）	119.88 元	2007 年 8 月 20 日	35.60 元	−70.30%

表 12

年10月见顶走熊后,在这一轮熊市大跌中,跌幅最深的也是有色金属股,该板块中跌去七、八成的个股比比皆是,跌去九成的也并不鲜见。为何有色金属股会出现如此大跌呢?其中一个重要原因是,当时,国际上有色金属的期货和现货的价格均出现了大跌。

还有一点大家要注意,即使主力(庄家)有很强的资金实力,他们的操作也不能逆市场趋势而动。这个趋势不光是指大盘的趋势,它还包括人们对某一样东西的习惯看法。比如,在人们习惯看法中,蔬菜的价格要比肉的价格低。如果一个卖菜的人认为自己的蔬菜新鲜,他可以适当提高一些价格出售,但是这个提价是有限度的,当蔬菜的价格高于猪肉价格时,再新鲜的蔬菜也卖不出去了。这样,因价格涨过头而卖不掉的蔬菜只能由卖菜的人吃不了兜着走,拿回去自己"享用"。其实,股票以什么价格出售,当股价涨过头时到底能涨多少,都有一个限度。其原理与卖菜的原理是一样的,主力(庄家)对此心知肚明。

对主力(庄家)而言,最大的风险是缺少对手盘。如果主力(庄家)单凭资金实力将股票价格拉到市场上无人接受的地步,那么,他们只能自拉自唱了。抛,无人接盘;买,只能左手换到右手,自家的货卖给自家人。到了这个地步,主力(庄家)可就惨了,为了维持股价,他们只能在高位举杠铃,不让股价跌下来,但时间一长,资金就会成问题。再说,越是拖到后面问题就越严重,那些持有该股的投资者会感觉形势不妙而争相把筹码抛出,主力(庄家)为了不让股价跌下来,只能照单收进。如此一来,主力(庄家)手里的筹码会越来越多。总有一天他们撑不住了,就只能放弃举杠铃,让股价跳水。股价一旦跳水就会狂泻不止,最后,主力(庄家)只能以爆仓(破产)出局。这样的例子在沪深股市中发生过多次,而每一次的结局都是非常惨烈的。所以,在一般情况下,主力(庄家)操盘都有一个原则,拉抬一个股票总要有一个理由,且能以此编出一个"精彩"故事来。不仅如此,这个理由与故事一定要让市场相信,能吸引越来越多的人前来跟风,这样主力(庄家)操盘才算获得了初步成功(编者按:完全成功,还要看最后主力出货是否顺利)。也正是这个原因,股价涨过头都会有一个限度。有自知之明的主力(庄家),不会没有理由的让股价乱涨一气,否则把对手盘都赶走了,到最后只能把自己牢牢套住。如此傻事,他们是不会干的。

第二,投资者应该从震荡的幅度大小,来判断震荡行情的性质。**一般来说,震荡幅度小的以洗盘为目的居多,震荡幅度大的则以出货为目的居多。**这是为什么呢?因为行为学告诉我们,在这个世界上,人的任何手段都是为目的服务的。如果主力(庄家)的目的是要把股价做上去,在洗盘时就会考虑到震荡幅度不能太大,太大了会把盘中的技术形态破坏掉。一旦技术形态恶化,就会迫使不该走的人出局了,同时让看好该股的人也不敢进来做多。这样一来,主力(庄家)就会有麻烦了。比如,一些中长线投资者在看到图中技术形态开始恶化时,就会马上斩仓出局。这对主力(庄家)今后要想把股价继续做上去是极为不利的。如果连中长线资金都不看好其后市,那该股上行就会遭遇强大的阻力,主力(庄家)每往上做一步都会引来大量抛盘。这样,主力(庄家)就很难把股价再继续做上去。还有一个问题是,如果大家都没有了信心,即使主力(庄家)靠单枪匹马进行单打独斗把股价做上去,大家也会将筹码统统甩卖出去,那么主力(庄家)肯定是吃不消的。所以,主力(庄家)在洗盘时会控制震荡幅度,不能让它太大、太激烈。他们一定会想办法把持有该股的中长线投资者稳住,清洗的只是一些短线获利盘和一些浮动筹码。何谓洗盘?洗盘就是一方面要想办法把看好该股的同盟军留住,另一方面要把那些见风使舵的筹码清洗出去,以此来夯实股价,以便减轻股价继续上行的压力。而要做到这一点,就不能让大的上升技术形态被破坏掉,只要这个大的上升技术形态仍保留着,中长线投资者就不会出局,主力(庄家)就不会失去他们的同盟军。

讲到这里,大家就清楚了。如果股价震荡幅度大,主力(庄家)完全不顾及技术形态是否会被破坏,那就可以基本上肯定主力(庄家)将股价作上下震荡的目的是为了出货,而不是为了洗盘。在主力(庄家)看来,这样的激烈震荡,更能吸引一些短线客追涨杀跌,也更有利于他们从中混水摸鱼,将筹码不断地抛售出去,这就不可避免地造成震荡幅度过大的现象不断发生。待主力(庄家)将筹码基本派发后,一般来说,这样震荡幅度大的现象就会随之消失。不过,此时的股价很可能已经破位下行,一轮新的跌势就此开始了。

为了说明这个问题,下面我请大家一同来看几个实例。现在先请大家看震荡洗盘的两个实例:

实例一:维维股份(600300);实例二:中金黄金。图361、图362中显示,主力在对这两个股票进行震荡洗盘时,股价波动幅度都很小(见图361、图362中画圈处)。经过这样震荡洗盘后,股价都上去了,而且后期走势一路攀高,涨幅惊人。

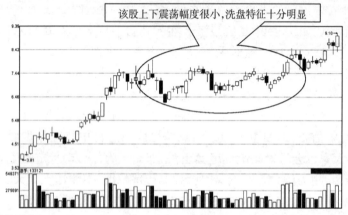

维维股份(600300)2006年12月14日~2007年4月11日的日K线走势图　图361

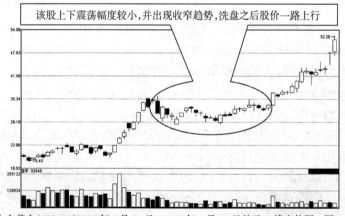

中金黄金(600489)2007年1月11日~2007年4月23日的日K线走势图　图362

接下来,我们再看两个震荡出货的实例。

实例三;荣华实业(600311);实例四:华联综超(600361)。图363、图364中显示,主力在对这两个股票进行震荡出货时,股价上下波动幅度非常大。主力就是在股价激烈震荡中派发了大量筹码,顺利出逃的。

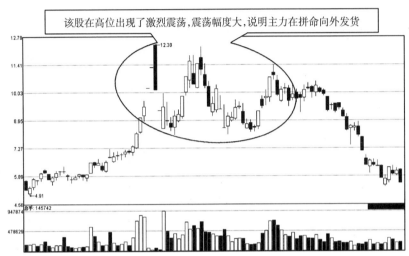

该股在高位出现了激烈震荡,震荡幅度大,说明主力在拼命向外发货

荣华实业(600311)2007年10月25日~2008年8月26日的日K线走势图   图363

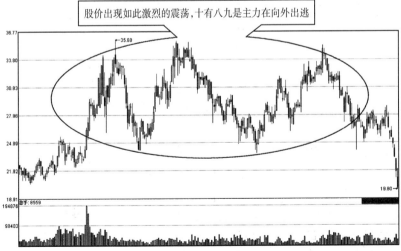

股价出现如此激烈的震荡,十有八九是主力在向外出逃

华联综超(600361)2007年3月8日~2008年3月18日的日K线走势图   图364

第三，投资者可以通过观察震荡时间的长短来判断震荡行情的性质。股市中有一句格言："久盘必跌。"这句话对震荡行情来说也不例外，10多年来，沪深股市中的股票走势表明，大凡震荡时间长的行情，最后都会被证明是主力在出货，而震荡时间短的行情，最后一般都会被证明是主力在洗盘。

有人问：为何震荡时间长的行情，会被怀疑是主力在出货呢？其实，这个道理很简单，因为洗盘是需要支付成本的。这就好比雇人打扫卫生是需要支付工资的道理是一样的。洗盘时间越长，支付的成本就越高，这是其一。其二呢？震荡洗盘并非是时间越长越能把浮筹洗干净。时间一长，主力（庄家）洗累了，一些原来看好该股的中长线投资者也会被长时间的震荡洗盘搞得迷失方向。这些人为安全起见，会抛出一部分筹码。这些筹码或是给短线客接了过去，或是由主力（庄家）接了过去，无论给谁接过去都会对继续把股价推上去产生很不利的影响。因为把中长线筹码换成短线筹码，就会使该股的稳定性大大减弱，这样就会给行情进一步向上发展增设许多障碍。但是，如果把中长线筹码统统转换到主力（庄家）手里，这同样会对股价继续上行产生严重的负面影响。试想，筹码都集中到主力（庄家）手里，盘子不是被做死了吗？一个股票的上行，若不是由众人拾柴火焰高，在人气旺盛的情况下把股价推高的，而是在主力（庄家）赶走同盟军，孤军深入的情况下获得的，这样的股价走高，对主力（庄家）来说就失去了意义，因为它已无人参与了，主力（庄家）想卖出也卖不掉了，最后只能变成一盘"死棋"。历史已经反复证明，死棋对主力（庄家）而言，就是一场灭顶之灾，他们只能困死在里面。可以说，这种结果是主力（庄家）最不愿意看到的。

所以，深谙股市操盘之道的主力（庄家），若是为了洗盘就不会让震荡的时间放长，而会把震荡的时间控制在一定的范围之内。反之，震荡时间放长，半年一载都是在震荡，那么不用多想，这多半就是主力（庄家）在股价上下震荡中进行混水摸鱼，大量抛售筹码。这样，该股的后市就非常严峻了。

为了进一步说明这个问题，我们不妨来看几个实例。先请大家看两个震荡洗盘的实例：

实例五：金山开发（600679）；实例六：锦江投资（60065）。从图365、图366中看，主力对这两个股票的震荡洗盘时间都不长，短的只有一个月，长的也没有超过两个月。

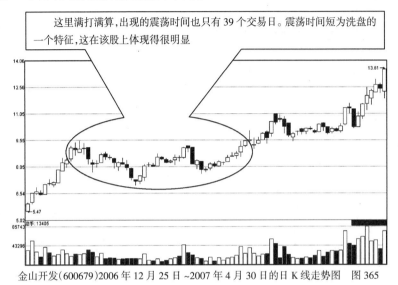

这里满打满算，出现的震荡时间也只有39个交易日。震荡时间短为洗盘的一个特征，这在该股上体现得很明显

金山开发（600679）2006年12月25日~2007年4月30日的日K线走势图　图365

该股主力在进行震荡洗盘时，花的时间更少，仅用了22个交易日。此后，股价就一路上行

锦江投资（600650）2006年11月9日~2007年1月22日的日K线走势图　图366

接下来我们再来看两个震荡出货的实例。

实例七:信雅达(600571);实例八:西南药业(600666)。图 367图、368 图中画圈处显示的是主力在利用股价上下震荡进行出货,其震荡时间显然要比图 365、图 366 中震荡的时间长得多。

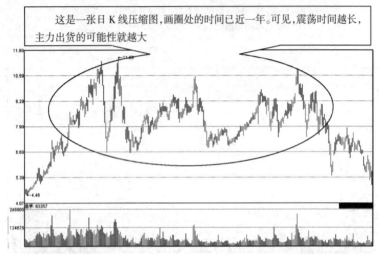

信雅达(600571)2007 年 2 月 1 日~2008 年 6 月 20 日的日 K 线势图 图 367

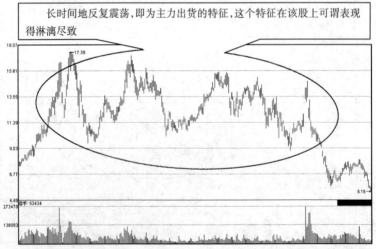

西南药业(600666)2007 年 3 月 30 日~2008 年 8 月 13 日的日 K 线走势图 图 368

第四，投资者可以通过观察震荡次数的多少来判断震荡行情的性质。我们前面说了，若是为了洗盘，震荡时间是不能太长的，太长了就有出货的嫌疑在里面。但是，还要注意的一个问题是，以洗盘为目的震荡，震荡次数也不能太多，一多也会起到相反的作用。中国有句老话："事不过三。"其意思是说，一个正儿八经的事，做两次就成了，最多不要超过了3次。超过了3次，好事也会做成坏事。这个道理，主力（庄家）比谁都明白。因此，作为洗盘，他们一般都会把震荡的次数，控制在越少越好的范围内，而出货就不同了，只要把货能够顺利派发出去，震荡次数多少都无所谓。所以，有经验的投资者凭震荡次数的多少就能估摸出主力（庄家）的操盘意图。一看到震荡次数多了就马上警惕起来，不等主力再有什么行动，他们就先与之"拜拜"了，这一走很有可能就此逃过了生死一劫。

下面我们先来看两个震荡洗盘的实例。

实例九：振华港机（600320）；实例十：轻纺城（600790）。图369中显示，该股来回上下震荡了2次，洗盘就结束了。图370中显示，该股震荡的时间稍微长了一些，但上下震荡也只经过了两个来回。可见，既然震荡的目的是为了洗盘，一般来说，来回震荡的次数就不会太多。这可能是一个规律，投资者可多加留意。

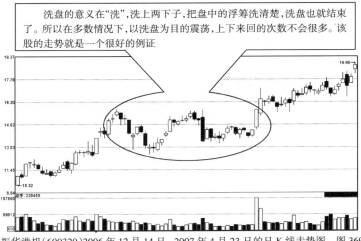

振华港机（600320）2006 年 12 月 14 日~2007 年 4 月 23 日的日 K 线走势图　图 369

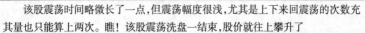
　　该股震荡时间略微长了一点,但震荡幅度很浅,尤其是上下来回震荡的次数充其量也只能算上两次。瞧!该股震荡洗盘一结束,股价就往上攀升了

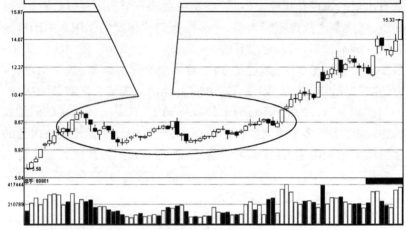

轻纺城(600790)2007年1月4日~2007年5月16日的日K线走势图　370

　　接下来,我们再来看震荡出货的两个实例。

　　实例十一:好当家(600467);实例十二:南京高科(600064)。图371显示该股在高位震荡时间并不长,满打满算仅38个交易日,但却出现了4次激烈震荡(见图371)。果然,震荡次数一多,后市就不妙了。这说明主力在反复震荡中派发了大量筹码。主力大量出货,该股在震荡之后往下走也就不奇怪了。图372显示,该股上下震荡的次数是很多的。反复震荡,反映了主力在不断地抛货。等主力把货出完了,该股就一路下行,走上了价值回归之路。

　　第五,投资者可以通过观察震荡时的换手率来判断震荡行情的性质。在进行技术分析时,成交量的分析是必不可少的。不过,我们认为在分析、研判震荡行情的性质时,用换手率的分析代替成交量的分析,似乎更能说明问题。这是为什么呢?因为光看震荡中成交量的绝对值,并不能提供一个值得信赖的参考标准。尤其是个股的规模不同,虽然,有时个股之间的成交量数字相同,但因盘子大小的不同,实际上它们之间存在着很大的差异,故比较可靠的标准还是应该看换手率。

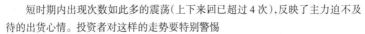
短时期内出现次数如此多的震荡(上下来回已超过4次),反映了主力迫不及待的出货心情。投资者对这样的走势要特别警惕

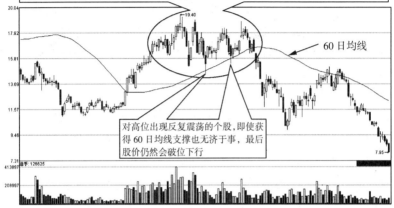

60日均线

对高位出现反复震荡的个股,即使获得60日均线支撑也无济于事,最后股价仍然会破位下行

好当家(600467)2007年9月21日~2008年6月17日的日K线走势图　图371

图中画圈处,大的来回震荡出现了5次,小的来回震荡次数更多。股价如此起伏不定,都是由主力在利用震荡掩护出货所致

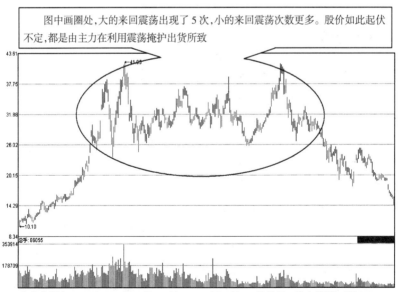

南京高科(600064)2007年1月18日~2008年6月17日的日K线走势图　图372

一般来说,如果震荡的性质属于洗盘,那么,换手率就不会太高,一二周内将流通筹码的大部分,甚至全部都更换一遍的情况就不太可能发生。这个道理很简单,洗盘的目的是清洗浮筹,夯实股价,从而可以减轻日后上行的压力。因此,主力(庄家)不需要采用什么特别大的动作,把流通筹码进行大换班。此事就好比古人修路,当一条道路的渣土都铺好了,后面要做的工作,就是把漂落在渣土上面的树叶等不相干的东西都清除掉,然后再使用工具把渣土夯结实。此项工作完成后,道路就可使用了。

但震荡出货就不是这样,流通筹码要进行大换班。只有大换班,主力(庄家)才能趁机把手中的大量筹码派发出去。主力(庄家)只要能把筹码派发出去,换手多少,对他们来说都是无所谓的,根本不会有什么顾虑。所以,在主力(庄家)大逃亡的股票中,我们经常能看到换手率奇高的现象。这就不是什么修路,把渣土夯实的问题了,而是把整条道路都彻底掀翻了。

下面我们来看两个实例。

实例十三:江西长运(600561)。该股在上涨时出现过震荡(见图373中画小圈处),这明显是一次震荡洗盘行为,洗盘结束后股价就上去了。但同样是这个股票,在其摸高后出现了长时间的震荡,这样的震荡就与前面的震荡性质完全相反。从图中看,这个震荡当属主力的一次出货行情(见图373中画大圈处)。两次震荡,换手率是绝对不一样的。画小圈处的震荡,由于时间短,换手率远低于后面画大圈处震荡时的换手率。

实例十四:豫能控股(001896)。从图374中看,该股震荡洗盘时的换手率和震荡出货时的换手率绝对不是一个数量等级。换手率何处高何处低,明白人一看就清楚了。

第六,投资者可以通过观察K线的形态来判断震荡行情的性质。经过大量的资料查证,我们发现震荡洗盘的K线与震荡出货的K线有一个很重要的区别。区别在哪里呢?区别就在震荡出货时大阳线、大阴线特别多,而在震荡洗盘时大阳线、大阴线就没有这么多。震荡出货时大阳线、大阴线多是因为主力(庄家)出货所造成的。我们在前

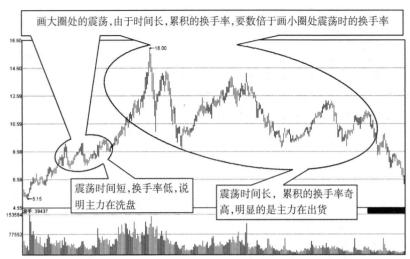

画大圈处的震荡,由于时间长,累积的换手率,要数倍于画小圈处震荡时的换手率

震荡时间短,换手率低,说明主力在洗盘

震荡时间长,累积的换手率奇高,明显的是主力在出货

江西长运(600561)2006年12月6日~2008年4月22日的日K线走势图　图373

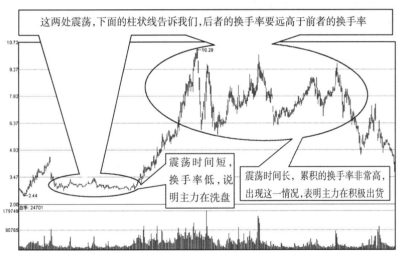

这两处震荡,下面的柱状线告诉我们,后者的换手率要远高于前者的换手率

震荡时间短,换手率低,说明主力在洗盘

震荡时间长,累积的换手率非常高,出现这一情况,表明主力在积极出货

豫能控股(001896)2006年4月18日~2008年8月11日的日K线走势图　图374

面讲了主力(庄家)出货一定要有人愿意去接,那么,在什么情况下才有人愿意去接主力(庄家)抛出的筹码呢?主力(庄家)只有在市场里制造一个诱多的氛围,才能让别人上当受骗,使他们的阴谋得逞。比

如,主力(庄家)在出货时,会先拉出涨停大阳线,把一些投资者的胃口吊起来,然后,再趁机把筹码抛给这些见大阳线就追涨买进的投资者。也正是这个缘故,我们在揭秘主力(庄家)出货手法时,首先向大家介绍的就是"大阳线诱多出货法"。现在我们对震荡出货时大阳线特别多的原因弄清楚了,接下来再分析震荡出货时为什么大阴线特别多呢?这个问题也很好解释。因为主力(庄家)震荡出货的态度非常坚决,抛售筹码时十分凶狠,致使高开低走、连续杀跌的情况时常发生,这种现象反映在K线走势图上,就是大阴线特别多。

但震荡洗盘就不同。主力(庄家)洗盘的目的是为了洗清浮筹、夯实股价。因此,主力(庄家)在操作时会投鼠忌器,不敢恣意妄为,除了在向下攻击时,需要用大阳线为上涨助一臂之力外,平时股价走势起伏并不激烈,自然也就不需要什么大阳线了。那么,震荡洗盘时有没有大阴线呢?有,但很少。主力(庄家)在震荡洗盘时用大阴线,其目的是用来吓唬短线客的,因为大阴线可以把他们的筹码震出来,这样或许能更顺利地把盘中的浮筹清洗掉。但是,一旦把这些短线客的浮筹大部分清除后,主力(庄家)就不会再用它了。因为震荡洗盘是为了更好地把股价做上去,大阴线用多了,事情就会适得其反。比如,连续出现几根大阴线,技术形态就会被破坏,这样就会把中长线筹码也逼了出来。如果出现这样的情况,对后市发展就极为不利,主力(庄家)一般是不愿意这样做的。

上面我向大家详细介绍了,为什么震荡出货时的大阳线、大阴线比震荡洗盘时的大阳线、大阴线要多的原因,下面再请大家看几个实例。

先请大家看两个震荡洗盘的实例。

实例十五:新华医疗(600587);实例十六:南京医药(600731)。图375、图376中的画圈处都是一种震荡洗盘的走势,其中展现的K线,大多是一些小阳线、小阴线,而大阳线、大阴线则很少见到。

接下来,我们再来看两个震荡出货的实例。

实例十七:西单商场(600723);实例十八:北京城乡(600861)。图377、图378中的画圈处均为主力以震荡为掩护,在不断向外发货,其

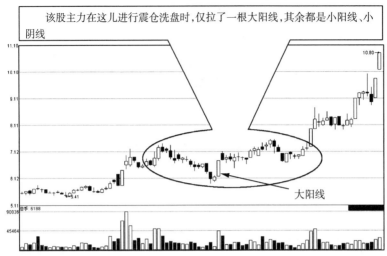

該股主力在这儿进行震仓洗盘时,仅拉了一根大阳线,其余都是小阳线、小阴线

大阳线

新华医疗(600587)2006 年 8 月 30 日~2007 年 1 月 16 日的日 K 线走势图　　图 375

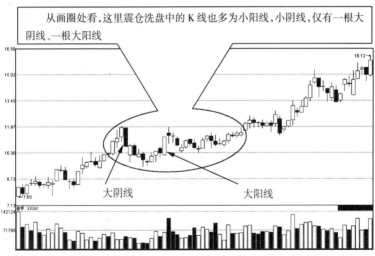

从画圈处看,这里震仓洗盘中的 K 线也多为小阳线,小阴线,仅有一根大阴线、一根大阳线

大阴线　　　　　大阳线

南京医药(600713)2007 年 1 月 16 日~2007 年 5 月 25 日的日 K 线走势图　　图 376

中展现的 K 线图形(见图 377、图 378 中画圈处)大阴线、大阳线特别多,这和我们前面介绍的,震荡洗盘中大阴线、大阳线很少的情况形成了鲜明的对比。

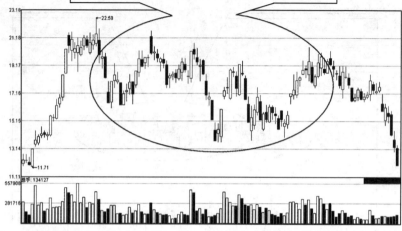

瞧！主力在震荡出货时,拉出了很多根大阳线、大阴线

西单商场(600723)2007 年 12 月 11 日~2008 年 6 月 17 日的日K线走势图 图 377

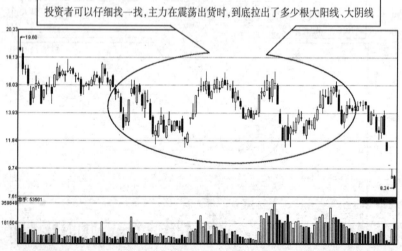

投资者可以仔细找一找,主力在震荡出货时,到底拉出了多少根大阳线、大阴线

北京城乡(600861)2008 年 1 月 16 日~2008 年 8 月 14 日的日 K线走势图 图 378

第七,投资者可以通过观察均线的支撑作用来判断震荡行情的性质。股市中流传着这样一条炒股经验:"主力做盘若看线,表示行情往上做;主力做盘不看线,表示行情往下做。"这里的线,指的就是均线。

现在，我们可以借用这条经验来研判震荡行情，摸清主力的操盘意图。

其实，在股价上涨途中，震荡是一种常见的现象。但这个震荡，主力（庄家）究竟是把它拿来用作洗盘还是出货，有时只要看均线的支撑作用发挥得怎么样，情况就一清二楚了。一般来说，主力（庄家）用震荡来洗盘，就一定会让有关的均线发挥出它强有力的支撑作用。比如，股价经过震荡，调整到某一均线处就跌不下去了，这样就可以把中长线筹码揽住，同时还可以吸引一些看好该股的投资者赶来加盟，从而形成一个做多的合力。这对主力在震荡洗盘后把股价推上去是非常有利的。可见，主力在让股价出现震荡时，若眼睛里还在关注着均线对股价的支撑作用，说明他们的目的不是出货，而是想把股价继续做上去。这也就验证了前面说的，"主力做盘若看线，表示行情往上做"这条经验。

那么，在震荡洗盘中，什么样的均线对股价有支撑作用呢？这并没有一个定论，股市中的 10 日均线、20 日均线、30 日均线、50 日均线、60 日均线等，都有可能被主力（庄家）选择为震荡洗盘的支撑线。致于主力（庄家）最后选择了那条均线，他们会因时而异、因股而异。而作为普通投资者只能从一些现象作出分析，以此了解到主力（庄家）究竟选择了哪一条均线。根据我们长期的观察，30 日均线、60 日均线是最有可能被主力（庄家）选中的。有鉴于此，我们在观察震荡行情时，先要密切关注 30 日均线、60 日均线的支撑作用。只要发现股价在跌至 30 日均线，或 60 日均线处出现止跌回升，那么，大致上就可以推断出主力（庄家）发动这一轮震荡行情的目的是为了洗盘，且洗盘的下调目标位是以 30 日均线，或 60 日均线为底线的。了解到主力这一操盘意图后，我们就可以在股价跌至 30 日均线，或 60 日均线处出现止跌回升时，逢低吸纳，这样操作取胜的把握就很大。

当然，有的主力（庄家）操盘十分诡异，在进行震荡洗盘时，选择的均线在不断更换。虽然出现这种情况的次数并不多，但也要引起我们的注意，应对的方法就是在操作时，多设几根均线，不断进行调试，看看主力（庄家）究竟是用那条均线作为震荡洗盘底线的。一般来说，几次试下来就能大致摸清主力的操作规律。

上面讲的是震荡洗盘,主力(庄家)的眼睛里会盯着一些均线,但到了震荡出货,主力(庄家)的眼睛里就不会盯着这些均线。或许他们认为把这些均线打穿了,连续杀跌后形成超跌,此时再杀回马枪,让股价突然涨起来,形成超跌后见底回升的态势,会引来短线客的抢盘,这样更有利于他们利用股价的大幅震荡进行出货。

不过,主力用这样的方式进行震荡出货,也有其操作原则。这些原则是:

①主力(庄家)玩弄这种震荡出货的把戏,只能选择在大盘形势向好的时候,即使在熊市中,也要选择在大盘走势相对趋暖的时期。如果大盘形势非常严峻,不断向下,特别是到了熊市后期,抗跌的股票出现补跌,那震荡出货的把戏就玩不成了。所以震荡出货对主力(庄家)也有个时间上的紧迫感,必须抢在熊市末期强势股出现补跌之前进行,这样才能完成他们的出货任务。投资者了解这个情况后,就要采取积极的对策,最好是在主力(庄家)震荡出货的初期就逢高将筹码卖出去,卖出后就不要再参与该股炒作了。若想在里面进行高抛低吸,做些差价,那也只能用少量资金,陪着主力玩玩。有一点要特别注意的,主力(庄家)震荡出货不会拖得很久,一旦主力(庄家)通过几次震荡将大量筹码派发后,这样的震荡行情就会结束,随之股价就突然会出现补跌,或暴跌的走势。有鉴于此,投资者无论输赢,一定要想法赶在震荡行情结束前出货,否则,当震荡行情结束后,主力(庄家)已逃之夭夭,股价真的形成补跌,或暴跌走势时,仍捂在里面的投资者损失就大了。

②在主力(庄家)玩弄震荡出货的把戏时,虽然他们对一些短期均线,如30日均线、60日均线可以不屑一顾,但为了能吸引一些短线资金追涨杀跌,在出货初期对半年线(120日均线)、年线(250日均线)还是比较关注的。这是什么意思呢?此意是指主力(庄家)在震荡出货初期,他们会让30日均线、60日均线被毫无支撑地击破,但当股价被打到半年线或年线附近时,主力(庄家)就收手了。这个时候主力(庄家)往往会再杀一个回马枪,来个反手做多,迅速把股价推上

去,以此形成第二波震荡出货的走势,这样他们就可以把手中的剩余筹码趁机逢高再次派发出去。大家要看明白的是:主力先把股价打到半年线或年线附近,再把股价推高,其目的不是要把股价继续做上去,而是为了吸引短线客跟风追涨杀跌,以便他们更好地利用股价大幅震荡的机会多派发一些手中的筹码。这就提醒我们,发生这样的情况,中长线资金是不能再参与了,要做只能做短线,用少量资金跟着主力(庄家)进行高抛低吸。此外,投资者还要特别注意,如果半年线或年线也被击破了,那就说明这场震荡出货的游戏基本结束。此时,投资者若手里仍有股票的,就要赶快止损离场,即使做短线也不能陪主力玩了,否则后面就会有一轮大的跌势等着你。

讲到这里,为了让大家对如何通过看均线的支撑作用来判断震荡行情的性质有更深入的了解,我们不妨来看几个实例。

先请大家看震荡洗盘的两个实例:

实例十九:金自正天(600560)。该股向上攀高时,途中也出现了一些震荡的现象,但是每次回落到 30 日均线处就跌不下去了(见图 379 箭头 A、B、C、D 所指处)。从主力(庄家)操盘思路看,这条 30 日均线就是他们对该股震仓洗盘的底线。因此可以推断,只要主力(庄

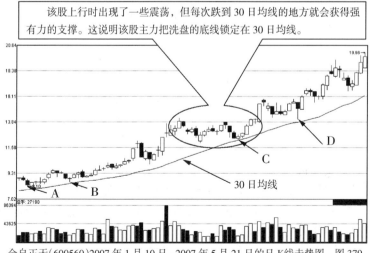

金自正天(600560)2007 年 1 月 10 日~2007 年 5 月 21 日的日 K 线走势图　图 379

家)还想把股价继续做上去,这条 30 日均线,主力是不会让它被击破的。反过来说,如果 30 日均线被击破,那就说明主力(庄家)已无心把股价做上去了。此时,投资者应赶快止损离场为宜。

实例二十:咸阳偏转(000697)。该股上行时,主力也对它进行了一次震仓洗盘(见图 380 中画圈处)。尽管这次震仓洗盘的力度较大,但洗盘总会有底线的。这个底线就是 60 日均线。60 日均线不破,上升的技术形态仍旧维持着,这样就有利于洗盘结束后主力把股价继续做上去。

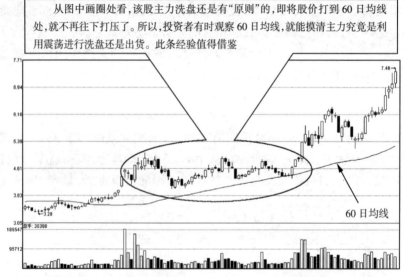

从图中画圈处看,该股主力洗盘还是有"原则"的,即将股价打到 60 日均线处,就不再往下打压了。所以,投资者有时观察 60 日均线,就能摸清主力究竟是利用震荡进行洗盘还是出货。此条经验值得借鉴

60 日均线

咸阳偏转(000697)2006 年 9 月 5 日~2007 年 2 月 26 日的日 K 线走势图 图 380

接下来,我们再来看震荡出货的两个实例:

实例二十一:金自正天(600560)。这个股票我们前面在介绍震荡洗盘时已经作为一个实例向大家进行了介绍(见图 381)。现在为了便于比较,我们仍旧拿它来说事。我们从图 381 中可以清楚地看出,该股自从跌破 30 日均线后,股价经历了多次震荡,但始终没有创过新高。这说明从当时跌破 30 日均线开始,主力就已决定大规模地出货了,此后股价反复震荡,只不过是为其顺利出货创造一些条件,好让他们混水摸鱼罢了。

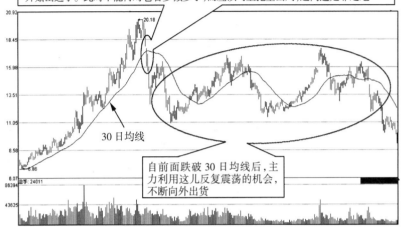

因为前期该股是以 30 日均线为底线进行震荡洗盘的,因此,只要该股不跌破 30 日均线,说明主力仍有把该股往上做的意愿,但当它有效跌破 30 日均线时,说明主力开始出逃了。此时不能再对它看多做多了,而应该马上抛空出局,远离这是非之地

30 日均线

自前面跌破 30 日均线后,主力利用这儿反复震荡的机会,不断向外出货

金自天正(600560)2006 年 12 月 6 日~2008 年 4 月 22 日的日 K 线走势图　图 381

实例二十二:咸阳偏转(000697)。为了便于比较,现在我们仍以前面讲的咸阳偏转这个股票为例,看看主力是如何以破 60 日均线进行震荡出货的(见图 382)。前面我们交代了,该股上涨时曾经出现过一段时期的震荡洗盘,但洗盘时股价下跌的极限位置是不跌破 60 日均线。这说明主力在洗盘时对 60 日均线的支撑作用是很看重的。但到主力要出货时,态度就来了个 180 度大转弯,此时他们对 60 日均线已不屑一顾,他们一心想的是,如何多制造一些上下震荡的机会,以便他们更好地出清手中的筹码。所以,当股价击穿 60 日均线时,我们就应该意识到主力开始出货了,此时,应赶紧抛出手中的所有筹码,以免遭受不必要的的投资损失。

最后,我们再来看主力(庄家)如何以年线或半年线为掩护进行出货的两个实例。

实例二十三:广电信息(600637)。这是一个主力以年线为掩护进行出货的典型案例(见图 383)。在该股行情启动后,主力选择 20 日均线作为它上行的支撑线。在上行途中,虽然该股出现了一些小范围的

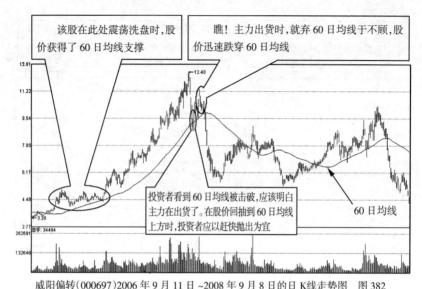

該股在此處震荡洗盘时,股价获得了60日均线支撑

瞧!主力出货时,就弃60日均线于不顾,股价迅速跌穿60日均线

投资者看到60日均线被击破,应该明白主力在出货了。在股价回抽到60日均线上方时,投资者应以赶快抛出为宜

60日均线

威阳偏转(000697)2006年9月11日~2008年9月8日的日K线走势图　图382

震荡洗盘,但每当股价打到20日均线上,主力就收手了,于是股价开始止跌回升,但当该股窜至15元高峰,股价就见顶了。原因是15元已达到了主力的心理卖出价位,所以,主力不可能再把股价做上去。从图383中看,股价在接近15元时,主力就开始出货了。但是主力手中的货很多,一下子是出不完的。主力为了将手中的货顺利派发掉,此时又玩弄了一个手段,让该股在年线(250日均线)上方反复震荡。看懂这个图形的投资者,在主力逢高派发时也跟着逃掉了;而看不懂这个图形的投资者,以为上升行情还未结束,继续持股做多,结果吃了大亏。等该股跌破年线(250日均线),形成快速下跌的走势后,投资者再止损离场,损失之大可想而知。

实例二十四:海通证券(600837)。这是一个主力以半年线为掩护进行出货的典型案例(见图384)。该股在上升途中出现过数次震荡洗盘,洗盘时股价分别在10日均线、30日均线、75日均线处获得支撑。这可能是主力的刻意安排,表明该股主力是很狡诈的。在出货时,主力又刻意安排股价在半年线上方进行震荡,以此来吸引跟风盘,他们好把大量筹码抛出去。所以,投资者不要以为股价在半年线上方运该股在摸高 15 元见顶回落后,在年线上方震荡了近一年时间。了解主力操作意图的投资者知道,这是主力利用年线为掩护,进行反复震荡出货。瞧! 主力把货出完后,该股就以跳空跌停的方式,迅速击穿年线,往下寻底

20 日均线

年线(250 日均线)

广电信息(600637)2006 年 12 月 6 日~2008 年 8 月 12 日的日 K 线走势图　图 383

一些投资者看到该股在半年线上方震荡,以为是主力在洗盘,其实不然,这是主力在利用半年线作掩护进行出货(见图中画大圈处)。等主力将筹码大量派发后,股价很快就会跌破半年线。瞧! 该股走势就是如此

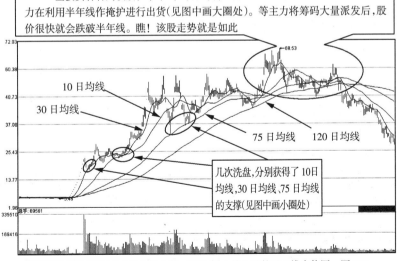

10 日均线

30 日均线

75 日均线　　120 日均线

几次洗盘,分别获得了 10 日均线、30 日均线、75 日均线的支撑(见图中画小圈处)

海通证券(600837)2006 年 8 月 8 日~2008 年 4 月 2 日的日 K 线走势图　图 384

行，就说明主力在看多、做多。其实，半年线也会被主力用作出货的挡箭牌，这点投资者一定要胸中有数，这样才不会陷入主力的圈套。

第八，投资者可以通过观察震荡之后的突破方向来确定震荡行情的性质。大道至简，说一千道一万，区分震荡行情究竟是在洗盘还是出货，最后一道关，就是看震行情结束之后，股价是往上走还是往下走。如果震荡之后股价在往上走，那就证明前面震荡行情的性质属于洗盘；如果震荡之后股价在往下走，那就证明前面震荡行情的性质属于出货。

那么，如何鉴别震荡行情结束后股价是往上走还是往下走呢？一是要看清它的突破方向。如果震荡是为了洗盘，那最后一定会向上突破，创新高的；如果震荡是为了出货，那最后一定是向下破位，创新低的。二是要看突破是否有效。无论是震荡之后是向上突破还是向下突破，都有一个验证的过程。如果它是向上有效突破，那么股价突破前期高点后至少要站稳 3 天，且突破后上涨的幅度要超过 3%；如果它是向下有效突破，那么股价跌破前期低点后，至少有 3 天时间在这低点之下，且向下突破后下跌的幅度要超过 3%。三是要密切注意突破之后行情的进一步变化。一般来说，在向上有效突破之后，大部分情况下股价会出现向上稳步攀升的走势，但少数情况下，股价会出现上升后不久又跌回前期高点的现象。这里需要提醒大家的是，对股价向上突破后又跌回了前期高点的现象必须高度警惕，这说明前面的向上突破很可能是主力玩弄的一个骗局。同样的道理，股价向下有效突破后，绝大部分情况下会延续很长一段时期的跌势，但偶尔也会出现这样的情况，股价下跌后不久又重新返身向上了，这说明前面的向下突破是主力故意设置的一个空头陷阱。

下面我们先来看震荡洗盘的两个实例。

实例二十五：普洛股份（000739）；实例二十六：国投中鲁（600962）。前面这个股票经过震荡，突破了前期高点后就一路往上攀升（见图 385）；后面这个股票是经过震荡，突破前期高点后经过回抽再往上攀升（见图 386）。虽然，这两个股票突破前期高点后往上攀升的形式有所不同，但它们总的方向都是震荡之后往上突破的。所以，这两个股票前面的震荡都可以证明是主力的一种洗盘行为。

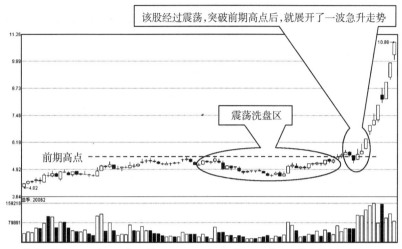

该股经过震荡,突破前期高点后,就展开了一波急升走势

震荡洗盘区

前期高点

普洛股份(000739)2006 年 8 月 8 日~2006 年 12 月 20 日的日 K 线走势图　　图 385

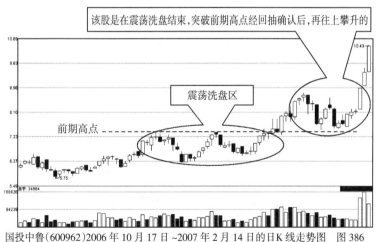

该股是在震荡洗盘结束,突破前期高点经回抽确认后,再往上攀升的

震荡洗盘区

前期高点

国投中鲁(600962)2006 年 10 月 17 日~2007 年 2 月 14 日的日K 线走势图　　图 386

　　接着我们再来看两个实例:一个是经过震荡,跌破前期低点后,就一路向下的图形(见图 387),另一个是经过震荡,跌破前期低点后,经过回抽再往下走的图形(见图 388)。虽然,它们跌破前期低点往下

走的形式有所不同,但方向都是往下突破的。所以,之前的震荡都可以证明是主力的一种出货行为。

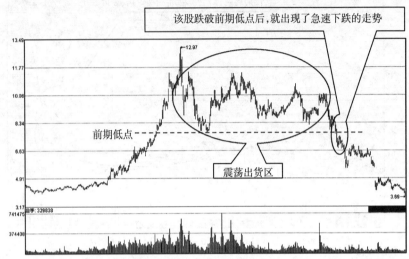

上海电力(600021)2006 年 7 月 21 日 ~2008 年 8 月 11 日的日 K 线走势图　图 387

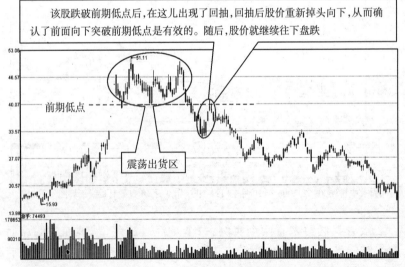

苏宁环球(000718)2007 年 4 月 4 日 ~2008 年 4 月 2 日的日 K 线走势图　图 388

有人问:从突破方向上判断震荡行情的性质,道理明白了,但怎么操作呢? 我们认为,可以这样操作:

① 在震荡行情结束后,如发现向上突破应作好看多、做多的准备,如发现向下突破应马上作出停损离场的了断。为何前者只是做好看多、做多的准备,后者却要马上卖出呢? 这是鉴于"买进要谨慎,卖出要果断"的基本操作原则。而且事实也告诉我们,向上突破现象出现后,今后证明真正向上突破成功的概率仅为 6 成,而向下突破现象出现后,今后证明真正向下突破的概率却要超过 8 成。

② 在震荡结束向上突破时,一般要等到其向上突破的有效性得到确认后再动手。这样操作比一看到向上突破就马上买进,成功概率要大得多。但在震荡结束往下突破时,一般就不需要等到其向下突破的有效性得到确认后再动手。否则,损失可能会很大,因为股价一旦破位下行,下跌速度往往是很快的。当然,向下突破也有假的。不过此事在股市中发生的比例实际上并不高,最多也只有 2 成左右。这样说来,一看到股价震荡结束破位下行就卖出,成功与失败的比例可能是8:2。为避免风险,一般选择"8"还是对的(除非你的盘面感觉特别好,能够识破这个向下突破是主力设置的空头陷阱)。如果万一卖错了,股价重新上去了怎么办呢? 解决的方法:一是可以贴些手续费与差价,再重新把它买回来;二是干脆放弃这个股票,另外寻找更安全的股票买进;三是把现金拿在手里等待更好的机会出现再说。

有人提出:既然看到向下破位就应该卖出,那么,又何必要确认向下突破是否有效呢? 其实,确认向下突破是否有效,主要是针对一些中长线投资者说的。真正的中长线投资者不会一看到卖出信号就卖出,一看到买进信号就买进(如果这样操作,就不是中长线投资者了),他们必须等到卖出信号或买进信号的有效性得到确认后再动手。此外,让我们看到向下突破的信号是否有效,还有另外一层意思在里面。向下突破的有效性一旦得到确认,就可以促使一些心存幻想的人,下决心赶快止损逃命,同时也可以提醒一些欲抢反弹的人,这样的股票是不能抢的,现在的下跌仅是开始,后面还有很大的跌势在等着它。

③做股票始终要把风险放在第一位。即使在股价向上有效突破后买进，也要设立好止损位。因为主力操作是很狡猾的，有时他们会利用股价创新高的机会向外发货（可详见本书"创新高诱多出货法"）。虽然这样的事情多半发生在股票涨势后期(但一个股票上涨，究竟是到了涨势后期还是中期，缺乏实战经验的投资者是很难对它作出正确判断的)，不过，我们操作时还是要多留一个心眼，只要股价重新跌回前期高点之下，就必须马上止损出局，这要作为一个铁的纪律来执行。据统计，向上突破创新高，然后再重新跌回前一个高点之下的现象发生后，该股继续走弱，甚至引发大跌的概率是很大的。投资者对此必须保持高度警惕。

④向下突破有两种形式：一种是向下破位后就直接跌下去了；另一种是跌破前期低点后出现一波向上反抽的行情。当向上反抽行情出现时，前面没有及时出逃的投资者要意识到，这是市场给你第二次出逃的极佳机会，应马上抓紧时间赶快出逃。

还有一点要注意，反抽也有两种形式：一种是在接近或碰到前面破位的低点后就掉头向下了；另一种是在冲破前面破位的低点后又重新回到这个低点上方运行，不久再重新破位下行。对前一种反抽现象容易辨别，对后一种反抽现象就不太好辨别，有人会把它当成重新走强的信号来看待。当出现后一种反抽现象时，我们应该怎么办呢？一是可以结合均线来分析[注]，看它是真的重新走强还是假的重新走强。二是先把它当成反弹来处理，持股未逃的，赶快趁此机会抓紧卖出，空仓者对此要冷静观望，看其下一步发展态势再说。三是从理论上说，当下跌的股票重新返回到前期破位的低点上运行，有可能会重新走强。但重新走强是有条件的，这个条件就是看它重新走强的有效信号有没有出现。因此，即使看好它会重新走强，最起码也要等到它在这个低点上重新走强 3 天，上涨幅度超过 3%，并且确实出现了价升量增的现象，也即重新走强的有效信号出现后，才可对它试着做多。

【注】 关于如何结合均线进行分析，这里就不展开了，读者要了解这方面的情况，可参见《股市操练大全》第二册第二章中有关内容

⑤向上突破也有两种形式：一种是股价向上突破后就一路涨上去了；另一种是股价向上突破后，上涨不久又重新掉头向下，但在接近或触及前期高点时，它却返身涨上去了。这第二种向上突破形式被称之为上涨中的反抽。一般来说，股价在向上突破前期高点后，经过反抽再继续上涨，就会让人们心理更踏实些，认为这样的上涨可靠性较强。那么，这两种往上突破形式，我们应该选择哪一种呢？通常，如果你是激进型投资者，敢于冒风险，当然可以选择第一种，就像本题前面介绍的普洛股份这个实例（见图385），当时它冲破前期高点后就一路涨上去了。但投资者也应该清楚，像普洛股份在冲破前期高点后就往上急速飚升的情况并不多见，这也就是说，当个股震荡结束后向上突破前期高点时，你马上买进，或许能碰上如普洛股份快速上涨的好事，但大多数情况下是难以撞上这样好运的。买进后即碰到冲高回落的情况是常有的事，当事人一定要有这方面的思想准备。可见，第一种选择，实际上是一种高收益、高风险的投资，这只适用于能够承受较大风险的投资者。反之，如果你是一个稳健型投资者，不愿冒大的风险，那么，就应该选择第二种向上突破的形式进行投资，等股价回抽确认创新高有效后，再买进也不迟（见图389）。这样，买进的价格虽然高了一点，但安全系数大大增加了。

稳健型投资者买进示意图

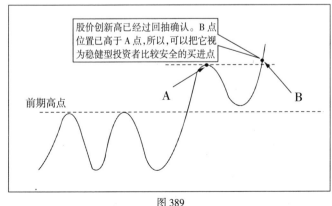

图389

讲到这里,我们应该对前面介绍的一些鉴别方法进行一个归纳,这样大家好记得住。我们的归纳很简单,列了一张表(见表13),大家一看就清楚了。最后,我们要向读者说明的是,虽然这种鉴别方法是分开来讲的,但这仅仅是为了叙述的方便,投资者在真正操作时还是应该把它们综合起来使用,这样效果就会更好些。同时,综合运用也能避免仅凭一方面的理由,对震荡行情的性质作出误判,从而可以减少一些不必要的投资损失。

震荡洗盘与震荡出货鉴别方法一览表

鉴别方法	震荡洗盘	震荡出货
依据主力(庄家)的心理卖出价位进行鉴别	出现震荡时,股价远低于主力(庄家)的心理卖出价位	出现震荡时,股价已接近或超过主力(庄家)的心理卖出价位
依据震荡幅度的大小进行鉴别	较小	较大
依据震荡次数的大小进行鉴别	较少	较多
依据震荡时间的长短进行鉴别	较短	较长
依据换手率的高低进行鉴别	较低	较高
依据大阴线或大阳线的多少进行鉴别	较少	较多
依据均线是否发挥支撑作用进行鉴别	有	无
依据股价突破方向进行鉴别	向上	向下

表13

494

附录二

答读者问　如何正确看待大阳线

本书初稿完成后,在向读者征求意见时,读者反映最集中的问题就是大阳线。有人提出,把大阳线说成是主力的诱多出货信号,会不会误导投资者?关于这个问题,我们认为有必要在此作一些解释。这样对大家日后操作与识顶、逃顶都有很大帮助。

首先,我们认为大阳线既可以作为一个看多信号,也可以作为一个看空信号,关键看它所处的环境、位置有何不同(编者按:这在《股市操练大全》第一册"K线一览表"中就作了明确交代,可见该书第4页~第20页)。其次,我们也不会武断地认为市场主力(庄家)只会利用拉大阳线诱多出货,而不会利用拉大阳线积极做多。

那么,大阳线究竟是被主力利用为诱多出货的手段,还是被主力用作积极做多的手段呢?主要看两点:即一看市场是处于强势还是弱势;二看股价是处于高位还是低位。如果市场处于强势,股价处于低位,此时出现的大阳线,多半被主力用作积极做多的手段;反之,如果市场处于弱势,股价处于高位,此时出现的大阳线,多半被主力利用为诱多出货法的手段。

为了搞清这些问题,我们不妨作一个深入的探讨。

一、大阳线在强势市场与弱势市场中的不同表现

经验告诉我们:股市进入强势,大阳线的出现对行情基本上起到的是一个助推作用,多半表示行情将继续向上拓展;反之,股市进入弱势,大阳线的出现往往是主力的一种诱多信号,多半表示反弹行情即将结束。正因为如此,我们一直在提醒大家:当股市进入强势市场

时,个股出现大阳线,投资者要多想到由大阳线带来的正面作用,而当股市进入弱势市场时,个股出现大阳线,投资者就要多想到因大阳线带来的负面作用。

有人问:什么叫做股市进入强势市场呢?其实强势市场是一个泛指。大牛市理所当然是一个强势市场。但是,强势市场也不光是指牛市,熊市中爆发的中级反弹行情,也可以被认为是股市进入了一个阶段性的强势市场。总而言之,强势市场是指一个总体上有利于看多、做多的市场。从技术上来说,强势市场的一个显著标志是:大盘指数的 60 日均线必须有效站稳,并始终处于向上运行状态。一旦 60 日均线向下弯头或失守,即宣告强势市场结束。

下面我们就根据读者的要求,看看在强势市场(特别是在牛市初期、中期)中,不同类型的个股,上涨途中出现大阳线后,通常会出现哪些积极的表现:

(一)在强势市场中,当股性活跃并代表市场主流热点的个股在上涨途中拉出了大阳线,往后行情大多会进一步向上拓展。投资者遇到这种情况,在设好止损点的前提下,应以积极看多、做多为宜。

实例一:株冶集团(600961)。图 390 是该股某阶段的日 K 线走势图。投资者从图中可以发现,在右上角处出现了一根放量大阳线,这根大阳线往上突破并创近期新高。当时大盘正处于强势市场中,该股也正好属于有色金属板块,是市场热点,并且其股性也比较活跃。根据这些情况,投资者应该把图中这根大阳线看成是多方向上发动攻击的一个信号。此时,持股者可按兵不动,继续持股待涨;持币者可考虑积极跟进。当然,从操作策略上来讲,投资者见到这根大阳线不要马上买进,可再看两天,等验证这根大阳线向上突破成功后再买进。这样操作既防范了风险,又抓住了机会,获胜的概率是非常大的(见图 391)

实例二:图 392 中显示,该图右上角处最后一根 K 线是大阳线。那么,投资者看到这根大阳线能不能跟着做多呢?应该可以做多。理由是:①当时大盘正处于强势市场;②该股属于当时市场的一个热点——奥运板块的领头羊;③该股的股性很活跃。当然,从操作层面

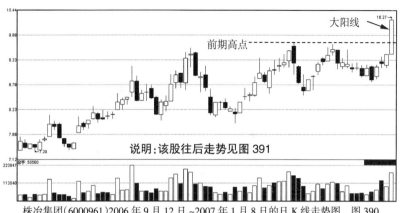

大阳线

前期高点

说明:该股往后走势见图391

株冶集团(6000961)2006年9月12日~2007年1月8日的日K线走势图　图390

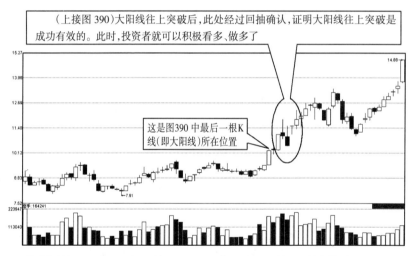

(上接图390)大阳线往上突破后,此处经过回抽确认,证明大阳线往上突破是成功有效的。此时,投资者就可以积极看多、做多了

这是图390中最后一根K线(即大阳线)所在位置

株冶集团(600961)2006年10月20日~2007年2月26日的日K线走势图　图391

上说,投资者最好等大阳线回抽确认后再买进,这样操作就更加安全了(见图393)。

（二)在强势市场中,当股性一般,同时也并非是市场主流热点的个股,在上涨途中拉出了大阳线,往后将有70%的可能会促使股价上一个台阶。投资者遇到这种情况,在做好看多、做多的同时,还应该留心这类个股是否会在大阳线之后出现阶段性调整的风险。

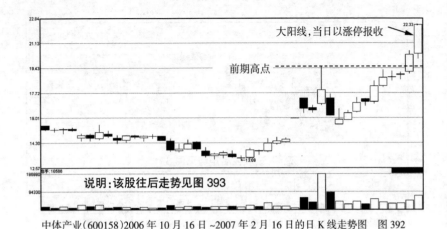

大阳线,当日以涨停报收

22.33

前期高点

13.08

说明:该股往后走势见图393

中体产业(600158)2006年10月16日~2007年2月16日的日K线走势图　图392

（上接图392)此处大阳线已被回抽确认为一个向上攻击的信号。此时,投资者可放心地跟进做多了

38.26

图392中的大阳线处于这个位置

前期高点

13.08

中体产业(600158)2006年10月~2007年4月16日的日K线走势图　图393

　　实例三:世博股份(002059)。图394是该股某阶段的日K线走势图。投资者从中可以发现,图中最后一根K线是放量的大阳线,并创出了上升以来的新高。此时大盘正处于强势市场中。不过,因为该股不属于热门板块,不是市场热点,再则其股性也一般。因此,投资者只可用少量资金跟进做多,以便在扩大利润的同时,适当控制风险。当然,最稳妥的策略是:在其拉出大阳线后,先观察一段时期,再作出决定。这样就能做到进可攻,退可守了(见图395)。

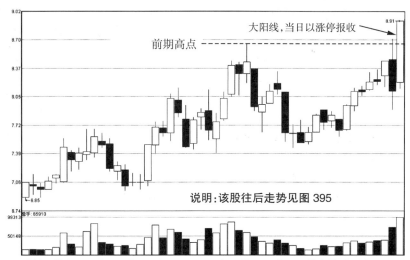

大阳线,当日以涨停报收

前期高点

说明:该股往后走势见图395

世博股份(002059)2006 年 12 月 11 日~2007 年 2 月 28 日的日 K 线走势图　图 394

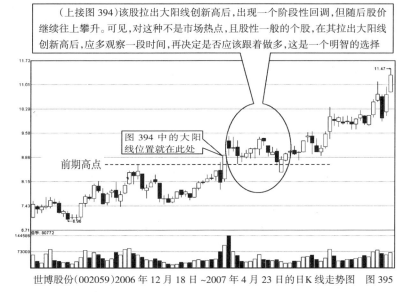

(上接图 394)该股拉出大阳线创新高后,出现一个阶段性回调,但随后股价继续往上攀升。可见,对这种不是市场热点,且股性一般的个股,在其拉出大阳线创新高后,应多观察一段时间,再决定是否应该跟着做多,这是一个明智的选择

图 394 中的大阳线位置就在此处

前期高点

世博股份(002059)2006 年 12 月 18 日~2007 年 4 月 23 日的日 K 线走势图　图 395

　　(三)在强势市场中,当股性呆滞,同时又不是市场热点的个股,在上涨途中拉出了大阳线,往后上涨的概率仅为 60%,因为这类个股出现这样的情况多为补涨性质。值得注意的是,属于补涨类的个股,

好景都不长,后来往往都会在某一因素影响下,出现深幅调整。投资者对此应有充分的认识。故此,在强势市场中,当这类个股在上涨途中拉出大阳线时,投资者应以谨慎看多、做多为宜,并要做好随时止损离场的准备。

实例四:成霖股份(002047)。投资者从图396中可以发现,该股放量拉出大阳线,并创了上升以来的新高。此时,大盘正处于强势市场中,不过,因为该股既不是市场热点,同时其股性活跃度又较差,其上涨多半为补涨性质,而拉大阳线则往往是补涨行情即将到头的一种标志。因此,场外投资者不宜跟进做多,原来持有该股的投资者也应作好随时离场的准备,以便保住胜利成果(见图397)。

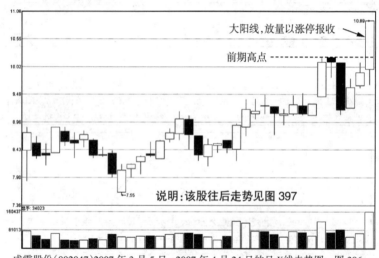

成霖股份(002047)2007年3月5日~2007年4月24日的日K线走势图　图396

接下来,我们再来看看弱势市场中,不同类型的个股,在上涨途中出现大阳线后一般会有哪些表现呢?

经验告诉我们:无论是大盘或个股,在弱市状态[注]下拉大阳线,

【注】过去有人认为,大盘指数的250日均线,即年线处于向下运行状态,才能称之为弱市。但据实证分析,这个观点在实际操作中可能行不通。因为大盘指数的60日均线向下运行时,已表明大盘走弱,而到了250日均线向下运行时,大盘已处于极弱市状态。

（上接图396）这是一个典型的补涨性质的个股。从图中看，自该股拉出这根大阳线后，首先是出现疲软的横向整理走势，然后出现往上假突破，随即出现快速大幅向下回落

这里已跌破前面大阳线的开盘价，向下形势已明朗，应及时退出

大阳线

成霖股份(002047)2007年3月13日~2007年7月5日的日K线走势图　图397

投资者一定要谨慎对待，以防其中有诈。除此之外，还有两个因素也是不能忽视的，这就是市场热点与个股的股性活跃程度。

通常，大盘出现弱势反弹时，个股走势会呈现分化状态。极少数个股因为是市场热点、股性又较活跃，反弹时走势往往比较坚挺。对这类个股在反弹中拉出的大阳线，只要其股价仍处于低位，涨幅并不是很大，此时的大阳线就应该是一个看多、做多的信号，投资者不能错把它当作主力拉高出货的信号。反之，当一些拉大阳线的股票并非是市场主流热点时，其股性活跃程度又是较差的，那么，这个在上升途中突然出现的大阳线就值得怀疑。投资者不能一看到大阳线突破了某个阻力位（即创了近期新高）、拉大阳线时价升量增，就盲目看多、做多，因为此时的大阳线并不是一个积极向上的信号，而很有可能是一个见顶出货的信号。

下面请大家看几个实例。

实例五:辽宁时代(600241)。投资者从图398中可以发现,该股放量拉出大阳线,并往上突破了盘局,似乎行情正要向上发展。但是,当时大盘正处于弱势市场中,再则,该股不属于市场热点,其股性活跃程度又较差。投资者就不应该对其看多,而应该把这根放量的大阳线疑为见顶信号。此时,对手中持有该股的投资者来说,逢高出局是

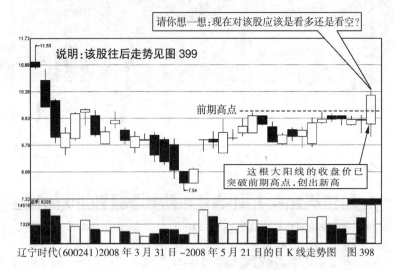

辽宁时代(600241)2008年3月31日~2008年5月21日的日K线走势图　图398

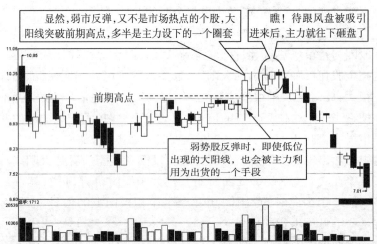

辽宁时代(600241)2008年4月1日~2008年6月17日的日K线走势图　图399

502

最好的选择;对手中无此股的投资者来说,切不可以盲目跟风追涨,否则,就很容易陷入被套主力拉高出货的圈套(见图 399)

实例六:西单商场(600723)。2007 年,该股属于奥运板块,是当时市场主流热点,其股性又较活跃。图 400 显示,该股某日放量拉出大阳线,并创出回升以来的新高。那么,这根放量的大阳线能不能被看好呢? 根据大阳线的理论,结合当时该股的具体情况,这根放量大阳线是可以被看好的。因为这根放量大阳线已突破它的前期高点,这很可能说明该股经过较长时间筑底后一轮升势正呼之欲出。所以,投资者见此图形可以适量跟进做多,以便抓住难得的投资良机(见图 401)。

实例七:特变电工(600089)。该股属于创投板块,是当时的市场热点。大家从图 402 中可以发现,该股放量拉出大阳线,并往上突破盘局,似乎行情要向纵深方向发展了。但是,因为该股涨幅已经很大,接近翻番,再则大盘正处于弱势市场中,根据"市场主力利用大阳线进行反技术操作示意一览表"的提示,此时投资者对它已不宜再跟进做多,而应作好随时撤退的准备,以免遭受不必要的投资损失(见图 403)。

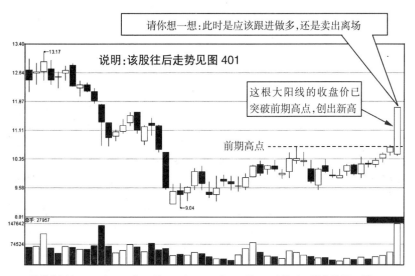

西单商场(600723)2007 年 9 月 21 日~2007 年 12 月 10 日的日 K 线走势图　图 400

(上接图 400)经验告诉我们:弱市反弹中也会出现局部走强的个股。由于该股属于当时的市场热点,股性又很活跃,因此,在放量拉出大阳线并突破前期高点后,股价仍能继续往上攀升。但投资者要记住,在弱市中,即使这类强势股也不宜长期看好。当其涨幅接近或超过 100%时,应警惕股价见顶回落的风险

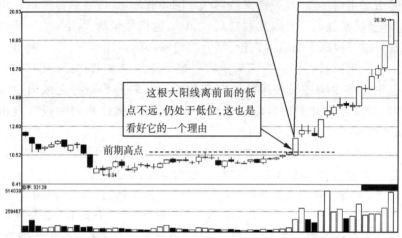

这根大阳线离前面的低点不远,仍处于低位,这也是看好它的一个理由

前期高点

西单商场(600723)2007 年 10 月 11 日~2008 年 1 月 2 日的日 K 线走势图　图 401

请你想一想:现在还能不能跟进做多?为什么

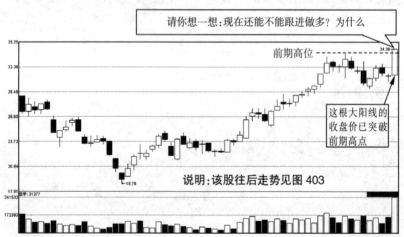

前期高位

这根大阳线的收盘价已突破前期高点

说明:该股往后走势见图 403

特变电工(600089)2007 年 10 月 18 日~2008 年 1 月 15 日的日 K 线走势图　图 402

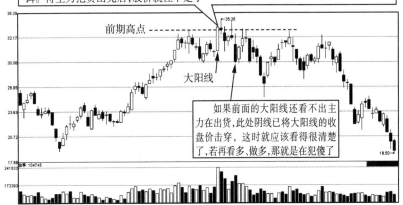

（上接图 402）经验告诉我们：在大盘处于弱势时，强势股反弹，往往在涨幅接近或超过 100%时，就可能见顶了。所以这儿拉出的大阳线已变成掩护主力出货的诱饵。待主力把货出完后，股价就往下走了

前期高点

大阳线

如果前面的大阳线还看不出主力在出货，此处阴线已将大阳线的收盘价击穿，这时就应该看得很清楚了，若再看多、做多，那就是在犯傻了

特变电工(600089)2007 年 10 月 26 日~2008 年 4 月 2 日的日 K 线走势图　图 403

二、大阳线在股价处于低位区与高位区的不同表现

经验告诉我们：股价处于高位区，大阳线自然就会被主力作为出货手段加以利用；反之，股价处于低位区，大阳线就会被主力作为积极做多的手段加以利用。

那么，股价的高位区、低位区是如何来界定呢？一般认为，股价处于高位还是低位，可以参考以下 3 个方面因素：① 看其市盈率的高低。如市盈率处于历史低位，则可视为低位，如市盈率处于历史高位，则可视为高位。② 与同行业、同类型股票的股价进行比较。如远低于平均水平之下，就是低位；如远高于平均水平之上，则是高位。③ 看技术形态。如刚从底部形态走出，可视为低位；如已上涨很长时间，特别是有了很大涨幅，技术上呈现价升量缩或价平量增时，可视为高位。

投资者在分析股价处于高位还是低位时，还应该注意当时的股市环境。因为在不同市场的环境下，股票的估值标准是不一样的。比如，在牛市中，市场给予业绩优秀，且成长性预期良好的股票，合理的市盈率为三四十倍，当股价处于这个市盈率水平时，就可认为它们的股价处于低位了；但是到了熊市，市场给予业绩优秀，且成长性预期

良好的股票,合理的市盈率就会大幅降低,当它们的股价处于三四十倍市盈率水平时,此时市场就会认为该股股价处于高位了。所以,即使以个股内在价值衡量其股价是处在低位还是高位,也要因时而异、因市(是牛市还是熊市)而异。

接下来我们就来看几个实例:

实例八:上海能源(600508)。从图404中看,该股这一波上升行情是从12.93元启动的,一直涨到48.33元才见顶回落。在这轮上升行情中,它一共出现了4根涨停收盘或接近涨停收盘的大阳线(见图404中箭头A、B、C、D所指处)。其中,箭头A所指处的大阳线的收盘价为21.23元,箭头D所指处的大阳线的收盘价为41.25元。后者的股价比前者几乎高一倍,谁的股价在低位,谁的股价在高位这是不言而喻的。

当然,在股市中股价处于"低位"还是"高位",不能光看股价的高低,否则也会进入思维误区。比如,2007年5月29日,贵州茅台(600519)的股价为109.22元,而同时有一大批题材类股票的价格在

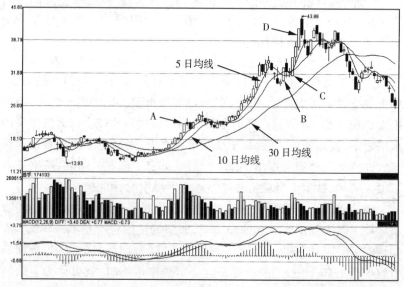

上海能源(600508)2007年5月15日~2007年11月13日的日K线走势图　图404

10 元左右。依据当时的股市环境,你说贵州茅台的股价处于高位,还是这些题材类股票价格处于高位,答案很快揭晓。2007 年 5 月 30 日,国家出台印花税调整政策,印花税从千分之一调高到千分之三,这对当时市场的过度投机行为是一个严重打击,随之题材股的股价纷纷回落,短短 10 个月,有不少题材股的股价遭到了腰斩。比如,氯碱化工(600618),从 2007 年 5 月 29 日的 12.29 元跌至 6 月 29 日的 5.99 元,而贵州茅台在这一个月中却不跌反涨,股价大约涨了 10%。其原因是什么呢? 这是因为,当时 109 元的贵州茅台的市盈率,比那些 10 元左右股价的题材股的市盈率要低得多,而贵州茅台的成长性又远远胜过这些题材股。所以,按照股市中的评判标准,市盈率低、成长性好的股票,不论其股价有多高(请注意,市场环境不同,个股的估值标准就有很大的差别。关于这个问题,详见本书附录二),都会被市场认为其股价正处于低位;而市盈率高、成长性差的股票,尽管其股价很低,但仍会被市场认为其股价正处于高位。

现在,大家应该清楚了,看一个股票的股价处于低位还是高位,要看它的市盈率、成长性。下面我们仍然把话题转到上海能源这个股票上来。根据其往年的业绩,当它在图 404 中拉出第一个涨停大阳线时,其市盈率在同类股票中排在较低位置,而成长性又优于它的同盟兄弟。所以,从总体上看,图 404 中箭头 A 所指的大阳线,可以确定为其股价仍处于低位,后市可以看好[注]。换一句话说,这根大阳线发出的是积极看多、做多的信号,而不是诱多让人吃套的信号。

但对图 404 中后面几根涨停收盘或接近涨停收盘的大阳线,我们就不能把它们看作是一个看多、做多的信号,而要看成是一个诱多

【注】其实,之所以看好它后市还有以下几个理由:①图 404 中箭头 A 所指的大阳线,其位置正巧处于 5 日、10 日、30 日均线多头排列刚形成的初期,表明它有进一步向上的动力存在;②这根大阳线扮演了冲击上一轮高点的角色。从理论上来说,只要往后几日的股价不再跌到上一轮高点之下,这根大阳线发出的看多、做多的信号就可以得到确认;③这根大阳线经受了后面 2 根阴线的考验,因为它们把股价打到最低位时,也没有吃掉这根大阳线,仅下探到大阳线 2/3 处就嘎然止住了。我们知道,在上升初期阶段,大阳线的开盘价守住了就可以继续对它看好;④MACD 已冲到 0 轴之上,发出了看多、做多的信号。

让人在高位吃套的信号。这又是为什么呢？道理很简单，当图 404 中拉出最后一根涨停收盘的大阳线时，当日股价收在 41.25 元。试想，在同一个股票上，短短一个多月，股价就涨了近一倍，那么市盈率也自然就高出了一倍。这样，在其拉出第一根涨停大阳线时股价尚处于中低位，那么当它拉出第 4 根接近涨停收盘的大阳线时，以其当时的市盈率来衡量，它的股价就处于中高位了。

接下来我们分析当该股股价进入高位时，为何主力还要在盘中拉出 3 根涨停收盘或接近涨停收盘的大阳线呢？其目的就是为了制造一个强烈的做多氛围，吸引一些看好其后市的投资者进来抢筹，这样他们就好把手中的获利筹码在高位顺利地派发出去。从图 404 中当时的走势看，主力这个"拉大阳线诱多"的目的基本上达到了。图 404 中显示，在主力拉出最后一根大阳线之后，该股在高位经历了 12 个交易日的上下震荡。因为当时做多氛围仍在，所以主力出货也比较顺利。在主力基本出完货后，主力就用手中剩下的筹码进行砸盘，致使该股出现了快速下跌的走势。

那么面对主力在高位拉大阳线诱多出货，我们应该如何来应对呢？这里我们暂不从基本面上去分析对该股应该继续看多还是看空，只从技术上找出一些应对办法。现在大家来看图 404。当你发现图中突然先后拉出 3 根涨停收盘或接近涨停收盘的大阳线时，你就应该密切注意盘面走势的变化了。

从技术上来说，在股价有了很大涨幅后，出现了 3 根涨停收盘或接近涨停收盘的大阳线，就有两种可能：第一种可能是该股还有重大利好值得期待。尽管该股已有了很大涨幅，但实际上它还处于上升的中途阶段，后面还有很大的上涨空间。所以，主力才会大张旗鼓地积极做多，3 根涨停收盘或接近涨停收盘的大阳线是主力向市场发出积极做多的信号。第二种可能是主力认为该股已有了很大涨幅，出货的目标位已达到，应该把筹码向外派发了。不过要注意的是，主力派发筹码不像中小散户，几百股、几千股一抛就是了，需要有一个过程。因为他们手里的筹码很多，而且派发筹码时要有人肯接盘。否则，大家都看清楚了主力在出逃，谁来接他们的筹码呢？因此，主力出货时就会想方设法制造一个虚假的做多氛围,给市场造成一个错觉,认为行情还是要向上的,这样才会有人肯接盘,主力才能将获利筹码大量派发出去。

那么,这两种可能究竟是哪一种可能性大呢?这就需要我们仔细分析了。假设是第一种可能性大,这样股价重心应该向上移动,即使不马上上涨,出现一些小幅回调,但一般来讲,最后一根大阳线的开盘价是不会被跌破的,此其一;其二呢?强势股在高位拉出大阳线后,如果继续向上发动攻击,很少会出现连续两周以上时间的盘整,盘整时间越长,往下突破的可能性就越大。如果我们用这两个标准来衡量图404中出现的3根大阳线后的走势,你就会发现第一种可能性基本上被排除了,剩下来的就是第二种可能性了。那么,第二种可能性到底有多大?我们不妨依据下面的思路来分析。

①看图404中最后一根大阳线的开盘价是否被跌破,跌破了说明主力很可能是在玩弄"拉大阳线诱多出货法"向外发货。此时,投资者就应该认清主力出逃的意图,赶紧止损离场。

其实,有实战经验的投资者在主力拉出最后一根接近涨停收盘的大阳线后,就应该密切注意第二天分时走势图的变化了。当第二天分时走势图上出现大幅高开后回跌的走势(见图405),就应该意识到情况不妙,说明主力很有可能在抢着出逃了,此时就可从第二天分时走势图上选择一个卖出点(见图405箭头A所指处),把筹码抛出去。

②看盘整时间和股价重心的变化。我们前面说过,主力在高位拉涨停收盘或接近涨停收盘的大阳线,都是有其目的的,假设这个目的是因为有重大利好可以期待,准备向上积极做多,那么这个大阳线后的盘整时间就不会太长。如果超过一周就要警惕了。这是我们分析盘面先要考虑的一个问题。另外一个问题就要看盘整时股价重心是在向上移动还是在向下移动。如果是在向下移动,那就必须防备主力在这里玩弄什么花招了。在明白了上面道理后,再来看图404,就可以发现该股在高位盘整时间已大大超过一周,而且股价重心是向下移动的。这样就可以基本判断出主力正在利用拉大阳线掩护出货。在看清主力的真实意图后,我们就不能犹豫了,应该马上把股票悉数卖出。

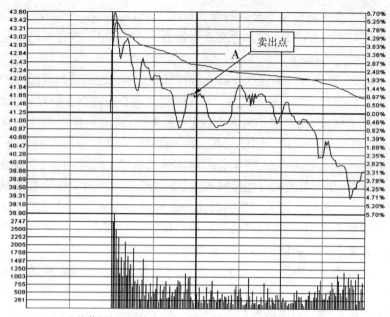

上海能源(600508)2007年9月24日的分时走势图　图405

③有人担心，如果该股真有重大利好可以期待，主力拉大阳线后，让股价经过一段时间的盘整，实现清洗浮筹、夯实股价的目的后，最终还是要发力向上运行的。我们现在把股票抛掉不是正好被主力洗盘出局了吗？一些投资者有这样的担心也无可厚非，因为在股市里什么事情都可能发生，尽管出现这种机会的概率很小（但历史上毕竟也出现过这样的情况）。现在我们就这个问题来作一个假设。如果主力在拉大阳线后让股价作长时间盘整，以及股价重心一度下移都是为了洗盘才这样做的。那我们在操作时也必须设立一个底线，即要看图404中的颈线是否被击破了，如颈线不破，我们还可以期待，相信主力是在洗盘，但颈线一破就不能再对主力有什么幻想了。因为主力出货的目的已十分明显，再不走就会越陷越深（见图406）。

经过上面这个例子的解剖，我们应该明白：当股价处于低位时，主力拉出涨停收盘或接近涨停收盘的大阳线，多半是为了激发市场人气，招募同盟军共同把股价推上去，此时的大阳线，一般可以看作

只要股价跌破颈线,就可以证明前面主力拉大阳线都是为了诱多出货。此时,投资者就不能再有什么幻想了,应认清形势,马上出逃

颈线

此处颈线已被跌破,应马上出局

上海能源(600508)2007年7月26日~2008年4月2日的日K线走势图　图406

为一个看多、做多的信号;但是当股价处于高位时,主力拉出涨停或接近涨停的大阳线,多半是为了诱多出货,此时的大阳线,一般只能看作为一个看空、做空的信号了。

不过,这里需要向大家说明的是:股价究竟是处于高位还是低位,除了从股票的市盈率、成长性等基本面因素去评估外,有时还必须从趋势上进行判断。那么,如何从趋势上判断股价是高了还是低了呢?金老师曾经在一次讲课时打过一个比方。他说,股价走势就像登山运动,当一个人从山下往上爬的时候,途中任何一个地方都可看作是低位,因为他会越爬越高;但是,当一个人下山时,途中任何一个地方都可视为高位,因为他下山时会越走越低。做股票也是这个道理。比如,曾经是沪深股市第一高价股的中国船舶(600150),2007年7月股价见到了150元。此时150元的股价究竟是高了还是低了?有一位高手认为,当时这个150元的股价是低的。但很多人对此表示异议。事实证明,这位高手的看法是对的,因为该股当时还处在上升趋势中。此后,该股一直涨到300元才见顶回落。从理论上说,当时如果有人在150元买进,短短几个月就可以获利一倍,这应该是很大的收益了。但是 2008 年 3 月,该股股价又见到了 150 元。此时 150 元的股价到底是高了还是低了呢?该高手却认为,当时该股 150 元的股价太贵了。很多人听了很反感,认为高手的讲话简直是乱弹琴。为什么同一个股票同样是 150 元的股价,这位高手过去认为它是低了,现在却认为它高了呢?这不是乱说一通,故意在混淆视听吗?其实高手的观点是对的,因为当时该股已处于下降趋势中。后来,果然不出高手所料,仅仅半年多时间,该股从 150 元狂跌到 30 元(2008 年 10 月 28 日,该股最低下探至 30.58 元),股价竟又跌掉 80%。可见,股价究竟是高还是低,要依据趋势来作判断。

下面我们来看一个实例:

实例九:天药股份(600488)。图 407 中箭头 A、箭头 B 所指处都是一根冲击涨停的大阳线。虽然,箭头 B 所指处的大阳线位置比箭头 A 所指处的大阳线位置要低,但从趋势分析角度看,股价低,不等于股价就是处于低位,股价高,不等于股价就是处于高位,关键是要看股价处于什么趋势中。比如,图 407 中箭头 A 所指处的大阳线,虽然

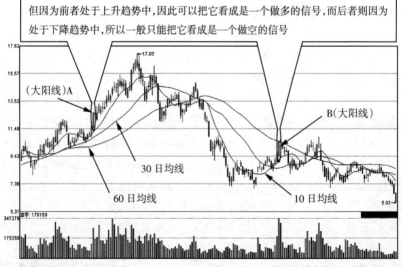

同样是大阳线,虽然箭头 A 所指的大阳线,比箭头 B 所指的大阳线股价要高,但因为前者处于上升趋势中,因此可以把它看成是一个做多的信号,而后者则因为处于下降趋势中,所以一般只能把它看成是一个做空的信号

天药股份(600488)2007 年 10 月 18 日~2008 年 8 月 11 日的日 K 线走势图　图 407

股价相对较高,但仍可以把它看成是一个积极做多的信号,因为股价处于上升趋势中,大阳线受到了均线多头排列的支撑,而箭头 B 所指处的大阳线,虽然股价相对较低,但不能把它看成是一个看多、做多的信号,因为股价处于下降趋势中,10 日均线、30 日均线、60 日均线处于典型的空头排列。再则,这根大阳线已触及 60 日均线的压制,股价很可能就此见顶回落。

随笔:大阳线感言

黎 航

中国有句俗话:"成也萧何,败也萧何。"此话用在大阳线上再也恰当不过了。我们看到一轮行情的兴起发展,往往是因为一根大阳线拔地而起,改变了股价运行趋势才得以实现的,在这个时期大阳线扮演的是积极看多、做多,吹响冲锋号的角色。但是,我们也看到一轮行情的衰败、终结,往往也是因为在高位拉出了一根或几根大阳线,就此行情开始构筑头部,甚至急转直下。除此之外,大阳线在上升趋势中,可以扮演中途加油,为市场鼓劲的角色;在下跌趋势中,可以扮演掩护主力(庄家)出逃,蒙蔽、坑害投资大众的角色;总之,大阳线这种即敌又友的双重性格,让人们对它爱恨有加,在老股民中,可以说每个人都得到过大阳线的恩惠,也受到过大阳线带来的伤害。

大阳线在 K 线家族里的重要作用是不言而喻的。研究 K 线,首先要研究大阳线(包括巨阳线)。有人曾经这样说过,一个人只要把大阳线弄明白了,那么 K 线的一半窍门就弄懂了。这话虽说有点夸张,但也说明弄清大阳线在不同场合担任的角色及市场意义,对我们正确把握大势,做好股票有何等重要的作用。

正因为如此,《股市操练大全》前几册书里,以及本书中都在反复向大家介绍大阳线在不同环境里起到的不同作用。我们试图以这种由浅入深,由表及里的方式为读者、投资大众解开大阳线的全貌,让大家真正认识、了解大阳线,从而让它真正为我所用,在它发出向好的信号时就对后市积极看多、做多,在它向市场发出向淡的信号时就对后市积极看空、做空,以此来趋利避害,赢得胜利。

当然,要彻底揭开大阳线之谜,还有许多工作要做。虽然我们对大阳线已经说了很多,但这也仅是抛砖引玉而已。不过这个抛砖引玉也确实让我们走了许多艰辛之路,对一根大阳线的研究就耗费了我们很多精力,让我们度过了许多不眠之夜。细心的读者可以发现,把《股市操练大全》中有关大阳线的内容收集在一起,足足可以合订一本小册子。我们这样说绝不是在自我吹嘘,自我表扬,只不过是想借此来提醒大家:若要做好股票,成为股市大赢家,就必须高度重视大阳线。今后,谁重视对大阳线的学习与研究,谁的功夫下得深,谁就能在以后的投资生涯中获取更多、更大的胜利;谁不重视对大阳线的学习与研究,谁就会在以后的投资生涯中不断受到主力(庄家)的忽悠,给自己的投资带来巨大损失。

《股市操练大全》实战指导之二编写组名单

主　　编	黎　航			
技术总监	王利敏			
执行主编	任　惠	理　应		
业务统筹	马炳荣			
编　　委	张慧炬	郭建华	陈正天	徐建林
	李粉红	金　华	朱栋卿	李　峻
	菊　华	王　蓓	徐鸿达	朱文沛
	杭　婧	菁　华	沈　敏	李　斌
	凤　珠	林　涛	徐玉梅	仁　杰
	达　路	潘　瑜	邵丽君	吴建伟
	王　辉	睿　澜	刘慕源	赵　枫
	孙　炜	宋婷婷	傅　泽	殷　轩
	静　娴	叶　瑾	李　琦	穆文沁
	陈　浩	沈雪凝	柳　絮	林志强
	杜闻博	周　薇	徐剑峰	

《股市操练大全》丛书特色简介

　　《股市操练大全》丛书是上海三联书店出版的重点品牌书。它全面系统、易学易用，是国内图书市场中首次将股市基本分析、技术分析、心理分析融为一体，并兼有学习、练习双重用途的炒股实战工具书。作为学习，它全面地、详尽地介绍了炒股的各种知识、运用技巧，以及防范风险的各种方法；作为练习，它从实战出发，设计了一套有针对性，并具有指导性、启发性的训练题，引领投资者走上赢家之路。

　　《股市操练大全》无论从风格与内容上都与其他股票书有很大的不同。因此，大凡阅读过此书的读者都有耳目一新之感。很多读者来信、来电称赞它通俗、实用，贴近实战。有的读者甚至说：他们看了几十本股票书都不管用，但自从看了《股市操练大全》就被迷上了，天天在读，天天在练，现在已经反败为胜了。他们认为，《股市操练大全》是目前图书市场上最有实用价值的股票书。其实，有这样感受的读者不是少数，而是相当多，这可以从全国各地读者寄给出版社的大量来信中得到证明。

　　也许正因为如此，沪深股市连连走熊时，证券图书市场也进入了"冬眠"状态，但《股市操练大全》却一版再版，各册累计重印次数已超过了200次，总发行量超过了270万册（注：国内一般的股票书发行只有几千册，多的也只有几万册，发行量超过10万册的已属凤毛麟角。目前，《股市操练大全》发行量已远远超过了其他股票书），创造了熊市中股票书旺销的奇迹。

　　迄今为止，《股市操练大全》丛书一共出版了两大系列11册书，其中基础知识系列5册，实战指导系列6册（含1册习题集）。每册书都介绍了一个专题（专题内容详见下页），它是一套完整的炒股学习、训练工具书。另外，《股市操练大全》的每册书（除习题集）都是精装。装帧精美，这也是这套书的一个亮点。

《股市操练大全》丛书一览

以上图书全国各地新华书店有售，如书店缺货，可直接向上海三联书店出版社邮购（地址：上海市都市路4855号10楼，邮政编码：201100，电话：021-24175971）。

《股市操练大全》第七册读者信息反馈表

姓　名		性　别		年　龄	
入市时间		文化程度		职　业	
通信地址					
联系电话			邮　编		
你认为本书内容如何？（欢迎附文）					
你希望我们能为你提供哪方面的服务？					

沿线撕下

读者如有信息反馈给我们，电子邮件请发至：Logea@sina.com，来信请寄：上海市中江路879号9座3楼，徐冰小姐收，邮编：200333，转《股市操练大全》创作中心收。联系电话：021–33872558。